몽오집

한국고전번역원 한국문집번역총서

몽오집 1

夢梧集

김종수 지음
金鍾秀

홍기은 옮김

일러두기

1. 이 책의 번역 대본은 한국고전번역원에서 간행한 한국문집총간 245집 소재《몽오집(夢梧集)》으로 하였다. 번역 대본의 원문 텍스트와 원문 이미지는 한국고전종합DB(http://db.itkc.or.kr)에서 확인할 수 있다.
2. 역주는 내용이 간단하면 간주(間註)로, 길면 각주(脚註)로 처리하였다.
3. 한자는 필요한 경우 이해를 돕기 위하여 넣었으며, 운문(韻文)은 원문을 병기하였다.
4. 문장 부호는 '한글 맞춤법'에 규정된 용법을 따랐으며, 그 밖에 새로 만들거나 용법을 달리하여 사용한 부호는 다음과 같다.

   「 」: ' ' 안의 재인용을 나타낼 때 사용한다.

   『 』: 「 」 안의 재인용을 나타낼 때 사용한다.

   《 》: 책명 및 각주의 전거(典據)를 나타낼 때 사용한다.

   〈 〉: 편명, 작품명, 논문 제목을 나타낼 때 사용한다.

   …… : 번역문에서 원문의 '云云'을 처리할 때, 각주에서 긴 인용문을 처리할 때, 각주의 표제어가 네 어절 이상일 경우 생략되는 말을 처리할 때 사용한다.

   - - : 본문에서 소자(小字) 원문 주(註)의 처음과 끝에 사용한다.

차례

몽오집 제1권

시 詩

몽오집 제2권

소차 疏箚

의 議

몽오집 제3권

강의 講義

고사 故事

해제

몽오 김종수의 생애와 《몽오집》에 대하여

홍기은 | 한국고전번역원 수석연구위원

1. 몽오의 가계와 생애

김종수(金鍾秀, 1728~1799)의 본관은 청풍(淸風), 자는 정부(定夫), 호는 몽오(夢梧)·솔옹(率翁), 시호는 문충(文忠)이다. 부친은 시직(侍直)을 지낸 김치만(金致萬)이고, 조부는 호조 참판을 지낸 김희로(金希魯)이고, 증조부는 우의정을 지낸 김구(金構)이고, 고조부는 전라도 관찰사를 지낸 김징(金澄)이다. 모친은 평안도 관찰사를 지낸 풍산 홍씨(豐山洪氏) 홍석보(洪錫輔)의 딸이고, 처는 홍문관 교리를 지낸 해평 윤씨(海平尹氏) 윤득경(尹得敬)의 딸이다.

김종수는 1728년(영조4) 한성부(漢城府) 미장동(美牆洞)에서 김치만의 둘째 아들로 태어났다. 17세에 해평 윤씨와 혼인하였고, 이해에 사학합제(四學合製)의 초시에 합격하였다.

1750년(23세) 아들 김약연(金若淵)이 태어났고, 이해에 생원 진사 양시에 합격하였다.

1751년(24세) 2월 홍익필(洪益弼), 김상묵(金尙默), 이유수(李惟秀), 이윤영(李胤永), 이운영(李運永), 이인상(李麟祥)과 단양(丹陽)을 유람하였는데, 청풍의 한벽루(寒碧樓)에서 거슬러 올라가 구담(龜潭)과 사인암(舍人巖) 등 여러 명승지를 유람하고 영춘(永春)까지 갔다가 돌아왔다. 이 전 과정을 읊은 시가 〈동유(東遊)〉라는 장편 시이다.

1753년(26세) 부친상을 당하였는데, 장례의 모든 절차를 《가례(家禮)》에 의거하여 진행하였고, 광주(廣州)의 정림(靜林)에 장사 지냈다.

1754년(27세) 《난여(爛餘)》를 편찬하였는데, 신임사화(辛壬士禍)와 관련된 기록을 조보(朝報)에서 추출하여 편집한 것이다.[1]

1756년(29세) 이윤영·이운영 형제와 그의 종제 이희영(李喜永)과 함께 배를 타고 인천 앞바다에 있는 용류도(龍流島)를 유람하고 돌아왔는데, 이때 율시 18수를 지었다. 제4권 〈부해기(浮海記)〉에 상세한 내용이 실려 있다.

1758년(31세) 세자익위사 세마(世子翊衛司洗馬)에 임명되어 영조가 명릉(明陵)에 전알(展謁)할 때에 세자를 모시고 갔다.

1760년(33세) 공조 좌랑, 호조 좌랑에 이어 강서 현령(江西縣令)에 임명되었다. 이듬해 4월에 장헌세자(莊獻世子)가 서도(西道)로 행차하여 평양에 이르렀는데, 이때 평안 감사가 편지를 보내 부르자 말을 타고 달려가서 영유 현령(永柔縣令) 조정(趙晸)을 만나고 돌아왔고, 며칠 뒤에 다시 편지를 보내 부르므로 말을 타고 달려가서 조정을 만나 하룻밤을 자고 돌아왔다. 이 일에 대해 훗날 정조가 이르기를,

> "내가 들으니, 선세자(先世子)께서 신사년(1761, 영조37)에 서도로 행차하셨을 때 경이 강서 현령으로 영유 현령 조정과 길을 막고 울면서 간언하였다고 하는데, 그런 일이 있었는가?"

하니, 김종수가 대답하기를,

"이는 소문이 잘못된 것입니다. 그때 세자께서는 평양에서 곧바로

1 정조가 김종수에게 "경이 일찍이 《난여》를 지었는데, 이것은 조보에서 등초(謄抄)한 것인가?" 하니, 김종수가 "그렇습니다." 하였다. 《日省錄 正祖 8年 4月 10日》

환궁하셨습니다. 두 현은 평양과 거리가 먼데 어찌 길을 막고 간언했는지 하지 않았는지를 논할 것이 있겠습니까."

하자, 정조가 이르기를,

"선세자께서 환궁하신 뒤에 '내가 서도 행차에서 직신(直臣) 두 사람을 얻었다.'라고 말씀하셨다."

하였다. 김종수가 졸한 뒤에 정조가 그 행장(行狀)을 가져오라고 하여 보고서 심환지(沈煥之)에게 보낸 편지에 "선세자께서 서도로 행차하셨을 때 강서에서 있었던 일을 빠뜨리고 기록하지 않았는데, 이는 그 집안사람들이 그때의 일을 알지 못해서일 것이다."라고 하였다. 이 일의 사실 여부는 기록이 남아 있지 않아서 확인할 수 없지만 정조는 사도세자의 말을 듣고 확신하고 있었던 것으로 보인다.

1768년(41세) 식년(式年) 전시(殿試)에 병과(丙科) 13인으로 합격하였는데, 영조가 특별히 을과(乙科)로 시행하라고 명하면서 하교하기를 "김종수는 이미 군수를 지냈는데 아직 통덕랑(通德郎)으로 있다. 그 지조가 숭상할 만하고 고풍(古風)을 실추하지 않았으니 그 또한 가상하다. 을과로 시행하여 나의 뜻을 보이라." 하였다. 이해 6월에 세손시강원 필선(世孫侍講院弼善)에 임명되고 이어 세손시강원 겸사서(世孫侍講院兼司書)에 임명되었다. 8월 세손이 16폭의 병풍을 써서 올리라고 명하였는데, 《서경》의 〈무일(無逸)〉과 《시경》의 〈억(抑)〉을 써서 올렸다.

1772년(45세) 3월 기장현(機張縣)에 정배되었는데, 이 일을 청명당 사건(淸明黨事件)이라고 한다. 이 일은 당시 이조 판서 정존겸(鄭存謙)이 성균관 대사성의 후보에 김종수, 조정, 서명천(徐命天) 세 사람을 의망(擬望)한 것이 계기가 되었다. 영조는 이 일이 사심에 의한 것이라고 하면서 정존겸을 파직하고 영의정 김치인(金致仁) 또한 면직시켰다. 언관들이 김치인을 옹호하자 영조는 이들을 윤시동(尹蓍東)과 김종수의 세력에 붙은 청당(淸黨)이라고 규정하여 당시의 명류들을 유배 보냈다. 이때 연루된 인물은 김치인, 김종수, 윤시동, 이명식(李命植), 정존겸, 유강(柳綱), 유항주(兪恒柱), 이형원(李亨元), 한광회(韓光會) 등이다. 이 사건을 계기로 노론 남당계가 정계에서 축출되자 김귀주(金龜柱)와 김관주(金觀柱) 등은 홍봉한(洪鳳漢)의 처단을 요구하는 상소를 올렸다.[2] 영조는 김종수를 그 배후로 지목하여 4월에 금갑도(金甲島)로 이배하고 위리안치(圍籬安置)하도록 명하였고, 8월에는 서민으로 강등하고 자제를 종신토록 금고(禁錮)에 처하도록 하였다가 두 달 뒤에 서민으로 강등하는 형률은 사면하였다. 이듬해 5월에 석방하라는 특명을 내리고 또 그 이듬해 2월에 직첩을 돌려주라고 명하였다.

1774년(47세) 아들 김약연이 죽었다. 두 달 뒤에 며느리 홍씨가 자진하였는데, 이듬해 홍씨를 정려(旌閭)하라는 명이 내렸다. 1783년(정조7)에 족손 김동선(金東善)을 후사로 삼았다.

1776년(영조52, 49세) 공조 참의에 임명되었는데 이해 3월에 영조가 승하하였다. 이해 7월에 우부승지에 임명되고 이어 우승지로 임명되었다가 공조 참판을 거쳐 강화부 유수(江華府留守)에 임명되었다. 이듬해 경기 관찰사에 임명되었다가 8월에 병조 판서에 임명되고 예문관 제학과 선공감 제조를 겸하였으며, 9월에 이조판서 겸 지경연사·지춘추관사, 사역원 제조에 임명되었다. 이듬해 의정부 우참찬에 임명되었

2 《英祖實錄》48年 7月 21日.

다가 평안도 관찰사에 임명되었다.

1779년(정조3, 52세) 예조 판서에 임명되어 수어사(守禦使)를 겸하였고, 이듬해 이조 판서에 임명되어 내의원 제조를 겸하고, 이어 규장각 제학, 예문관 제학, 교서관 제조를 겸하고, 비변사 유사 당상에 차임되었다. 잠시 벼슬에서 물러났다가 다시 수어사에 임명되고 판의금부사, 지중추부사에 임명되었다. 이해 10월에 백씨인 본암(本庵) 김종후(金鍾厚)의 상을 당했는데, 형을 매우 공경히 섬겨서 어버이 봉양하듯 하니 본암 선생이 "나의 동생이 이미 벼슬도 귀하고 나이도 지긋한데 소년처럼 부지런히 수발을 드니 나는 율곡(栗谷)의 형인가 보다."라고 하였다.

1781년(54세) 4월과 8월에 〈규장각고사(奎章閣故事)〉 두 편을 편차하여 올렸다. 4월에 올린 것은 《역대명신주의(歷代名臣奏議)》를 편차하면서 그 책에서 잠규(箴規)로 삼을 만한 격언들을 뽑아 조목별로 나열하여 정리한 것이고, 8월에 올린 것은 율곡의 《성학집요(聖學輯要)》를 써서 올리면서 그 안에 실려 있는 정자(程子), 설선(薛瑄), 이이(李珥)의 말을 인용하고 자기의 견해를 덧붙인 것이다. 《몽오집》 제3권에 두 편이 모두 실려 있다. 이해 10월 정조가 화사(畫師) 한정철(韓廷喆)에게 김종수의 초상을 그리게 하고 직접 화상찬(畫像贊)을 쓰기를 "조정에서는 홀로 대의(大義)를 담당하고 초야에서는 더러운 습속에 물들지 않았으니, 이른바 '자취가 돌올하고 사심이 전혀 없는 사람'이다."라고 하였다. 이어 '돌올공탕서주인(突兀空蕩墅主人)'이라는 별호를 지어 주고 김종수에게 내리는 모든 어제(御製)에 대부분이 호를 써 주었다.

1782년(55세) 2월 예조 판서에 임명되었다가 체차되고, 6월 판의금부사로서 종부시 제조를 겸하였고, 10월 승문원 제조에 차임되었다가 사헌부 대사헌으로 옮기고, 이어 호조판서 겸 평시서제조에 임명되었다.

1783년(56세) 1월 이조 판서에 임명되었다. 5월 병조 판서에 임명되었다가, 7월 좌참찬에 임명되어 판의금부사와 종부시 제조를 겸하였고, 8월 이조 판서에 임명되었다.

1784년(57세) 1월 형조 판서에 임명되었다가 양주 목사(楊州牧使)로 옮겼다. 7월 세자시강원 우빈객(世子侍講院右賓客)에 임명되었다가 곧 이전 직임에 임명하라는 명이 내렸는데, 무더위에 모친을 모시고 서울에 올라오기 어려워서였다.

1785년(58세) 2월 규장각 제학을 잉임(仍任)하고, 판의금부사에 임명되어 이률(李瑮)의 국문에 참여하였다. 전 현감 김이용(金履容)이 이률의 반란을 고변하는 글을 김종수에게 주었으므로 김종수가 정조에게 올리자 정조가 김종수를 판의금부사에 임명하여 처리하게 하였다. 이 공로로 정조가 양외전(量外田) 150결, 노비 13구, 구사(丘史) 7구를 하사하였는데 사양하므로 정조가 김종수의 종숙 김치인의 의견을 듣고서 전(田) 90결, 노비 10구, 구사 5구를 하사하니, 전문(箋文)을 올려 사례하였다.

1786년(59세) 4월 문효세자(文孝世子)가 훙서하여 묘지문을 지어 올리고 만장을 지어 올렸다. 12월 대제학에 임명되었다.

1787년(60세) 특별히 수어사에 임명되었다.

1788년(61세) 형조 판서에 임명되었다.

1789년(62세) 정조의 명으로 《해동읍지(海東邑誌)》를 편찬하였다. 8월 대제학에 임명되었고, 9월 판의금부사에 임명되고 특별히 훈련도감·어영청·금위영의 대장과 총융사 및 좌우 포도대장을 겸찰하라는 명을 받았다. 이어 우의정에 임명되었다. 이때 영의정은 이재협(李在協)이고 좌의정은 채제공(蔡濟恭)이었는데, 사도세자의 묘인 영우원(永祐園)을 화성(華城)으로 이장하는 일이 목전에 있었기 때문에 고사하지 못하고 명을 받들었다.

1790년(63세) 8월 모친상을 당하여 관을 모시고 몽촌(夢村)으로 돌아와 부친의 묘를 이장하여 정림(靜林)에 합장하였다. 정조가 매달 사람을 보내 안부를 묻고 약과 음식물을 보내왔다.

1792년(65세) 9월 부인상을 당했다. 부인의 병이 위독하자 집안사람들이 잠시 방에 들어와 대면하여 영결하라고 청했으나 모친상의 담제(禫祭)를 지내기 전이라고 하여 들어가지 않았다. 집안사람들이 재삼 울면서 청하자 비로소 들어가 보았는데 이때는 부인이 이미 사람을 알아보지 못하는 지경이었다. 모친상을 마치고 판중추부사에 부직되었고, 사옹원·사역원·훈련도감의 도제조를 겸임하였다.

1793년(66세) 좌의정에 임명되었다. 이때 영의정 채제공이 상소를 올려 사도세자의 무함을 씻어야 한다고 주장하자 벽파의 영수였던 김종수는 큰 의리를 변경하려고 시도한다며 강력히 반발하여, 둘 다 파직되었다. 채제공의 상소로 논란이 계속되는 상황에서 정조는 같은 해 8월 8일 시원임 대신과 문관·음관·무관 2품 이상 관원, 그리고 내각과 삼사의 관원들을 소견하는 자리에서 금등(金縢)을 공개하였다.[3] 금등 공개 이후 정조에게 동조하기도 하였으나 끝내 거부하자 정조가 임금의 앞과 뒤에서 언행을 달리한다고 성토하였다.

1794년(67세) 2월 평해군(平海郡)에 귀양 갔다가, 3월 남해현(南海

3 《正祖實錄》 17年 8月 8日.

縣)에 안치되었다. 4월에 정조가 위리안치하도록 명하였다가 곧이어 명을 거두었다. 6월에 특별히 방면되어 정림으로 돌아왔다. 12월 특별히 탕척을 받아 판중추부사에 부직되었다. 이후로는 벼슬에 나아가지 않고 금강산, 수락산(水落山), 철원(鐵原), 백운산(白雲山), 속리산(俗離山), 보개산(寶蓋山) 등을 유람하였는데, 그때마다 정조가 내각의 아전을 보내 하사품을 내리고 어제시를 써서 내려 전별하였다.

1796년(69세) 정조는 김종수가 병이 든 것을 안타깝게 여겨 양손자 김동선을 동몽교관(童蒙教官)에 임명하였고, 이듬해 김동선을 포천 현감에 임명하여 조부를 봉양하게 하니, 김종수가 포천현 관아로 갔다.

1797년(70세) 1월 기로사(耆老社)에 들었다. 1798년에는 정조가 거의 매달 내각의 아전을 보내 선유(宣諭)하였다.

1799년(72세) 1월 손자의 임지인 포천의 관아에서 세상을 떠났다. 관찰사가 조정에 보고하니 정조가 매우 슬퍼하면서 3년 동안 녹봉을 지급하라고 명하고 양주 목사를 보내서 치제(致祭)하게 하였다. 이어 본가로 하여금 속히 행장을 지어 올리게 하고 홍문관으로 보내서 시호(諡號)를 의정(議定)하라고 명하였는데, 김동선이 유명(遺命)에 따라 예장(禮葬)을 받지 않고 시호 증여도 청하지 않으므로 정조가 홍문관에 행장을 기다리지 말고 시호를 의정하라고 명하여 '문충(文忠)'이라는 시호를 내렸다.

1802년(순조2) 정조의 묘정에 배향되었다.

2. 《몽오집》 편찬과 간행

1) 편찬과 간행

김종수의 《몽오집》은 1912년에 연활자로 간행되었다. 김종수가 세상을 떠난 지 100년이 넘어서야 문집이 간행되었는데 정확한 이유는 밝혀진 바가 없다. 다만 신응조(申應朝)의 서문, 이재곤(李載崐)과 김윤식(金允植)의 발문을 통해서 그 대략을 짐작할 수 있다. 이 서문과 발문을 종합해 보면 《몽오집》의 간행에 대한 시도는 네 차례 있었던 듯하다. 먼저 1897년(고종34)에 지어진 신응조의 서문에 "정묘(正廟)께서 일찍이 하교하기를 '세상에 경의 문집이 없어서는 안 된다.'라고 하셨으니, 이는 공이 덕과 학문과 공로가 있고 아울러 문장까지 갖추고 있어서 후세에 전해져야지 없어지게 해서는 안 되기 때문이었다. 성주(聖主)의 한마디 칭찬이 화려한 예복을 하사받는 일보다 더 영광스러운 것인데 유집(遺集)이 아직까지 세상에 나오지 않았다." 하였고, 이재곤의 발문에 "공이 세상을 떠나자 정묘께서 근신(近臣)에게 유고(遺稿)를 모으라고 명하였으니, 이는 장차 간행하기 위해서였는데, 오호라 임금께서 갑자기 승하하시고 말았다. 그 후로 100여 년 동안 공의 유집이 아직까지도 사가(私家)에 보관되어 있다." 하였다. 이 내용으로 보면 김종수가 죽고 나서 곧바로 정조가 문집을 간행하려고 유고를 모으라고 하였는데, 얼마 지나지 않아 정조가 서거하고 정세가 변함으로 인하여 유고 간행이 중단된 것으로 보인다.

두 번째 시도는 1879년이다. 이때에 김종수의 증손자 김직성(金直性)이 문집을 간행하기 위해 신응조에게 서문을 부탁하였다. 이 서문에서 신응조는 "공의 증손자 김직성이 문집을 간행하여 널리 전파하려고 하면서 나에게 서문을 지어 달라고 하였다. 내가 감당할 수 없다고 사양하였으나 허락하지 않아서 망녕되고 외람됨을 잊고 이와 같이 한두 가지를 대략 서술한다. 금상 16년 기묘년(1879) 경연 강관(經筵講官) 숭정대부(崇政大夫) 행 예조판서 겸 홍문관제학 신응조는 삼가 서문을 쓴다."라고 하여 이 서문을 쓴 해가 1879년임을 밝히고 있다. 그러나 무슨 이유 때문인지 알 수 없지만 이때에도 시도는 하였으나 간행하지는 못하였다.

세 번째 시도는 1893년이다. 한국학중앙연구원에 기탁된 종가 소장본 《몽오집서(夢梧集序)》(1책)가 2종이 있는데, 이 중 한 책의 뒤쪽 표지에 1893년경에 신응조가 쓴 것으로 추정되는 글이 별지로 붙어 있다. 별지의 전문을 소개하면 다음과 같다.

> 여기 올리는 글은 바로 14년 전에 지은 것입니다. 그때 심부름 와서 서문을 요청한 사람이 서문을 찾아가지 않아 상자 안에 보관해 두었습니다. 지금 대자(大資)께서 보내신 편지를 받고 이에 올리기는 합니다만 서문으로 쓰기에는 부족합니다. 대자께서 한번 보시고 문집의 인소(印所)에는 보내지 않는다면 매우 다행이겠습니다. 이 글 또한 돌려주실 필요가 없습니다.

이 글을 통해 두 가지 사실을 확인할 수 있다. 첫째 14년 전, 즉 1879년에 김종수의 증손인 김직성이 사람을 보내 신응조에게 서문을 부탁했으나 문집 간행이 무산되어 그 서문을 찾아가지 않았다는 것이다. 둘째는 14년 뒤에 다시 문집을 간행하기 위해 신응조에게 서문을 보내 달라고 편지를 보냈고, 또한 이때에는 문집을 간행하는 기구인

인소가 설치된 것으로 보아 문집 간행이 구체적으로 진행되고 있음을 알 수 있다. 그러나 이때에도 곧바로 문집이 간행되지는 않았다. 다만 1896년과 1897년에 김종수의 종인(宗人)인 김윤식이 《몽오집》을 읽고 교정하고 발문까지 써 두었다. 《몽오집》의 부록에 붙은 발문에는 1910년에 쓴 것으로 되어 있으나 김윤식의 문집인 《운양집(雲養集)》에는 정유년(1897)에 지은 것으로 기록된 점으로 보아, 원래는 1897년에 지었는데 문집을 간행할 때에 고친 것으로 추정된다. 그러나 이때에도 간행하는 데까지 이르지는 못했고, 서문과 발문을 확보하고 교정까지 한 상태에서 중단된 듯하다.

최종 간행된 시점은 김윤식이 교정하고 나서 15년이 지난 1912년이었다. 김윤식의 발문으로 보아 1910년 간행 준비가 완료되고 나서 2년 후인 1912년에 간행된 것으로 보인다. 국립중앙도서관에 소장된 《몽오집》에 판권지가 남아 있는데 "명치 45년(1912) 7월 10일 간행"으로 기록되어 있고, 편집 겸 발행자는 발문을 쓴 이재곤으로 기록되어 있다.

이상의 내용을 요약하면 김종수가 사망하고 나서 곧바로 정조의 명으로 문집 간행을 준비하였으나 정조가 서거하면서 무산되었고, 1879년에 김종수의 증손인 김직성이 간행을 시도하였으나 역시 이루지 못했으며, 1893년에 다시 문집 인소를 설치하여 교정까지 하였으나 역시 간행에는 이르지 못하다가 1910년에 다시 시도하여 1912년에 간행되어 세상에 나오게 된 것이다.

2) 판본 비교

현전하는 김종수의 저작과 관련된 책은 두 종의 《몽오집》과 《몽오연보(夢梧年譜)》와 〈몽오집 서(夢梧集序)〉이다. 《몽오집》은 정해은의 조사에 의하면 김종수 종가에 소장하고 있던 필사본과 1912년에 간행된 연활자본이 있고, 연보도 김종수 종가에 소장하고 있던 필사본과 1912년 《몽오집》과 함께 간행된 연활자본이 있으며, 서문은 연활자본 《몽오집》에 실리기 이전 단계의 필사본이 2장의 작은 책자로 묶여 종가에 소장되어 있었다.[4] 즉 필사본은 《몽오집》 원본과 《몽오연보》와 서문이 따로 분리되어 있고, 간행본은 이것들이 모두 편집되어 한 종의 책으로 합쳐진 것이다. 그런데 간행 단계에서 원래의 필사본에서 많은 양이 빠지고 약 40%만 선정되어 간행되었다. 상세 내용을 표로 정리하면 다음과 같다.

표1 종가 소장 필사본과 간행본의 목차 비교[5]

연번	항목	필사본	간행본	축소 비율(%)
1	辭	1	-	100
2	詩	239題 311首	107題 131首	57.9
3	疏箚	54	30	44.4
4	啓	2	-	100
5	書啓	4	-	100
6	議	2	2	-
7	箋	2	-	100

4 정해은의 조사에 의하면, 필사본 《몽오집》의 본집은 8책 16권으로 구성되어 있는 반면, 연활자본은 2책 7권으로 구성되어 있다. 연보는 필사본의 경우 1책 2권으로 구성되어 본집과 분리되어 있는데, 연활자본의 경우 역시 1책 2권이기는 하지만 본집과 함께 간행되었으므로 연활자본 《몽오집》은 3책 9권으로 구성되어 있다. 콜롬비아대학교 도서관에 연활자본 《몽오집》이 영본(零本)으로 4~10권이 있다는 기록이 있기는 하나 확실치는 않다. 김종수 종가에 소장하고 있던 필사본 서문 1책은 2본이 있는데 모두 신응조의 서문으로 연활자본으로 간행되기 이전 단계의 원본인 것으로 확인되었다. 《정해은, 《몽오집》의 각종 판본과 편집 내용 비교, 藏書閣 제40집, 한국학중앙연구원, 2018, 186~223쪽》

연번	항목	필사본	간행본	축소 비율(%)
8	講義	1	1	-
9	故事	3	3	-
10	應製文	11	-	100
11	書	19	6	68.4
12	序	10	8	20
13	記	10	9	10
14	題跋	32	22	31.3
15	雜著	7	1	85.7
16	銘, 箴, 贊, 上樑文	12	-	100
17	祭文	43	8	81.4
18	哀辭	19	7	63.2
19	碑	13	4	69.2
20	墓碣	13	5	61.5
21	墓表	31	12	61.3
22	墓誌	32	4	87.5
23	行狀	4	1	75
24	諡狀	5	3	40
25	遺事	4	-	100
26	傳	1	-	100
계		646	257	60.2

* 이 표는 전체 분량을 기준으로 분석한 것이 아니라 항목 수를 가지고 분석한 것이다.

이 표를 분석해 보면 원래 26항목 646편이 있었는데 간행하면서 18항목 257편으로 대폭 축소한 것을 알 수 있다. 간행본에 범례가 없기 때문에 어떤 기준으로 산삭했는지 알 수 없으나 드러난 현상으로 보면 사(辭), 계(啓), 서계(書啓), 전(箋), 응제문(應製文), 명(銘), 잠(箴), 찬(贊), 상량문(上樑文), 유사(遺事), 전(傳)은 전량 산삭되었고, 잡저(雜著), 제문(祭文), 묘지(墓誌)는 80% 이상이 산삭되었다. 그러나 문집을 간행하면서 저자의 모든 저작물을 다 문집에 싣는 것이 아니라 선별하여 싣는 것은 일반적인 관행이었으므로 분량이 축소된 것은 문

5 이 표는 위 논문에서 정리한 내용을 인용한 것이다.

제가 되지 않는다. 다만 김종수를 연구하는 연구자의 입장에서 보면 아쉬움이 남을 수 있지만 다행히도 필사본이 남아 있어 간행본의 아쉬움을 달랠 수 있을 것이다.

3. 《몽오집》의 주요 내용

《몽오집》의 전체 내용을 일괄하면 다음과 같다. 먼저 권수(卷首)에는 신응조의 서문이 실려 있다. 권1에는 시(詩) 131수가 실려 있고, 권2에는 소차(疏箚) 30편과 의(議) 2편이 실려 있고, 권3에는 강의(講義) 1편과 고사(故事) 3편이 실려 있다. 권4에는 서(書) 6편, 서(序) 8편, 기(記) 9편, 제발(題跋) 22편, 잡저(雜著) 1편이 실려 있다. 권5에는 제문(祭文) 8편과 애사(哀辭) 7편이 실려 있다. 권6에는 비(碑) 4편, 묘갈(墓碣) 5편, 묘표(墓表) 12편이 실려 있다. 권7에는 묘지(墓誌) 4편, 행장(行狀) 1편, 시장(諡狀) 3편이 실려 있다. 권미(卷尾)에 김윤식의 발문과 이재곤의 발문이 실려 있다. 부록에는 연보 2권이 실려 있다.

권1은 모두 시인데, 총 107제(題) 131수가 실려 있다. 첫 번째 시는 〈효발경안촌(曉發慶安村)〉인데, 경안촌은 경기 광주에 있는 지명이다. 김종수 종가에 소장하고 있는 필사본을 보면 이 시는 21세 때인 1748년(영조24)에 지은 것이다. 세 번째 시는 〈동유(東遊)〉인데, 24세 때인 1751년 2월에 홍익필(洪益弼), 김상묵(金尙默), 이유수(李惟秀), 이윤영(李胤永), 이운영(李運永), 이인상(李麟祥)과 단양(丹陽)에 유람 가서 지은 시이다. 남한강에서 배를 타고 출발하여 설성(雪城),

탄금대(彈琴臺), 황강동(黃江洞), 한벽루(寒碧樓), 금병산(錦屛山), 옥순봉(玉筍峯), 적성(赤城), 구담(龜潭), 장회탄(長淮灘), 단양, 도담(島潭), 매포(梅浦), 북평(北坪), 상선암(上仙巖), 중선암(中仙巖), 하선암(下仙巖), 춘성(春城)을 경유하여 다시 도담, 단양, 강선대(降仙臺), 가은동(可隱洞), 옥천암(玉泉菴), 능강동(淩江洞)을 거쳐 돌아왔다. 지금은 이 지역에 충주호가 생기는 바람에 대부분 수몰되어 볼 수 없는 곳이 많다. 이후 1756년까지 시를 짓지 않았는데 그 이유는 1753년 10월에 부친상을 당했으므로 상중이라 시를 짓지 않은 것이다. 20대에 지은 시가 현재 남아 있는 것이 전부는 아니겠지만 남아 있는 대부분의 시는 부친상을 마친 이후에 지은 것들이다. 이 시기 문인들이 대체로 매화를 사랑하여 매화에 대한 시가 많은데 김종수 역시 매화를 좋아하여 그의 시에 매화가 많이 등장한다. 특히 매화가 피기를 기다리며 〈매화불개(梅花不開)〉라는 제목으로 세 수를 연이어 지었는데 그 첫 번째 시는 다음과 같다.

소합에 매화를 넣어 두고 날마다 엿보는데	小閤藏梅日日窺
봄의 마음 아득하여 보아도 알기 어렵네	春心漠漠看難知
절기는 재촉할 필요 없으니	天機不用相催促
피는 것이 늦으면 지는 것도 늦겠지	好是開遲落亦遲

소합(小閤)이란 방 안에 매화 화분을 보호하기 위하여 만든 작은 온실인데, 매합(梅閤), 매감(梅龕), 매각(梅閣), 매옥(梅屋), 지합(紙閤)이라고도 한다. 방 안에 매화 화분을 들여놓고, 그것으로도 부족하여 휘장을 쳐서 온실까지 만들어서 보호하며 날마다 들여다보면서 매

화가 피기를 간절히 기다리지만 매화가 피지 않으므로 "피는 것이 늦으면 지는 것도 늦겠지"라고 하며 마음을 달래고 있다.

이후로 해마다 몇 수씩 지었는데, 1772년에 특히 많은 시를 지었다. 그 이유는 당시 청명당 사건으로 인하여 숙부 김치인과 함께 유배되는 시련을 겪었기 때문이다. 김종수는 처음에 기장현으로 유배되었다가 금갑도로 이배되었고, 김치인은 남해의 섬으로 유배되었다. 이 시기에 지은 시는 김종수 종가 소장 필사본에 19제 29수, 간행본에 실린 것이 16제 21수이니 대부분 간행본에 실려 있는 셈이다. 1772년 금갑도에 위리안치되어 있으면서 생각나는 대로 지은 〈우성(偶成)〉이라는 시에서 유배 생활의 실상과 심경을 잘 묘사하였다.

차가운 조수가 해안을 침식하여 절로 소리가 나고 寒潮齧岸自生音
가시울타리 마당을 둘러쳐서 낮에도 그늘이 지네 籬棘環庭晝亦陰
바람이 거세서 밤에 기와 떨어지는 소리 자주 듣고 風急夜聞頻墮瓦
눈 내리는 일 드물어 겨울에도 시들지 않는 숲이 있다네 雪稀冬有未凋林
푸른 바다는 어머니에게 달려가는 꿈을 막지 못하고 滄溟不礙趨庭夢
별과 달에는 임금을 그리워하는 마음 오래도록 걸려 있네 星月長懸戀闕心
내가 남쪽으로 온 뒤로 머리가 모두 희어졌으니 自我南來頭白盡
살같이 흐르는 세월을 어찌 견디리 那堪歲色去駸駸

이 시에서 보이는 것처럼 이 시기에 지은 시들을 보면 귀양 온 현실을 담담히 받아들이면서 오직 홀로 계신 노모와 임금을 그리워하는 내용이 많다. 자신을 죄인이라고 말하고는 있지만 죄를 자책하는 내용은 없는 것으로 보아, 전혀 죄가 없다고 할 수는 없지만 그렇다고 큰 죄를 지어서 귀양 온 것은 아니라는 생각이 기저에 깔려 있음을 알 수 있다. 1773년 5월에 석방되기는 했지만 이듬해 아들 김약연을 잃었다. 그 후로는 시를 짓는 일이 별로 없고, 지인들의 죽음을 슬퍼하는 만사나 화답하는 시만 1년에 한두 수씩 지었다. 마지막 시는 저자가 69세 때에 지은 것인데, 이때 정조가 시를 지어 보내서 전별하였다.

일장산 아래 귀인의 행차를 바라보며	日長山下望淸塵
역말 달려 멀리 궁중의 약제를 보내노라	馹騎遙頒內劑珍
만년에 추밀사의 벼슬로 치사를 하고	暮歲懸車樞密使
봄바람 광릉나루에 닻줄을 매었도다	春風繫纜廣陵津
선도(仙道) 찾아 다시 금강산으로 들어가니	尋眞轉向金剛入
풍속 살피기는 순찰사 시절보다 나으리라	觀俗猶勝玉節巡
왕래하는 도중에 부디 몸조심 잘하여	途道起居宜愼護
매미 소리 날 때까지는 부디 돌아오시게나	歸期須趁聽蜩辰

이 시의 제목은 〈증돌올공탕서주인역람압구제승장향풍악지행(贈突兀空蕩墅主人歷覽狎鷗諸勝將向楓嶽之行)〉인데, 김종수를 '돌올공탕서주인'이라고 표현하였다. 정조는 김종수가 노년에 명산을 유람할 때마다 술과 안주와 시를 지어 보내서 자신의 마음을 표하였는데, 금강산에 갈 때에도 시와 약을 보내서 마음을 표했던 것이다. 이에 김종수 역시 그 시에 화운하는 시를 지어 올렸으니, 제목이 〈금강지행갱진어제신행운(金剛之行賡進御製贐行韻)〉이다.

평생에 티끌만큼도 보답하지 못한 것이 부끄러워 報答平生愧刹塵
진귀한 어제시를 두 손으로 받들고 울었네 雙擎奎藻泣鮫珍
만년에 은혜를 온전히 내려 물에 빠진 사람을 건져 주듯 하셨으니 恩全晩節如拯溺
선경(仙境)을 찾아서 두루 돌아다니고 싶네 迹放仙區欲問津
이번에 한가로이 떠나는 것 모두가 성상의 은혜 此去優閑皆造化
지난날 성은(聖恩) 아래에서 오랫동안 머뭇거렸네 向來榮寵久逡巡
은은한 만이천봉 위의 달은 依依萬二千峯月
돌아가는 꿈속에서도 북극성을 맴돌겠지 歸夢猶應遶北辰

이 시를 지은 이후에도 수락산, 백운산, 속리산, 보개산 등을 유람할 정도로 건강하였고, 3년 후에야 세상을 떠났으므로 그간에 지은 시들이 있으리라고 짐작되지만 남아 있지 않다.

권2는 상소 22편, 차자 8편, 의(議) 2편이다. 22편의 상소 중 첫 번째가 정언 이겸빈을 추자도에 위리안치하라는 명을 거두어 주기를 청한 〈청침정언이겸빈추자도위리안치지명소(請寢正言李謙彬楸子島圍離安置之命疏)〉이다. 1768년(영조44) 사간원 정언 이겸빈이 1764년에 반포한 《어제엄제방유곤록(御製嚴堤防裕昆錄)》을 비판하며 환수하기를 요청하자 영조가 노하여 그를 추자도에 위리안치하라는 명을 내렸다. 이에 김종수가 영조의 조치를 비난하며 이겸빈에 대한 처분을 취소하기를 청하는 내용이다. 그 외에 공조 참의, 대사간, 병조 판서와 예문관 제학, 이조 판서, 이조 판서와 문형(文衡), 우의정, 좌의정을 사직하는 사직소(辭職疏)가 9편이다. 또 모친의 나이가 많다는 이유로 한직을 청하는 진정소(陳情疏)가 있고, 이현영(李顯永), 이형규(李亨逵), 조시준(趙時俊) 등의 소척(疏斥)을 받고 변명한 상소, 이가환(李家煥)을 토죄하기를 청하는 상소, 금등(金縢) 사건과 관련하여 채제공의 상소를 반시(頒示)하기를 청하는 상소 등이 있다.

차자는 8편이 있는데, 영조가 강(講)을 정지하라는 명을 내린 데 대해 옥당으로서 그 명을 거두기를 청하고 아울러 지나친 언행을 삼가라고 권면하는 〈옥당차자(玉堂箚子)〉, 사도세자를 낳은 영빈(暎嬪) 이씨(李氏)의 묘를 원(園)으로 봉하는 것이 타당하지 않다는 의견을 개진한 〈청침영빈봉원차(請寢暎嬪封園箚)〉, 《경연고사》를 지어 올리면서 소견을 개진한 〈진경연고사비례차(進經筵故事比例箚)〉, 홍국영을 빨리 유배 보내라고 독촉하는 〈청찬홍국영차(請竄洪國榮箚)〉, 《역대명신주의요략》을 올리면서 소견을 개진한 〈진역대명신주의요략차(進歷代名臣奏議要略箚)〉, 《국조명신주의요략》을 올리면서 소견을 개진한 〈진국조명신주의요략차(進國朝名臣奏議要略箚)〉, 1788년(정조 12) 우의정 채제공이 올린 서계와 장령 조정상이 올린 상소에 대해 반박하며 소회를 진달한 〈인우상채제공서계장령조정상소진소회차(因右相蔡濟恭書啓掌令趙貞相疏陳所懷箚)〉, 채제공을 토죄하기를 청한 〈청토채제공차(請討蔡濟恭箚)〉이다.

의(議)는 두 편이다. 하나는 강화 유수에게 삼도통어사(三道統禦使)를 겸하게 하고 전선(戰船)과 수졸(水卒)을 두는 것이 편리하다는 내용으로 헌의(獻議)한 〈통어영이설강도당부의(統禦營移設江都當否議)〉이고, 다른 하나는 수어영과 총융청을 하나로 합치는 것이 타당한지에 대해 수의하라는 명에 대해 김종수가 두 군영이 불필요하고 제도를 고치는 데에 신중하라는 뜻을 개진하여 올린 〈수어총융합영당부의(守禦摠戎合營當否議)〉이다.

권3은 강의(講義)와 고사(故事)이다. 강의는 〈춘궁시강일기(春宮侍講日記)〉로, 정조가 세손 시절에 시강한 내용이다. 크게 세 단락으로 나뉘는데, 첫 번째는 김종수가 겸사서이던 1768년(영조44) 6월 15일부터 9월 21일까지 진강한 내용이다. 이 시기에는 《시경》, 《자치통감강목》, 《맹자》를 진강하였는데 소대 때에는 《자치통감강목》을 진강하고 주강 때에는 주로 《맹자》를 진강하였다. 주기는 일정하지 않아 하루 동안에 주강과 소대를 하기도 하고, 어떤 경우에는 10일 이상 거르기도 하였다. 두 번째는 겸문학이던 1769년 2월 12일부터 26일까지 15일간의 기록이다. 주강 때에는 《대학》을 진강하고 야대(夜對) 때에는 《자치통감강목》을 진강하였으며, 2월 26일에는 고금의 격언 16칙(則)을 써서 올렸다. 세 번째는 보덕이던 1770년 1월 5일부터 10일까지 6일간의 기록이다. 주강 때에는 《중용》을 진강하고, 소대 때에는 《자치통감강목》을 진강하였다.

고사(故事)는 〈경연고사(經筵故事)〉와 〈규장각고사(奎章閣故事)〉이다. 〈경연고사〉는 입지(立志), 진학(進學), 극기(克己), 납간(納諫), 사천(事天), 자민(子民), 친현(親賢), 원녕(遠佞), 숭검(崇儉), 지겸(持謙), 회공(恢公), 호생(好生), 탁루(濯陋), 긍세(矜細), 계찰(戒察), 교급(矯急), 무실(懋實), 신종(愼終)이라는 18칙으로 구성되어 있는데, 정자(程子)의 말, 《논어》, 《역》, 《시경》, 《서경》, 《맹자》, 《중용》, 《소학》, 《공자가어(孔子家語)》의 말을 인용하고, 그 아래에 임금을 경계하는 말을 서술하였다. 〈규장각고사〉는 두 편인데, 앞 편은 《역대명신주의》를 편차하면서 잠규(箴規)가 될 만한 내용 중에 당나라 위징(魏徵), 송나라 여공저(呂公著), 송나라 소식(蘇軾)의 말을 뽑아 인용하고 그 아래에 부연 설명하는 방식으로 임금을 경계하는 말을 서술하였다. 뒤 편은 《성학집요(聖學輯要)》를 베껴 올리면서 정자, 명나라의 설선(薛瑄), 이이(李珥)의 말을 뽑아 인용하고 그 아래에 부연 설명하는 방식으로 임금을 경계하는 말을 서술하였다.

권4는 서(書) 6편, 서(序) 8편, 기(記) 9편, 제발(題跋) 22편, 잡저(雜著) 1편이다. 서(書)는 임경주(任敬周), 족숙부(族叔父) 김치양(金致讓), 이윤영(李胤永), 이인상(李麟祥), 이최중(李最中), 이사심(李士深)에게 보낸 편지이다. 서(序)는 문의 현령(文義縣令)으로 부임하는 송문흠(宋文欽)을 전송하는 서, 낭천 현감(狼川縣監)으로 부임하는 김상숙(金相肅)을 전송하는 서, 안동 부사(安東府使)로 부임하는 이유수(李惟秀)를 전송하는 서, 영남 관찰사로 떠나는 정존겸(鄭存謙)을 전송하는 서, 제주 목사(濟州牧使)로 떠나는 윤시동(尹蓍東)을 전송하는 서, 연경으로 사신 가는 외사촌 형 홍낙성(洪樂性)을 전송하는 서 등 송서(送序) 6편과 정내교(鄭來僑)의 《완암집(浣巖集)》에 붙인 서문, 송제민(宋齊民)의 《해광집(海狂集)》에 붙인 서문이 있다.

기(記)는 1756년 5월 이윤영 형제와 이희영(李喜永)과 함께 용류도(龍流島)를 구경하기 위해 인천에서 배를 타고 나갔다가 고생한 얘기를 기록한 〈부해기(浮海記)〉, 이윤영의 집에 있는 수정루의 내력을 기술한 〈수정루기(水晶樓記)〉, 영유현(永柔縣)에 있는 장유완(張有完)의 집을 찾아가 관기실이라 이름하고 지은 기문인 〈관기실기(觀寄室記)〉, 정조 때 금원(禁苑) 북쪽에 규장각을 세워 영조의 어제(御製)를 봉안하고, 종부시에 있던 옛 규장각의 편액과 열조(列朝)의 어제를 새로 창건한 규장각으로 옮겨 온 과정 등을 기술한 〈규장각기(奎章閣記)〉, 자신의 거처에 야인실이라는 이름을 붙이게 된 내력을 기술한 〈야인실기(野人室記)〉, 정조에게 옥으로 된 권자(圈子)을 받고 쓴 〈내

사원옥권자소기(內賜圓玉圈子小記)〉, 정조가 성균관에 가서 작헌례를 행하고 명륜당의 식당에서 제생들과 함께 식사한 전말을 기록한 〈명륜당친림식당기(明倫堂親臨食堂記)〉, 평양 사람 노태범(盧泰范)의 집에 김종후(金鍾厚)가 써 준 생소려라는 글씨의 의미에 대해 설명한 〈생소려기(生巢廬記)〉, 규장각이 완성되고 나서 대내(大內)의 진장각에서 열성조의 어필과 석각과 목각과 목판 등을 얻고서 그 내력을 기록한 〈진장각어제어필이봉규장각사실기(珍藏閣御製御筆移奉奎章閣事實記)〉가 있다.

제발(題跋)은 거문고를 잘 타는 미음(薇陰)에 사는 처사 이정엽(李鼎燁)이 모은 시권(詩卷) 뒤에 발문으로 써 준 〈제미음이처사시권후(題薇陰李處士詩卷後)〉, 1749년 홍익필(洪益弼)·한용화(韓用和)·김상묵(金尙默) 등과 북한산 뒤쪽 인수봉(仁壽峯) 골짜기에 있는 청담(淸潭)에 유람 가서 지은 시들을 모은 시권에 쓴 〈제청담시권(題淸潭詩卷)〉, 이유수(李惟秀)가 그림을 읊은 시 뒤에 쓴 〈제이심원영화시후(題李深遠詠畫詩後)〉, 1762년 이유수의 동생 이유년(李惟秊)이 지은 영서(詠書)라는 제목으로 된 12절구 뒤에 쓴 〈제이용강영서절구후(題李用康詠書絶句後)〉, 1769년 김상묵이 이름 없는 초부(樵夫)와 주고받은 시를 엮은 시집에 쓴 〈제백우초창시권(題伯愚樵唱詩卷)〉, 1792년 영남의 유학(儒學) 이우(李堣) 등이 상소하여 사도세자의 변무(辨誣)와 역적의 토죄를 청한 뒤 입시하였을 때의 연본(筵本)을 보고 이런 유(類)의 상소가 계속되는 것을 개탄한 〈서영유이우입시연본요어후(書嶺儒李堣入侍筵本要語後)〉, 이유수의 문집에 쓴 서문인 〈제이심원유고권수(題李深遠遺稿卷首)〉, 계유정난(癸酉靖難) 때 죽은 김종서(金宗瑞)와 황보인(皇甫仁)을 복관한 내력을 기술한 〈신원록발(伸冤

錄跋)〉, 정조가 세손일 때 《서경》의 〈무일(無逸)〉과 《시경》의 〈억(抑)〉을 병풍서(屛風書)로 써서 올리고 의미를 설명한 〈동궁서진무일억병풍발(東宮書進無逸抑屛風跋)〉, 정조가 세손일 때 궁관들에게 감귤을 하사하고 지은 시에 대한 화답시를 모은 시첩(詩帖)의 발문인 〈왕세손반감갱화첩발(王世孫頒柑賡和帖跋)〉, 영조가 김종수의 어머니에게 비단을 하사하면서 직접 써 준 글씨를 첩으로 만들고 여기에 붙인 발문인 〈사녹주어필첩발(賜綠紬御筆帖跋)〉, 정조가 내농포(內農圃)에 가서 벼 수확하는 것을 구경하고 농민들과 함께 식사한 내용을 그린 병풍에 쓴 발문인 〈친림관예도병풍발(親臨觀乂圖屛風跋)〉, 이윤영의 문집에 쓴 발문인 〈단릉집발(丹陵集跋)〉, 이인상(李麟祥)의 문집에 쓴 발문인 〈능호집발(凌壺集跋)〉, 1781년 문신들에게 강경과 제술을 시험 보이는 절목에 대한 발문인 〈문신강제절목발(文臣講製節目跋)〉, 같은 해에 《국조보감(國朝寶鑑)》과 《선묘보감(宣廟寶鑑)》과 《숙묘보감(肅廟寶鑑)》에서 빠진 정종 · 단종 · 세조 · 예종 · 성종 · 중종 · 인종 · 명종 · 인조 · 효종 · 경종의 보감을 추가로 작성하여 앞의 보감과 합쳐서 《열조보감》으로 만들고 여기에 붙인 발문인 〈열조보감발(列朝寶鑑跋)〉, 《역대명신주의요략》에 붙인 발문인 〈역대명신주의요략발(歷代名臣奏議要略跋)〉, 정조의 명으로 홍문관에 보관되어 있는 옛날의 지(志)를 산삭하여 정본을 만든 《홍문관지》에 붙인 발문인 〈홍문관지발(弘文館志跋)〉, 《규장각고사》에 대한 정조의 비지(批旨)를 첩(帖)으로 만들고 여기에 붙인 발문인 〈규장각고사비지발(奎章閣故事批旨跋)〉, 김종후의 연화찬(蓮花贊) 두 편이 붙어 있는 이정재(李定載) 소유의 화련첩(畫蓮帖)에 붙인 발문인 〈이생지경화련첩발(李生止卿畫蓮帖跋)〉, 선조의 명으로 《기거주일록(起居注日錄)》에서 기대승(奇大升)의 의론을 뽑아내서 편집한 《논사록》에 대한 발문인 〈논사록발(論思錄跋)〉, 조신(趙愼)이 우리나라 학자들이 사서(四書)의 경문과 집주에 붙인 해설을 뽑아서 엮고 거기에 자기의 견해를 첨부하여 지은 《경의집설》에 대한 발문인 〈조사문경의집설발(趙斯文經義集說跋)〉이다.

잡저는 한 편인데, 김종수가 노년에 몽촌(夢村)에 살면서 자신의 호를 솔옹(率翁)이라고 짓고, 호에 솔(率) 자를 쓴 이유를 객과의 문답 형식으로 설명한 〈솔옹문답(率翁問答)〉이다.

권5는 제문(祭文) 8편과 애사(哀辭) 7편으로 구성되어 있다. 제문은 내종제(內從弟) 홍낙삼(洪樂三), 봉조하 이병상(李秉常), 어린 시절 글방 스승이었던 정내교, 친구 이윤영, 친구 이인상, 외삼촌, 친구 이유수, 친구 서형수(徐逈修)에 대해 지은 것이다. 애사는 친구 임경주(任敬周), 친구 오찬(吳瓚), 친구 이유수의 동생인 이유년(李惟秊), 조부의 외삼촌의 손자 이양천(李亮天), 내종제 홍낙최(洪樂最), 친구의 아들 서유항(徐有恒), 학탄(鶴灘)에서 우연히 만나 사귄 이언보(李彦輔)에 대해 지은 것이다.

권6은 비문(碑文) 4편, 묘갈문(墓碣文) 5편, 묘표(墓表) 12편으로 구성되어 있다. 비문은 이조 판서 권혁(權爀)의 신도비명(神道碑銘), 평안도 병마절도사 백시구(白時耉)의 신도비명, 박수랑(朴遂良)의 정효비음기(旌孝碑陰記), 공조 판서 신응현(申應顯)의 신도비명이다. 묘갈문은 형조 좌랑 심상길(沈尙吉)의 묘갈명(墓碣銘), 호조 좌랑 정지현(鄭趾顯)의 묘갈명, 친구 김상묵(金尙默)의 묘갈명, 춘방(春坊)의 동료였던 유광익(柳光翼)의 묘갈명, 족증조(族曾祖) 김재(金栽)의 묘갈명이다. 묘표는 고려 예의 판서(禮儀判書) 민안부(閔安富), 후릉 참봉(厚陵參奉) 정희운(鄭熙運), 고려 좨주(祭酒) 이성(李晟), 지평 김저(金䃴), 백씨 김종후, 김종수 자신, 증 대사간 박치륭(朴致隆), 창의사(倡義使) 박사호(朴士豪), 이조 판서 조돈(趙暾), 김상묵의 동생 김광묵(金光默), 친구인 대사간 김상정(金相定), 종부시 주부 유복립(柳復立)의 묘표이다.

권7은 묘지(墓誌) 4편, 행장(行狀) 1편, 시장(諡狀) 3편으로 구성되어 있다. 묘지는 정조의 장자인 문효세자(文孝世子)의 지문(誌文), 사위 서유수(徐有守)의 묘지명, 종숙부 김치인의 묘지명, 이조 판서 송재경(宋載經)의 묘지명이다. 행장은 아이 만호(阿耳萬戶) 조영립(趙英立)의 행장이다. 시장은 충주 목사를 지낸 홍평군(洪平君) 이종장(李宗張), 증 좌찬성 홍양군(洪陽君) 이희건(李希建), 지중추부사 송립(宋岦)의 시장이다.

이 뒤에 김윤식이 1910년에 지은 발문과 그즈음 이재곤이 지은 발문이 실려 있다.

연보(年譜)는 2권으로 구성되어 있다. 1권은 1728년 2월 김종수가 한성부 미장동 자택에서 태어난 일부터 1792년 65세 때까지의 일을 기술하였는데, 1758년까지는 거의 연 단위로 기술하고 32세 때인 1759년부터는 월 단위로 기술하였다. 2권은 1793년 좌의정에 임명된 일부터 1802년 정조황제의 묘정에 배향된 일을 기술하고, 1804년 조정의 관료들과 유생들이 김종수의 효행을 들어 조정에 청하여 정표하도록 명한 내용으로 마무리하였다. 이후 1807년에 관직이 추탈되고 정조의 묘정에서 출향(黜享)된 일과 1866년(고종3)에 정조의 묘정에 다시 배향된 사실은 수록하지 않았다.

몽오집 서

夢梧集序

뜻이 맞는 임금과 신하가 만나는 것은 역시 어려운 일이다. 임금이 구하는 사람은 현자인데 아랫사람은 매번 만나지 못하는 것을 근심한다. 이미 구하고 있다면 어찌 만나지 못할 이치가 있겠는가. 그런데도 만나지 못하는 경우가 있으니 그 까닭은 무엇인가? 혹시 임금과 신하가 만나는 데에 적당한 때가 아니어서 그런 것인가? 만약 구하는 것과 만나는 것이 하루아침에 들어맞는다면 이른바 어렵다는 것은 실제로 어려운 것이 아니어서 군자가 뜻 맞는 임금을 만날 수 있을 것이다. 우리 정묘(正廟)께서 고(故) 상국(相國) 김 문충공(金文忠公)을 만난 것이 바로 이 경우이다.

공이 뜻하지 않게 임금을 만날 때에 한마디 말을 해 보고서 세상에 드문 계합(契合)을 이루어 가까이에서 임금을 보좌하는 신하가 된 지 30년이 되었다. 그사이에 육조의 장관을 역임하고, 문형(文衡)을 담당하고, 규장각을 담당하고, 재정과 병권을 담당하여 임금 앞에 들어가서는 아뢰고[1] 물러 나와서는 의논하지 않은 것이 없었다. 벼슬이 정승에 이르러서는 묘당(廟堂)에서 관복을 입고 임금의 마음을 바로잡고 나라를 바로잡는 것을 자기의 소임으로 삼았다. 총애를 받으면 깜짝 놀라고, 벼슬에 나아가는 것은 어렵게 여기고 물러나는 것은 쉽게 여겼으

1 임금……아뢰고 : 대본에는 '入處'로 되어 있다. '處'는 '告' 또는 '奏'의 오류로 보여 바로잡아 번역하였다.

며, 지기(志氣)가 엄정하여 원근 사람들이 그 풍채를 흠모하였다. 청렴하고 충성스러우며, 효성스럽고 우애롭고, 절검하고 정직함이 가정에서 시작하여 나라에까지 이르렀다. 덕업과 명성이 당시에 혁혁하였고 흠모하고 감탄하는 말이 지금까지도 어진 사대부의 입에 오르내려, 듣는 사람으로 하여금 아직까지도 무지한 자가 사리를 분변하고 나약한 자가 뜻을 세우게 하기에 충분하니[2] 성대하다고 이를 수 있겠다.

이때 임금이 대의(大義)를 가다듬어 관직에 있는 자들이 함께 도(道)에 이르게 되었는데, 공이 실로 옆에서 주선하였다. 곧은 말과 바른 안색으로 그 추향(趨嚮)을 인도하여 성인의 정일집중(精一執中)하는 심법(心法)[3]이 마침내 세상에 크게 밝혀지게 하였다. 공이 이 일에 심력을 다하여 세상을 위해서 거취(去取)를 정하였고, 명성을 가볍

2 무지한……충분하니 : 맹자가 백이(伯夷)에 대해 평하기를 "백이는 눈으로는 나쁜 빛을 보지 아니하며, 귀로는 나쁜 소리를 듣지 아니하고, 섬길 만한 군주가 아니면 섬기지 아니하며, 옳은 백성이 아니면 부리지 아니하여, 세상이 다스려지면 나아가고 혼란하면 물러가서, 나쁜 정사(政事)가 나오는 곳과 나쁜 백성들이 거주하는 곳에는 차마 거처하지 못하였다. 향인(鄕人)들과 함께 있는 것을 마치 조복(朝服)과 조관(朝冠)을 착용하고 도탄(塗炭)에 앉은 듯이 여겨서, 주(紂)의 때를 당하여 북해(北海) 가에 거처하면서 천하가 맑아지기를 기다렸다. 그러므로 백이의 풍도(風度)를 들은 자들은 무지한 자가 사리를 분변하고, 나약한 자가 뜻을 세우게 된다."라고 한 말을 인용하여 몽오를 칭찬한 것이다. 《孟子 萬章下》

3 성인의 정일집중(精一執中)하는 심법(心法) : 요(堯) 임금이 순(舜)에게 제위(帝位)를 전하면서 "진실로 그 중을 잡으라.〔允執厥中〕"라고 하였는데, 순 임금이 우(禹)에게 전하면서는 이 말을 부연하여 "인심은 위태롭고 도심은 은미하니, 정밀하게 하고 한결같이 하여야 진실로 그 중을 잡을 것이다.〔人心惟危, 道心惟微, 惟精惟一, 允執厥中.〕"라고 하였다. 《書經 大禹謨》 이 말은 유가에서 도통(道統)을 전하는 심법으로 여긴다.

게 여기고 절의를 무겁게 여긴 것에 대해서 흠잡을 것이 없었으며, 임금과 뜻이 완전히 계합하여 임금의 각별한 사랑이[4] 쇠하지 않았다. 예로부터 뜻이 맞는 임금과 신하가 만날 때에 임금이 얻어서 의지하여 중시하고 신하가 그 지우를 저버리지 않기를 공처럼 한 사람이 몇이나 되겠는가. 공은 생전에 밝은 시대를 만나 평소 축적한 포부를 발휘하였으니, 임금께 올린 《경연십팔사(經筵十八事)》, 《내각고사(內閣故事)》, 《조주강의(朝晝講義)》가 모두 천덕(天德)과 왕도(王道)를 만화(萬化)의 근본으로 삼았고, 충성을 바치고 정성을 다하여 규계(規戒)하는 일이 끊이지 않았다. 여기에서 공이 학문에 대한 조예가 깊고 임금의 지우가 특별한 것이 우연히 그렇게 된 것이 아님을 볼 수 있다. 후세에 공의 시대를 논하는 자들은 이것을 그 증거로 삼을 수 있을 것이다.

문사(文辭)에 발휘된 것을 보면 이치가 분명하고 기운이 창대하여 깊고 통창하며 준엄하고 깨끗하였다. 시는 내면세계를 표현해 내는 것을 위주로 하여 정신이 맑고 천기(天機)가 활발하였다. 당시에 지었던 고문대책(高文大冊)은 화려하고 원대하며 힘이 있고 분명하여 모두 전중(典重)하고 법도가 있었다. 정묘(正廟)께서 일찍이 하교하기를 "세상에 경의 문집이 없어서는 안 된다."라고 하였으니, 이는 공이 덕과 학문과 공로가 있고 아울러 문장까지 갖추고 있어서 후세에 전해져야지 없어지게 해서는 안 되기 때문이었다. 성주(聖主)의 한마디 칭찬이 화려한 예복을 하사받는 일보다 더 영광스러운 것인데 유집(遺集)이 아직까지 세상에 나오지 않았다. 아, 참으로 오래되었으니, 아마도 기

4 임금의 각별한 사랑이 : 대본에는 '脊注'로 되어 있다. 문맥에 근거하여 '脊'을 '眷'으로 바로잡아 번역하였다.

다리는 바가 있어서일 것이다. 공의 증손자 김직성(金直性)이 문집을 간행하여 널리 전파하려고 하면서 나에게 서문을 지어 달라고 하였다. 내가 감당할 수 없다고 사양하였으나 허락하지 않아서 망녕되고 외람됨을 잊고 이와 같이 한두 가지를 대략 서술한다.

금상 16년 기묘년(1879, 고종16) 경연 강관(經筵講官) 숭정대부(崇政大夫) 행 예조판서 겸 홍문관제학(行禮曹判書兼弘文館提學) 신응조(申應朝)[5]는 삼가 서문을 쓴다.

5 신응조(申應朝) : 1804~1899. 본관은 평산(平山), 자는 유안(幼安), 호는 계전(桂田)·구암(苟菴)이다. 홍직필(洪直弼)의 문인이다. 저서에 《구암집(苟菴集)》이 있다. 시호는 문경(文敬)이다.

몽오집

제1권

詩시

새벽에 경안촌을 출발하다

曉發慶安村

외로운 나그넷길 아직 끝나지 않아	孤征殊不已
아침이 밝기 전에 말을 타고 떠나네	騎馬未朝暾
들빛은 겨우 나무를 분간할 수 있고	野色纔分樹
나무꾼 소리는 점점 마을을 나가네	樵聲漸出村
갈수록 비와 이슬에 젖어	行行沾雨露
아득히 부모님 곁에서 멀어지네	望望隔晨昏
들판에 봄빛이 가득하니	原陸春光滿
피어난 꽃들이 고향의 동산 같구나	芳華似故園

섣달 그믐날

除夕

날짜가 살같이 지나	二氣飛騰急
금년에는 더 이상 아침이 없구나	今年不復朝
점차 남은 날이 적어짐을 아니	漸知來日少
아득히 옛사람과 멀어지네	逾與古人遙
새벽 밝아 오니 별이 기울고	星影斜生曉
밤이 저물어 가니 등불이 어두워지네	燈花暗逗宵
흐르는 세월에 대한 감회를 까맣게 잊고	頓忘流歲感
어버이 곁에서 봄 술을 올리네	親側獻春醪

동유
東遊

동쪽 두메의 산들은 어찌 그리도 장대한가	東峽之山何壯哉
강물이 오대산 꼭대기에서부터 내려오네	水自五臺頂上來
붉은 절벽과 푸른 벼랑 네 군[1]에 많고	丹崖翠壁四郡多
강물은 백번을 꺾여 모래톱을 돌아가네	江流百折洲嶼廻
이월의 동풍이 버들개지에 부니	二月東風吹柳絮
서지의 늙은 벗[2]이 나보다 먼저 떠났네	西池老友先我去
편지를 써서 멀리 부쳐 소금 배를 사 놓으라 하니	裁書遠寄賣鹽船
복사꽃 떠내려오는 강물이 거른 술처럼 맑구나	桃花流水淸如醑
우리 종족의 부자[3] 나와 사이가 좋아	吾宗夫子與我好
가볍게 봄옷 입고 동문 길을 나섰네	翩然春服東門道

1 네 군(郡) : 충청북도 동북쪽 끝에 있는 네 개의 군으로, 제천(堤川), 청풍(淸風), 단양(丹陽), 영춘(永春)을 가리킨다.

2 서지(西池)의 늙은 벗 : 서지는 지금의 서울 서대문구 천연동 금화초등학교 자리에 있던 연못으로, 연(蓮)이 많이 심겨 있었다. 1929년에 메워지고 임오군란 당시 일본 공사였던 타케조에신이치로(竹添進一郎)의 이름을 딴 죽첨공립초등학교를 이곳으로 옮겼으며, 광복 후 금화산 기슭이므로 금화초등학교로 바뀌었다. 늙은 벗이란 이윤영(李胤永)을 가리키는데, 이윤영은 1742년(영조18) 서지 가에 담화재(澹華齋)라는 서실을 짓고 기거하다가 1751년 부친 이기중(李箕重)이 단양 군수로 부임한 것을 계기로 단양에 은거하였다.

3 종족의 부자(夫子) : 몽오와 유람했던 김상묵(金尙默)을 가리킨다. 《夢梧集 夢梧金公年譜 卷1》

-원문 빠짐- 송진[4]의 바람에 노를 젓고　□□皷枻松津風
-원문 빠짐- 남한강의 풀을 말에게 먹였네　□□齕馬南漢草
황량한 객점에 친구가 말 타고 와서 맞이하여　荒店故人揖鞭迎
백구호[5] 가의 정자에서 새벽에 출발하였네　曉發白鷗湖上亭
도중에 시를 전하기를 마치 역을 통해 소식 전하듯이 하였는데　途中傳詩如傳驛
초승달이 어여쁘게 설성[6]을 비추네　新月娟娟照雪城
설성의 태수는 참으로 비상한 인물이라　雪城太守眞奇士
서로 만나 한 번 웃고서 술을 가져오라 하는구나　一笑相看呼酒至
단협의 호탕한 유람은 논할 것이 없고　莫論丹峽浩蕩遊
우선은 오늘 밤 거나하게 취하자네　且盡今宵爛熳醉
능산의 송백은 비와 이슬 속에 있고　綾山松柏雨露中
미음의 탄금석(彈琴石)은 안개 속에 잠겼네　薇陰琴石煙花裏
금탄[7]의 비바람은 마음을 장대하게 하고　金灘風雨壯心魄
산골짜기 물결은 허공에 튀어 마치 서로 차는 것 같네　峽浪騰空如相蹴
탄금대 앞의 물은 오열하고　嗚咽彈琴臺前水
마사령 아래 돌은 푸르게 빛나네　靑熒磨沙嶺下石
황강사당[8]에서 초상을 배알하고　黃江祠堂遺像開

4　송진(松津) : 송파(松坡)나루를 가리키는 것으로 보인다.

5　백구호(白鷗湖) : 몽오가 남한강에서 배를 타고 출발하여 초저녁에 음성(陰城)에 도착했으므로, 백구호는 남한강 근처로 추정되는데, 정확한 위치를 알 수 없다.

6　설성(雪城) : 충청북도 음성의 옛 이름이다.

7　금탄(金灘) : 충청북도 충주시 중앙탑면에 있는데, 청풍에서 내려오는 남한강과 달천(達川)이 갈라지는 탄금대(彈琴臺) 맞은편이다.

산 높고 물 길어 내 배회하노라　山高水長吾徘徊
백치[9]에서 닷새를 놀았는데도 미련이 남아　五日白峙有餘戀
회옹 있는 신안을 꿈속에서 오가네　晦翁新安魂夢回
교목 숲 우거진 풀밭에 깨진 비석 숨어 있으니　喬林荒草片碣隱
시중[10]의 무덤을 어디에서 물을까　侍中遺丘何處問
높이 솟은 한벽루[11] 큰 강 가에 있으니　寒碧高樓大江頭
붉은 난간 흰 돗자리 옥거북이 누르고 있네　朱欄白簟玉龜鎭
금병산(錦屛山)[12] 새벽안개에 온갖 꽃이 피고　屛山曉霧百花開
봄바람은 풍혈[13]에서 나와 양 구레나룻에 불어오네　春風生穴吹兩鬢

8 황강사당(黃江祠堂) : 충청북도 청풍(淸風)의 황강동(黃江洞)에 있던 황강서원을 가리킨다. 1726년(영조2)에 창건하고 1727년 황강서원으로 사액되어 송시열(宋時烈), 권상하(權尙夏), 한원진(韓元震) 등을 배향하였다. 1871년(고종8) 서원철폐령으로 철폐 대상에 들어가 황강영당(黃江影堂)으로 격하되었다. 그 뒤 서원이 있던 황강리가 수몰 지구로 편입되어 1982년 지금의 충청북도 제천시 한수면 송계리로 이건하였다.

9 백치(白峙) : 청풍 관아 아래쪽 근남면(近南面)에 있던 고개 이름으로, 청풍에서 배를 타고 단양으로 넘어가다 보면 오른쪽에 있다.

10 시중(侍中) : 고려 말 문하시중(門下侍中)을 지낸 청풍 김씨의 시조 청성부원군(淸城府院君) 김대유(金大猷)를 가리킨다. 김대유가 청성부원군에 봉해진 뒤에 청풍에 세거하였는데, 몽오 역시 그 후예인 청풍 김씨이기 때문에 여기에서 조상을 생각한 것이다.

11 한벽루(寒碧樓) : 고려 시대에 창건되어 여러 차례 중건하였다. 원래는 충청북도 제원군 청풍면 읍리에 있었는데 1985년 충주호 수몰 지구에 들어가서 청풍문화단지 내로 이건하였다.

12 금병산(錦屛山) : 청풍 관아 위쪽 강 건너편에 있는 산이다.

13 풍혈(風穴) : 금병산에 있는 굴 이름이다. 금병산에는 차가운 바람이 나오는 풍혈과 맑은 물이 나오는 수혈(水穴)이 있는데, 청풍 관아에서 바라볼 때 왼쪽에 수혈이 있고 오른쪽에 풍혈이 있다.

선조의 유애석은 귀부(龜趺)만 남아 있고[14] 先祖遺愛石趺[15]存
부사의 종족에 대한 정의(情誼) 지극하여 술단지를 보내왔네 府吏惇宗甁醪進
담화거사[16]의 연잎 배를 澹華居士蓮葉舫
저녁 비 내리는 연기 자욱한 강 위에서 만났네 暮雨相逢煙波上
등잔 심지 잘라 가며 맑은 얘기 하다 보니 날이 밝으려 하고 剪燭淸談天欲曙
가벼운 바람에 닻줄을 푸니 봄물이 불어났네 輕風解纜春水漲
밝은 햇빛 아래 물결 찰랑이니 비단 무늬 생기고 晴波活活錦紋生
뱃노래 한 가락에 정신이 상쾌하네 棹歌一曲神飛颺
푸른 산봉우리 보였다 사라졌다 변화가 무쌍하고 出沒靑巒生變化
배가 가니 산이 움직여 말을 타고 달리는 듯하네 舟行山動如走馬
돛을 올리니 물결 높은 것 보이지 않고 揚帆不見水勢高
머리 돌리니 산이 나지막하네 回頭但覺山容下
소나무와 삼나무는 부용벽[17]에 이어서 늘어서 있고 松杉點綴芙蓉壁
띠풀과 가시덩굴은 도화곡[18]을 가리고 있네 茅茨隱映桃花谷

14 선조의……있고 : 몽오의 선조가 이곳에서 지방관을 지내고 떠난 뒤에 이곳 백성들이 그의 선정(善政)을 기리기 위해 유애비(遺愛碑)를 세웠는데, 지금은 비신(碑身)은 없고 받침대인 귀부만 남아 있다는 의미이다.

15 趺 : 대본에는 '趺'로 되어 있다. 문맥에 근거하여 수정하였다.

16 담화거사(澹華居士) : 이윤영이 1742년 서지 가에 담화재라는 서실을 짓고 살았기 때문에 그렇게 부른 것이다.

17 부용벽(芙蓉壁) : 금병산과 도화동(桃花洞) 사이의 남한강 남쪽 청풍 관아 객사(客舍) 옆에 있다.

유탄과 화탄[19]에는 큰 돌이 많은데	楡灘花灘多大石
아가리를 벌리고 있는 듯한 돌에 물이 부딪히네	石如張牙水激射
사공이 상앗대를 짚고서 눈도 깜짝 않으니	黃帽撑篙目不瞬
회오리치는 물결 배에 부딪쳐 벽력 소리를 내네	洄浪觸船吼霹靂
애써 노를 저어도 겨우 몇 자 움직이더니	辛勤推移尺寸間
잠깐 사이에 나는 듯이 지나 비바람처럼 빠르네	倏忽飛過風雨速
흔들리는 것이 마치 먼 바다에서 뗏목을 탄 듯	搖搖如乘絶海桴
아래로는 황천까지 들어가고 위로는 하늘까지 오르네	下入黃泉上碧落
옥순봉[20]의 높이 오백 척이나 되니	玉筍峯高五百尺
비로소 단구의 진면목을 알겠네	始識丹丘眞面目
휘황찬란한 금불상은 양손을 합장하고 있고	煌煌金佛雙手叉
아름다운 푸른 대는 천 그루가 쭉쭉 뻗어 있네	猗猗綠竹千竿擢
숲 울창한 적성[21]에는 노을이 모여들고	赤城鬱鬱霞氣聚
강가에 늘어선 뭇 봉우리 달려가는 듯하네	群峯臨水如奔赴
오로봉[22]은 삐쭉삐쭉하고 채운봉[23]은 기이한데	五老參差彩雲奇

18 도화곡(桃花谷) : 금병산과 능강동 사이의 남한강 북쪽 청풍 향교 옆에 있다.

19 유탄(楡灘)과 화탄(花灘) : 학서암과 도화곡 사이에 있다.

20 옥순봉(玉筍峯) : 충청북도 제천시 수산면 괴곡리에 있는 산 이름이다. 능강동에서 배를 타고 내려가면 강 오른쪽에 옥순봉과 구담봉(龜潭峯)이 있고, 왼쪽에 가은산(可隱山)이 있다.

21 적성(赤城) : 충청북도 단양군 단양읍에 있는 삼국 시대의 산성 이름이자 현재 적성면으로 불리는 지명이다.

22 오로봉(五老峯) : 옥순봉과 강 건너 맞은편 가은산 옆에 있는 산 이름이다.

23 채운봉(彩雲峯) : 오로봉 옆에 있는 산봉우리 이름이다.

내 이곳에 와서 현학을 만나지 못하였네[24]　我來不與玄鶴遇
밝은 해 높이 떠서 산골짜기 비가 개고　白日高照峽雨霽
빼어난 빛 솟아올라 하늘까지 닿았네　秀色聳動青冥際
강물이 여러 차례 산을 따라 휘돌아 가니　江水屢隨山回轉
어느 쪽이 근원이고 어느 쪽이 지류인지 알 수 없네　不見源流上下勢
긴 호수 한 굽이가 점차 직각으로 굽어지니　長湖一曲漸磬折
산골짜기 문이 열리며 구담봉[25]이 나오네　峽門對坼龜峯出
명당의 아침 햇살 병풍처럼 펼쳐지고　明堂曉旭寶扆設
푸른 물 위 가을바람에 연꽃이 피어난 듯　綠水秋風芙蓉發
처음에는 따로 서 있는가 의심했는데 다시 합쳐지고　初疑離立更環合
구름과 해가 함께 달리니 때때로 드러났다 사라졌다 하네　雲日駢馳時明滅
못의 빛과 절벽 기운 서로 옅었다 짙었다 하니　潭光壁氣互淡濃
수정으로 된 궁전에 진주조개 대궐이네　水晶宮殿珠貝闕
중류에 기이한 돌 있어 푸른 거북이 비치고　中流奇石綠龜映
파도 깊어 교룡 그림자 엿보기 어렵네　波深難窺鮫龍影
정신이 엄숙해져 의관을 정제하고　神精肅肅衣冠整
마음이 소심해져 자주 내면을 돌아보네　方寸纖毫頻內省
백우[26]가 일어나 춤추고 덕이[27]가 노래하니　伯愚起舞德以歌

24 현학(玄鶴)을 만나지 못하였네 : 오로봉과 현학봉이 나란히 있다. 산 이름은 현학봉인데 현학은 없다는 의미이다.

25 구담봉(龜潭峯) : 충청북도 단양군 단성면 장회리에 있는 단양팔경 중 한 곳이다. 옥순봉과 장회탄(長淮灘) 사이에 있다.

윤지[28]는 말없이 탄식만 하네 胤之無言空咨嗟
산새와 물새는 조용히 소리가 없고 山禽水鳥寂無聲
푸르스름한 저녁 빛이 퍼지는 물결에서 생기네 暝色蒼然生積波
장회탄[29] 아래의 배에서 저녁을 먹고 暮飯長淮灘下舟
장회탄 위의 집에서 잠을 잤네 夜宿長淮灘上家
동성의 학사[30]는 약속했던 사람인데 東城學士約中人

26 백우(伯愚) : 김상묵(金尙默, 1726~1779)의 자이다. 1766년 별시 문과에 병과로 급제하고 교리, 수찬 등을 지냈으며, 뒤에 대사간까지 이르렀다. 이때에 몽오와 함께 유람하였다.

27 덕이(德以) : 윤상후(尹象厚, 1727~1779)로, 본관은 파평(坡平), 자는 덕이이다. 1772년 탕평 정시(蕩平庭試)에 급제하고, 1774년 등준시(登俊試)에 급제하였다. 이윤영(李胤永), 몽오, 김상묵, 이인상(李麟祥) 등과 교유하였다. 1775년 대사성에 임명되었는데 상제(庠製)를 설행하지 않았다는 이유로 사판(仕版)에서 삭제되었다.

28 윤지(胤之) : 조선 후기의 문인 화가 이윤영(李胤永, 1714~1759)으로, 본관은 한산(韓山), 자는 윤지, 호는 단릉(丹陵)·담화재(澹華齋)이다. 이색(李穡)의 14대손으로 단양 부사 이기중(李箕重)의 아들이다. 과거에 뜻을 두지 않고 산수와 더불어 평생을 보냈다. 평소에 단양의 산수를 좋아하였는데, 부친이 단양 군수로 재직한 일을 계기로 구담(龜潭)에 정자를 짓고 그곳에서 지냈기 때문에 단릉산인(丹陵散人)이라고 하였다. 송문흠(宋文欽), 몽오, 김무택(金茂澤), 신소(申昭), 황경원(黃景源) 등과 교유하며 지은 시문이 《단릉유고(丹陵遺稿)》, 《단릉산인유집(丹陵散人遺集)》에 실려 있다. 글씨는 특히 예서와 전서에 뛰어나 이인상의 그림에 화제(畫題)를 많이 썼다.

29 장회탄(長淮灘) : 충청북도 단양군 단성면 장회리에 있는 강줄기를 가리킨다. 옥순봉에서 단양 쪽으로 내려가다 상선암(上仙巖) 쪽으로 갈라져 내려가는 지류이다.

30 동성(東城)의 학사 : 조선 후기의 문인 화가 이인상(李麟祥, 1710~1760)을 가리킨다. 본관은 전주(全州), 자는 원령(元靈), 호는 능호관(凌壺觀)·보산자(寶山子)이다. 음보(蔭補)로 벼슬에 나아갔고, 벼슬을 그만둔 뒤에는 단양에 은거하여 시·서·화를 즐기며 여생을 보냈고, 이윤영, 송문흠, 황경원, 오재순(吳載純), 윤심형(尹心衡), 김무택 등과 교유하였다. 대표작은 〈검선도(劍僊圖)〉이며, 유작으로는 《원령첩(元靈

단양에 은거하다 객관으로 찾아왔네	佩玦丹陽館裏過
타향에서 만나고 이별하는 것 모두 서글프니	他鄉逢別摠堪憐
어찌 잠시라도 함께 뱃놀이하지 않으리	何不須臾同峽船
그대는 죽령에 올라 궁궐을 바라보시게	君登竹嶺望玉闕
나는 도담[31]으로 가서 우화등선하려네	我向島潭期羽仙
단양의 백성들은 들판의 사슴과 같아서[32]	丹陽民物似野鹿
태수는 관청의 일 한가하여 한낮에 잠을 자네	太守官閑白日眠
오래된 단암사[33]엔 늙은 나무 많고	丹巖祠古多老木
텅 빈 봉서정[34]은 긴 강을 굽어보네	鳳棲亭虛臨長川
증도[35]의 물결 넓고 모래톱 평평한데	甑島波闊洲渚平

帖)》, 《능호첩(凌壺帖)》, 〈송하독좌(松下獨坐)〉, 〈수석도(樹石圖)〉, 〈설송도(雪松圖)〉 등이 있다. 문집인 《능호집(凌壺集)》의 발문을 몽오가 썼다.

31 도담(島潭) : 충청북도 단양군 단양읍 도담리 195번지 일대의 남한강을 일컫는 말로, 여기에 바위섬 3개가 있어 도담삼봉이라고도 부른다. 단양팔경 중 제7경이다.

32 들판의 사슴과 같아서 : 아무런 거리낌 없이 순수하고 자유롭게 살아가는 것을 말한다. 《장자(莊子)》 〈천지(天地)〉에 "지덕(至德)의 시대에는 현인(賢人)을 숭상하지 않고 능력 있는 자를 부리지도 않아서, 임금은 꼭대기에 있는 나뭇가지와 같고 백성들은 들판의 사슴과 같았다."라고 한 말을 인용한 것이다.

33 단암사(丹巖祠) : 충청북도 단양군 적성면 현곡리에 있던 단암서원을 가리킨다. 1662년(현종3) 우탁(禹倬)과 이황(李滉)을 추모하기 위해 건립하였고, 1692년(숙종18)에 사액되었는데, 홍선대원군의 서원철폐령으로 1868년(고종5)에 훼철된 뒤 복원하지 못하였다.

34 봉서정(鳳棲亭) : 단양 객사 앞의 남천(南川) 가 이요루(二樂樓) 남쪽에 있던, 단양 관아의 대표적인 정자이다. 단양 군수 이준(李埈)이 1602년(선조35)에 창건하였고, 영조 말 군수 조정세(趙靖世)가 이건하였으며, 철종 대에 심원택(沈源澤)이 중수하였는데, 1910년 전후에 폐철된 것으로 보인다.

가는 샛길 벼랑 따라 구름 밖으로 나 있네　細徑緣崖雲外橫
덩굴 붙잡고 바위 디디며 나 혼자 고생하는데　捫蘿躡石我獨勞
산공은 눈먼 말 타고 날다람쥐처럼 빨리 가네　山公瞎馬飛如䶆
서골암[36] 가에는 운무가 자욱한데　棲鶻巖邊雲霧晦
상진[37]의 어부는 배를 대고 기다리네　上津漁子艤船待
매포[38]의 들빛이 트인 골짜기에서 생기니　梅浦野色坼峽生
물속의 세 봉우리[39] 흐릿하게 보이네　水裏三峯蒼茫在
바위 거죽은 주름지고 갈라지고 돌색은 창고한데　石皮皺裂石色古
금사자 내달리고 푸른 난새 춤추는 듯　金獅奮迅青鸞舞
멀리서 볼 때에는 구부정하여 좇아갈 것 같더니　遙看傴僂似追逐
가서 보니 우뚝 솟아 기댈 곳이 없네　及到偃蹇無阿附
바다 위의 신선 사는 산에는 귀신이 밤에 달려 다니고　海上仙山神夜驅
물결 아래 금빛 자라는 광채가 비쳤다 사라졌다 하네　波底金鰲光有無
삼라만상이 석두애[40]를 향하는 듯하고　森羅如向石頭崖
흰 모래와 푸른 솔이 서로 어우러져 있네　白沙青松相縈紆

35 증도(甑島) : 충청북도 단양군 단양읍 증도리 남한강 중간에 있는 시루 모양의 작은 섬이다. 남한강에 물이 많으면 섬이 되고, 물이 빠지면 육지와 연결된다.

36 서골암(棲鶻巖) : 충청북도 단양읍에 있는 바위 벼랑으로, 상진(上津)과 하진(下津) 사이에 있다.

37 상진(上津) : 충청북도 단양군 단양읍 상진리에 있는 나루 이름이다. 구단양과 도담 사이에 있다.

38 매포(梅浦) : 충청북도 단양군에 있는 읍(邑) 이름으로, 도담에서 호명산(虎鳴山) 쪽으로 거슬러 올라가면 옛날 매포창(梅浦倉)이 있던 곳이다.

39 물속의 세 봉우리 : 도담삼봉을 가리킨다.

40 석두애(石頭崖) : 도담삼봉 옆에 있는 벼랑이다.

동쪽에서 오던 산세가 갑자기 완만해지니　東來山勢乍弛張
강물이 넓어져 물에 비친 하늘이 광활하고　江水演迤江天曠
유리처럼 투명한 백 이랑의 강물에 물결이 일지 않으니
　琉璃百頃不起波
소백봉[41]의 산빛을 하늘 밖에서 보네　小白峯光空外相
조각배 번갈아 드나드는 것이 베틀의 북과 같고　扁舟迭出如擲梭
오리와 해오라기 그림자 따라 이따금 물결 일으키네　鳧鷺弄影時蕩漾
삼청뢰[42] 위에서 다시 배를 돌려 내려가니　三淸瀨上更廻沿
석문[43]이 우뚝이 눈앞에 나타나네　石門突兀生眼前
천 척 높은 무지개다리는 깎은 흔적이 없고　虹橋千尺鑿無痕
구름 속의 해 둥글어 병 속의 하늘 같네　雲日團團壺裏天
뭇 신선들 학 타고 생황 불며 밤마다 모이고　群仙笙鶴夜夜會
옛 물길 아직 남아 옥전에 씨를 뿌리네[44]　古竇猶存種玉田
골짜기 아래 은주산[45]에 큰 바위가 있는데　壑底隱舟有大巖
오래된 돌 높이 솟아 불감과 같고　老石穹然如佛龕

41 소백봉(小白峯) : 도담삼봉 뒤쪽에 있는 소백산을 가리킨다.

42 삼청뢰(三淸瀨) : 상진과 도담삼봉 사이에 있는 여울을 가리키는데 정확한 지점은 알 수 없다.

43 석문(石門) : 단양팔경의 하나로, 큰 바위 가운데가 뚫려 있어 아치 모양을 하고 있다. 도담삼봉에서 상류 쪽으로 300미터쯤 거슬러 올라가면 왼쪽에 있다.

44 옥전(玉田)에 씨를 뿌리네 : 춘추 시대 양백옹(楊伯雍)이 무종산(無終山)에서 선인(仙人)에게 음료수를 베푼 보답으로 돌 씨를 얻어 뿌렸더니 돌에서 백옥(白玉)이 자라나 그곳을 옥전이라고 이름하였다는 전설을 인용한 것이다. 《搜神記 卷11》

45 은주산(隱舟山) : 도담삼봉에서 매포 쪽으로 북쪽 강기슭 위에 있는 산 이름이다.

아슬아슬하게 높이 솟은 벼랑 흔들려서 떨어질 것 같고 危崖凌兢颭欲墜

깊은 물결 짙푸르러 쪽빛보다 푸르네 深波慘憺靑於藍

도담과 은주암을 구경하고 돌아오는 길에 북평[46]을 지나니 潭巖歸路過北坪

석굴이 입을 벌린 듯 뚫려 있고 샘물 솟는 소리가 나는데 石穴谽谺泉有聲

머리를 숙이니 소년의 바짓가랑이 밑을 지나는 것 같고 低頭似入少年袴

몸을 옆으로 세우니 병목 같은 정형[47]을 지나는 것 같네 側身如度井陘罌

기이한 돌은 옆으로 서 있고 물은 흩어져 넘치는데 奇石橫竪水散溢

섬돌 같고 부뚜막 같고 또 문지방 같기도 하네 如砌如竈復如閾

무리 지어 나는 박쥐도 놀랍지 않고 群飛蝙蝠不驚人

46 북평(北坪) : 충청북도 단양군에 있던 지명이다. 이세귀(李世龜)의 《양와집(養窩集)》에 실린 〈유사군록(遊四郡錄)〉에 의하면, 단암서원(丹巖書院)과 장림역(長林驛) 사이에 있는 것으로 추정된다. 《신증동국여지승람(新增東國輿地勝覽)》 권14 〈충청도 단양군(丹陽郡)〉에 "북평천(北坪川)이 군 북쪽 5리에 있다. 그 근원이 둘이 있는데, 하나는 죽령(竹嶺)에서 나오고 하나는 풍기군(豐基郡) 유점(杻岾)에서 나와서 장림역 앞에서 합류하여 상진으로 들어간다."라고 한 것으로 보면 장림역과 상진 사이인 듯도 하다.

47 정형(井陘) : 하북성(河北省)에 있는 관(關) 이름으로 태항산(太行山)의 지맥(支脈)에 있는데, 사면은 높고 중앙은 낮아 마치 우물 같기 때문에 붙여진 이름이다. 한(漢)나라의 한신(韓信)이 불과 수만의 병력으로 이곳에서 조왕(趙王)과 성안군(成安君) 진여(陳餘)의 군대를 무찔렀다. 《史記 淮陰侯列傳》

눈에 가득 들어오는 종유석은 손으로 꺾을 수 있을 것 같네
鍾乳滿目如可掇

석굴이 길가에 있는데도 사람들이 알지 못했는데 窟在路傍人不識

하늘이 아끼고 땅이 숨겨 둔 곳이 이제부터 누설되리라 天慳地秘從此洩

석양에 손으로 괴리의 들을 가리키니 斜陽指點槐里野

울타리 쓸쓸한데 뽕나무 선명하네 籬落蕭然明桑柘

서재 서쪽 가에 백 척의 바위 있으니 書齋西頭百尺巖

한 번에 만들어 낸 듯 이은 자국 전혀 없네 一氣呵成無縫罅

먹줄처럼 곧고 대패처럼 평평한 것은 정이천과 같고 繩直準平程伊川

용의 문장에 봉의 자질은 혜숙야[48]와 같구나 龍章鳳質嵇叔夜

멀리서 바라보면 공경스러워 범접할 수 없고 望之可敬不可狎

광채가 번쩍거려 사람에게 엄습해 오네 光輝錯落來相襲

바위 뿌리 떨어져 나와 절로 대를 이루었고 巖根迸落自成臺

시냇물 맑고 얕아 동서로 둘렀구나 溪流淸淺東西匝

울퉁불퉁한 돌의 형세 흰색으로 영롱하고 盤陀石勢白玲瓏

큰 구유 중간에 열려 물이 방아를 찧네 大槽中開水撞舂

고저와 평측의 소리 서로 뱉고 삼키는데 高低平仄互呑吐

비단 무늬 같은 물결에는 눈서리 자욱하네 文縠淪漣霜雪濛

누대 위에서 신선 기다려도 신선은 오지 않고 臺上俟仙仙不至

위를 올려다보니 드문드문한 별이 하늘 동쪽에 떠 있네
仰視稀星在天東

48 혜숙야(嵇叔夜) : 진(晉)나라 때 죽림칠현(竹林七賢) 중의 한 사람인 혜강(嵇康)으로, 숙야는 그의 자이다.

층층의 바위에서 떨어지는 폭포수 논에 물을 대니 層巖瀑布灌水田
훗날 띠 베어 집 짓고 물 긷고 방아 찧는 일 함께하리라
他日誅茅井臼同

남쪽으로 와서 서쪽으로 달리다 다시 북쪽에서 멈추니 南來西走復北停
굴곡진 바위산이 구름운 자 모양이네 屈曲巖巒雲字形
시냇물이 구불구불 산 아래를 빙 둘러 흐르니 溪水逶迤繞山根
바위는 난간이 되고 소나무는 병풍이 되네 石作欄干松作屛
유씨의 정자는 지금 어디에 있는가 柳氏亭子今安在
황무한 섬돌에는 풀빛이 해마다 푸르네 荒階艸色年年青
열두 굽이 긴 시내를 차례로 건너니 十二長溪渡次第
맑은 물 흰 돌에 세 신선이 모였네 清泉白石三仙會
상선암(上仙巖)은 평평하고 넓고 하선암은 한적하고 上巖夷曠下巖幽
고고한 중선암이 그중에 으뜸이네[49] 落落中巖領其最
빠르게 흐르는 물이 바위를 만나 한 바퀴 휘돌아서 湍流遇石一徊翔
떨어져 폭포가 되고 괴어서 소(沼)가 되네 落爲懸瀑渟爲泓
남쪽 벼랑의 푸른 산빛이 함께 비치고 南厓蒼翠共輝映
금빛 모래 은색 자갈이 환히 보일 만큼 맑네 金砂銀礫徹底淸
냇물 앞에서 서로 바라보며 아무 말도 하지 못하니 臨流相視不相語
날리는 물방울 세차게 튀어 삼나무와 노송나무를 울리네
飛沫噴薄杉栝鳴

49 상선암(上仙巖)은……으뜸이네 : 충청북도 단양의 선암계곡에 있는 단양팔경 중 제6경, 제7경, 제8경에 해당하는 명승에 대한 설명이다. 충주호를 기준으로 가장 가까이 있는 것이 하선암이고, 가장 멀리 있는 것이 상선암이다.

하늘을 떠받치는 높은 절벽은 용추[50]를 내리누르고 擎天危壁壓龍湫
못 가운데 흰 바위가 넓고도 기네 潭心皓石廣且脩
외로운 암자의 점심 알리는 종소리에 맞추어 가려고 하니
孤庵欲趁午鍾飯
아름다운 소나무 숲이 길을 끼고 그윽하네 窈窕松林夾路幽
바위 벼랑은 양쪽 산 입구에 높이 솟았고 巖厓高出兩山口
콸콸대는 강물이 좌우에서 흐르네 虢虢鳴泉流左右
푸른 못가에 있는 삼층의 누대 위는 三層臺上綠潭濱
여러 가지 음식을 쌓아 놓은 것처럼 뭇 돌들이 떠받치고 있네
衆石撐持如飣餖
단구의 달빛이 점점 열어질 때에 丹丘月色漸欲虧
설성의 수령이 가벼운 걸음으로 찾아왔네 鳧舃翩翩雪城守
춘성[51]으로 가는 길이 만 겹의 산속으로 들어가니 春城路入萬山中
큰 고개 가운데가 늪처럼 움푹 파였네 大嶺中凹如澤藪
강을 따라 돌길이 한 가닥 나 있는데 沿江石磴通一線
중간중간 푸른 벼랑을 깎아서 길을 내었고 往往鑿破蒼崖面
드문드문 인가의 연기 피어오르는 읍내의 마을에는 人煙蕭瑟邑底村
태곳적 유풍을 오히려 볼 수 있네 太古遺風猶可見
붉은 막걸리와 흰밥에 두릅나물 紅醪白飯木頭菜
수령의 풍미가 어찌 그리 소박한가 使君風味何瀟灑

50 용추(龍湫) : 충청북도 단양군에 있는 소(沼) 이름인데 지도에 따라 은주산 맞은편에 있다고도, 능강동(凌江洞) 위쪽에 있다고도 되어 있어서 정확하지 않다.

51 춘성(春城) : 충청도 영춘현(永春縣)을 가리킨다.

의림지(義林池)의 다섯 마리 말이 치장을 하고 뒤따랐는데 林池五馬彩衣隨
의림지에는 경치 좋은 곳이 많다고 하네 爲說林池多勝槪
밝은 호수에는 푸른 버들 강안을 끼고 심겨 있고 明湖綠柳夾岸栽
호수 안에는 조각배 호수 밖에는 외로운 정자 片舸孤亭水內外
아침에 경루 앞에 배를 띄우면 平明放舟鏡樓前
산세는 띠에 묶인 것 같고 강물은 띠와 같다네 峽勢如束江如帶
야외에 차린 주방에선 진달래로 화전을 지지고 行廚新煮杜鵑花
군의 기녀와 거문고와 생황을 뱃머리에 실었네 郡妓琴笙船頭載
북쪽 벽은 혼혼하여 진기가 많고 北壁渾渾眞氣多
아홉 겹 병풍은 의태가 적네 九疊屛障少意態
배를 옮겨 짐을 짊어지고 고을 남쪽 굴에 들어가니 移舟負入縣南窟
강물이 끊긴 곳이 산혈과 통해 있네 江流絶地通山穴
붉은 횃불 번쩍번쩍 괴이한 빛을 내고 朱炬閃閃光怪發
천년 동안 숨겨져 있던 태음의 방을 비추네 燭破千年太陰室
처음 들어갈 때는 좁다랗더니 점점 넓어져 初行隘塞轉開敞
너비는 배를 돌릴 만하고 높이는 깃발을 세울 만하네 廣可廻舠高建節
기이한 바위들 울퉁불퉁 모양이 다양하여 嵳崎硍磂石狀變
오백 나한이 삼연히 줄을 이루었고 五百羅漢森成列
반짝이는 종유석의 물이 방울방울 떨어지고 晶熒乳液累累垂
옥 같은 종유석들이 고드름처럼 맺혀 있네 瓊瑤錯落氷霤結
나도 모르게 놀라 소리 지르고서 한바탕 웃으니 驚叫不覺一笑粲
돌들이 서로 호응하여 고함치는 것 같네 群石相應如呼喚
피리 소리 가늘게 하늘로 향하는데 鳴笳吹向窸窣天

깊은 굴속이라 바람이 없어 소리가 흩어지지 않네	深穴無風聲不散
오래 앉아 있으니 점차 정신이 집중되어	坐久稍稍魂魄聚
육근의 인연이 마음에서 끊어지네	六根情緣心頭斷
바지를 걷고 샘의 근원을 찾아가려 하니	褰裳欲尋泉源去
돌 모서리 발을 찌르고 물은 정강이를 넘네	石稜齧足水過骭
배를 돌려 다시 햇빛을 보고	廻棹復見白日光
옷에 묻은 푸른 진흙 창랑의 물에 씻네	點衣青泥濯滄浪
골짜기 밖 도낏자루는 응당 썩으려고 할 테고	洞外樵柯應欲爛
수령은 한낮에 황량몽(黃粱夢)[52]을 꾸리라	使君午夢炊黃粱
사공이 술을 던져 강신에게 비니	舟子投酒禱江神
소용돌이치던 강물에 바람 자고 물결 일지 않아	盤渦風恬波不揚
가벼운 배가 순류를 타고 나는 듯이 빨리 나아가서	輕舟順流疾如飛
저녁에는 도담에서 자고 단양에서 아침을 먹었네	夕宿島潭朝丹陽
상앗대 울리며 저물녘에 석지탄[53]을 지나니	鳴槳晩過石芝灘
십 리의 강산에 아름다운 경치가 길게 뻗었네	十里江山氣色長

52 황량몽(黃粱夢) : 당나라 심기제(沈旣濟)가 지은 〈침중기(枕中記)〉에 나오는 이야기이다. 당나라 현종(玄宗) 때에 노생(盧生)이라는 사람이 객관에서 도사(道士) 여옹(呂翁)을 만나서, 그가 주는 베개를 베고 잠이 들었다. 꿈속에서 부귀영화를 누리며 한평생을 보낸 뒤에 깨었는데, 잠들기 전에 여관 주인이 짓고 있던 기장밥이 아직 다 익지도 않았다고 한다.

53 석지탄(石芝灘) : 현재 지명이 남아 있지 않아 정확한 위치는 알 수 없다. 다만 이윤영의 《단릉유고(丹陵遺稿)》에 실린 〈석지등기(石芝磴記)〉와 〈연자산기(燕子山記)〉에 의거하면, 단양 관아에서 구담(龜潭)으로 내려가다가 구담에 도착하기 10리 전 지점에 석주탄(石柱灘)이 있는데, 이 지방에서 석주(石柱)를 석지(石芝)라고 부른다는 기록이 있다.

운하장[54]과 연자산[55]이 기묘하고 가파름을 다투어　霞嶂燕子競奇峭
강의 북쪽과 남쪽에 마주 서 있으니　江北江南相照耀
검과 창이 빽빽이 늘어서 무고처럼 삼엄하고　劍槊森森武庫霜
규장처럼 엄숙한 대궐 문의 새벽 같네　圭璋肅肅天門曉
기울어진 벼랑 옆의 벽은 서로 숨었다 드러났다 하고　欹崖側壁互隱現
겹겹의 푸른빛 길게 떠서 원기가 드러나네　積翠長浮元氣表
산봉우리 빛이 순식간에 배를 끼고 달리니　峯光倏忽夾舟馳
뱃머리에 일어서자 정신이 절로 유쾌하고　舷頭起立神自怡
쌓인 비단과 묶인 비단 같은 물결 순식간에 멀어졌다 가까워지고
堆錦結綺乍遠近
부서지는 구름과 눈보라 같은 물결 부질없이 흩어지네　崩雲滾雪空離披
돌이 쌓여 우뚝 솟은 강선대[56]는　嵯峨積石降仙臺
위는 평평하여 상과 같고 아래는 바둑돌을 쌓아 놓은 듯하네
上平如牀累如碁
술잔 들고 두랑[57]의 혼을 부르려 하니　把酒欲招杜娘魂

54 운하장(雲霞嶂) : 충청북도 단양군 단성면 하방리에 있는, 제비봉 맞은편에 있는 산이다. 이윤영의 《단릉유고》에 실린 〈석지등기〉에 의하면 원래 이름은 석지등(石芝磴)이었는데, 송사행(宋士行)이 운하장으로 바꾸었다. 운하장은 남한강을 중심으로 북쪽에 있고, 남쪽에 마주한 산이 연자산이다.

55 연자산(燕子山) : 충청북도 단양군 단성면 하방리에 있는 제비봉을 가리킨다.

56 강선대(降仙臺) : 충청북도 단양군 적성면 성곡리의 장회나루 맞은편에 있는 층층이 쌓아 올린 듯한 기암절벽을 가리킨다.

57 두랑(杜娘) : 퇴계(退溪) 이황(李滉)이 단양 군수로 재직할 때에 가까이 지냈던 관기(官妓)로, 시와 거문고에 능했다고 한다. 이름은 두향(杜香)이다. 이황이 풍기 군수로 옮겨 갈 때에 매화분을 선물하였고, 4년 뒤에 문안 편지를 보냈다. 이황이 죽은

상군의 곡조[58] 나의 마음을 슬프게 하고	湘君遺調使我悲
큰 절벽과 높은 고개에는 나무 그늘이 깊고	峻壁高峙積樹陰
이호[59]의 자취가 남은 곳에는 풀이 무성히 자랐네	二皓遺蹤草離離
도산[60]이 시를 지은 곳에는 푸른 소나무가 서늘하고	陶山詩筆翠松冷
토정[61]이 낚시하던 곳에는 푸른 물결이 차갑네	土亭釣臺綠波淨
운루[62] 한 면은 옛사람이 지었으니	雲樓一面故人築
벼슬 버리고 돌아와서 장차 은거하리라	投紱歸來將滅景
옮겨 심은 꽃과 약초 이미 뜰에 가득하고	移栽花藥已滿園

뒤에 조문하고 나서 남한강에 몸을 던졌다고 한다. 조두순(趙斗淳)의 문집인《심암유고(心庵遺稿)》에 실린〈두향묘(杜香墓)〉라는 시에서도 "퇴옹의 시가 없었더라면 누가 두랑의 이름을 알까.〔不有退翁詩, 誰識杜娘名?〕"라고 하여 이황과 두향이 관계가 있었음을 드러내고 있다. 현재 강선대 아래에 두향의 묘가 있다.

58 상군(湘君)의 곡조 : 상군은 요 임금의 딸이자 순 임금의 두 부인인 아황(娥皇)과 여영(女英)을 가리킨다. 순 임금이 남쪽 지방을 순행하다 창오(蒼梧)에서 세상을 떠나자 아황과 여영이 상수(湘水)에 빠져 죽었다. 굴원(屈原)이 이들을 기리는 곡인〈운중군(雲中君)〉과〈상부인(湘夫人)〉을 지었는데, 상군은 여기에서 나온 말이다.《楚辭 九歌》단양의 관기였던 두향의 묘가 이곳에 있기 때문에 두향을 아황과 여영에 비겨서 표현한 것이다.

59 이호(二皓) : 주세붕(周世鵬)과 정신환(鄭信還)을 가리킨다. 두 사람이 석주탄(石柱灘)에서 노닐 때에 강선대 맞은편 남쪽 벼랑의 수목이 무성하고 높이 솟아오른 곳을 이호대(二皓臺)라고 이름 지었다.《海東雜錄 3 本朝 周世鵬》

60 도산(陶山) : 퇴계 이황을 가리킨다.

61 토정(土亭) : 이지함(李之菡)의 호이다.

62 운루(雲樓) :《동문선(東文選)》에 실린 박윤문(朴允文)의 시에〈단양취운루(丹陽翠雲樓)〉라는 시가 있는 것으로 보아 단양에 취운루가 있었던 듯한데, 다른 기록이나 자취가 없다. 또한《단릉유고》의〈단릉록(丹陵錄)〉에 다백운루(多白雲樓)가 나오는데 다른 기록이나 자취가 없어 소재를 알 수 없다.

일궈 놓은 산밭은 겨우 열 이랑일세　料理山田纔十頃
동강 이백 리를 모두 유람하고 나니　歷盡東江二百里
구담에 견줄 곳이 없음을 비로소 알겠네　始識龜潭無與比
아침노을과 저물녘 비가 기묘한 변화를 다하니　朝霞暮雨盡奇變
성대한 덕을 언어로 기록하기 어렵네　盛德難容言語記
안개 낀 풀밭과 달 뜨는 언덕엔 돌이 한 아름인데　煙莎月丘石雙抱
모양과 형세가 구담의 벽과 같고　面勢正與潭壁値
중간에 두세 칸 모옥이 있으니　中間茅屋兩三楹
조물주의 고심을 응당 헤아렸으리라　化翁苦心應準擬
높은 소나무가 베를 짜는지 물소리 패옥 울리듯 찰랑거리니　長松如織水鳴珮
가은동 골짜기[63] 맑고도 그윽하도다　可隱洞壑淸且邃
옥천암[64]이 큰 벼랑 꼭대기에 있으니　玉泉菴子大崖顚
수염 허연 고승이 한가로이 종이를 두드리고 있네[65]　鬢白高僧閑搗紙
냇물을 따라 술잔을 띄우고 냇물을 거슬러 맞이하니　沿溪汎觴溯溪迓
휘도는 물에 잔이 가라앉아 붉은 술이 쏟아지네　洄洑沈淪紅醪瀉
친구가 술에 취해 손에 든 부채를 찾더니　故人醉索手中扇

63 가은동(可隱洞) 골짜기 : 가은산(可隱山) 골짜기를 가리킨다. 가은산은 충청북도 제천시 수산면과 단양군 적성면의 경계에 있는데, 남한강을 사이에 두고 남쪽에는 옥순봉과 구담봉이 있고, 북쪽에 가은산이 있다.

64 옥천암(玉泉菴) : 충청북도 제천시 수산면에 있는 가은산의 옥계(玉溪) 상류에 있던 암자이다. 현재는 그 자리에 천진선원이 자리하고 있다.

65 수염……있네 : 조선 시대에 사찰에서 종이를 만드는 일이 성행했기 때문에 이 시기에 흔히 볼 수 있는 광경이다.

넘치는 흥으로 수묵화를 그리는데 興溢聊憑水墨寫
깎아지른 절벽에 물살이 부딪쳐 기세를 돕고 危厓激湍助氣勢
배 속 가득한 운무를 붓으로 그려 내네[66] 滿腹雲煙生揮灑
강가에서 이별하는 말의 울음소리 서글프고 江頭悃悵別馬嘶
걸음마다 구름 낀 산이 시야에서 흐려지려 하네 步步雲山望欲迷
능강동[67] 안에 흰 구름 많고 凌江洞裏白雲多
칠송정[68] 앞에는 꾀꼬리가 우네 七松亭前黃鳥啼
강촌에 돌아와 누우니 밤이 적막한데 江村歸臥夜寂寞
정신이 맑아서 잠이 오지 않네 神魂淸冷睡不着
거쳐 온 산수가 참으로 몹시 빼어나고 經來山水儘奇絶
함께 유람한 군자들 대부분 뛰어난 사람들이네 同遊君子多卓犖
슬픔과 기쁨이 교차하는 가운데 세월이 지나면 悲歡相薄日月慆
일생에 이런 기회 얻기가 어려우리 百年此會難可得
도를 행하고 감추는 데 여유로운 것은 원래 정해진 운수가 있어서니 行藏綽綽自有定
모이고 흩어짐이 아득한 것을 어찌 애석해하겠는가 聚散悠悠何足惜

66 친구가……내네 : 친구는 이윤영을 가리킨다. 이때 이윤영이 부채에 그린 그림이 지금도 남아 있다.

67 능강동(凌江洞) : 충청북도 제천시 수산면 하천리에 있는 계곡이다. 가은산에서 남한강을 따라 청풍(淸風)으로 내려오다 보면 오른쪽에 있다.

68 칠송정(七松亭) : 능강동 옆에 있던 정자인데 현재는 존재하지 않는 듯하다. 숙종조 때 대제학을 지낸 이해조(李海朝)가 1705년(숙종31)에 〈능강동을 지났는데 옆에 칠송성이 있었다〔過凌江洞傍有七松亭〕〉라는 시를 지은 것으로 보아 이 시기에는 칠송정이 존재하였는데, 그 후로 언제 없어졌는지 알 수 없다.《鳴巖集 卷2》

궁벽한 산 깊은 골짜기서 내 장차 늙으리니　窮山絶峽吾將老
훗날 구담의 누각에서 그대와 함께 자리라　他日潭樓與君宿

안음[69]으로 부임하는 자직[70] 형을 보내며

送子直兄之任安陰

두류산은 남쪽 끝의 웅장한 산으로	頭流雄南標
그 아래에 평범한 고을이 없네	其下無凡邑
물과 돌과 꽃과 숲이 모여 있고	水石花林會
온화한 기운이 모여서 엄습해 온다네	淑氣坌來襲
불일 폭포에는 은빛 물결 쏟아져 내리고	佛日銀波濺
학동에서 향기로운 풀을 줍는다네[71]	鶴洞瑤草拾
거문고 울리며 한가한 날 많고	鳴琴多暇日
안개와 노을을 내뱉었다 들이마셨다 하리라	煙霞歸吐吸
섭현의 수령을 길이 그리워하노니	永懷葉縣尉
날아가는 신발이 구름 속으로 들어가네[72]	飛舃雲中入

69 안음(安陰) : 경상남도 함양군 안의면·서하면·서상면, 거창군 마리면·위천면·북상면 일대에 있던 옛 고을 이름이다.

70 자직(子直) : 홍익필(洪益弼, 1721～?)로, 본관은 남양(南陽), 자는 자직이다. 1741년(영조17) 진사시에 입격하였다. 몽오의 자형(姊兄)이다.

71 학동(鶴洞)에서……줍는다네 : 안음이 지리산 아래에 있고, 지리산에는 푸른 학이 사는 청학동(青鶴洞)이 있다는 전설이 있기 때문에 한 말이다.

72 섭현(葉縣)의……들어가네 : 후한 명제(後漢明帝) 때 도술을 지닌 왕교(王喬)가 섭현 영(葉縣令)을 지내면서 매월 초하루와 보름이 되면 언제나 조정에 와서 명제를 알현하였다. 그가 자주 오는데도 수레나 말을 타고 오는 것을 보지 못했으므로, 이를 이상하게 여긴 명제가 태사(太史)에게 살펴보게 하였더니, 그가 올 때면 한 쌍의 들오리가 동남방에서 날아오더라고 보고하였다. 그리하여 들오리가 다시 날아오는 때를 기다

성묘 정축년(1757, 영조33)

省墓 丁丑

눈 쌓인 황량한 언덕에	積雪荒原上
미약한 양기가 점차 봄으로 들어가는데	微陽稍入春
하늘은 높아 호소하기 어렵고	天高難訴臆
산은 텅 비어 나 홀로 상심하네	山曠獨傷神
간지가 부질없이 돌아왔건만[73]	甲子空廻薄
혼정신성을 끝내 누구에게 가서 할까	晨昏誰極因
선친의 산소 여기에 있으니	松楸顏面在
떠나려다 다시 머뭇거리네	欲去更逡巡

렸다가 그물로 덮쳤는데, 그물 속에는 몇 해 전에 황제가 상서대(尙書臺) 관원들에게 하사한 가죽신 한 짝만 있었다고 한다.《後漢書 方術列傳 王喬》 여기에서는 안음현을 섭현에 비유하고, 홍익필을 왕교에 비유하였다.

73 간지가 부질없이 돌아왔건만 : 몽오의 부친인 김치만(金致萬)이 태어난 해가 정축년(1697, 숙종23)인데, 이해가 또 정축년이고 부친은 이미 세상을 떠났기 때문에 부친이 태어난 간지를 만나 감회가 새로움을 표현한 말이다.

매화가 피지 않아

梅花不開

소합[74]에 매화를 넣어 두고 날마다 엿보는데　小閤藏梅日日窺
봄의 마음 아득하여 보아도 알기 어렵네　春心漠漠看難知
절기는 재촉할 필요 없으니　天機不用相催促
피는 것이 늦으면 지는 것도 늦겠지　好是開遲落亦遲

두 번째 其二

올해는 매화 시를 읊으려고 마음먹었는데　今年準擬賦梅花
매화가 피지 않으니 어찌하겠는가　梅不開花可奈何
매화의 소식을 물으려 새 시를 지으니　新詩爲問梅消息
매화가 필 때에는 시가 더욱 많으리라　花到開時詩更多

세 번째 其三

모직 담요로 싸고 수놓은 휘장을 쳐서 매화를 따뜻하게 둘러쌌더니

74 소합(小閤) : 방 안에 매화 화분을 보호하기 위해 만든 작은 온실을 가리킨다. 매합(梅閤), 매감(梅龕), 매각(梅閣), 매옥(梅屋), 지합(紙閤)이라고도 한다. 《조선 땅에서 화훼를 재배하는 법, 실용서로 읽는 조선, 규장각한국학연구원 규장각 교양총서 9, 2013》

氍毹繡帳煖圍梅

몇 군데 꽃송이가 차례로 피어나네　幾處繁英取次開

북쪽 산 눈보라 속에　誰識北山風雪裏

고생하며 길러서 꽃망울 얻을 줄을 누가 알았으랴　養渠辛苦得花胎

섣달 그믐날 밤에

除夜

나 홀로 매화와 누워 있으니	獨與寒梅臥
등불이 어두워졌다 다시 밝아지네	燈花暗復明
흐르는 세월 꿈결처럼 빠르니	流年劇似夢
오늘 밤 마음 가누기 어렵네	此夜難爲情
슬프고 기쁜 일들 생생히 기억나고	歷歷悲歡變
빠르게 늙어 감에 크게 놀라네	駸駸老大驚
차마 광릉의 땅을 보겠는가	忍看廣陵土
봄풀이 한 번 돋아났네	春艸一番生

이윤지가 병중에 김정례[75] 이안 와 수십 편을 수창하고 그 시권을 보내서 화답시를 청하기에 그중 한 편에 차운하여 보내다

胤之病中與金正禮 履安 酬唱數十篇送示其詩卷求和次其一韻却寄

마음이 한가로우면 온갖 근심이 침범하지 않는 법인데	心閑不受百憂侵
보내온 시에 괴로워하는 말이 많아 퍽이나 괴이하네	頗怪來詩多苦音
백발에 갈림길에서 배회하다가	白髮遲徊岐路迹
경전의 우경[76]에 감격하네	青編感激耦耕心
북풍은 높은 회화나무에서 어찌 그리 급히 우는가	北風高檜鳴何急
반쪽 담장 아래 찬 매화를 다시 더욱 보호하네	半壁寒梅護更深
문 앞에 세 자나 쌓인 눈을 쓸지 않고	不掃門前三尺雪
그대가 병 나아 한번 찾아 주기를 기다리네	待君起病一來尋

75 김정례(金正禮) : 김이안(金履安, 1722~1791)으로, 본관은 안동(安東), 자는 정례, 호는 삼산재(三山齋)이다. 김창협(金昌協)의 증손자이고 김원행(金元行)의 아들이다. 1762년(영조38) 학행으로 천거받아 경연관에 기용되었고, 여러 관직을 거쳐 1786년(정조10) 좨주(祭酒)가 되었다. 홍대용(洪大容), 박제가(朴齊家), 박윤원(朴胤源), 이직보(李直輔), 오윤상(吳允常) 등과 교유하였다. 예설(禮說)과 역학(易學)에 조예가 깊어 《의례경전기의(儀禮經傳記疑)》, 《계몽기의(啓蒙記疑)》 등 많은 저술을 남겼다. 문집으로 《삼산재집》이 있다. 시호는 문헌(文獻)이다.

76 경전의 우경(耦耕) : 우경은 두 사람이 나란히 짝지어 밭을 가는 것을 말한다. 공자가 천하를 철환(轍環)하다가 초나라의 은자인 장저(長沮)와 걸닉(桀溺)이 짝을 지어 밭갈이하는 것을 보고 자로(子路)를 시켜 나루를 묻게 한 일이 있었는데, 여기에서는 은거하고 싶다는 의미로 사용되었다. 《論語 微子》

강계 부사 정한규[77]에 대한 만사 무인년(1758, 영조34)

鄭江界 漢奎 挽 戊寅

풍미가 온화하고 재기가 넓어 風味溫溫材器恢
밝은 조정에서 과거에 급제하여 벼슬길이 열렸네 明廷射策晉塗開
환자의 총마(驄馬)[78]에서 자리를 옮겨 倦移桓子乘驄步
잠시 공손이 비단을 재단하는 재주를 시험하였네[79] 薄試公孫製錦才
삼대 동안 대대로 사귄 정은 차가움과 따뜻함이 없는데 三世交情無冷煖
두 집안의 묵은 자취 기쁨과 슬픔이 변하였네 兩家陳迹變歡哀
강주에서 한번 이별한 것이 영결이 되어 버렸으니 江州一別成千古
만사를 보내려고 눈물 섞어 짓네 爲寄招魂和淚裁

77 정한규(鄭漢奎) : 1709~1757. 본관은 영일(迎日), 자는 응오(應五), 호는 삼락재(三樂齋)이다. 1740년(영조16) 증광시 문과에 급제하였다. 주로 사간원과 사헌부의 직임을 담당하였고, 1757년 강계 부사(江界府使)에 임명되었다.

78 환자(桓子)의 총마(驄馬) : 환자는 후한 환영(桓榮)의 현손(玄孫)인 환전(桓典)을 가리킨다. 어사가 되어 권력자들의 비행을 거리낌 없이 탄핵했는데 항상 총마를 타고 다녔으므로 경사(京師)에서 그를 두려워하여 말하기를 "가는 길을 우선 멈추어 총마 탄 어사를 피하자꾸나.〔行行且止, 避驄馬御史.〕"라고 하였다.《後漢書 桓榮列傳》 여기에서는 정한규가 사헌부와 사간원의 관원을 역임했다는 의미로 사용되었다.

79 잠시……시험하였네 : 공손(公孫)은 정(鄭)나라의 어진 대부 공손교(公孫僑), 즉 정자산(鄭子産)을 가리킨다. 비단을 재단하는 재주는 고을을 다스리는 능력이라는 뜻으로, 춘추 시대 정나라 자피(子皮)가 나이 어린 윤하(尹何)에게 고을을 다스리게 하려 하자, 자산이 반대하면서 인용한 비유이다.《春秋左氏傳 襄公31年》 여기에서는 정한규가 옥구 현령(沃溝縣令)과 강계 부사로 나간 일을 가리킨다.

5월 2일 윤지와 자직 형과 심원[80] 이유수 과 대수[81] 정존겸 와 백우와 이사회[82] 명환 와 함께 손가장[83]의 산수를 유람하면서 '이지출곽소진사'를 가지고 운자를 나누어 시를 짓다

五月二日同胤之直兄深遠 李惟秀 大受 鄭存謙 伯愚及李士晦 明煥 遊孫家莊水石以已知出郭少塵事分韻

대문을 나서니 뭇 산들이 빼어나고 出門群巒秀

80 심원(深遠) : 이유수(李惟秀, 1721~1771)로, 본관은 전주(全州), 자는 심원, 호는 완이(莞爾)이다. 1754년(영조30) 사은사(謝恩使)의 서장관(書狀官)으로 청나라에 다녀왔다. 시호는 정익(貞翼)이다.

81 대수(大受) : 정존겸(鄭存謙, 1722~1794)으로, 본관은 동래(東萊), 자는 대수, 호는 양암(陽菴)·양재(陽齋)·원촌(源村)이다. 이재(李縡)의 문인이다. 벼슬은 영의정까지 올랐고, 1781년(정조5) 《영조실록》과 《경종수정실록》을 편찬할 때 실록청 총재관을 겸직하였으며, 다음 해 동지사(冬至使)로 청나라에 다녀왔다. 시호는 문안(文安)이다.

82 이사회(李士晦) : 이명환(李明煥, 1718~1764)으로, 본관은 전주(全州), 자는 사회·사휘(士輝), 호는 해악(海嶽)이다. 선조의 열두째 왕자인 인흥군(仁興君) 이영(李瑛)의 4세손으로, 아버지는 익녕군(益寧君) 이제(李梯)이다. 1752년 정시 문과에 장원으로 급제하여 교리, 수찬 등 청요직을 역임하였으며, 어사로서의 임무 수행이 철저하여 영조가 "이명환의 일성(一聲)에 묵리(墨吏)들이 담장을 넘어 도망치니 진실로 어사이다."라고 극찬하였다는 일화가 전해진다. 저서로 《해악집(海嶽集)》이 있다.

83 손가장(孫家莊) : 서울 성북구 정릉 일대에 있었던 밀양 손씨 집성촌을 가리킨다. 북한산 아래에 있어서 그 풍광을 사랑한 많은 시인, 묵객들이 이곳을 찾아 풍류를 즐겼다고 한다. 19세기 전반에 작성된 〈동국여도(東國輿圖)〉에도 정릉천(貞陵川)을 중심으로 손가장이라는 마을이 뚜렷이 표시되어 있다. 현재는 이곳에 '손가정터〔孫哥亭址〕'라는 표지석이 세워져 있다.

낙락장송들이 십 리에 걸쳐 푸르네	長松十里翠
백사장 평평하니 말발굽이 한가롭고	沙平馬蹄閑
골짜기 깊으니 새소리 아름답네	谷邃禽聲媚
폭포수가 두 갈래로 내려오니	飛泉兩道來
마치 띳집과 만나는 것 같네	恰與茅楹値
옷을 벗어 푸른 가지에 걸어 두고	解衣掛靑柯
밥을 지으려 줄사철나무를 깔고 앉았네	炊飯坐碧荔
단옹[84]이 수묵화를 그리니	丹翁潑水墨
산행에 고사가 있게 되었네	山行有故事
석양빛은 한 떨기 꽃을 비추고	返照帶孤花
불어오는 바람은 벼 이삭을 헤치네	流風散良穗
감탄하며 백발을 애석해하니	感歎惜華髮
속세를 벗어나기를 길이 생각하네	永懷超塵累

84 단옹(丹翁) : 이윤영(李胤永)의 호가 단릉(丹陵)이기 때문에 단옹으로 호칭한 것이다.

6월 17일에 백씨,[85] 원령,[86] 윤지, 자목숙[87] 윤면동, 백우, 중회,[88] 김중척[89] 상무 어른, 김원박 무택 과 북영에서 연꽃을 감상하고 함께 시를 짓다

六月十七日同伯氏元靈胤之子穆叔 尹冕東 伯愚仲晦及金丈仲陟 相戊 金元博 茂澤 賞荷北營共賦[90]

그윽한 난간은 아름다운 나무를 끼고 있고	幽欄夾嘉木
연잎에 듣는 빗방울 맑아서 더위를 씻어 내네	荷雨澹清暑
이렇게 맑은 여울 흐르는 것이 좋아서	愛此淸湍瀉
배회하느라 차마 떠나지 못하네	徘徊殊未去

85 백씨(伯氏) : 몽오의 형 김종후(金鍾厚, 1721～1780)로, 자는 자정(子靜), 호는 본암(本庵)·진재(眞齋)이다. 민우수(閔遇洙)의 문인이다. 저서로 《본암집(本庵集)》이 있고, 편서로 《가례집고(家禮集考)》와 《청풍세고(淸風世稿)》가 있다.

86 원령(元靈) : 이인상(李麟祥)의 자이다. 57쪽 주30 참조.

87 자목숙(子穆叔) : 윤면동(尹冕東)으로, 자목은 자이다. 숙(叔) 자를 놓은 이유는 자세히 알 수 없다. 본관은 해평(海平)이다. 이윤영(李胤永), 이인상, 김종후 등과 교유하였다.

88 중회(仲晦) : 김광묵(金光默 : 1730～1790)의 자이다. 백우(伯愚) 김상묵(金尙默)의 동생이다. 《夢梧集 卷6 金仲晦墓表》

89 김중척(金仲陟) : 김상무(金相戊, 1711～?)로, 본관은 광산(光山), 자는 중척이다. 1776년(영조52) 66세로 문무기로과(文武耆老科)에 급제하여 승지에 제수되었다.

90 賦 : 대본에는 '賊'으로 되어 있다. 문맥에 근거하여 수정하였다.

또 '치재영풍한로지옥호'를 가지고 운자를 나누어 시를 짓다

又以寘在迎風寒露之玉壺分韻

중척이 이때 빙관(氷官)으로 있었기 때문에 얼음덩이를 가져와서 난간에 걸었다.

바윗길이 푸른 덩굴 속으로 들어가니	巖逕入靑蘿
물과 나무가 맑게 어우러져 있네	水木澹相紆
은은히 솔바람 소리 나고	黯黯空籟發
짙은 녹음이 촉촉이 젖어 있네	靄靄積翠濡
가랑비 한차례 흩뿌리니	微雨一飄灑
연잎 위에 구슬이 우수수 떨어지네	錯落荷上珠
연잎은 이제 막 푸른 잎이 펴지고	荷葉綠初齊
연꽃은 붉은 꽃잎 절반쯤 벌어졌네	荷花紅半敷
사방이 갑자기 환하게 빛이 나니	四坐忽生光
붉은 난간에 얼음 병이 걸렸구나	朱欄掛氷壺
오뉴월 염천에	炎天六月中
우리만 서늘하게 지내네	淸涼惟在吾
백 년을 어찌 알 수 있겠는가	百年那得知
지금 당장을 즐겨야지	卽事聊可娛
옛 제단의 북쪽을 찾아가니	行尋古壇北
매미들 저녁 길에 모여드네	淸蟬集暮途

세검정. 백씨와 자직 형과 백우와 함께 운자를 나누어 시를 지었는데, 양 자를 얻었다

洗劍亭同伯氏直兄伯愚得涼字

동구에서 물 흐르는 소리 들리더니	洞口聞流水
숲 끝에서 단청한 정자를 보네	林梢見畫堂
시냇물 빛은 나무 그림자 비쳐 어둡고	川光帶樹暝
돌 기운은 누각 가까이에서 서늘하네	石氣逼樓涼
짧은 귀밑머리에 바람이 불어오니	鬢髮風吹短
긴 노랫가락 하루 종일 머무네	歌吟日駐長
붉은 구름은 저물녘에 색이 변하고	炎雲晚來變
산에 비가 내리니 먼 곳이 희미하네	山雨遠蒼蒼

병석에서 감회가 일어. 백우가 영남으로 갈 때 그 전별연에서 백우 형제, 자직 형, 대수와 운자를 나누어 정하였던 '난분차야중'의 운자를 썼다

病中有懷伯愚嶺行用其餞席與伯愚昆季直兄大受所分難分此夜中韻

전별연에서 지은 시는 잃어버렸다.

뜰에 있는 나뭇가지에는 남은 잎이 없고	庭柯無留葉
싸라기눈과 함박눈이 날마다 번갈아 내리니	霰雪日交下
온갖 벌레들 다투어 굴로 들어가고	百蟲競歸穴
나 또한 가난한 집 문을 닫았네	吾亦閉窮舍
그리워라, 먼 길 떠나는 사람	懷哉遠遊子
쉼 없이 가느라 오히려 겨를이 없겠지	行邁猶靡暇
산천의 모습은 아침저녁으로 다르고	山川日夕異
매서운 바람은 먼 길 가는 수레를 방해하네	烈風迷征駕
먹고 입는 것에 대해서는 누가 모는 것처럼 달려들고	衣食若有驅
시서는 부질없이 시렁에 올려져 있네	詩書空在架
인생은 만나고 헤어짐이 있고	人生有離合
절후는 어지러이 바뀌어 가는데	節候紛遷謝
홀로 매화를 보는 사람 있어	獨有看梅人
촛불을 들고서 차가운 밤에 앉아 있네	秉燭坐寒夜

윤지의 장례를 보고 돌아오는 길에 구술로 짓다
觀胤之葬歸路口占

금년[91] 윤유월에	維歲閏六月
우리 이윤지를 장사 지냈네	葬我李胤之
외로운 무덤이 삽시간에 덩그렇게 만들어지니	孤墳乍突兀
통곡하고 산을 내려와 돌아오네	痛哭出山歸
평생의 즐거운 일 영원히 끝났으니	永畢平生歡
나의 걸음 어찌 이리 더딘고	我行何遲遲
초목은 모두 황무하고	艸樹一荒翳
산들은 또 사방에서 둘러싸네	岡巒又四圍
저 지저귀는 새소리에 감격하노니	感彼嚶鳴鳥
소리가 절로 맑고 화평하구나	聲氣自淸怡
갈림길에서 방황하노니	彷徨岐路間
여생을 누구에게 의지할까	餘生欲誰依

91 금년 : 1759년(영조35)을 가리킨다.

강서로 가는 도중에

江西途中

칠월에 더위가 아직 물러가지 않아	七月暑未徂
길바닥에서 더운 먼지가 올라오네	道途炎埃襲
수염과 눈썹에 풀에서 나오는 기운이 올라오고	鬚眉艸氣熏
두건과 바지는 안개와 비로 젖었네	巾裳霧雨濕
다리가 무너져 돌 모서리 사납고	橋崩石稜捍
깊은 물은 말의 옆구리까지 차오르네	深流沒馬脇
묻노니, 너는 무엇을 구하려고	問汝何所求
고생하며 들판에 있는가	辛苦在原隰
집에는 노모 계시는데	堂上有老母
맛있는 음식이 항상 넉넉하지 못하여	甘腝恒不給
처음에는 포관격탁[92]하는 부류가 되려 했는데	初擬關柝流
마침내 병부를 훔치고 인끈을 차게 되었네[93]	遂竊符綬縶
도를 행하고 감추는 것을 어찌 감히 논하리오	行藏詎敢論
생각하면 더욱 답답하네	念之增鬱悒
산천이 날로 멀어지니	山川日以遠

92 포관격탁(抱關擊柝) : 포관은 관문을 지키는 문지기이고, 격탁은 딱따기를 치면서 야경하는 사람을 가리키는데, 모두 가난 때문에 부득이하게 하는 미관말직을 말한다.

93 병부(兵符)를……되었네 : 1760년(영조36) 6월 몽오가 강서 현령(江西縣令)에 제수된 일을 가리킨다. 강서현은 대동강 서쪽에 있는 고을로 현재 평안남도 강서군에 해당한다.

머리 돌려 서울을 바라보네 回頭望京邑
집 떠난 사람은 본래 근심이 많은 법인데 離人本多愁
매미 소리는 어찌 그리 급한고 鳴蟬一何急

중양절에 백씨께 보내다
九日奉寄伯氏

타향에서 좋은 절기 만나도 기쁘지 않아	他鄕佳節不成歡
억지로 국화 한 아름 꺾어서 보네	强折黃花滿手看
멀리 고향에서는 이웃들 모여	遙憶故園隣社會
푸른 난간에 붉은 수유 어지럽게 떨어지리라[94]	紅萸亂落碧欄干

94 억지로……떨어지리라 : 음력 9월 9일 중양절(重陽節)에 사람들이 모여서 풍류를 즐기는 모습을 표현한 것이다. 옛날 풍속에 중양절에는 사람들이 붉은 주머니에 수유(茱萸)를 담아서 팔뚝에 걸고 높은 산에 올라가 국화주를 마셔 재액(災厄)을 물리쳤다고 한다.

도중에 새벽에 출발하다

途中曉發

점점 먼 산이 밝아 오니	稍稍遠山曉
잠자던 새들이 나무 끝에서 일어나고	棲禽起樹頭
구름 빛은 해를 맞아 변하고	雲光迎日變
시냇물은 별을 안고 흐르네	溪水抱星流
벼슬살이하는 자취 술 취해 꾸는 꿈 같아	宦迹如醒夢
돌아가고픈 마음 가을바람 때문이 아니네[95]	歸心不爲秋
해마다 변방 길에서	年年關外路
무명 누비옷이 다 해지네	凋盡木綿裘

95 가을바람 때문이 아니네 : 진(晉)나라 오군(吳郡) 출신의 장한(張翰)이 벼슬살이를 나갔다가 가을바람이 불어오자 고향의 별미인 농어회와 순챗국을 그리워하여 벼슬을 버리고 고향으로 돌아갔다는 고사를 인용한 것으로, 여기에서는 몽오가 고향에 돌아가고픈 심정을 묘사하는 데 사용하였다. 《晉書 張翰列傳》

이숙의 시에 차운하다

次李叔

산에 사는 생활 원래 좋은 것인데	山居故自勝
더구나 또 강호 가까이 있음에랴	況復近江湖
얼음이 녹아서 물고기와 용이 움직이고	氷泮魚龍動
바람이 불어와서 꽃과 나무가 소생하네	風來卉木蘇
골짜기 구름에 대나무 사립이 희미하고	洞雲迷竹戶
관솔불은 차 끓이는 부엌을 비추네	松火映茶廚
서쪽 창 아래서 책을 덮으니	掩卷西牕下
나무꾼의 노랫소리 어두운 길에 모여드네	樵歌集暝途

자목숙에게 보내다
簡子穆叔

마을 연기 다 날아가고 달이 동쪽에서 뜨니 　村煙飛盡月生東
온갖 감회 일어나는 밤중에 멀리 날아가는 기러기 소리 듣네 　百感中宵聽遠鴻
몇 차례나 좋은 벗을 영결하였던가 　幾送良朋歸地下
홀로 책을 들고 산중에 누웠네 　獨携黃卷臥山中
도잠은 정신이 육체에 얽매이는 것을 부끄러워하여 벼슬을 그만두었고[96] 　陶潛解紱羞形役
완적은 막다른 길에서 한탄하며 수레를 돌렸지[97] 　阮籍廻車歎路窮
술 마시고 글 짓던 옛 친구 중에 이제 누가 남아 있는가 　文酒舊徒誰復在
봄이 오거든 바람 쐬고 목욕하는 것을 그대와 함께하리라[98] 　春來風浴許君同

96 도잠(陶潛)은……그만두었고 : 도잠의 〈귀거래사(歸去來辭)〉에 "돌아가야지. 전원이 묵어 가는데 어찌 돌아가지 않으리오. 이미 스스로 내 마음을 형체의 사역으로 삼았거니, 어찌 실망하여 홀로 슬퍼하기만 하겠는가.〔歸去來兮! 田園將蕪胡不歸? 旣自以心爲形役, 奚惆悵而獨悲?〕"라고 한 내용을 가리킨다. 《陶淵明集 卷5》

97 완적(阮籍)은……돌렸지 : 진(晉)나라 죽림칠현(竹林七賢)의 한 사람인 완적은 때로 마음 내키는 대로 홀로 수레를 타고 아무 곳으로나 가다가 길이 막혀 더 이상 갈 수 없으면 그때마다 통곡하고 돌아왔다 한다. 《晉書 阮籍列傳》

98 봄이……함께하리라 : 공자가 제자들에게 각자의 포부를 물었을 때 증점(曾點)이 "늦봄에 봄옷이 완성되면 어른 대여섯 사람과 아이 예닐곱 사람과 함께 기수(沂水)에서 목욕하고 무우(舞雩)에서 바람 쐬고 노래하며 돌아오겠습니다."라고 한 말을 인용한 것이다. 《論語 先進》

심원에게 차운하여 보내다

次寄深遠

어지러운 천지 안에	擾擾天地內
뭇 생명들 각자 도모하는 것이 있어	群生各有營
소인은 풍족한 음식을 도모하고	小人謀裕食
열사는 이름 남길 것을 생각하며	烈士思詒名
병아리는 개미를 서로 먹으려고	鷄兒競啄蟻
종일토록 섬돌 주위를 도네	終日循階行
사물의 이치는 이러한데	物理有如此
나만 홀로 무슨 마음이런고	而我獨何情
일에 임해서 근심하고 즐거워함이 있을지언정	卽事有憂樂
이 마음은 보내고 맞이함이 없네	此心無將迎
봄바람이 한차례 지나가니	春風一以過
산수는 맑기 그지없네	山水有餘淸
바라건대 그대는 만절을 보존하시게	願君存晩節
부귀는 예로부터 가벼운 것이었으니	富貴由來輕

이숙의 집에서 운을 뽑아 함께 짓다

李叔第拈韻共賦

빈산에 함께 얘기할 사람 없으니 空山無與語
그대가 아니면 내가 누구와 함께하리오 非子我誰群
전대를 푸니 책이 많이 들어 있고 解橐餘黃卷
띠를 베어 깔고 흰 구름 위에 누웠네 誅茅臥白雲
지팡이 짚고 짚신 신고 달밤에 나오니 筇鞋乘月出
다듬이질 소리 울타리 너머에서 들리네 砧杵隔籬聞
단지 오래도록 이렇게 지내기를 바랄 뿐 但願長如此
세상의 어지러운 일이 나와 무슨 상관이리오 何關世路紛

백씨의 시에 차운하다

次伯氏

적적한 마음 의지할 데 없어　寂寂情何賴

때로 이웃을 따라 노닐다　時從隣曲遊

우연히 지팡이를 짚고 서서　偶然携杖立

다시 시냇물 소리를 듣네　聊復聽溪流

밤비에 나무를 옮겨 심을 만하고　夜雨堪移樹

봄 물결에 배를 띄우고 싶네　春波欲試舟

바위 끝에 작은 집을 지어　巖頭成小築

계수나무 더위잡고 배회하리라[99]　攀桂且淹留

99 계수나무 더위잡고 배회하리라 : 한(漢)나라 회남왕(淮南王) 유안(劉安)의 문객들 가운데 소산(小山)이라 일컬어지던 사람들이 지은 〈초은사(招隱士)〉에 "원숭이들 휘파람 불고 범과 표범 울부짖는 곳, 계수나무 가지를 더위잡고 배회하네.〔猨狖群嘯兮虎豹嘷, 攀援桂枝兮聊淹留.〕"라는 구절이 있다.《楚辭集注 卷8》 원래의 시에서는 굴원(屈原)에게 은거하지 말고 나오라는 의미인데, 여기에서는 은거하고 싶다는 의미로 사용하였다.

동원에서 꽃을 감상하며 '낙화유사백일정 명구유연청춘심'을 가지고 운자를 나누어 시를 짓다

峒園賞花以落花遊絲白日靜鳴鳩乳燕青春深分韻

춘심을 스스로 견디지 못하였고	春心不自耐
봄꽃 또한 애석하네	春花亦可惜
봄이 가도 꽃은 아직 남았더니	春歸尙有花
꽃이 떨어지니 봄은 흔적도 없네	花落春無迹
날마다 동산 아래에서	日日峒山下
이렇게 봄을 애석해하는 나그네들 모였네	會此惜春客
해오라기는 평평한 들 밖에서 날고	鷺飛平蕪外
비둘기는 석양의 버드나무 그늘에서 우네	鳩鳴柳陰夕
거문고 타고 긴 노래 부르다	彈琴發長歌
올려다보니 하늘의 구름이 푸르네	仰看天雲碧
덧없는 인생 모쪼록 즐거움을 취하여	浮生須取樂
검은 구레나룻 세게 하지 말지어다	莫敎玄鬢白

또 '산척여애 우애미소 유풍자남 익피신묘'를 가지고 운자를 나누어 시를 짓다

又以山滌餘靄宇曖微霄有風自南翼彼新苗分韻

꽃이 핀 뒤로	自從花開後
날마다 화원에서 노니네	日日花園內
두건을 젖히니 꽃술이 떨어지고	岸巾花蘂墜
지팡이를 끄니 꽃가지에 걸리네	曳杖花枝礙
아침 연기와 저녁 달에	朝煙與夜月
꽃의 자태를 모두 보고	看盡花意態
낮게 시 읊조리며 꽃떨기에 기대니	沈吟倚花叢
온갖 새들 봄 부리를 다투네	百鳥爭春喙
산속 주방에서 다시 화전을 부치니	山廚更煎花
맑은 향기 간과 폐에 들어오고	淸香襲肝肺
꽃이 짙어 석양이 쉬 어두워지니	花深夕易暝
골짜기 구름 속으로 해가 뉘엿뉘엿 돌아가네	洞雲歸曖曖

소동원의 작은 모임. '산하고연원촌 천변독수고원'을 가지고 운자를 나누어 시를 짓다

小峒園小會以山下孤煙遠村天邊獨樹高原分韻

내가 사는 곳 어찌 이리 적막한가	我居何瀟洒
띠를 엮어서 푸른 벼랑에 의지했네	結茅倚蒼巘
네모난 연못 서너 이랑이고	方塘三四畝
꽃과 약초 십여 뿌리 심겨 있네	花藥十餘本
마을 이웃 날마다 찾아와	村隣日相過
담소하느라 맑은 낮이 편안하네	談笑淸晝穩
모임이 잦을수록 정은 더욱 친밀해지고	會數情逾親
예의가 간소하니 뜻이 절로 멀어지네	禮簡意自遠
동산 안의 나무를 돌아보니	瞻言園中樹
꽃들이 홀연 이미 져 버렸네	芳華忽[100]已晩

100 忽 : 대본에는 '怱'으로 되어 있다. 문맥에 근거하여 수정하였다.

즉흥시

卽事

처마 밖은 소나무 울타리이고 울타리 밖은 시내인데 簷外松籬籬外溪
작은 못의 연잎은 물결과 높이가 같네 小池荷葉與波齊
숲속의 꽃 절로 떨어지고 찾아오는 사람 없는데 林花自落無人到
이따금 깊은 숲속의 새 두세 마리 우는구나 時有幽禽三兩啼

여관의 가을밤

旅館秋夜

나뭇잎 떨어지고 차가운 하늘은 먼데	落木寒天逈
외로운 등불 켜진 작은 집이 한적하네	孤燈小院幽
기러기 소리 때때로 밤하늘 지나가니	鴻聲時度夜
나그네의 마음이 또 가을을 만나네	客意又逢秋
백발의 나이에 부질없이 녹봉에 연연하여	白髮空懷祿
노란 국화에도 근심을 떨치지 못하네	黃花未遣愁
갈림길에서 배회하며	低回岐路際
한 해가 저무는데 무엇을 구하려 하는가	歲晏欲何求[101]

101 求 : 대본에는 '朮'로 되어 있다. 문맥에 근거하여 수정하였다.

제석. 헌릉의 재사에서 감회를 쓰다

除夕獻陵齋舍書感

오늘이 저물고 나면	今日居然暮
금년은 다시 돌아오지 않겠지	今年不復歸
몸이 선침 가까이에 의지하고 있으니	身依仙寢近
마음은 꿈에 고향으로 날아가네	夢入故園飛
백발이 되었는데도 도를 듣는 것이 더디고	白髮遲聞道
누런 먼지 옷에서 떨어내지 못하네	黃埃未拂衣
외로운 등잔 아래 근심하다 베개에 기대니	孤燈愁倚枕
북두칠성의 별빛이 희미하네	星斗影依依

인서[102]가 두포[103]에서 찾아왔는데 밤에 비가 내리기에 당시(唐詩)의 운자를 뽑아서 함께 시를 짓다

寅瑞自荳浦來訪夜雨拈唐人韻共賦

날이 저물어 가니 산빛이 어둡고	向晩山暉翳
객이 오니 숲에 바람이 가득하네	客來風滿林
거문고 소리에 외로운 촛불이 고요하고	琴聲孤燭靜
비가 오려고 하니 온갖 꽃이 짙네	雨氣百花深
헤어지고 만나는 것은 근래에 노상 있는 일이고	離合年來事
도를 행하고 감추는 것은 말하지 않아도 아는 것이지	行藏言外心
새벽녘 이불 속에서 잠이 오지 않는데	曉衾眠不着
계곡의 물은 맑은 소리가 나네	溪水有清音

102 인서(寅瑞) : 조정(趙𣆏, 1719~1775)의 자이다. 본관은 풍양(豐壤)이다. 아버지는 한성 판윤(漢城判尹)을 지낸 조상경(趙尙絅)이고, 형은 조돈(趙暾)이다. 1768년(영조44)에 문과에 급제하였고, 판관을 지냈다. 김종후(金鍾厚), 몽오, 윤행임(尹行恁), 이윤영(李胤永), 이최중(李最中) 등과 교유하였다.

103 두포(荳浦) : 압구정(狎鷗亭) 서쪽에 있는 포구 이름이다.《雲陽集 卷1 與斗陵諸友同舟發荳浦共賦》

김계윤[104] 상숙 이 아들 낳은 것을 축하하다

賀金季潤 相肅 生子

흰 구름이 빈산에 가득하니	白雪滿空山
정신이 날로 맑고 고요하네	心神日淸寂
온갖 생각이 가볍다는 것은 이미 알았는데	已道百念輕
친구들의 정은 털어 낼 수 없네	親朋情未釋
옛날 서울에 있을 때에	憶在京洛時
홀로 그대와 친하게 지냈었지	獨與君相厚
지금 초야에 묻혀 있으나	秖今淪草澤
나무와 돌은 나의 벗이 아니네	木石非吾友
그대가 늙도록 자식 없는 것을 안타까워하면서	憐君老無子
그대가 길몽을 얻을 줄을 알고 있었지	知君占吉夢
소식이 오랫동안 끊어져서	消息久斷絶
근심과 즐거움을 아득히 함께하기 어려워	憂樂邈難共
편지를 써서 평안한지를 묻고	裁書問平安
또 자식을 얻었는지 물었더니	且問得兒未
답장에 아들을 얻어서	答云生男子

104 김계윤(金季潤) : 김상숙(金相肅, 1717~1792)으로, 본관은 광산(光山), 자는 계윤, 호는 배와(坏窩)·초루(草樓)이다. 아버지는 판윤을 지낸 김원택(金元澤)이다. 관직은 첨지중추부사에까지 올랐다. 김종후, 몽오, 이윤영, 이인상(李麟祥) 등과 교유하였다. 글씨에 조예가 깊어 〈수타사서곡당선사탑비문(壽陀寺瑞谷堂禪師塔碑文)〉, 〈신흥사비문(新興寺碑文)〉 등을 남겼다.

기쁜 마음 비할 데가 없고　歡喜故無比

내가 사십 년을 궁하게 살았는데　吾窮四十年

내가 이제는 궁하지 않다고 하였네　吾今非窮矣

편지를 보고서 한 번 손뼉을 치고　見書一拊掌

내 마음 또한 기쁘기 그지없네　我心亦歡喜

어진 사람은 의당 후사가 있는 법이라　仁人宜有後

생생하는 이치가 절로 이어지는 것이지　生理自相續

세상 사람들은 선을 하는 데 게을러　世人怠爲善

선을 해도 반드시 복을 받지는 않는다고 하는데　謂善未必福

이 말이 어쩌면 그리도 세상 사람을 속인단 말인가　此言何其誣

하늘의 뜻은 이미 정해졌으나 빠르고 느린 차이가 있을 뿐이네　天定有久速

저 배옹[105]의 아이를 보라　且看坯翁兒

우렁찬 울음소리 집 안에 가득하네　喤喤聲滿屋

105 배옹(坯翁) : 호가 배와인 김상숙을 가리킨다.

연경으로 사신 가는 학사 홍유직[106] 억 을 전별하며
別洪幼直 檍 學士使燕

계주의 북쪽[107]은 오랑캐의 비린 먼지 눈에 가득하여 어두울 텐데 薊北腥塵滿眼昏
사신이 어디 가서 새해를 조하하리오 行人何處去朝元
돌아와 청주로 가서 不如歸向淸州路
신종의 사당[108] 아랫마을에 집 짓고 사는 것만 못하리라 家住神宗廟下村

106 홍유직(洪幼直) : 홍억(洪檍, 1722~1809)으로, 본관은 남양(南陽), 자는 유직이다. 1753년(영조29) 문과에 급제하였고, 1765년 동지사로 청나라에 다녀왔다. 벼슬은 지중추부사까지 올랐다. 시호는 정간(貞簡)이다.

107 계주(薊州)의 북쪽 : 연경(燕京)을 가리킨다. 계주는 중국 하북성(河北省) 계현(薊縣) 지역으로 현재 북경의 서남쪽에 위치한다.

108 신종(神宗)의 사당 : 만동묘(萬東廟)를 가리킨다. 충청북도 청주에 있으며 명(明)나라 신종과 의종(毅宗)의 위패를 모신 사당이다.

온양 군수 심사희에 대한 만사

沈溫陽 士希 挽

여윈 선비의 자태를 가리지 못하고	不掩癯儒態
항상 정숙한 여인 같은 몸가짐을 간직했었네	常持靜女身
여러 해 동안 세의(世誼)를 논했는데	幾年論世好
한결같이 순진한 천성을 보였었지	一味見天眞
세상을 떠나니 강호가 싸늘하고	畢命江湖冷
벼슬을 그만두니 쌀독이 비었네	休官甔石貧
용협의 길에 만사를 지어 보내니	緘辭龍峽路
가을비에 다시 마음이 아프네	秋雨更傷神

백수사군가를 귀양 간 자형[109]에게 보내다

白水使君歌奉寄姊兄謫居

백수 사군은 천성이 어리석어	白水使君天性愚
말과 용모가 남들과 달리 고분고분하지 않았네	言貌齟齬與人殊
저인(邸人)이 옥당의 패첩을 가져왔는데	使司宣下玉堂牒
백학 한 쌍을 빨리 잡아 보내라는 내용이었네	白鶴一雙催籠輸
한 번 보고서 땅에 내던지며 크게 웃고는	一見擲地便大笑
바다 위 구름 바라보니 까마득하기만 하였네	仰視海雲長杳杳
학은 울면서 구름 속으로 날아 들어가는데	鶴兮飛鳴雲中入
내가 그물을 치려고 한들 어찌 잡을 수 있겠는가	我欲張羅將安及
설사 학을 길들여 뜰에 가득하게 하더라도	縱令馴鶴滿庭除
학은 본시 나의 무리인데 어찌 저들에게 주겠는가	鶴是吾儔豈贈渠
학사는 글을 읽어 원래 직분이 있는데	學士橫經自有職
어찌 날짐승으로 이목을 즐겁게 하리오	焉用羽毛娛耳目

109 귀양 간 자형 : 홍익필(洪益弼)을 가리킨다. 홍익필이 이때 배천 군수(白川郡守)로 있었는데, 홍문관에서 해서(海西) 지역에 학을 잡아 올리라는 내용의 공문을 보내자 홍익필이 패지(牌旨)를 저인에게 던지며 말하기를 "옥당은 일찍이 충성된 말을 아뢰는 계책은 세우지 않고, 도리어 한갓 날짐승 같은 노리개 때문에 외읍(外邑)에 폐단을 끼친다." 하였다. 이 일로 응교 이재협(李在協)과 교리 김귀주(金龜柱) 등이, 홍익필이 일개 미물로 인하여 옥당을 여지없이 헐뜯어 배척하였다고 경연에서 아뢰자 영조가 홍익필을 배천에 유배하라고 명하였다. 이 때문에 홍익필이 자기가 군수로 있던 배천에서 귀양살이를 하게 된 것이다.《英祖實錄 41年 8月 5日》

글을 지어 저리에게 부쳐 보내니 作書却向邸吏付
옥당의 학사들 듣고서 노하였네 玉堂學士聞之怒
이때에 군왕은 새벽에 조회를 보셨는데 是時君王晨御朝
자색 곤룡포에 벽제(辟除)를 하고 노부[110]를 벌였었네 紫衣傳警列鹵簿
여러 학사가 군왕 앞에 나아가 아뢰니 濟濟學士離班奏
호위군과 관료들 다투어 목을 빼고 보았네 羽衛簪紳爭聳睹
임금이 명을 내려 본군에 귀양 보내라고 하시니 有旨編管本郡置
죄가 무거운 자의 모습을 아전과 백성들에게 보게 하려 하심이네 罪重要令吏民視
우습구나, 임금께서 학을 사랑하고 관리를 사랑하지 않으시어 咍君愛鶴不愛官
어제의 태수가 오늘은 죄수가 되었네 昨日太守今囚纍
가슴속에 불만이 가득하여 腔裏有物鬱磈磊
백발이 되었는데도 기운이 시들지 않네 髮白猶然氣不憊
맑은 조정의 근신은 임금이 중시하는 사람이니 淸朝近臣上所重
낮은 벼슬아치가 어찌 크게 무례할 수 있겠는가 小吏焉得太無禮
십 년 동안 벼슬살이하느라 지치고 노쇠했는데 十年烏帽困婆娑
얻은 녹은 많지 않고 얻은 죄만 많네 得祿無多得罪多
강가에 집이 있는데 돌아갈 수 없으니 江上有屋歸不得

110 노부(鹵簿) : 천자의 거둥 행렬을 호위하는 군사와 그에 따른 장비를 가리킨다. 당초에 노부는 천자에게, 의장(儀仗)은 제후에게 사용하였으나, 후에는 점차 구분하지 않고 사용하였다.

흰 이슬과 갈대여, 너를 어찌하리오[111] 白露蒹葭奈爾何

111 흰……어찌하리오 : 흰 이슬과 갈대는 《시경》 〈진풍(秦風) 겸가(蒹葭)〉의 "갈대가 푸르디푸른데, 흰 이슬이 서리가 되었구나. 이른바 그 사람이 강물의 한쪽에 있구나. 물을 거슬러 올라가 그를 따르고 싶지만 길이 험하고 또 멀며, 물을 따라 내려가 그를 따르고 싶지만 빤히 강물의 한가운데에 있구나.〔蒹葭蒼蒼, 白露爲霜. 所謂伊人, 在水一方. 遡洄從之, 道阻且長, 遡游從之, 宛在水中央.〕"에서 인용한 것이다. 즉 멀지 않은 곳에 있지만 죄인으로 귀양살이하는 몸이라 갈 수 없음을 한탄하는 의미로 사용하였다.

매화

梅花

매화를 따뜻한 지합[112]에 넣어 두었는데	藏梅紙閣暖
창밖에는 눈이 펄펄 내리네	窓外雪方深
가지가 늙었는데도 살려는 의지가 있어	槎老猶生意
꽃이 피는 것은 곧 그의 본디 마음이라	花開卽素心
맑은 향기 말세의 시속을 일깨우고	淸芬醒末俗
외로운 줄기가 중음[113]을 깨뜨리네	孤植破重陰
너에게 의지하여 한적한 고독을 즐기고	賴爾娛幽獨
어느새 세모의 시를 지었구나	飜成歲暮吟

112 지합(紙閣) : 74쪽 주74 참조.

113 중음(重陰) : 《주역》에서 순음(純陰)의 〈곤괘(坤卦)〉인 10월에서 11월이 되면 양효(陽爻) 하나가 맨 아래에서 생기는 〈복괘(復卦)〉가 되는데, 이때 양효 위에 있는 다섯 개의 음효(陰爻)를 중음이라고 한다. 12월이 되면 중음 아래에 양효 2개가 생기는 〈임괘(臨卦)〉가 된다. 여기에서는 12월에 매화가 핀 것을 가리키는 말로 사용되었다.

1월 10일에 큰 눈이 내려 이웃들을 모아서 연구를 짓고 이어 배율을 짓다 병술년(1766, 영조42)

正月十日大雪會隣里聯句仍成排律 丙戌

봄 날씨가 어찌 그리 음산한가	春陰何漠漠
눈 내릴 기세 한없이 넓게 퍼졌네	雪意浩無邊
펑펑 쏟아져 내리는 것은 마치 내리누르는 것 같고	叢沓渾如壓
펄펄 날리는 것은 하늘에 걸려 있는 것 같네	飄搖或似懸
굽은 가지에는 겨우 조금 붙었는데	縈柯纔碎細
온 들에는 무명천을 덮었네	冒野更聯綿
어찌 받을 곳이 없음을 근심하겠는가	詎患容無地
오직 하늘에서 떨어지는 것을 볼 뿐이네	唯看隕自天
비어 있는 것에 모양을 만드니	當空成色相
사물에 따라서 네모나기도 하고 둥글게 되기도 하네	隨物賦方圓
홀로 텅 비고 환한 세상에 서 있으니	獨立虛明界
마치 혼돈 이전의 세상 같네	翻似混沌前
티끌 하나가 어찌 누가 되리오	一塵寧帶累
질박한 데서 절로 아름다움이 생기네	太素自生姸
석가여래처럼 빛이 발하고	光放如來佛
막고야[114]처럼 화장하였네	粧成姑射仙

114 막고야(藐姑射) : 막고야산에 사는 신인(神人)을 말한다. 《장자》〈소요유(逍遙遊)〉에 "막고야산에는 신인이 사는데, 피부는 빙설(氷雪)과 같고, 얌전하고 예쁘기는

정신은 초목 위에 있고 精神逈草木
기색은 산천을 변화시키네 氣色變山川
숲속 까마귀의 날개는 조금 드러나지만 微露林鴉翅
물가에서 자는 백로는 구분하기 어렵네 難分渚鷺眠
나무꾼은 옛길을 찾지 못하고 樵兒迷舊逕
농부는 풍년 들기를 축원하네 農子祝豐年
원안이 누워 있었던 일[115]에 익숙해졌고 慣作袁安臥
섬계의 배[116]를 탈 만도 하네 堪乘剡曲船
종이 바른 창문이 밝은 것이 좋아 愛玆紙窓白
책상 위에 낡은 책을 펼치네 丌上有殘編

처녀와 같다."라고 하였다.

115 원안(袁安)이……일 : 원안이 벼슬하기 전에 일찍이 낙양(洛陽)에 살았는데, 마침 큰 눈이 내려서 한 자가량이나 쌓였다. 낙양 영(洛陽令)이 직접 나가 시찰하면서 살펴보니, 다른 사람들은 모두 집 앞의 눈을 쓸고 먹을 것을 구하러 돌아다니는데, 원안이 사는 집의 문 앞에 이르니 사람이 다니는 길이 없었다. 이에 원안이 이미 죽은 것이라 여겨 눈을 치우고 안으로 들어가 보니, 원안이 죽은 듯이 누워 있었다. 낙양 영이 원안에게 어째서 나와서 먹을 것을 구하지 않느냐고 묻자, 원안이 "큰 눈이 와서 사람들이 모두 굶주리고 있으니 다른 사람에게 먹을 것을 구하는 일은 옳지 않다."라고 하였다. 이에 낙양 영이 그를 효렴(孝廉)으로 천거하였다. 《太平御覽 卷20 天部 雪》

116 섬계(剡溪)의 배 : 왕희지(王羲之)가 산음(山陰)에 살고 있었는데, 하루는 밤에 눈이 개어 홀로 술을 마시며 좌사(左思)의 〈초은시(招隱詩)〉를 읊다가 문득 섬계에 사는 친구인 대규(戴逵)가 생각났다. 이에 밤중에 배를 타고 밤새 가서 대규의 집 문 앞에까지 갔다가 들어가지 않고 돌아왔다. 어떤 사람이 그 까닭을 묻자 왕희지가 대답하기를 "본래 흥이 일어서 갔으나 흥이 다하여 돌아온 것이다. 굳이 대안도(戴安道)를 만날 필요가 있겠는가."라고 한 일을 가리킨다. 《晉書 王羲之列傳》

학탄[117]에 있는 이 판서의 정자에서 운자를 불러 함께 짓다

鶴灘李判書亭子呼韻共賦

물이 갈라지니 모래가 섬을 둘러싸고	水拆沙縈嶼
숲이 머니 강기슭이 누각을 감쌌네	林逈岸抱樓
주인은 오늘 적막한데	主人今寂寞
우리들은 우선 풍류를 즐기네	吾輩且風流
배 그림자는 석양빛을 머금었고	帆影啣殘照
거문고 소리는 이른 가을로 들어가네	琴聲入早秋
응당 달 밝은 밤이 될 것이니	會須明月夜
와서 뱃놀이를 하세나	來作泛舟遊

117 학탄(鶴灘) : 경기 광주에 학탄촌(鶴灘村)이라는 지명이 있는데, 몽오가 광주의 궁촌(宮村)에 있었으므로 궁촌 부근에 있는 마을로 짐작된다.

병술년(1766, 영조42) 중동에 홍형 자직, 이심원, 김백우와 두포에 있는 조인서의 집에 모였다. 다섯 사람은 모두 단릉[118]의 오랜 친구들이다. 단릉이 죽은 뒤로 다섯 사람 또한 흩어져서 어떤 사람은 사방에 지방관으로 나가고 어떤 사람은 벼슬을 그만두고 고향으로 돌아가서 멀리 떨어져 만나지 못한 지가 지금 거의 십 년이 되었다. 그런데 우연히 함께 모였으니 그 기쁨은 말하지 않아도 알 수 있다. 풍류가 다시 오기 어려움을 슬퍼하고 헤어지고 만나는 일의 무상함에 감개하였으며, 남아 있는 우리들 중에 가장 젊은 사람도 듬성듬성 흰머리가 났다. 앞으로 몇 년 뒤에나 우리들이 오늘처럼 다시 모일지 알 수 없다. 이에 삼 일을 함께 지냈는데, 겨울이 이미 절반이 지나 날씨도 마침 춥지 않고 비가 왔다가 눈이 왔다가 하였고, 밤에는 또 달도 떴다. 누각에 올라가 강을 바라보고 지팡이를 짚고 동산을 거닐었으며, 화로에 둘러앉아 고기를 구워 먹고 의자에 마주 앉아서 함께 노래하기도 하며 각자 하고 싶은 대로 하였다. 매감(梅龕) 안의 작은 매화가 올 때에는 빽빽한 별처럼 꽃망울이 맺혀 있었는데 돌아가려고 할 때에는 이미 네댓 송이가 피었다. 삼 일 동안에 오직 옛날 일을 얘기하고 유쾌한 얘기를 위주로 하고 한 구의 시도 짓지 않아 모임의 참된 뜻이 손상되었는데, 헤어질 때에는 주자와 장식이 형악에서 했던 고사[119]

118 단릉 : 이윤영(李胤永)의 호이다.

119 주자와……고사 : 형악(衡嶽)은 중국의 남악(南嶽)인 형산(衡山)이다. 주희(朱

를 모방하여 말을 세워 놓고 각각 절구 한 수씩을 짓고 헤어졌다. 자직은 먼저 여강으로 향했고, 나는 광산[120]으로 돌아왔다. 심원과 백우는 서울로 돌아간다고 하였다

丙戌中冬與洪兄子直李深遠金伯愚會于趙寅瑞荳浦第五人者皆丹陵舊伴也自丹陵死而五人者亦分散或宦遊四方或捲歸鄉山落落不相合并于今幾十年矣偶然相聚喜可知也悼風流之難再感離合之無常而吾輩存者其最少者亦髮種種白矣不知自此以往幾年吾輩能復會合如今日否也於是作三日留冬序已半而天氣適不寒或雨或雪而夜則又得月焉登樓瞰江曳杖涉園圍爐煮肉對榻合歌各隨其意之所欲龕中小梅花來時結蕚如繁星者臨歸已綻四五蘂矣三日之間唯以道舊劇談爲主不作一句詩以損眞意及其分手之際則倣朱張兩夫子衡嶽故事立馬各賦一絶句而罷子直先向驪江余歸廣山深遠伯愚還京云

어젯밤 강 위에 차가운 비가 지나더니	昨夜江天凍雨過
십 년의 모이고 헤어짐이 슬픈 노래 속으로 들어갔네	十年離合入悲歌
수정루[121] 위에서 풍류를 즐겼던 일 생각하니	水晶樓上風流事
매화 핀 무덤에 묵은 풀 많은 것을 견딜 수 없네	叵耐梅阡宿草多

熹)가 38세 때인 1167년 11월 7일부터 16일까지 남헌(南軒) 장식(張栻)과 함께 형산을 유람하면서 여러 수의 시를 수창(酬唱)하였는데, 그 시들이 《회암집(晦庵集)》 권5 앞부분에 실려 있다. 이때 지은 시를 모은 책이 《남악창수집(南嶽唱酬集)》인데, 장식이 서문을 썼다. 《朱子年譜 卷1下》

120 광산(廣山) : 경기 광주(廣州)의 별칭이다.

121 수정루(水晶樓) : 이윤영의 집에 있는 누각 이름이다. 몽오가 〈수정루기(水晶樓記)〉를 지었다.

또 당시(唐詩)의 운자를 뽑아서 함께 시를 짓다
又拈唐人韻共賦

그대와 노래하고 웃으며 마음껏 호기를 부렸는데 歌笑從君放意豪
만나고 헤어짐이 마음에 걸려 사람으로 하여금 힘들게 하네
關心離合使人勞
몇 년 만에 만난 얼굴과 머리털은 서로 보니 늙었고 隔年顏髮相看暮
강호에 흩어져 있다 한번 고상한 모임을 하였네 滿地江湖一會高
기러기가 찬 기운을 등지고 날아오니 하늘에서 눈이 내리고
鴻雁背寒天雨雪
물고기와 용이 기운을 내뿜으니 밤에 파도 소리 들리네
魚龍歕氣夜聞濤
생각건대 옛 벗은 황천에서 翻思故友黃泉下
이처럼 좋은 밤에 누구와 어울릴까 如此良宵誰與曹

술회

述懷

내가 태어날 때에 봉황 꿈을 꾸시고 我生之初夢鳳凰

조부께서는 몹시 사랑하셨네 皇祖愛之殊凡常

무릎에 앉혀 어를 때부터 글자를 가르치셨고 自從置膝便教字

사물이 있으면 비슷한 것들을 들어 부지런히 깨우쳐 주셨네 緣物引類勤曉譬

약관에 진사시의 양장에 합격하자 弱冠進士中兩場

두 손으로 내 머리 어루만지며 만면에 기쁨이 가득하셨네 雙手撫頂顏色喜

선인께서는 일생 동안 고상한 절개를 지켰는데 先人一生守高蹈

자신이 그 복록을 받지 않으셨으니 하늘이 응당 보응을 내리리라 於躬不食天應報

계유년[122]에 부친상을 당하고서 作噩何歲泣孤喘

벼슬에 뜻이 없어 문필을 멀리했는데 進取無心倦筆硯

모친께서 연로하시니 감히 고생을 꺼리겠는가 慈母年高敢憚勞

잠시 관복을 입고 조정에 출입하고 지방관으로도 나갔었지 乍曳袍笏趨郡縣

초야에서 거친 음식으로나마 모친을 봉양할 수 있기를 바랐는데 田廬菽水願無違

122 계유년 : 1753년(영조29) 10월 부친상을 당하였는데, 이때 몽오는 26세였다.

한번 나갔다가 우연히 과거에 급제했다네　一出偶被龍頭選
하늘이 나를 곤궁하게 늙도록 하지 않으려고 했다면　皇天倘不窮老我
어찌 나의 조부와 부친으로 하여금 보시게 하지 않았는가
何不令吾祖父見
내가 어머니와 마주 앉아 서로 얼굴을 가리고 울었으니
我對母氏相掩泣
기쁨을 만나기에 앞서 슬픔이 모여들게 하였네　遇喜先敎悲思集
응당 집안의 명성 실추하지 않도록 노력해서　只應家聲勉勿墜
사람들이 그 조부에 그 손자라고 일컫게 해야 하리라　人稱祖父之孫子

자형이 두포시의 운자를 써서 과거에 급제한 것을 축하하였기에 곧바로 다시 차운하여 보내다
姊兄用荳浦韻賀登第輒復次寄

여러 해 동안 초야에서 맑고 호방한 기운 길렀는데	多年林下養淸豪
조정에서 재능 없어 고생할까 몹시 근심스럽네	愁殺朝端蹩躠勞
누가 감히 오늘의 각박한 풍속을 바로잡으리오	誰敢挽回今俗薄
하늘이 응당 반평생의 은거를 깨뜨리리라	天應打破半生高
늙은 천리마처럼 장도를 생각하는 것이 부끄럽고	慙同老驥思長道
작은 조각배를 보내 사나운 파도를 시험할까 두렵네	怕遣孤檣試惡濤
결국은 강호가 내 돌아갈 곳이니	畢竟江湖歸宿地
복건 쓰고 옛 친구들을 마주하리라	幅巾相對舊朋曹

자형이 생 자 운을 얻어서 여러 편을 지었는데, 자술한 것도 있고 부탁한 것도 있기에 곧바로 다시 화답하여 보내다

姊兄以所得生字韻成累篇有自述者有見屬者輒復和寄

강가에 집을 짓고 사니	結屋江上住
강물이 마음을 맑게 비추네	江水照心淸
관직을 얻었다가 도리어 귀양 갔으니	得官翻得謫
집에 돌아갈 때 삼베옷이 가볍고	歸家布褐輕
마음이 철석과 같으니	中腸如鐵石
겁화에도 놀라지 않으리라	劫火應不驚
동산자[123]에게 말하노니	寄語東山子
일어나서 창생을 생각하기 바라노라	起來念蒼生

123 동산자(東山子) : 자형인 홍익필(洪益弼)을 가리킨다.

부제학 김시찬[124]에 대한 만사 종숙부를 대신하여 짓다.○정해년(1767, 영조43)

金副提學 時粲 挽 代從叔父作○丁亥

마음은 우리 임금을 저버리지 않으려 하였고	寸心要不負吾王
태산북두처럼 명성 높아 옥당에서 늙었네	山斗名高老玉堂
밝은 조정에 강직한 신하 한 사람이 있었으니	賴有明廷臣一介
천추토록 역사에 빛나리라	千秋留作簡編光

두 번째 其二

흑산도(黑山島)에서 돌아오니 양 귀밑머리 세었는데	黑海歸來兩鬢皤
감당촌 안에는 모두 도롱이 입고 밭 갈고 있네	甘棠村裏混耕蓑
한 가닥 미약한 양기(陽氣) 찾을 곳 없더니	一脈微陽無處覓
남은 기운에 산하가 장대해짐을 보게 되리라	會看餘氣壯山河

124 김시찬(金時粲) : 1700~1766. 본관은 안동(安東), 자는 치명(穉明), 호는 초천(苕泉)이다. 1735년(영조11) 증광 문과에 급제하였다. 노론에 속하였으며, 규장각 대교로 있을 때 조태구(趙泰耉), 유봉휘(柳鳳輝), 이광좌(李光佐) 등 소론 일파의 처벌을 청하였는데, 탕평책에 반대한다는 이유로 흑산도로 유배되었다가 1740년 수찬으로 복관되었다. 1759년 부제학에 제수되고 나서 차자를 올렸는데, 그 글 내용이 불경스럽다고 하여 다시 흑산도에 유배되었다가 1764년 풀려 나왔다. 저서에 《초천집(苕泉集)》이 있으며, 시호는 충정(忠正)이다.

세 번째 其三

삼청동의 댁에서 익숙히 뵈었기에 慣拜三淸上下牀
충의가 간담에서 나온다는 것을 안 지가 오래이네 久知忠義自肝腸
면천에서 편지를 받고도 저버린 것이 부끄럽기만 한데 沔川一札空慙負
후배는 느긋하게 묘당에 앉아 있네 後輩雍容坐廟堂

소소행. 두포의 조 장원,[125] 호서의 이 안찰사, 장성의 홍 사군, 석천의 김 학사에게 보내다

少小行寄荳浦趙壯元湖西李按使長城洪使君石泉金學士

젊은 시절 기운이 가을 하늘과 다투어서	少小氣與秋天競
붕우들과 산수 간에 유람을 많이도 다녔지	朋友山水何其盛
단협은 중간이 꺾여 물결이 시퍼렇게 휘돌아 가고	丹峽中拆波縈碧
담화재의 주인[126]은 좋은 객들이 많았지	澹華主人多佳客
시를 지어 쓴 호방한 글씨 연무에다 휘갈긴 듯했고	詩墨淋漓灑煙雲
술에 취해서는 비분강개한 노래로 산악을 흔들었지	酣歌激楚搖山嶽
거문고 줄 끊긴 지[127] 십여 년 남짓에	琴絃斷絶十載許
옛 친구들 모두 세상 떠나고 네댓 명 남았구나	舊伴凋零餘四五
백발의 농부로 곤궁함을 달게 여기고	田父白髮甘枯槁
고을 아전이나 관리들과는 뜻이 맞지 않았네	縣吏烏紗冷齟齬
청운의 뜻을 품은 한 선비 종적이 외로워서	一士靑雲蹤迹孤
조정에 가득한 고관들은 나의 벗이 아니라네	盈廷簪珮非吾侶

125 두포(荳浦)의 조 장원(趙壯元) : 조정(趙曮)을 가리킨다. 101쪽 주102 참조.

126 담화재(澹華齋)의 주인 : 이윤영(李胤永)을 가리킨다. 이윤영이 1742년(영조 18)에 서지(西池) 가에 담화재라는 서실을 짓고 기거하였다.

127 거문고……지 : 지기(知己)가 죽었다는 뜻이다. 춘추 시대에 거문고를 잘 탔던 백아(伯牙)가 그의 벗 종자기(鍾子期)가 죽자 거문고 소리를 들을 사람이 없다 하여 거문고 줄을 모두 끊고 다시는 거문고를 타지 않았다는 고사를 인용한 것이다. 《呂氏春秋 卷14 孝行覽 本味》

우습도다, 세상일은 없는 것이 없어 可笑世事無不有
노년에 기운을 토해 내니 늙고 추한 것이 부끄럽네 殘年吐氣羞老醜
삼 년 사이에 숭정전에서 장원을 하였는데 三歲狀元崇政殿
백우는 나보다 먼저 하고 인서는 나보다 뒤에 했네 伯愚先我寅瑞後
하늘의 뜻 우러러보나 갑자기 알 수 없으니 仰看天意未遽曉
이 일을 누구 시켜 그렇게 정교하게 분배했을까 此事教誰分排巧
시운은 어찌 소장을 추측할 수 있으랴 時運那能測消長
같은 기운은 서로 알아보니 감응하는 것이 있다네 氣類從知有感召
조정에서 군왕을 보좌하는 것은 바라는 바가 아니고 巖廊夾贊非所期
험한 길에서 서로 붙들어 주는 것은 그래도 할 만하지 險路提携猶可爲
계산에서 편지가 와서 제일루라고 하였는데 桂山書來第一樓
비웃는 것 같기도 하고 칭찬하는 것 같기도 하여 그 말이 기이하네 似嘲似譽其言奇
성격이 평생 남들과 달라서 性癖平生與人異
고관을 좋아하지 않고 곤궁한 선비를 좋아했네 不喜達官喜窮士
곤궁한 선비가 사람마다 고관이 되어 窮士人人成達官
모두가 일색이라 너나 나나 가릴 것이 없다네 泯然一色無吾爾
내가 이 편지 보고 껄껄 웃었으니 我見此書笑歌歌
곤궁하든 영달하든 사귀는 정은 모두 자랑할 만하지 窮達交情皆堪詑
빈천할 때 우리들이 매번 그에게 교만을 떨었으니 我輩貧賤每驕渠
지금에 와서 그가 우리를 꾸짖는 것 당연한 일이지 到今還應渠嚇我
유독 남쪽 고을의 오만한 태수는 獨有南州傲太守
노년에 접어들어 혈색 좋던 얼굴이 주름졌네 風期晼晩紅顔皺
어찌하면 불러내 출처를 함께해서 安得起來共出處

죽을 때까지 한마음을 서로 비추어 볼까　　一心相照到骨朽

정월 대보름 밤에 달이 뜨지 않아 이웃들을 모아 작은 술자리를 열고 운자를 뽑아 함께 시를 짓다 기축년(1769, 영조45)

上元夜無月會隣里小飮拈韻共賦 己丑

대보름날 등불 하나 마주하고 있으니	上元相對一條燈
지팡이 짚고 나막신 신고 이웃 벗들 헛고생 시켰구나	笻屐虛勞里社朋
어찌하여 하늘에는 먹구름만 가득한가	可奈看天雲黑䨴
술을 마시자마자 얼굴이 붉게 달아오르네	纔堪飮酒頰紅升
농부들 농사를 점치지만 알기가 어렵고	農人占歲難窺管
서울 풍속은 다리를 찾아가 얼음만 밟는다네	洛俗尋橋只踏氷
달이 넘어가 내년이 되면 응당 다시 좋아지리니	月到來年應更好
기수에는 흥망성쇠가 있음을 알아야 하리라	須知氣數有除乘

백우와 현지가 수창한 시권의 시에 차운하다

次伯愚與玄之酬唱詩卷韻

산은 북두성처럼 일어나고 물은 휘돌아 가는데	山如斗起水彎回
갑자기 노을이 낚시터를 뒤덮네	特地雲霞覆釣臺
학사는 오랫동안 호숫가에 머물고	學士多時湖上住
옛 친구 흥이 일어 빗속에 찾아왔네	故人乘興雨中來
어촌의 한식날에 술이 새로 익었고	漁郉寒食酒新熟
강가에 동풍이 부니 꽃이 일찍 피도다	江岸東風花早開
나 홀로 적적하여 책을 안고 누우니	我獨寥寥抱書臥
산골 사립의 봄 녹음은 얼마나 푸르렀을까	巖扉春綠幾分苔

곡우일에 계윤이 찾아왔기에 고원정[128]에 올라가서 작은 술자리를 열고 다시 후동서암[129]으로 가서 운자를 불러 함께 시를 짓다

穀雨日季潤來過上高遠亭小飮轉往後峒書菴呼韻共賦

기로소에 들었을 때부터 이웃을 맺어	結隣自洛社
말을 매어 두고 농가로 가서	繫馬卽田家
바위 위의 정자에서 얼근하게 취하고	薄醉巖頭榭
동산(峒山)[130] 입구의 꽃을 감상하네	平臨峒口花
봄을 찾아가니 마음이 호탕하고	尋春情浩蕩
지팡이를 끌고 가니 길이 구불구불하네	曳杖路紆斜
곡우가 날리다가 다시 그치니	穀雨飛還止
먼 산봉우리에 저녁노을이 걷히네	遙岑捲夕霞

128 고원정(高遠亭) : 경기 광주에 있는, 몽오의 형 김종후(金鍾厚)의 동산에 있던 정자이다. 1763년(영조39) 김종후가 직접 짓고 기문까지 지었다.《本庵集 卷1 園中小巖架茅棟其上命曰高遠亭, 卷6 高遠亭記》

129 후동서암(後峒書菴) : 경기 광주 궁촌(宮村)에 있는 초당(草堂)이다. 이곳에 공자, 주희(朱熹), 송시열(宋時烈)의 초상화를 안치하고 한 달에 한 번씩 배알하고, 선비들이 모여서 강론하는 장소로 사용하였다. 당시에는 청풍 김씨(淸風金氏) 김치택(金致澤)의 소유였다.《本庵集 卷6 後峒書菴記》

130 동산(峒山) : 후동서암 남쪽에 있는 산 이름이다.

4월 29일 강을 유람한 일을 기록하다

記四月二十九日江遊

긴 여름 산속 집에 풀과 나무 빽빽하고	長夏山居草樹密
산 밖의 강물은 푸른 물결 드넓네	山外江流綠紋闊
우연히 이웃 늙은이 따라 산 밖으로 걸어 나가니	偶逐隣翁步出山
학탄의 정자[131]가 초연히 서 있네	鶴灘亭子倚超忽
거문고 한 곡을 연주하고 작은 배를 부르니	淸琴一曲命小艇
이때 강의 수면에는 작은 티끌 하나 없었네	是時鏡面纖埃淨
홀연히 바람 불고 우레 치며 우박이 쏟아져	忽[132]然風雷驅雨雹
산 같은 흰 파도가 배를 몰아붙였네	白浪如山相蹴迫
사공이 배를 잡고서 뜻대로 되지 않아	舟人操舟不自由
간신히 배를 돌려 강가에 대었네	辛苦廻棹岸頭泊
나룻길 진창이라 열 걸음에 아홉 번은 넘어지고	十步九跌浦泥滑
보리밭 두둑 아래 몸을 감추니 계책 또한 궁색하네	麥壟藏身計亦拙
비가 두 눈을 때려서 뜰 수가 없고	雨打雙眸擡不擧
바람이 두 다리를 막아서 걸을 수가 없네	風撑兩脚行不去
단지 천지가 혼돈에 들어갈까 근심할 뿐	但愁天地入混沌
이 몸이 까마득히 작아 어떻게 해야 할지 모르겠네	此身藐然迷區處
손에 술병을 들고 입을 벌려 마시니	手持酒甁張口吸

131 학탄(鶴灘)의 정자 : 경기 광주 학탄촌(鶴灘村)에 있는 이 판서의 정자인 듯하다.

132 忽 : 대본에는 '怱'으로 되어 있다. 문맥에 근거하여 수정하였다.

몸 안으로 취해서 몸 밖의 습기를 밀어내려 함이네　要令內醉排外濕
마을 개는 달리며 짖고 아이들은 손가락질하니　村犬走吠村童指
옷과 갓이 찢어져서 흙탕물과 범벅이 되었네　衣冠坼裂和泥水
노래 부르며 돌아오는데 해가 서쪽에서 나오니　放歌歸來日西出
세상의 풍파가 이와 같도다　世間風波有如此

광호[133]의 정자. 심원, 백우, 윤백상[134] 시동 과 운자를 뽑아 함께 시를 지었는데, 수청초부[135] 또한 이르렀다

廣湖亭子與深遠伯愚尹伯常 蓍東 拈韻共賦水青樵夫亦至

머리가 센 나이로 궁벽한 산속에 초정을 짓고	白首窮山一草亭
이미 이 몸은 산속에 은거하였네	已將身世付沈冥
빗속에 말을 타고 가니 산봉우리 구름이 검고	雨中騎馬峯雲黑
나루터에서 배를 부르니 강가 버들이 푸르네	渡口呼舟岸柳青
우연히 나무꾼과 함께 노래하고	偶與山樵成唱和
모래 위의 백로 가련하여 함께 기거한다네	却憐沙鷺伴居停
강가 누각의 경치는 맑은 여름에 알맞고	江樓物色宜淸夏

133 광호(廣湖) : 한강 가운데 뚝섬에서 옥수동에 이르는 곳을 일컫는데, 두뭇개라고도 한다. 서울 지역 한강의 동쪽에 위치하여 동호(東湖)라고 하며, 한강과 중랑천이 만나 수역이 넓고 물결이 잔잔하다.

134 윤백상(尹伯常) : 윤시동(尹蓍東, 1729~1797)으로, 본관은 해평(海平), 자는 백상, 호는 방한(方閒)이다. 1756년(영조32) 당론을 일으켰다고 탄핵을 받아 7년간 전리(田里)로 내쫓겼다가 풀려났고, 1766년 대사간이 되자 신광집(申光緝)의 무죄를 논하다가 다시 전리에 방축되었고, 1772년 갑산(甲山)에 유배되었다가 풀려나 3년 후에는 대사헌이 되었다. 정조 즉위 후에도 여러 차례 유배되었으며, 1795년(정조19) 이조판서를 거쳐 우의정이 되었다. 몽오, 심환지(沈煥之) 등 시파(時派)와 함께 벽파(僻派) 공격에 앞장섰고, 김한구(金漢耉), 홍인한(洪麟漢) 등 척신(戚臣)의 축재를 규탄하였다. 편저로 《향례합편(鄕禮合編)》이 있다. 시호는 문익(文翼)이다.

135 수청초부(水青樵夫) : 몽오의 연보에 성이 정씨(鄭氏)라는 기록만 있어 누구인지는 알 수 없다.

꽃나무에서 지저귀는 꾀꼬리 소리도 들을 만하네 芳樹流鶯亦可聽

두 번째 其二

부질없이 닫혀 있는 강가에 작은 정자가 많으니 虛鎖江干多小亭
황곡[136]이 푸른 하늘로 날아오르는 것을 누가 보겠는가
誰看黃鵠擧靑冥
주인의 머리카락은 길가 먼지로 어둡고 主人鬢髮街塵暗
간의의 의관[137]은 해무에 젖어 푸르네 諫議衣冠海霧靑
산골로 돌아오니 파리한 말은 풀밭에 누워 있고 歸峽羸駒草間臥
강물을 거슬러 올라온 가벼운 배는 버들 그늘에 멈추었네
溯[138]流輕棹柳陰停
우연히 수벽탄 가의 노인을 만나 偶逢水碧灘頭叟
벌목시[139]를 소리 높여 노래해도 듣기에 싫지 않네 伐木詩高不厭聽

136 황곡(黃鵠) : 한번 날아 천 리를 가는 새로, 속세를 벗어나 은거하는 현사(賢士)를 비유하는 말이다. 굴원(屈原)의 〈복거(卜居)〉에 "차라리 황곡과 날개를 나란히 할지언정, 닭이나 오리와 함께 먹이를 다투겠는가.〔寧與黃鵠比翼乎, 將與雞鶩爭食乎?〕"라고 한 데서 인용한 말이다. 《楚辭補注 卷6》

137 간의(諫議)의 의관 : 이 시를 지을 당시에 윤시동이 대사간이나 대사헌으로 재직하고 있었기 때문에 간의라고 지칭한 것으로 보인다.

138 溯 : 대본에는 '泝'로 되어 있다. 문맥에 근거하여 수정하였다.

139 벌목시(伐木詩) : 벗을 초대하여 잔치를 베풀고 즐기는 것을 읊은 시이다. 지금 정자에서 친구들과 시회(詩會)를 열어 즐기고 있기 때문에 이 시를 인용한 것이다. 《詩經 小雅 伐木》

대수가 뽑은 가 자에 이어서 차운하다

續次大受歌字

지팡이 짚고 밭가에서 들밥 노래에 화답하니　負杖田頭和饁歌
반평생 근심과 즐거움이 꿈속에서 지나온 듯　半生憂樂夢中過
조정에서 있었던 옛일은 하늘처럼 멀고　花甎舊步如天遠
구름 낀 산골에서 함께 노닐던 사람 중에 세상 떠난 이 많네　雲峽同遊入地多
한가로이 붉은 화로 안고서 불씨나 만지작거리니　謾抱丹爐調火候
목란나무 노를 저어 풍파를 범하려 하겠는가[140]　肯敎蘭枻犯風波
강호와 성시는 빈주가 다르니　江湖城市殊賓主
묻노니, 지금 너의 뜻이 어떠한가　問爾今來意若何

140 목란나무……하겠는가 : 세상에 나가지 않겠다는 의미이다. 목란나무 노는 《초사(楚辭)》 〈구가(九歌) 상군(湘君)〉의 "계수나무 상앗대와 목란나무 노로 얼음을 깨고 저어 가도 눈이 쌓이누나.〔桂櫂兮蘭枻, 斲氷兮積雪.〕"라는 구절에 나오는 말로, 은자(隱者)를 상징한다.

정릉의 재실에서 수청초부를 만나 뇌연장의 시에 차운하여 주다

靖陵齋室遇水青樵夫次雷淵丈韻以贈

조정의 벼슬아치 이미 초야로 돌아가고	朝士已歸野
나무꾼은 때로 산을 나오네	樵夫時出山
두 왕릉[141]의 입구에서 만나	相逢二陵口
마침내 저녁 구름과 함께 돌아가네	遂與暮雲還

141 두 왕릉 : 정릉과 정릉 근처에 있는 선릉(宣陵)을 가리킨다.

진주 목사 조도원[142] 덕수 이 시내 북쪽으로 찾아와 술빚을 갚기에 고기를 구워 작은 모임을 하였다

晉牧趙道源 德洙 過溪北贈酒債煮肉小集

우리 마을에 다른 풍속은 없고　吾村無他俗
오직 술만은 천성으로 좋아하였네　惟酒性所愛
술이 있으면 마음이 활발하고　有酒心活潑
술이 없으면 마음이 잘아지네　無酒心細碎
단지 한스러운 일은 곤궁한 선비가 많아　只恨多窮士
빈 술병이 벽에 걸려 있는 것이네　空壺壁上在
옛 친구가 목사로 부임하면서　故人五馬出
내가 오랫동안 폐가 말라 있는 것을 가엾게 여겨　憐我久渴肺
술빚에 돈까지 가져와　酒債有青蚨
두 동이의 술을 마주 앉아 마시네　朋樽兩兩對
한 잔에 주름진 얼굴 펴지고　一杯皺顔舒
두 잔에 추운 날씨가 물러가고　二杯天寒退
세 잔에 점차 얼근해져서　三杯轉陶陶
가슴속에 하나의 장애도 없네　胸中無一礙

142 조도원(趙道源) : 조덕수(趙德洙, 1714～1790)로, 본관은 임천(林川), 자는 도원, 호는 이암(怡菴)이다. 부친은 내시교관(內侍教官)을 지낸 조명두(趙明斗)이고, 생부는 사헌부 대사헌을 지낸 조명익(趙明翼)이다. 1744년(영조20) 진사시에 입격하였다.

얘기가 한껏 흥이 올라	談鋒互崢嶸
웃고 농담하며 절로 참지 못하네	笑傲自不耐
주인과 손이 모두 술에 취하였으니	賓主盡酩酊
술 취한 태도를 누가 조롱하겠는가	誰復嘲醉態
화로에 둘러앉아 부드러운 고기를 구우니	圍爐煮軟肉
들짐승 고기와 채소를 겸하였네	野味兼蔬菜
단지 날마다 술을 마실 뿐	但令日飮酒
늘 가난한 것은 내가 후회하지 않는다네	長貧吾不悔

남한산성에서 돌아오는 길에 청휘각[143]에 걸린 시판(詩板)의 시에 차운하다

南漢歸路次淸暉閣板上韻

높은 성에 부질없이 쇠로 빗장을 만들더니　危堞虛勞鐵作關
백등의 남은 수치[144] 산 얼굴에 가득하네　白登餘恥滿山顏
단풍 든 숲의 가을 나뭇잎 드문드문 붉으니　楓林秋葉蕭蕭赤
당년에 전쟁에서 흘린 핏자국인 듯하네　疑帶當年戰血斑

143 청휘각(淸暉閣) : 서울시 종로구 옥인동 송석원(松石園) 부근에 있었던 정자이다. 김상헌(金尙憲)의 손자 김수항(金壽恒)이 1686년(숙종12) 인왕산 아래 옥류동(玉流洞) 자택의 후원에 세웠다. 현재는 그 터만 남아 있다.

144 백등(白登)의 남은 수치 : 한 고조(漢高祖) 유방(劉邦)이 직접 군대를 인솔하고 흉노의 묵특(冒頓) 선우(單于)를 치기 위해 출정했다가 평성(平城) 부근의 백등산에서 흉노의 30만 대군에게 7일 동안 포위되었다가 계략을 써서 겨우 위기를 벗어났다. 그 후 한 고조는 흉노를 정벌하는 대신 묵특에게 공주를 시집보내어 화친을 맺었다. 《史記 匈奴列傳》 여기에서는 인조가 남한산성에서 청나라 군대에게 포위되었다가 항복한 일을 가리킨다.

헌재 윤도경[145] 심위 에게 보내다

簡獻齋尹道經 心緯

시골에 은거한 뒤로 오랜 세월 지나니	一臥田間歲月長
연잎 옷에 국화 베개 수유 주머니 찼네	荷衣菊枕佩萸囊
도성의 넓은 길은 달리기 좋다는데	聞說天衢馳驟好
따라가려고 해도 내 말이 비루먹은 것을 어찌하리	欲從其奈馬玄黃

145 윤도경(尹道經) : 윤심위(尹心緯, 1716~?)로, 본관은 파평(坡平), 자는 도경, 호는 헌재(獻齋)이다. 부친은 행 형조 정랑을 지낸 윤봉휘(尹鳳輝)이고, 생부는 행 세자시강원 진선(行世子侍講院進善)을 지낸 윤봉구(尹鳳九)이다. 1750년(영조26) 진사시에 입격하였다.

이치숙의 환범헌에서 인서와 모여 함께 삼연[146]의 시에 차운하다

李治叔換凡軒會寅瑞共次三淵韻

서울 가까운 한적한 이 교외의 동산에 近京瀟灑此郊園
맑은 낮부터 술동이 열어 마침내 저물녘이 되었네 淸晝開樽遂至昏
산속에 내리는 비는 후드득 소리 내고 바람은 들에 가득한데 山雨驟鳴風滿野
포구의 구름 모두 날려 가 달이 대문 위에 떴네 浦雲飛盡月臨門
강호의 친구는 견여를 타고 오고 江湖伴侶肩輿至
변방에서 돌아오니 삼경(三逕)의 국화는 아직 남아 있네[147] 關塞歸來逕菊存
덧없는 세상의 공명을 어찌 논할 것이 있으랴 浮世功名何足道
숲속의 집에서 종신토록 은거함만 못하네 不如終老臥林軒

146 삼연(三淵) : 김창흡(金昌翕, 1653~1722)으로, 본관은 안동, 자는 자익(子益), 호는 삼연이다.

147 삼경(三逕)의……있네 : 삼경은 전한(前漢) 때 장후(蔣詡)가 두릉(杜陵)에 은거하면서 집 안에 세 갈래 길을 내고 소나무, 대나무, 국화를 심어 당시 고사(高士)였던 양중(羊仲)과 구중(求仲) 두 사람하고만 어울렸던 데에서 유래한다. 《三輔決錄 逃名》 그 후 도잠(陶潛)의 〈귀거래사(歸去來辭)〉에 "삼경이 묵었으나, 소나무와 국화는 아직 남아 있다.〔三徑就荒, 松菊猶存.〕"라고 하였다. 여기에서는 도잠처럼 벼슬을 그만두고 고향에 돌아온 것을 표현하는 말로 사용하였다.

이치숙이 술을 가지고 왔기에 운자를 불러 시를 짓다
李治叔携酒來呼韻

온갖 감상 유독 많이 생겨나는 적막한 겨울	百感偏生濩落冬
전리에 돌아온 이부 또한 얼굴이 수척하네	歸田吏部亦枯容
한겨울 얼음과 눈에 거친 들이 희미하고	窮陰氷雪迷荒野
긴긴 밤 은하수는 먼 산봉우리에 밝네	永夜星河皎遠峯
세월은 오래 머물기 어렵다는 것을 이미 알았으니	已覺歲華難久駐
동이의 술로 자주 만나는 것을 사양하지 말라	莫辭樽酒數相逢
지난날의 더운 피가 이제는 물과 같으니	向來熱血今如水
십 년 동안 숲속에서 이런 게으름에 익숙해졌네	十載林間慣是慵

이치숙이 술을 가지고 왔기에 가낭선[148]의 시에서 운자를 뽑아 짓다

李治叔携酒至拈賈浪仙韻

수시로 술자리를 마련하여	無時樽酒會
손님과 주인이 동산에서 함께하니	賓主互林園
그대가 고향에 돌아오지 않았다면	不有君歸里
어찌 빈객이 대문에 이를 수 있겠는가	寧逢客到門
얼음 언 시내에는 물 흐르는 소리 작게 들리고	氷溪微洩響
눈 쌓인 나뭇잎은 뿌리에서 떨어지지 않네	雪葉不離根
이미 마음을 안 지 오래이니	已是知心久
만날 때마다 서로 말을 잊는다네	相看每忘言

148 가낭선(賈浪仙) : 당대(唐代)의 시인 가도(賈島, 779~843)를 가리키는데 낭선은 그의 자이다. 애초에 승려가 되었다가 환속하여 장강 주부(長江主簿)를 지내기도 하였지만 일생을 가난하게 살았다. 퇴고(推敲)라는 말의 유래가 된 유명한 일화의 주인공이기도 한데 맹교(孟郊)와 더불어 교한도수(郊寒島瘦)라 일컬어진다.

영광 군수 서령 낙보[149] 명천 가 초산서원[150] 시판의 시에 차운하여 지은 시를 보내왔기에 다시 차운하여 보내다

靈光使君徐令樂甫 命天 寄示所次楚山書院板上韻却復次寄

풀 무성한 유허를 누가 소제할까　遺墟誰掃艸生萋
태수의 오총마에 푸른 장니 채웠네　太守烏驄綠障泥
백기[151]는 지금도 남아 있는가　白氣秪今猶在否
산도깨비가 감히 사당 근처에서 울지 못하리라　山魈不敢近祠啼

두 번째 其二

죽음도 영광스러운 때가 있다는 말도 좋은 말이지　死有榮時也善言

149 서령 낙보(徐令樂甫) : 서명천(徐命天, 1720～?)으로, 본관은 대구(大丘), 자는 낙보이다. 부친은 지제교(知製教)를 지낸 서종섭(徐宗燮)이다. 1751년(영조27) 문과에 급제하였다.

150 초산서원(楚山書院) : 전라북도 정읍시 상평동에 있던 고암서원(考巖書院)을 가리킨다. 송시열(宋時烈)이 후명(後命)을 받은 곳이 정읍이고, 정읍의 고호가 초산(楚山)이기 때문에 고암서원을 초산서원이라고 부른 듯하다. 송시열이 정읍에서 사사된 전후 기록을 일기로 기록한 것이 민진강(閔鎭綱)의 〈초산일기(楚山日記)〉인데, 이 초산 역시 정읍을 가리킨다. 이 서원에는 송시열과 수제자 권상하(權尙夏)의 위패가 봉안되어 있다. 《續南遊錄》, 《寒水齋集 卷10》, 《宋子大全 續拾遺附錄 卷2 楚山日記》

151 백기(白氣) : 흰색 운기(雲氣)를 가리키는데, 불길한 징조를 의미한다. 송시열이 사사되기 하루 전에 백기가 하늘을 가로질러 있었다고 한다. 초산서원에 송시열을 배향하였기 때문에 그 일을 거론한 것이다. 《宋子大全附錄 卷11 年譜》

고을 안의 유명한 곳 초산촌이네	域中名聞楚山村
오랑캐의 비린내 북으로 삼천 리에 뻗쳤으니	腥塵直北三千里
홀로 선생만이 끝나지 않는 원통함이 있다네[152]	獨有先生未了冤

152 오랑캐의……있다네 : 병자호란 때 인조가 삼전도(三田渡)에서 청나라에 항복을 하고, 소현세자와 봉림대군이 청나라에 볼모로 잡혀갔다. 그 후 청나라에서 돌아온 효종이 송시열과 이완(李浣)을 주축으로 북벌을 준비하고 있었는데, 갑자기 효종이 승하하여 북벌이 중단되었다. 여기에서 말한 비린내는 청나라 오랑캐를 가리키고, 원통함이란 청나라를 정벌하지 못한 일을 가리킨다.

이치숙 형제들과 숲속의 단에서 작은 술자리를 마련하고 또 두기[153] 시의 운자를 뽑아 시를 짓다

同李治[154]叔伯季小飮林下壇又拈杜機韻

상서는 벼슬에서 쫓겨난 것을 노래하고	尙書吟放逐
태수는 벼슬을 그만두고 돌아왔네	太守賦歸來
해를 넘겨 서로 만나는 자리	隔歲相逢地
바람을 맞으며 함께 술잔을 드네	臨風共把杯
소나무 그늘은 해를 따라 돌고	松陰隨日轉
새소리에 봄이 돌아온 줄을 알겠네	禽語覺春廻
이웃에 살아 수시로 찾아오니	隣曲無時到
사립문이 밤에도 열려 있다네	柴扉夜亦開

153 두기(杜機) : 최성대(崔成大, 1691~1762)의 호이다. 본관은 전의(全義), 자는 사집(士集)이다. 1732년(영조8) 문과에 급제하여 벼슬이 대사간, 예조 참의까지 올랐다. 시문에 뛰어나 김창흡(金昌翕) 이후의 제일인자라 칭해졌다. 신유한(申維翰), 오광운(吳光運), 임정(任珽) 등과 교유하며 수창한 시가 많다. 저서로 《두기시집(杜機詩集)》이 있다.

154 治 : 대본에는 없다. 앞뒤의 시에 근거하여 보충하였다.

이치숙과 밤늦도록 당시(唐詩)에 차운하다

同李治叔刻燭次唐人韻

지팡이 짚고 온 숲을 두루 다니려 했는데　準擬携藜踏遍林
봄날의 그늘이 많은 것이 걱정이네　却嫌春日苦多陰
천산은 꽃이 먼저 피고 늦게 피는 것을 다투지만　千山且較花遲速
양쪽 구레나룻 백발이 많고 적음을 한탄하지 말지어다　雙鬢休嗟雪淺深
고갯마루는 가벼운 구름을 잘라서 비 오려는 기운을 거두고　嶺截輕雲收雨態
들판에 돋아난 작은 풀은 봄마음을 다투네　原抽細艸競春心
머리에 쓴 부들 삿갓이 오래된 듯 익숙하니　頭邊蒻笠慣如舊
조정에서 옥관자 꽂는 것 부럽지 않네　不羡瑤墀戴玉簪

숲속의 정자에서 또 당시(唐詩)의 운자를 뽑아 시를 짓다
林下亭又拈唐人韻

술동이의 술은 주인과 객의 구분이 없으니	樽酒無賓主
그대의 집이 곧 나의 집이네	君家卽我家
봄이 절반이나 저문 것을 견딜 수 없는데	不堪春半暮
매번 올 때마다 해가 서산에 기우네	每到日西斜
버드나무 그늘이 처음 새를 감추고	柳暗初藏鳥
산안개 개어 저녁에 노을이 물드네	山晴晩作霞
숲속 유람 지금부터 시작하리니	林遊從此始
동산(峒山)의 나무들 모두 꽃을 머금었네	峒樹盡含花

자양동에서 매화를 보며 당시(唐詩)에 차운하다

紫陽洞看梅次唐人韻

줄기는 청옥과 같고 꽃은 흰 눈과 같아	幹如靑玉花如雪
자양동 안의 매화 참으로 좋아라	好是紫陽洞裏梅
나무가 산기슭에 있어 아는 사람 적지만	樹在巖阿少人識
나는 봄빛을 따라 해마다 찾아오네	我隨春色逐年來
몇 가지 꺾어서 누구에게 주리오	數枝攀折誰堪贈
한 골짜기에 아름답게 저 혼자 핀다네	一壑婆娑自在開
모쪼록 맑은 향기 폐부로 보내 주게	須遣淸香歸肺腑
무수한 꽃잎은 깊은 술잔에 띄우려네	繁英無數汎深杯

남쪽으로 유배 가는 도중에[155]

南遷途中

늦은 봄 외로운 신하 도성을 떠날 때에 春晩孤臣去國時
조동문[156] 밖에는 살구꽃이 날렸네 鳥東門外杏花飛
생각건대 지난해 대궐 북쪽에서 却憶前年閶闔北
궁궐 도랑에 수양버들 드리울 때 꾀꼬리 시를 지었었지 御溝垂柳賦黃鸝

문경(聞慶)에서 지었다.

두 번째 其二

밤낮으로 쉬지 않고 남쪽으로 또 남쪽으로 晝夜行行南復南
도착한 곳은 응당 바다와 만나겠지 到頭應與海相參
우리 임금 우리 모친 평안하신지 吾君吾母平安否
북쪽을 돌아보며 그리움 견딜 수 없네 直北回瞻戀不堪

칠곡(漆谷)에서 지었다.

155 남쪽으로……도중에 : 1772년(영조48) 3월 21일 성균관 대사성에 의망된 일과 관련하여 청명당(淸明黨)의 일파라는 이유로 기장현(機張縣)에 유배하라는 명이 내려졌다. 문경과 칠곡을 거쳐 배소인 기장현으로 가는 도중에 지은 시이다.

156 조동문(鳥東門) : 문경 새재에 있는 두 번째 관문으로, 현재는 조곡관(鳥谷關)으로 불린다.

기장 유배지에서 봄을 보내며 이백의 시에 차운하다
機張謫中送春次李白

도로에서 구레나룻 색이 변하고　道路鬢毛變
산천은 면목이 새롭네　山川面目新
올 때는 밤낮을 가리지 않았는데　來時不分夜
객지에서 남은 봄을 보내네　客裏送餘春
남쪽 끝 고장의 비는 어둑하게 바다와 이어지고　蠻雨暗連海
검은 구름은 낮게 사람을 향하네　墨雲低向人
누가 백성들의 풍속 비루하다 하였던가　誰言氓俗陋
담소하며 날마다 서로 친하게 지내네　談笑日相親

백씨가 보내온 시에 삼가 차운하다
謹次伯氏寄示韻

모친께 조석 문안할 길 아득히 막혔으니 晨昏邈矣隔萱庭
나무 맴돌며 나는 까마귀 소리 견딜 수 없네 叵耐哺烏遶樹聲
노인의 마음 쉽게 약해지는 것 몹시 두려우니 深恐老人心易弱
자식의 죄 가볍지 않음을 어찌 아시리 豈知兒子罪非輕
편지에는 단지 하늘의 해에게 빈다는 말만 하였는데 書來但道祝天日
꿈속에서 바닷가 성을 무슨 수로 넘으리 夢去那由逾海城
밤낮으로 마음 가다듬고 다시 두 손 모아 기도하며 日夜齋心更攢手
수시로 기거가 편안하신지 자주 묻는다네 隨時頻問起居平

두 번째 其二

지난날에는 총애가 조정에서 으뜸이라 榮寵當時冠禁庭
성은이 심지어 글 읽는 소리에까지 미쳤었지 天褒至及讀書聲
이런 임금의 지우(知遇)를 옛날의 누구에게 견줄 수 있으리 遭逢在古誰堪比
그런 은혜 저버린 지금은 죽음 또한 가볍지 辜負如今死亦輕
이미 삼 년 동안 조정을 떠나 있었고 已抵三年離玉陛
여기에 와서는 왕성과 천 리나 떨어져 있네 此來千里隔王城
몸이 위태롭다고 감히 나라 위한 마음마저 잊겠는가 身危敢忘宗祊計
단지 상서로운 일 많아 태평성대가 되기를 빈다네 但祝休祥湊太平

세 번째 其三

울타리 나무는 그늘을 이루고 풀은 뜰에 가득하네 籬樹成陰艸滿庭
바다 까마귀는 무슨 일로 시끄럽게 울어 대나 海烏何事苦多聲
앞에 펼쳐진 큰 바다 통쾌하게 보고서 快看溟渤前臨大
밖으로부터 오는 성쇠가 가볍다는 것을 조금 깨달았네 頗悟榮枯外至輕
백성의 풍속은 절반이 일본과 이어져 있고 氓俗半連日本國
내 고향은 멀리 한강 남쪽 성[157]에 있다네 家山遙隔漢南城
장기(瘴氣)가 피부에 침투하는 것은 모르겠고 瘴氛未覺侵肌骨
이 마음에 의지하여 편안히 지낸다네 賴是心君自在平

157 한강 남쪽 성 : 경기 광주에 있는 궁촌(宮村)을 가리킨다.

구술로 짓다[158]

口占

물길 뭍길 이천 리	水陸二千里
내 걸음 비로소 멈추었네	吾行方始休
초야에 있던 몸이	那知艸萊迹
어느새 섬에 갇힌 죄수가 될 줄 어찌 알았으랴	翻作海山囚
내 마음은 하늘이 굽어보시니	寸臆天臨上
땅이 끝나는 곳에서 외로이 시를 읊는다네	孤吟地盡頭
단지 저녁에 죽어도 괜찮다는 말씀에 부끄러우니[159]	秖應慙夕死
우리의 도가 끝내 아득하기만 하네	斯道竟悠悠

158 구술로 짓다 : 1772년(영조48) 4월 13일 배소인 기장현에서 절도(絶島)로 이배(移配)하라는 명이 내려졌는데, 이 시는 이배지인 진도군(珍島郡) 금갑도(金甲島)에 도착한 직후에 쓴 것으로 보인다.

159 저녁에……부끄러우니 : "아침에 도를 들으면 저녁에 죽어도 괜찮다.〔朝聞道, 夕死可矣.〕"라는 공자의 말을 인용하여, 자신이 아직 유학의 도를 깨우치지 못하였음을 말한 것이다. 《論語 里仁》

남 자 운에 화답하여 올리다

和上南字韻

비바람 항상 많은 바다 남쪽 風雨常多海以南
주렴 드리운 창문 꼭꼭 닫으니 참선하는 것 같네 簾牕深閉似禪參
지금은 온갖 생각 모두 없어졌는데 如今百念都銷了
어머님에 대한 그리움만은 가장 견디지 못하겠네 唯有思親最不堪

두 번째 其二

부딪히는 대로 지낼 뿐 어찌 땅의 남쪽과 북쪽을 논하리오 隨遇何論地北南
해와 별이 늘어서고 귀신이 참여하네 日星森列鬼神參
단지 이 마음에 부끄러움이 없으면 但得此心無愧怍
세상의 무슨 일을 견디지 못하리오 世間何事不能堪

세 번째 其三

의관과 언어를 모두 남쪽 지방 풍속을 따라 衣冠言語盡從南
섬 늙은이와 조개 캐는 아이와 함께 어울리네 海叟蠙童一席參
처음에는 낯선 지방 풍속에 맞추기 어려울까 염려했는데 始恐殊方難入俗
이제는 몸에 익어 모두 감당할 만하네 如今習慣總能堪

백씨가 보내온 영연 시에 첩운하다

疊伯氏寄嶺沿韻

조수(潮水)가 오면 곧바로 대를 심은 뜰까지 들고　潮來直逼種筠庭
책상 밖에서 물고기들이 글 읽는 소리를 듣네　丌外魚龍聽讀聲
궁벽한 곳으로 유배지를 재차 옮겼으니[160] 죄가 큼을 알겠고
再徙窮荒知罪大
사방이 바다로 둘러싸여 있으니 몸이 가볍다는 것을 알겠네
四圍滄海覺身輕
태평성대라 푸른 이끼 군함을 뒤덮었고　時淸綠蘚封戎艦
섬이 궁벽하니 누런 갈대가 변방의 성 위까지 올라왔네
島僻黃蘆上戍城
술을 마시는 것은 단지 장기(瘴氣)를 밀어내기 위해서이고
尊酒秖爲排瘴計
위태로운 길에서 뜻과 기운 절로 차분하네　危途意氣自平平

160 궁벽한……옮겼으니 : 1772년(영조48) 4월 배소를 기장현에서 진도군 금갑도(金甲島)로 옮겼다.

위리안치되던 날 읊다
榜棘日賦

새끼줄을 가지고 몇 길의 울타리를 치고서	槀索句穿數丈籬
가시나무 두루 펼쳐서 사람을 향해 드리웠네	遍鋪叢棘向人垂
집 밖으로 나가지 않으니 끝내 허물이 없겠지만	戶庭不出終無咎
담장에 얼굴 대고 섰으니 시를 배우지 않아서라[161]	墻面應由未學詩
마치 소와 양이 우리에 갇힌 듯	頗似牛羊欄裏閉
문득 하늘의 해를 대롱으로 보는가 의심하네	忽疑天日管中窺
정신은 다시 육체 밖에 있으니	神遊更在形骸外
깨끗한 이 뜻을 나 혼자만 안다네	此意泠然只自知

161 담장에……않아서라 : 공자가 아들인 백어(伯魚)에게 《시경》의 〈주남(周南)〉과 〈소남(召南)〉을 배웠느냐고 물으면서 "사람이 〈주남〉과 〈소남〉을 배우지 않으면 담장에 얼굴을 바짝 대고 서 있는 것과 같다."라고 하여, 아무것도 보이지 않고 한 걸음도 앞으로 나아갈 수 없는 답답한 상황이 되므로 《시경》을 배우지 않아서는 안 된다고 한 말을 인용한 것이다. 《論語 陽貨》

8월 4일

八月四日

중추의 네 번째 날은	仲秋第四日
조부의 기일인데	皇祖之諱辰
못난 손자 황량한 섬에 갇혀 있어	孱孫囚荒島
제사를 직접 모시지 못하네	笾籩未躬陳
가시울타리 깊어 햇빛이 비치지 않고	棘深日不照
바다 넓어서 하늘을 찾기 어렵네	海闊天難覓
황조께서 살아 계실 때에	皇祖在世時
나를 큰 옥처럼 보배로 여기셨는데	寶我如拱璧
지금은 내가 큰 벌을 받고 있어	而今陷大僇
죽음이 더디 오니 사는 것이 도리어 괴롭네	死遲生還苦
조상을 현양할 계책은 시들어 버렸고	落落顯揚計
사당으로 가는 길은 아득하기만 하네	悠悠祠廟路
선조의 영령이 혹시라도 근심이 없겠는가	先靈倘無惱
불효의 죄가 더욱 심해지네	不孝罪更甚
이것을 생각하니 잠을 이룰 수 없어	念此不能寐
눈물이 새벽 베개를 적시네	淸涕濕曉枕

밤
夜

귤과 유자나무에 바람이 불어오고 대숲에는 비가 떨어지는데 橘柚風來竹雨零

가시울타리 깊은 곳에 등불 하나 푸르스름하네 棘籬深處一燈青

하늘과 잇닿은 깊은 물은 방향을 알 수 없고 連天積水迷方所

밤마다 북두성을 오래도록 우러러보네[162] 夜夜長瞻北斗星

162 밤마다……우러러보네 : 북두성은 제왕(帝王)을 상징하는 별로서, 여기에서는 몽오가 밤마다 임금을 그리워한다는 의미로 사용되었다.

인척 민재의 조부가 신임사화 때 우리 조부를 따라 서쪽 변방으로 갔다가[163] 을사년(1725, 영조1)에 임금이 바뀌고 서야 비로소 모시고 돌아왔다. 지금 인척 민재가 또 나를 따라 섬으로 들어와 함께 지내며 가지 않으니, 우연히 이런 일이 일어난 것이 아니라는 생각이 든다. 지금을 생각하고 옛일에 느낀 바가 있어 절구 한 수를 지어서 그에게 준다
閔戚 在 之祖父辛壬士禍從我王考于西塞至乙巳改紀始陪還今閔戚又從我于島中相守不去事有不偶然者撫今感古遂成一絶以贈之

너의 조부가 옛날에 나의 조부를 따라가서　爾祖當時隨我祖
변방에서 온갖 풍상 겪으며 함께 왕래하였지　風霜關塞去來同
오십 년의 세월이 지난 일인데　滄桑五十年來事
네가 또 백발의 못난 손자와 섬 안에서 함께 지내는구나　白首孱孫伴海中

163 신임사화(辛壬士禍)……갔다가 : 몽오의 조부인 김희로(金希魯)가, 경종이 병이 많고 아들이 없음을 들어 왕세제의 대리청정을 주장하다가 신임사화로 형 김재로(金在魯)와 함께 파직당하여 평안도 위원(渭原)에 유배된 일을 가리킨다.

이웃 사람이 와서 섬 안에 점을 잘 치는 사람이 있으니 점을 한번 쳐 보라고 하였는데, 내가 죄가 무거워서 감히 점을 칠 수 없다고 거절하였다

隣人來言島中有善推命者願一問之余謝以罪重不敢

남은 생을 하늘에 묻지 않기로 이미 작심하였으니 已斷餘生不問天

외로운 신하는 단지 지난 허물 반성하며 울 줄만 안다네 孤臣但識泣追愆

가련하구나, 바다의 섬 안에서 주렴 내리고 지내는 나그네 堪憐海島垂簾客

점상(占床) 앞에서 복채를 내지 못하네 欠却床頭賣卜錢

우연히 짓다

偶成

차가운 조수가 해안을 침식하여 절로 소리가 나고 寒潮齧岸自生音
가시울타리 마당을 둘러쳐서 낮에도 그늘이 지네 籬棘環庭晝[164]亦陰
바람이 거세서 밤에 기와 떨어지는 소리 자주 듣고 風急夜聞頻墮瓦
눈 내리는 일 드물어 겨울에도 시들지 않는 숲이 있다네 雪稀冬有未凋林
푸른 바다는 어머니에게 달려가는 꿈을 막지 못하고 滄溟不礙趨庭夢
별과 달에는 임금을 그리워하는 마음 오래도록 걸려 있네 星月長懸戀闕心
내가 남쪽으로 온 뒤로 머리가 모두 희어졌으니 自我南來頭白盡
살같이 흐르는 세월을 어찌 견디리 那堪歲色去駸駸

164 晝 : 대본에는 '畫'로 되어 있다. 문맥에 근거하여 수정하였다.

섬 안의 계절을 기록하다

紀島中時候

남쪽 지방은 기후가 달라서 炎陬氣候殊
겨울이 깊어도 겨울 같지 않네 冬深不似冬
치자나무와 측백나무는 붉은빛을 번갈아 비추고 梔柏紅交映
귤과 유자는 누런색이 한창 짙네 橘柚黃正濃
눈이 와도 녹아서 땅에 쌓이지 않으니 雪消不着地
시내와 제방에서는 얼음을 볼 수 없네 川隖不見氷
사방 이웃은 소를 몰아 가서 四隣叱牛去
날마다 밭을 가네 日日耕畦塍
방 안에서는 파리가 얼굴을 때리고 室中蠅撲面
언덕 위에는 풀에서 싹이 났네 原頭艸吐芽
세상 밖으로 나가지 않아도 不待六合外
특이한 이야기 어찌 그리 많은지 異聞一何多
생각건대 축융공[165]이 意者祝融公
지위를 독차지하여 기세가 성대하므로 位專而勢盛
현명[166]이 때를 만났더라도 玄冥縱得時
그 권위를 감히 다투지 못해서이리라 威權不敢競
나는 본래 북방 사람이라 我本北方人

165 축융공(祝融公) : 남방의 신 또는 남해의 신을 가리킨다.

166 현명(玄冥) : 북방의 신을 가리킨다.

풍토에 익숙지 않으니 風土不相慣
얼굴과 수염이 시든들 무슨 상관이랴만 何妨容鬢凋
마음이 바뀔까 항상 걱정이네 常恐肺腸換
다만 평소 언행을 돈독하게 하면 但得敦素履
오랑캐 땅이 곧 주리(州里)가 되리라[167] 蠻貊卽州閈

167 다만……되리라 : 공자의 제자 자장(子張)이 행(行)에 대해 묻자 공자가 대답하기를 "말을 충신(忠信)하게 하고 행실을 독경(篤敬)하게 하면 비록 오랑캐의 나라라 하더라도 행해질 수 있거니와 말을 충신하게 하지 못하고 행실을 독경하게 하지 못하면 주리라 하더라도 행해질 수 있겠는가."라고 하였는데, 여기에서 주리는 만맥(蠻貊)의 상대 개념으로 중국의 교화가 행해지는 지역을 가리킨다.《論語 衛靈公》

제야에 보주[168]와 함께 소제가 섬에 귀양 갔을 때 지은 제야 시에 차운하다

除夜同堡主次蘇齊謫島時除夜韻

신의 죄는 예전 그대로인데	臣罪猶依舊
해는 저물어 어느새 새해가 되려 하네	年光遽欲新
몸이 늙어 가는 때에	那知垂老日
오랫동안 돌아가지 못하는 사람이 될 줄 어찌 알았으랴	長作未歸人
꿈은 금어대를 찬 새벽에 맺혀 있고[169]	夢結金魚曉
마음은 촌초의 봄으로 날아가네[170]	心飛寸草春
섬 안 또한 임금이 다스리는 땅이니	島中亦王土
만나는 상황에 따라 우선 몸을 편히 해야지	隨遇且安身

168 보주(堡主) : 몽오가 귀양살이하는 금갑도에는 금갑도성(金甲島城)이 있는데, 여기에 수군만호(水軍萬戶)가 있다. 여기에서 말하는 보주는 수군만호를 가리키는 것으로 보인다.

169 꿈은……있고 : 금어대(金魚袋)는 금으로 장식한 물고기 모양의 주머니인데, 당(唐)나라 때에는 3품 이상의 고관이 차고 다녔다. 여기에서는 몽오가 관복을 갖춰 입고 새벽에 조정에 나아가는 꿈을 꾸었다는 의미로 사용되었다.

170 마음은……날아가네 : 촌초의 봄이란, 당나라 시인 맹교(孟郊)가 지은 〈유자음(游子吟)〉의 "한 치의 풀과 같은 자식의 마음을 가지고, 봄날의 햇볕 같은 어머니의 사랑에 보답하기 어렵네.〔難將寸草心, 報得三春暉.〕"라는 구절에서 따온 말이다. 여기에서는 몽오가 진도의 금갑도에 유배되어 있으면서 고향에 있는 어머니를 그리워한다는 의미로 사용되었다.

생일날 아침

生朝

섬에 들어온 지 삼백 일이 되었는데　入島三百日
어느 날인들 어머니 그립지 않으리　何日不戀母
생일날 아침에는 그리움이 생겨나는 법이라　生朝戀所生
하루 동안에 애간장이 다 녹아 버렸네　一日腸盡朽
생각건대 내가 태어났을 때에　想像我生時
어머니의 마음 기쁘기 짝이 없었으리라　母心喜無比
정수리에 오색의 비단을 묶고　束頂五色錦
황금수로 목욕을 시키셨지　浴膚黃金水
밤낮으로 품에 안고서　晝夜置懷中
내가 효도하고 영화롭기를 축원하셨는데　祝我孝且榮
큰 죄에 빠져서　那知陷大僇
어머니 노년에 근심을 끼칠 줄을 어찌 알았으리　貽憂在暮齡
자식을 낳아 만약 나와 같다면　生子苟如我
자식을 낳지 않느니만 못하리라　不如不生子
생각건대 사람이 운명을 부여받는 것은　竊思人稟命
모두 태어날 때부터 시작되네　皆自墮地始
길흉화복이 모두 원래 정해져 있거늘　休咎摠素定
부러워하고 싫어하며 부질없이 스스로 번뇌하네　羨厭空自惱
내 어머니께 말씀드려서　我願告母氏
자식 생각 버리고 마음을 편히 가지시라고 하고 싶네　棄置寬懷抱

종숙부가 사면되어 돌아간 뒤 백씨와 수창한 시에 차운하다

次從叔父宥還後與伯氏酬唱韻

죽지 않은 것도 오히려 천행인데	不死猶天幸
남은 생에 감히 돌아가기를 바라랴	餘生敢望還
머리 가에는 밝은 해가 비추고 있고	頭邊臨曒日
몸 뒤에는 푸른 산이 있도다	身後有青山
충과 효를 하라 하신 선인의 말씀에 부끄럽고	忠孝慙先訓
아침저녁으로 어머니 얼굴이 그립네	晨昏戀母顔
성상의 은혜 바다처럼 깊으니	聖恩深似海
이 섬 또한 사람 사는 곳이네	斯島亦人間

종숙부가 사면되어 돌아갈 때 지은 시에 차운하다
次從叔父宥還時韻

성은이 어찌 끝이 있으랴	聖恩豈終極
신 아무개 또한 살아서 돌아왔네	臣某亦生還
죽지 않고 푸른 바다를 건너왔으니	不死逾滄海
남은 생은 푸른 산에 묻혀 살려네	餘年付碧山
이제 와서 생각하니 한바탕 꿈 같은데	追思成一夢
마주 앉아 바라보니 얼굴이 더 쇠하였네	對坐較衰顔
자주자주 보는 것을 아끼겠는가	肯惜源源見
서로 아득히 멀리 떨어져 있었으니	相望莽蒼間

중양절에 오봉에 유람 갔다가 다음 날 백운산으로 들어가는 도중에 구술로 짓다

重陽遊五峯翌日入白雲途中口呼

중양절에 국화 띄워 술 마시고 아직 취기가 남아 있으나 重陽汎菊帶餘醺
남은 가을 아까워서 백운산으로 향하네 惜取殘秋向白雲
어젯밤 차가운 바람 불고 세찬 비 내리더니 昨夜霜風吹雨急
산 단풍의 붉은빛이 이삼 분 줄었구나 山楓紅減兩三分

두 번째 其二

갈고리 지팡이에 술병을 거니 얼굴이 이미 붉어지고 鉤杖掛壺面已醺
절은 보이지 않고 돌아가는 구름만 보이네 招提不見見歸雲
산을 덮은 붉은 단풍에 땅이 없는가 의심스럽고 籠山赤葉疑無地
구불구불 올라오니 샛길이 비로소 갈리네 曲折登來逕始分

남쪽 섬의 의객 노형원에게 써서 주다

書贈南島義客 盧亨源

재상의 집에 많은 사람 모여들지만 上相門庭衆足趨

구름처럼 사라지고 낙엽처럼 흩어지는 것은 잠깐 사이지 雲消葉散在須臾

장기(瘴氣) 어린 강[171]가에서 나의 유골 거두어 주기를 간곡히 부탁하노니 瘴江收骨丁寧託

서주에 머리 하얀 선비 있어 다행이네 賴有西州頭白儒

171 장기(瘴氣) 어린 강 : 진도군(珍島郡) 금갑도(金甲島)를 가리킨다.

소산 숙부께 차운하여 올리다

次呈蘇山叔父

푸른 등잔 외로이 잠자리를 함께하고　青燈孤伴枕
흰 눈은 오두막을 빙 둘러 쌓여 있네　白雪四環廬
오랫동안 병을 앓는 탓에　直爲沈疴故
마침내 가까운 사람들과 멀어졌네　遂令親愛疏
세상에는 마음을 터놓는 친구가 없으나　世無忘形友
책상에는 마음에 맞는 책이 있다네　丌有會心書
연단(鍊丹)하는 솥은 몇 개나 남았는가　鼎器存餘幾
단약(丹藥)을 달일 계책[172] 이미 헛된 일 되었다네　燒丹計已虛

두 번째 其二

벼슬에서 물러난 재상이 소를 타고 왔는데　退相騎牛至
추운 날씨에 오두막에서 병들어 누워 있으니　天寒臥病廬
몸은 야위었지만 정신은 죽지 않아　形枯神不死
정이 넘치니 말이 도리어 적어지네　情溢語還疏
오늘 밤에는 마음껏 술에 취하고　酒放今宵醉
옛날 운자를 가지고 시를 쓰네　詩因舊韻書
그를 보낸 뒤에　那堪相送後
텅 빈 작은 뜰에 비치는 달빛을 어찌 견디리　月照小庭虛

172 단약(丹藥)을 달일 계책 : 은거할 계획을 말한다.

영종대왕 만장 병신년(1776, 정조 즉위년)

英宗大王輓章 丙申

삼가 대행 대왕께서는 恭維大行王
우리 동방의 성인이셨네 聖作我東方
연로하셨다 하여 게으르지 않으셨으니 不以耄期倦
해가 기울 때까지 식사할 겨를이 없었던 일[173]을 어찌 논하겠는가 何論中昃遑
하늘처럼 넓은 도량 누가 그 끝을 헤아리겠으며 天包誰測涘
해처럼 비춰 보시는 눈에서 감히 도망하겠는가 日燭敢逃亡[174]
삼천리 온 백성 눈물 줄줄 흘리니 雨泣三千里
어진 은혜 마음속에 깊이 적셔서라네 仁恩浹肺腸

두 번째 其二

삼종의 정통을 계승하시고[175] 統受三宗正
공을 모후의 밝음으로 돌리셨네[176] 功歸母后明

173 해가……일 : 주(周)나라 문왕(文王)이 백성들을 위해서 아침부터 저녁까지 식사할 겨를도 없이 부지런히 노력한 고사를 가리킨다. 《書經 無逸》

174 亡 : 대본에는 '芒'으로 되어 있다. 문맥에 근거하여 수정하였다.

175 삼종(三宗)의 정통을 계승하시고 : 영조가 효종, 현종, 숙종의 정통을 계승하였다는 의미이다.

176 공을……돌리셨네 : 모후는 인원왕후(仁元王后)를 가리킨다. 1721년(경종1) 연

큰 근심이 도리어 성군을 내시니 殷憂還啓聖
교활하고 사나운 자들이 마침내 성심을 바쳤네 狡暴竟輸誠
대의는 의당 밝게 드러나야 하니 大義須昭闡
처음 마음은 함께 살고자 한 것이었네 初心欲幷生
세제(世弟)께서 먼저 대리청정을 하시어 重華先聽攝
만세의 태평성대를 여시었네 萬世開升平

세 번째 其三

큰 효자는 종신토록 부모를 사모한다고 했는데[177] 大孝終身慕
오호라 오늘날 그것을 다시 보았도다 於戲復睹今
선왕의 기업을 계승하는 것이 須知肯堂業
모두 선왕을 그리워하는 마음에 근본했음을 알아야 하리 摠本見墻心
온침은 정과 장을 이었고 溫寢貞莊踵
황단(皇壇)에는 명나라 태조와 의종이 임하셨지[178] 神壇太毅臨

잉군(延礽君)을 후계자로 정하는 과정에서 당시 왕대비로 있던 인원왕후가 내린 언문 교지에 "효종대왕의 혈맥과 선대왕의 골육은 주상과 연잉군뿐이니, 어찌 딴 뜻이 있겠소. 내 뜻은 이와 같으니, 대신들에게 하교하는 것이 옳을 것이오."라고 한 일을 가리킨다. 《景宗實錄 1年 8月 20日》

177 큰……했는데 : 맹자가 순(舜) 임금의 효도에 대해 설명하면서 "대효(大孝)는 종신토록 부모를 사모하나니, 50세까지 부모를 사모한 자를 나는 대순(大舜)에게서 보았노라."라고 한 말을 인용한 것이다. 《孟子 萬章上》

178 황단(皇壇)에는……임하셨지 : 황단은 임진왜란 때 원군을 보내 준 명(明)나라 신종(神宗)의 은혜를 기리기 위해 1704년(숙종30)에 세운 제단(祭壇)이다. 1749년(영조25) 이후로는 명나라 태조(太祖)와 의종(毅宗)까지 함께 제사 지냈다. 《英祖實錄

새벽 내내 꼿꼿하게 서 계신 것을 우러러보았고 通晨瞻植立
종묘에는 지난번에 모시고 참석하였네 淸廟昔陪參

네 번째 其四

한밤중에 정신 맑아 잠을 이루지 못하시고 丙寢淸稀寐
마음 쓰이는 것은 단지 백성들뿐이었네 關心秪有民
군포를 절반으로 줄여 주니[179] 丁徭減[180]折半
곤궁한 백성들이 은혜를 고루 입었네 鰥寡食霑均
상림의 비에 흠뻑 목욕하고[181] 露沐桑林雨
당읍의 창고를 모두 열었네[182] 開傾棠邑囷
도성 도랑의 깊이 몇 자나 되는가 城溝深幾尺
사람들이 물고기와 이웃 되는 것을 면하였네[183] 人免鼈魚隣

25年 3月 23日》

179 군포(軍布)를……주니 : 양민(良民)이 신역(身役)의 대가로 바치는 군포가 1인당 2필이던 것을 1750년 1필로 낮춘 일을 가리킨다.

180 減 : 대본에는 '絹'으로 되어 있다. 문맥에 근거하여 수정하였다.

181 상림(桑林)의……목욕하고 : 상림은 은(殷)나라의 숲 이름이다. 은나라 탕(湯) 임금 때에 7년 동안 가뭄이 들자 탕 임금이 스스로 희생이 되어 기우제를 지내며 여섯 조목으로 자책하자 말이 끝나기도 전에 비가 내렸다는 고사가 있다. 《十八史略 卷1 殷》 여기에서는 영조가 베푼 은혜를 백성들이 흠뻑 입었다는 의미로 사용되었다.

182 당읍(棠邑)의……열었네 : 전국 시대 제(齊)나라에 흉년이 들었을 때 맹자가 제나라 왕에게 요청하여 제나라의 양곡 창고인 당읍의 창고를 열어 빈궁한 백성을 구휼하게 하였다. 《孟子 盡心下》 여기에서는 영조가 흉년에 구휼미를 풀어서 백성을 구휼했다는 의미로 사용되었다.

다섯 번째 其五

향년은 성대한 삼대 때의 임금들과 같았고　　壽齊三代盛
큰 덕 또한 그와 같았네　　大德與之如
저자에는 청나라 비단이 없어지고　　市絶燕人錦
집집마다 《소학》 책을 존숭하였네　　家尊小學書
적미를 반궁에서 밝히고　　赤穈明泮水
푸른 암소로 교외의 밭을 가셨지　　青牸整郊畬
천추의 비루한 습속 한번 씻어 내니　　一洗千秋陋
궁중에서 예가 도를 넘지 않았네　　宮園禮不逾

여섯 번째 其六

예로부터 오릉의 기슭에는　　自古五陵麓
상서로운 구름이 산머리에 어렸었네　　祥雲凝到頭
영릉을 이장한 이후로 땅이 비어 있었으니[184]　　地虛寧祖後
하늘이 성인을 위해서 도모한 것이라네　　天爲聖人謀
반달이 뜬 도성 문 새벽녘　　弦月都門曉

183 도성……면하였네 : 1773년 청계천을 대대적으로 준설한 일을 가리킨다.

184 영릉(寧陵)을……있었으니 : 효종의 능인 영릉은 원래 동구릉의 건원릉(健元陵) 서쪽에 있었는데, 당시 석물에 틈이 있어 봉분 안으로 물이 샐 염려가 있다고 하여 1673년(현종14) 여주군 능서면 왕대리로 옮겼다. 영조의 능은 처음에 서오릉에 있는 정성왕후(貞聖王后)의 능인 홍릉(弘陵)으로 정했다가 다시 효종의 능이 있었던 영릉의 자리로 바꾸어 원릉(元陵)으로 명칭을 정하였다. 《正祖實錄 卽位年 4月 11日》

송백에 서풍이 부는 가을이라네 西風松柏秋
대왕의 상여는 가서 돌아오지 않고 龍輴去不返
흐르는 물 또한 동쪽으로 흐르네 逝水亦東流

일곱 번째 其七

죄가 쌓인 몸 특별한 지우에 부끄러우니 積罪慙殊遇
여생은 성은에 감사하며 살리라 餘生荷聖慈
성문 위의 화표주에는 선왕이 돌아오셨나 의심하고[185] 城疑華表返
정호에서는 남겨진 활을 안고 운다네[186] 弓泣鼎湖遺

185 성문……의심하고 : 화표주(華表柱)는 옛날 교량이나 성문, 궁전, 능묘(陵墓) 등을 장식하기 위하여 화려하게 꾸민 기둥을 가리킨다. 한(漢)나라 때 정영위(丁令威)라는 사람이 신선술을 배워 학(鶴)으로 변신하고 요동의 성문에 있는 화표주에 앉으니 아무도 그를 알아보는 이가 없었다. 한 소년이 활을 당겨 쏘려 하자 날아올라 공중을 배회하며 말하기를 "이 새는 바로 정영위이니 집 떠나 천년 만에 이제야 돌아왔네. 성곽은 옛날과 똑같은데 사람은 다르구나. 어찌 신선술을 배우지 않고 무덤만 저렇게 즐비한가."라고 한 고사를 인용한 것인데, 여기에서는 영조가 신선이 되어 도성의 성문 위의 화표주에 앉아 있는 것 같은 착각이 든다는 의미이다.《搜神後記》

186 정호(鼎湖)에서는……운다네 : 정호는 중국 하남성(河南省) 형산(荊山) 아래에 있는 지명이다. 황제(黃帝)가 수산(首山)에 있는 구리를 채취하여 형산 밑에서 솥을 만들었는데, 솥이 완성되자 용 한 마리가 수염을 길게 늘어뜨리고 땅으로 내려와 황제를 맞이하였다. 황제가 용에 올라타 하늘로 오를 때 여러 신하와 후궁 70여 명이 따라 올라탔으나 용에 타지 못한 신하들이 용의 수염을 붙잡으니 용의 수염이 빠지고 황제의 활이 지상으로 떨어졌다. 황제가 이미 하늘로 올라갔으므로 백성들이 그 활과 수염을 안고 통곡하였다. 후세 사람들이 그곳을 정호라고 이름하고 그 활을 오호(烏號)라고 이름하였다고 한다.《史記 封禪書》 여기에서는 영조가 승하했다는 뜻으로 사용되었다.

먼지는 경서를 읽던 전각을 뒤덮고　塵掩橫經殿
향기는 비단을 하사하신 시에 남아 있네　香留賜帛詩
거듭 우러러보니 충성하기를 바라는 마음 저버린 것이 한탄스럽고　重瞻嗟負願
지하에서 모실 날 더딘 것이 부질없이 원망스럽네　空恨下從遲

판서 황경원[187]의 부인에 대한 만사

黃判書 景源 夫人挽

몇 년이나 작은 집에서 가난한 살림 함께 꾸렸던가	幾年蝸屋共糟糠
남편의 문장은 만 길이나 빛나네	夫子文章萬丈光
새벽까지 서재의 등불 낮과 같이 밝았으니	徹曉書燈明似晝
기름 사느라 시집올 때 가져온 장신구 모두 팔았다네	買油傾盡嫁時裝

187 황경원(黃景源) : 1709～1787. 본관은 장수(長水), 자는 대경(大卿), 호는 강한유로(江漢遺老)이다. 이재(李縡)의 문인이다. 양관 대제학(兩館大提學), 형조·예조·공조의 판서에까지 올랐는데 정조 즉위 후에는 모든 벼슬을 사양하였다. 저서로 《남명서(南明書)》, 《명조배신전(明朝陪臣傳)》 등이 있고, 문집으로 《강한집(江漢集)》이 있다.

내가 서쪽으로 나갈 때에 성상께서 노모를 잘 봉양하라고 누차 말씀하셨는데, 감영에 도착한 지 5일째가 바로 노모의 생신이었다. 생신상에 차려진 음식들과 행사에 동원되는 노래하고 춤추는 기녀와 악공들을 모두 감히 간략하게 하지 못하였으니, 성상의 은혜를 드러내기 위해서였다. 영해 사이에서 구사일생으로 살아난 사람이 꿈속에서라도 이런 일이 있을 줄을 어찌 생각이나 했겠는가. 도내의 수령들이 잔치에 많이 참석하였고, 그중에 세 현령과 축수하는 술잔을 함께 올렸는데, 그들이 가까운 친척이었기 때문이다. 율시 한 수를 읊고 제공들에게 함께 화답하기를 청하여 그 일을 성대하게 하였다

賤臣之西出也聖教屢及於榮養老母上營第五日卽老人生朝也杯盤筐篚之品歌舞妓樂之屬皆不敢從省所以侈上恩也嶺海間萬死餘生雖夢寐何嘗及此道內營下諸守令多與宴其中三縣令同獻壽觴近戚也吟成一律屬諸公同和以張大其事云

무희들 편을 나누고 음악이 처음 고르게 울릴 때 舞姬分隊樂初均

높은 누각에서 화려한 잔치로 생신을 경하드리네 高閣華筵慶壽辰

자식이 지금 순찰사 되었는데 兒子今爲巡察使

군왕께서 대부인을 봉양하도록 허락하셨네 君王許養大夫人

요행히 살아난 몸이 이런 경사 누리니 도리어 꿈인가 의심되고 餘生得此飜疑夢

온화한 기운 어느덧 봄으로 돌아가려 하네 和氣居然欲返春

재배하고 올리는 술잔 앞에서 장수하시라 축수하고 再拜杯前難老祝

작은 정성은 다시 군왕께 바치기를 바라네　微誠更願獻楓宸

자모산성[188] 기해년(1779, 정조3)

慈母山城 己亥

산의 이름 자모인 것 무슨 뜻인지 알겠으니　　山名慈母知何意
천추토록 전해지는 효자의 마음 감격스럽네　　感激千秋孝子情
근래에 순행(巡行)하느라 아침저녁 문안을 오래 비웠으니
邇來行部晨昏曠
곧바로 수레 돌려 평양으로 향하고 싶네　　便欲廻車向箕城

188 자모산성(慈母山城) : 옛 고구려의 수도 평양성을 지키던 위성들 가운데에 하나로, 평안남도 평성시 자모산 일대에 위치한다. 성내에는 우물이 1개 있었으나 지금은 없어졌다. 성벽 윗부분에 활이나 총을 쏘도록 만든 여장(女墻)의 흔적이 남아 있다.

13일 밤에 애련지[189]에서 뱃놀이하다

十三夜汎舟愛蓮池

열두 개의 비단 등을 단청한 기둥에 걸어 두니	十二紗籠掛畫楹
그림자가 가을 달과 함께 맑은 물속에 비치네	影將秋月到空清
가벼운 배는 연못 남북으로 돌아 나가니	輕舟遶出塘南北
연잎과 연꽃이 번갈아 밝아지네	蓮葉蓮花相遞明

189 애련지(愛蓮池) : 1692년(숙종18) 창덕궁 후원에 애련정(愛蓮亭)과 함께 조성한 연못이다.

대전의 춘첩자 신축년(1781, 정조5)

大殿春帖子 辛丑

하늘이 우리 동방에 복을 내린 지 사백 년	天祚吾東四百年
신춘의 상서로운 기운 전에 없이 가득하네	新春喜氣更無前
태의원 안에서는 은솥에 약을 달이고	太醫院裏銀鐺銚
큰 운이 불어와 불수산(佛手散)을 달이네	泰運嘘來佛手煎

규장각의 단오첩

奎章閣端午帖

부들은 푸르고 앵두는 붉고 매실은 누런데　蒲綠櫻朱梅子黃
적전의 보리 익어 선왕께 올리네　籍田麰熟薦先王
삼천 권의 장서를 볕에 말리고　藏書曬了三千卷
약원에서는 좀을 막는 향을 새로 올리네　藥院新供辟蠹香

두 번째 其二

이 각이 정사의 시작임을 알아야 하니　須知斯閣是權輿
온갖 법도 밝은 조정 처음에 매여 있네　百度明廷屬一初
듣건대 조신들의 간언하는 글 많다 하니　聞道朝臣多諫藁
편집하여 시렁 위에 보관해 두어야 하리　編摩添作架頭儲

규장각의 단오첩 임인년(1782, 정조6)

奎章閣端午帖 壬寅

붉은 누각 회칠한 담장은 그림과 같고	丹閣粉墻似畫圖
처마와 문미(門楣)에는 푸른 창포 두루 꽂혀 있네	簷楣遍挿綠菖蒲
궁녀들이 채색 실로 새로이 수를 놓으니	宮姬彩線添新繡
메뚜기 새끼 구십 마리가 수놓여지네	繡出螽斯九十雛

첫 구가 다른 곳에는 "모각의 서루에 나무 그림자 어른거리고〔謨閣書樓樹影紆〕"로 되어 있다.

양사가 합계하여 극률로 논죄했다는 말을 듣고[190]

聞兩司合啓論以極律

쌓인 죄를 끝내 면하기 어려우니	積罪終難逭
남은 생이 어찌 많겠는가	餘生詎復多
지금이 옛날과 다른 것은 모르겠고	不知今異古
오직 내가 다른 마음이 없다는 것만 믿는다네	唯信我無他
내 운명을 안 지는 오래되었지만	了得吾身久
장차 노모를 어찌하리오	將如老母何
다만 임금을 사랑하는 마음만은	秪應愛君念
지하에 들어가서도 사라지지 않으리라	入地未消磨

190 양사(兩司)가……듣고 : 1782년(정조6) 7월 25일 사헌부와 사간원에서 합계를 올렸는데, 흉소(凶疏)를 올린 이유백(李有白)과 그와 연관된 사람들의 처벌을 담당하는 수장이었던 몽오가 도리어 그들을 옹호했다는 이유로 몽오를 엄히 국문하라는 내용이었다. 이에 대해 정조는 합계를 올린 양사를 나무라고, 대사간인 심염조(沈念祖)를 빨리 찬배하라는 명을 내렸다.《正祖實錄 6年 7月 25日》

9월 15일 새벽에 베갯머리에서 구술로 짓다

九月十五日曉枕口占

머리끝에서 발끝까지 어디인들 임금의 은혜가 아니랴	頂踵誰非賜
내가 아직도 세상에 살아 있다네	吾猶在世間
부질없이 개와 말이 주인을 그리워하는 마음만 많아	空餘犬馬戀
밤마다 성상을 뵙는 꿈을 꾼다네	夜夜夢天顏

걸해소를 봉하여 올리고 나서 구두로 시를 짓고 고정 숙부[191]께 올려 화답을 청하다

封上乞骸疏口占上古亭叔父要和

거듭 관복을 갖추고 지존을 배알하였고	重拂緋犀謁至尊
돌아와서 충심을 쏟아 지존께 아뢰었네	歸來披腹奏天門
벼슬에 지친 걸음 돌려 시골에 내려와서	已廻倦迹携耕伴
늙은 몸 물러나길 청하여 크나큰 은혜에 보답하려 하네	且丐殘骸報佛恩
지나온 공명은 잠자리가 물에 점을 찍는 것 같고[192]	過了功名蜻點水
본디 모습으로 돌아오니 잎사귀가 뿌리로 돌아가는 것 같네	還他本色葉歸根
황금으로 장식한 연꽃 모양의 등잔 아래 경서를 읽는 밤	金蓮燭下橫經夕
밤마다 부질없이 꿈속에서 헤맨다네	夜夜空勞繞夢魂

191 고정(古亭) 숙부 : 고정은 김치인(金致仁, 1716~1790)의 호이다. 몽오의 오촌 당숙이다.

192 잠자리가……같고 : 잠자리가 꽁지를 물에 잠깐 담가서 알을 낳고는 곧바로 날아오르는 데에서 나온 말로, 일을 할 때에 깊이 들어가지 않는다는 의미이다. 여기에서는 시간상으로 잠깐 머물렀다는 의미로 사용되었다.

서윤 서명민[193]에 대한 만사

徐庶尹 命敏 挽

화락한 사람으로 관리의 공적 우수하고	豈弟其人吏績優
서생의 본색에 다시 풍류를 겸하였네	書生本色更風流
우연히 서로 만난 곳에서	偶然萍水相逢地
몇 번이나 술잔을 기울였던가	幾度杯觴不盈籌
십 년 만에 원방[194]을 다시 보는 듯하니	十載元方如復睹
두 집안의 어린아이들 늘 함께 놀았네	兩家稚子每同遊
서경의 지난 일들 어느새 꿈이런가	西京往事飜疑夢
그대는 이미 황천에 나는 백발이네	君已黃泉我白頭

193 서명민(徐命敏) : 1733~1781. 본관은 달성(達城), 자는 덕중(德仲)이다. 경학에 조예가 깊었는데 특히 《논어》에 정통하여 주석을 남기기도 하였다.

194 원방(元方) : 후한(後漢) 사람 진기(陳紀)의 자이다. 아우 진심(陳諶)과 함께 난형난제(難兄難弟)로 불렸다. 여기에서는 몽오와 서명민의 관계가 형제처럼 돈독했음을 드러내는 말로 사용하였다.

학성군 이유[195]에게 궤장을 하사하는 잔치에 특별히 어제시 두 편을 내리셨고,[196] 왕명을 받들어 화답시를 지어 올렸는데, 학성군이 선대왕과 동갑이기 때문이었다 갑진년(1784, 정조8)

鶴城君 楡 賜几杖宴特降御製詩二篇承命賡進以鶴城是先大王同甲也 甲辰

성조와 동갑인 사람 몇이나 되겠는가　聖祖同庚更幾人
지팡이는 노구를 부축하고 안석은 몸을 편안케 하리라　鳩筇扶老几安身
네 임금을 두루 섬기고 오늘에 이르렀으니　四朝歷事至今日
백 세가 앞으로 구 년이 남았네　百歲前頭餘九春
목묘의 현손[197]이 아직도 세상에 있어　穆廟玄孫猶在世
요 임금이 등극하던 해가 또 돌아왔네[198]　唐堯初載又廻辰

195 학성군(鶴城君) 이유(李楡) : 1694~1785. 선조의 열한째 아들이 경평군(慶平君) 이륵(李玏)이고, 경평군의 넷째 아들이 영림군(嶺林君) 이희(李俙)이고, 영림군의 장남이 계원군(鷄原君) 이간(李澗)이고, 계원군의 아들이 학성군 이유이니, 학성군은 선조의 현손이 된다. 정조는 학성군이 91세 되던 해에 궤장(几杖)을 하사하기도 하고 그의 자손들을 불러서 만나 본 뒤에 관직을 제수하는 등 특별한 관심을 보였다. 《英祖實錄 附錄 英祖大王誌文》《正祖實錄 8年 8月 29日》《日省錄 正祖 8年 9月 2日·6日, 9年 9月 24日》

196 특별히……내리셨고 : 〈학성군 이유에게 궤장을 하사하던 날 읊어 보이다〔鶴城君楡賜几杖日吟視〕〉라는 시인데, 《홍재전서(弘齋全書)》 권5에 두 수가 실려 있다.

197 목묘(穆廟)의 현손 : 학성군 이유를 가리킨다. 목묘는 선조(宣祖)의 능호(陵號)가 목릉(穆陵)이므로 선조를 가리킨다.

198 요(堯)……돌아왔네 : 요 임금이 즉위한 해가 갑진년이고 이해가 또 갑진년이기 때문에 한 말이다. 《史記集解 卷1》

효심을 멀리 방친(傍親)에게까지 미루셨음을 잘 알겠으니 深知孝思傍推遠

우리 임금께서 어찌 인륜만 돈독히 하셨겠는가 可但吾王篤敍倫

10월 19일 밤 꿈에 백우를 만났는데, 평소처럼 건강한 모습이었다. 재촉해서 자리에 앉아 정담을 나누고 이어 운자를 뽑아 함께 장률 한 편을 지었는데, 운자는 단, 면, 천 세 자였고, 나머지 두 자는 기억나지 않는다. 내가 먼저 네 구를 지었다. 앞의 두 구는 기억나지 않고 뒤의 두 구만 기억나는데 "십 년 동안 공명을 좇다 백발만 남았고, 평생의 친구들 모두 황천에 가 있네."이다. 꿈을 깨고 나서 서글픔을 견딜 수 없어 마침내 앞뒤 구를 지어 붙여서 편을 완성하였다

十月十九日夜夢遇伯愚神色陽陽如平生促席晤仍拈韻共賦一長律韻卽蜑眠泉三字餘二字不記余先成四句而上二句不記只記下二句云十載功名餘白髮平生親友盡黃泉覺來不堪愴然遂足上下句以成篇

비바람 실컷 겪고 남쪽 오랑캐까지 접하다가	飽經風雨接蠻蜑
오두막에 돌아와 편안히 잠을 자네	蓬蓽歸來穩着眠
십 년 동안 공명을 좇다 백발만 남았고	十載功名餘白髮
평생의 친구들 모두 황천에 가 있네	平生親友盡黃泉
밤중에 서로 만난 곳 잊기 어려우니	難忘半夜相逢地
훗날 못다 한 인연 이어지기 바라네	願續他時未了緣
산 이나 죽은 이나 똑같이 왕실을 염려하는데	生死一般王室念
어지러운 길에서 그래도 그대가 먼저 길을 열었네	迷塗儻有子開先

직학 정자상[199] 지검 에 대한 만사 을사년(1785, 정조9)
鄭直學子尙 志儉 挽 乙巳

우리 임금 등극하신 초기에 훌륭한 선비 선발하셨는데 吾王初服揀儒珍
경술과 문장이 제일가는 사람이었네 經術文章第一人
고관대작이 눈앞에 있었으나 조바심 내지 않았고 軒冕逼身心不競
해치려는 자들 눈에 가득했는데 뜻이 어찌 그리 어질었는가 機牙滿目意何仁
조정에서 자취 싸늘하여 지기가 없었으나 朝端迹冷無知己
지조를 변치 말고 함께 임금을 보필하자 하였었지 歲暮盟深共協寅
험로에서 서로 부축하였는데 이제는 끝나 버렸으니 險路相扶今已矣
내 바람을 타고 올라가 하늘에 하소연하고 싶네 乘風吾欲訴蒼旻

199 정자상(鄭子尙) : 정지검(鄭志儉, 1737～1784)으로, 본관은 동래(東萊), 자는 자상, 호는 철재(澈齋)이다. 1776년(영조52) 정시 문과에 급제하였고, 1781년(정조5) 규장각 직제학에 등용되어 《국조보감(國朝寶鑑)》 찬집청 당상을 겸하였다. 글씨를 잘 써서 건원릉(健元陵) 재실(齋室)의 벽시게판(壁詩揭板) 22매(枚)를 남겼다.

동궁이 개강하던 날 기쁨을 표한 임금의 시에 화답하여 올리다
賡進東宮開講日御製志喜韻

동궁이 열리고 나서 보령을 더하여　　青邸開來添睿齡
생신이 지난 뒤로 다시 한 달이 지났네　　虹流節後再抽蓂
세월이 흘러 성조께서 처음 서연을 여시던 날 돌아오니　　星廻聖祖初筵日
책상에 우리 임금 옛날에 강하던 책을 펼쳤네　　案展吾王舊講經

을사년(1665, 현종6) 중양일(重陽日)은 곧 숙묘께서 동궁에 계실 때에 처음 서연을 열었던 날이다. 강(講)하는 《효경(孝經)》은 곧 현 임금께서 동궁에 계실 때에 진강하던 옛 책이라고 한다.

능행하던 날 홍화문 밖에서 유진하며 구두로 지어서 전 진사 파총 김양화에게 보여 주고 화답을 요구하다 기유년(1789, 정조13)

陵幸日留陣弘化門外口占視前進士把摠金養和要和 己酉

늙은 나는 황하가 쏟아져 내리는 것 같은 도도한 문장에 부끄럽고 老我詞源愧倒河

그의 휘하에 문재(文才)가 많은 것에 미치지 못하는데 讓渠麾下足文華

시를 빨리 지으라는 명령은 군령을 따라 급하여 詩令飜隨軍令急

바라 치는 소리 속에 소리 높여 부르는 노래에 화답하네 打刁聲裏和高歌

두 번째 其二

봄 하늘 물과 같아 은하수 차가우니 春天如水淨銀河

새벽의 군막에 서늘한 기운 일어 달빛을 적시네 曉幕涼生浥露華

오늘 밤 악전은 춥지나 않은지 今宵幄殿無寒否

문득 동파옹(東坡翁)의 〈수조가〉[200]가 생각나네 忽憶坡翁水調歌

200 동파옹(東坡翁)의 수조가(水調歌) : 송 신종(宋神宗) 희령(熙寧) 9년(1076) 소식(蘇軾)이 황주(黃州)로 귀양 가서 지은 〈수조가두(水調歌頭)〉의 가사(歌詞)에 "내가 바람 타고 돌아가고 싶나니, 경루옥우 높은 곳이 추위를 이기지 못할까 또 걱정일

세 번째 其三

은총과 작록이 참으로 쥐가 황하를 마시는 것 같으니 寵祿眞同鼠飮河
산인의 신세가 지나치게 번화하네 山人身世太繁華
군막에서 달 밝은 밤에 誰識靑油明月夜
꿈속에서 오히려 〈자지가〉[201]에 화답할 줄을 누가 알았으랴 夢中猶龢紫芝歌

세.〔我欲乘風歸去, 又恐瓊樓玉宇高處不勝寒.〕"라는 내용이 나오는데, 이 대목을 신종이 보고는 "소식이 끝내는 임금을 사랑하는구나."라고 탄식하며 여주(汝州)로 이배(移配)하라고 명하였다.《御選歷代詩餘 卷115》

201 자지가(紫芝歌) : 진(秦)나라 말기에 상산(商山)의 사호(四皓)가 난리를 피하여 남전산(藍田山)에 들어가 은거하면서 한 고조(漢高祖)의 초빙을 거절하고 자지(紫芝)를 캐 먹으며 불렀다고 하는 노래로, 흔히 은자(隱者)의 노래를 뜻한다.

판서 서유경[202]에 대한 만사

徐判書 有慶 挽

당시의 액운은 지금도 두려우니	當年刦運尙慄魂
국가의 위태로움 함께 겪었네	家國安危共一番
순수한 진심은 경계가 없고	赤子眞心無閫域
늙어서도 호기로운 기개는 술잔에 있도다	白頭豪氣有杯樽
조정에서 벼슬한 자취는 뜻을 절반밖에 펴지 못하였고	朝廷宦迹伸如屈
재상의 집안은 적막하여 시끄럽지 않네	宰相門庭寂不喧
동년배의 고인들 어질기가 서로 비슷하였으니	年輩故人賢伯仲
늙은이의 눈물을 자주 뿌리게 되네	未堪衰淚灑頻繁

202 서유경(徐有慶) : 1727~1788. 본관은 대구(大丘). 자는 군선(君善)이다.

현륭원에 이장할 때의 만장 기유년(1789, 정조13)

顯隆園遷奉輓章 己酉[203]

융릉(隆陵)으로 추존(追尊)하였다.

훌륭한 풍채 신인(神人)과 같아 우러를수록 숙연해지고 符彩如神望肅然
오직 산은 높디높고 물은 깊디깊네 維山嶷嶷水淵淵
한나라 문제(文帝)는 경제(景帝)를 유충한 나이에 책봉하였고[204] 漢文冊景自沖歲
순 임금이 요 임금을 대신하여 섭정한 것은 십 년이 넘었다네[205] 虞舜攝堯逾十年
옛 전적을 모두 읽어서 여유가 있고 讀盡墳丘有餘地
기무를 처리할 때에 하늘을 어기지 않았네 裁來機務弗違天
하늘이 돌보지 않으시고 백성이 복이 없어 皇穹不弔民無祿
우리 동방에 끝까지 은택을 베풀지 못하셨네 惠澤吾東未究宣

203 酉 : 대본에는 '亥'로 되어 있다. 《일성록》 정조 13년 10월 16일 기사에 근거하여 수정하였다.

204 한(漢)나라……책봉하였고 : 한나라 문제 1년 12월 경제를 태자로 책봉하였는데, 여기에서는 사도세자가 2세 때에 세자로 책봉된 일을 가리킨다. 《漢書 文帝紀》

205 순(舜)……넘었다네 : 순 임금은 요 임금을 대신하여 28년간 섭정하였다. 《書經 舜典》 여기에서는 사도세자가 15세에 대리청정을 시작하여 13년간 정사를 돌본 일을 가리킨다.

두 번째 其二

예로써 한다는 세 마디 말씀[206]에 성인의 교훈 분명하니 以禮三言聖訓明
우리 왕의 정밀한 의리 일찍이 합당하였네 吾王精義早稱停
법도를 굳게 지키니 어찌 예의 절도를 넘겠는가 堅持經法寧逾節
의장을 성대하게 꾸며서 스스로 정을 극진히 하였네 崇飾儀章自盡情
사당이 연거하는 곳과 잇닿아 있으니 가까이서 모시는 것과 같고[207] 廟接燕涓如昵侍
문이 월근을 이루었으니 허명이 아니었네[208] 門成月覲不虛名
근래에 자나 깨나 마음 쓰이는 것은 年來寤寐關心處
원침의 산이 낮고 형세가 가벼운 점이었네[209] 園寢山低體勢輕

206 예(禮)로써……말씀 : 노(魯)나라 대부 맹의자(孟懿子)가 효(孝)에 대해 묻자 공자가 "도리에 위배됨이 없어야 한다.〔無違〕"라고 하고서, 제자인 번지(樊遲)에게 풀어서 설명하기를 "살아 계실 때 예로 섬기고, 돌아가시면 예로 장사 지내고, 제사 지낼 때 예에 맞게 하는 것이다.〔生事之以禮, 死葬之以禮, 祭之以禮.〕"라고 한 말을 가리킨다. 《論語 爲政》

207 사당이……같고 : 사도세자의 사당인 수은묘(垂恩廟)가 창경궁 홍화문(弘化門) 동쪽에 있기 때문에 한 말이다. 정조가 즉위하고 나서 즉시 사당의 명칭을 경모궁(景慕宮)으로 바꾸었다.

208 문이……아니었네 : 정조가 생부인 사도세자의 사당을 수은묘에서 경모궁으로 격상하고, 경모궁에 참배하러 가기 위해 창경궁의 정문인 홍화문 북쪽 담장을 허물어 새로 문을 내고 그 문 이름을 '달마다 근친(覲親)한다'는 의미로 월근문(月覲門)이라고 하였다. 실제로 정조가 이 문을 통해서 자주 참배하러 갔기 때문에 허명이 아니라고 한 것이다.

209 원침(園寢)의……점이었네 : 사도세자의 묘인 수은묘가 원래 경기 양주(楊州)

세 번째 其三

상제께서 옛 수원에 높은 산을 만들었으니 帝作高山舊水原
검은 용이 머물러 구슬을 안고 있는 형국이네 驪龍留着抱珠痕
일천 년 전에 신통한 지사(地師)가 지목하였고 神師指點一千載
열성조께서 두세 차례 능을 만들려고 하셨네 列祖經營三兩番
하늘이 효심에 감동하여 암중에 인도한 것 같고 天感孝心如默誘
땅이 아름다운 운세를 만나 우러러볼수록 더욱 높네 地逢休運仰彌尊
비용은 내탕고에서 나와 백성에게 부과한 것이 없으니
財從中出民無賦
성자께서 지난날의 은혜를 미루어 밝히셨네 聖子推明昔日恩

네 번째 其四

한강에 물결 소리 나고 들의 모습은 황량한데 江漢波鳴野色荒
푸른 깃발 붉은 깃발 갈수록 아득하네 翠華丹旐去微茫
차가운 바람 부는 시월에 첫눈이 날리고 凄飆十月初飛雪
숨겨졌던 산기슭이 금년에 비로소 상서로움을 발하네 秘麓今年始發祥
도성을 돌아보니 붉은 칠을 한 곳이고 城闕回瞻塗雘地
산천은 바뀌지 않아 어가가 머물렀던 곳이네 山川不改駐鑾鄉

배봉산 기슭에 있었는데, 정조가 즉위한 뒤에 영우원(永祐園)으로 격상시켰다가 1789년(정조13) 10월 16일 현재의 위치인 경기도 화성시 안녕동으로 이장하고 현륭원(顯隆園)으로 고쳤다. 여기에서 말하는 원침은 영우원을 가리키고, 산은 배봉산을 가리킨다.

신과 사람은 하나의 이치라 신묘하게 통하니	神人一理流通妙
현실이 편안할 때 국운이 창성하리라	玄室安時寶籙昌

임자년(1792, 정조16) 12월 3일 규장각 관원이 만장봉의 청룡동 안으로 어필을 가지고 와서 전해 주기에 두 손으로 받들어 읽어 보니 임금이 지은 칠언절구 한 편이었다. 그리고 임금이 지은 서 충헌공[210] 사제문과 전 전라 감사 정민시에게 하사하는 시를 보여 주었다. 삼가 하교를 받들어 화답하여 올리다 임자년

壬子十二月三日閣官來宣御筆于萬丈峯之青龍洞中雙擎奉玩乃御製七言絶句一篇也仍以御製徐忠憲公賜祭文及賜全羅前監司鄭民始詩宣示謹奉教賡進 壬子

성은으로 외람되게 석 잔 납주(臘酒)에 취하노니　恩波叨醉臘三杯
지난 자취 마음 아픈데 달과 날이 다시 돌아왔네　往迹傷心月日廻
눈에 보이는 것 온통 한겨울이라 성상의 염려 크실 것이니　極目窮陰紆聖慮
어린 양기(陽氣)의 소식을 찬 매화에게 묻노라　穉陽消息問寒梅

210 서 충헌공(徐忠憲公) : 서명선(徐命善, 1725~1791)으로, 충헌은 그의 시호이다.

판서 심풍지[211]에 대한 만사 계축년(1793, 정조17)

沈判書 豐之 挽 癸丑

나의 성격이 세상과 맞지 않아 我性與世左
조정에 섰으나 몸은 기탁한 것 같았네 立朝身如寄
나의 모습은 어찌 그리 괴이하며 我貌何醜怪
나의 발은 어찌 그리 절뚝거리는가 我足何蹇躓
그대만 홀로 사람들과 기호가 달라서 子獨異衆嗜
마음속에 측은한 생각을 품었었지 中情懷惻怛
어전에 나아가서는 간곡하게 말을 하고 上殿語密勿
어전을 물러나서는 다른 견해들을 조정하였네 下殿調甜辣
우리 임금의 덕을 선양해서 宣揚我后德
우리의 당을 거의 떨쳐 일으킬 수 있었네 庶幾張吾黨
그대를 저버린 것이 많아 부끄럽지만 縱愧負子多
그대의 고심을 어찌 감히 잊겠는가 苦心寧敢忘
왕가에서는 보필하는 양신을 잃었으니 王家失良佐
이 뜻을 누구와 다시 강론할까 此義誰復講
게다가 대대로 세교를 맺은 사이라 重以累世好

211 심풍지(沈豐之) : 1738~1793. 본관은 청송(靑松), 자는 사상(士常), 호는 기기재(頎頎齋)이다. 1771년(영조47) 문과에 급제하였다. 홍충도 관찰사, 감시 어사(監市御史), 대사성, 대사헌, 도승지 등을 거쳐 1788년(정조12) 예조 판서가 되었다. 이때 서원을 함부로 설립하는 폐단을 지적하다 유배된 조덕린(趙德鄰), 황익재(黃翼再) 등을 용서하는 데 반대하다 뜻이 관철되지 않자 사직하였다.

어려서 같은 마을에서 함께 자랐지 少小同里巷
심사는 비단을 햇볕에 말린 것 같고 心事錦曝陽
풍채는 학이 무리에서 빼어난 것 같았네 風標鶴出群
대궐 앞에서 동이 틀 때까지 호소하였고 叫閤達天明
《춘추》의 글을 잘 읽었네 善讀春秋文
산골에 누워 있어 장례에 참석하지 못하니 峽臥阻攀紼
늙은이의 눈물 구름 비친 호수에 뿌리네 老淚灑湖雲

이건지에게 화답하다
和李健之

산속에 살면서 계절이 바뀌는 것을 체감하노니　山居感時運
흰 이슬이 동산의 나무에 내렸네　白露下園木
잎이 떨어지니 바위가 더욱 수척하고　葉飛巖更瘦
돌이 드러나니 냇물이 더욱 격렬히 흐르네　石出泉逾激
가을의 감회는 슬픔이 생기기 쉬운데　秋懷易生悲
하물며 나는 홀아비에 자식도 없음에랴　況我鰥而獨
좋은 벗들은 모두 저세상으로 가 버리고　良朋盡歸土
남은 글들만 그저 눈에 걸리네　殘書聊挂目
홀연 성곽 서쪽의 늙은이가　忽驚西郭翁
수레를 몰아 내 사는 산골에 들어와 놀랐네　驅車入空谷
노쇠한 모습에 서로 치아와 머리카락 비교하고　衰貌較齒髮
정담을 나누며 마음껏 웃고 떠들었네　情言恣笑謔
구담봉(龜潭峯)과 옥순봉(玉筍峯) 아래 연무 낀 물결이 잔잔하고　龜玉煙波穩
용추(龍湫)의 물결은 풍파가 사나웠지　龍流風潮惡
술잔을 들고 옛날 유람했던 얘기를 하니　把酒話舊遊
또렷이 어제 일 같구나　歷歷事如昨
장편의 시를 부쳐 왔는데　爲寄長韻來
빛나는 옥구슬 한 움큼이었네　瓊瑤燦盈掬
적이 많은 내 처지를 근심하고　憫我多仇敵

집안과 나라를 편안케 하기를 축원하였으며 祝我安家國
나에게 《주역》을 읽으라고 권하여 勸我讀羲易
상점을 깊이 연구하라 하였네 象占要玩賾
그대의 깊은 정의(情意)에 감격하였으니 感子纏綿意
종신토록 마음에 담아 둘 생각이지만 終身願佩服
다만 병의 근원이 깊어서 但恐病源深
좋은 약 먹기를 좋아하지 않을까 걱정이네 良藥不愛喫
길게 노래하고 하늘을 올려다보며 長歌仰看天
술동이의 술을 모두 마신다네 且傾甕頭漉

평해에 찬배되다[212] 갑인년(1794, 정조18)

竄平海 甲寅

영해를 앞에 두고 동으로 또 동으로 嶺海前頭東復東
하늘이 높아 간곡한 충정 호소할 길이 없네 天高無路愬危衷
멀리서 생각건대 대궐에서 달 밝은 밤에 遙想玉樓明月夜
신을 아실 수 있는 것이 응당 신을 죄준 속에 있으리라 知臣應在罪臣中

두 번째 其二

깊은 바다 겹겹의 산 동쪽 하늘 끝 層溟複嶺極天東
그 아래 외로운 신하 괴로운 충정에 울고 있네 下有孤臣泣苦衷
죽음으로 임금께 보답하려는 것이 평소의 뜻이었는데 以死報君平昔志
누가 있어 상소의 내용을 간파해 주리 有誰看破尺疏中

212 평해(平海)에 찬배되다 : 1794년(정조18) 1월 24일에 상소를 올린 일로 인하여 정조가 대로하여 관작을 삭탈하고 전리(田里)에 방귀(放歸)하라는 명을 내렸다가, 엄벌하라는 대신들의 상소가 이어지고 삼사(三司)가 합계(合啓)하자 다시 경상북도 평해군으로 부처(付處)하였다.《正祖實錄 18年 2月 5日》

유배지에서 인척 민재(閔在)를 그리워하며

謫中悼念閔戚

생각건대 지난날 금갑도(金甲島)에 있을 때에	憶在金島日
그대와 함께 기거했었지	與君同臥起
이 년 동안 가시울타리 안에 갇혀서도	二載囚棘中
그대가 부지해 준 덕택에 죽지 않았지	扶持賴不死
높은 재주와 뛰어난 기상으로	高才及俊氣
일을 만나도 어려운 것이 없었고	遇事無難易
더구나 또 성격이 강직해서	況復薑桂性
취향이 서로 비슷하였네	臭味有相似
이제 칠십이 다 된 늙은이가	誰知七十翁
또다시 영해의 죄인이 될 줄을 누가 알았으랴	又作嶺海纍
나는 지금 식량이 떨어졌고	吾方絶贏糧
그대는 이미 깊은 땅속에 묻혀 있네	君已埋厚地
물고기가 땅에 파인 웅덩이에서 허우적거리는데[213]	有兒困涸轍
누가 동해의 물을 터서 끌어올까	誰決東海水

213 물고기가……허우적거리는데 : 장주(莊周)가 길을 가다가 수레바퀴 자국에 고인 물에 잠겨 헐떡이는 붕어를 본 고사에서 온 말로, 곤경에 처한 것을 비유한다. 《莊子 外物》 원문의 '아(兒)' 자는 문맥상 맞지 않아 《장자(莊子)》 원문의 의미에 따라 '물고기'로 번역하였다.

금강산에 유람 갈 때 임금이 지은 전별시에 화답하여 올리다

金剛之行賡進御製贐行韻

평생에 티끌만큼도 보답하지 못한 것이 부끄러워　報答平生愧刹塵
진귀한 어제시를 두 손으로 받들고 울었네　雙擎奎藻泣鮫珍
만년에 은혜를 온전히 내려 물에 빠진 사람을 건져 주듯 하셨으니　恩全晩節如拯溺
선경(仙境)을 찾아서 두루 돌아다니고 싶네　迹放仙區欲問津
이번에 한가로이 떠나는 것 모두가 성상의 은혜　此去優閑皆造化
지난날 성은(聖恩) 아래에서 오랫동안 머뭇거렸네　向來榮寵久逡巡
은은한 만이천봉 위의 달은　依依萬二千峯月
돌아가는 꿈속에서도 북극성을 맴돌겠지　歸夢猶應遶北辰

몽오집

제2권

소차 疏箚

의 議

소차 疏箚

정언 이겸빈을 추자도에 위리안치하라는 명[1]을 거두어 주기를 청하는 상소

請寢正言李謙彬楸子島圍離安置之命疏

삼가 아룁니다. 신이 집에 돌아와 모친을 간호하던 중에 저보(邸報)를 보니, 성상께서 정언 이겸빈의 상소 때문에 궐문에 친림하여 지극히 엄한 처분을 내리고 거듭 전교를 내리셨는데 말씀하신 뜻이 비상했다고 합니다. 신은 이에 지극히 놀랍고 의혹스러우며 근심스럽고 한탄스러운 마음을 금할 수 없습니다.

아, 유학(儒學)은 나라의 원기(元氣)이고, 언로(言路)는 나라의 혈맥(血脈)입니다. 유학이 흥하느냐 쇠하느냐에 세도(世道)의 성쇠가 매여 있고, 언로가 트이느냐 막히느냐에 국가의 안위가 판가름 나니 중요하지 않겠습니까. 유학을 숭상하고 간언을 용납하는 것은 곧 우리 조종

1 정언(正言)……명 : 1765년(영조41) 영조가 당쟁의 폐단을 논하고 그것을 후손들이 감계로 삼도록 하기 위해 편찬한《어제엄제방유곤록(御製嚴堤防裕昆錄)》에 대해 이겸빈이 조목조목 따지면서, 충신과 역적을 싸잡아 똑같이 취급하였으므로 후손에게 물려줄 좋은 계책이 아니라고 반박하였다. 이에 영조가 대로하여 이겸빈을 추자도에 위리안치하되 배도 압송(倍道押送)하라고 명하였다.《英祖實錄 44年 5月 25日》

조의 가법(家法)이고 전하의 성대한 일입니다. 그런데 《어제엄제방유곤론(御製嚴堤防裕昆錄)》은 성덕(聖德)에 큰 누가 되어 유도(儒道)가 막히고 사림(士林)이 기운을 상실한 지가 지금 여러 해가 되었습니다. 이 일을 마땅히 말해야 한다는 것을 누군들 모르겠습니까마는 처음부터 지금까지 전하를 위해서 환수하기를 청한 사람이 아무도 없었으니 이것이 어찌 신하들만의 죄이겠습니까. 이것은 대체로 전하께서 신하들을 이끄는 방법이 잘못되어 조정에서 순종만 하는 것이 풍조를 이루고 왕명을 거역하는 길이 끊겼기 때문입니다. 이겸빈이 조목조목 분석하여 진달하면서 숨김없이 모두 말한 것이 전적으로 나라를 위한 충정에서 나왔으니 그것이 온 세상의 공의(公議)라는 것을 충분히 증빙할 수 있습니다. 그런데 전하께서는 조금도 찬찬히 따져 보지 않고 갑자기 엄한 처벌을 내려 바다 건너 섬에 두 배의 속도로 귀양 가게 하셨으니 그 광경이 근심스럽고 기가 막혔습니다. 오호라, 이제부터는 이보다 크고 급한 일이 있다고 하더라도 전하께서 장차 간언을 누구에게 들으시겠습니까.

그리고 대궐 문에 임하여 새벽까지 계셨다고 하는데, 이것이 무슨 거조입니까. 신이 삼가 보건대 예전에 정신(廷臣)이 진언(進言)할 경우 전하의 뜻에 맞지 않으면 전하께서는 말한 자에게 죄를 줄 뿐만 아니라 또 그때마다 예사롭지 않은 행위를 하고 차마 들을 수 없는 하교를 내리시어 신하들로 하여금 두렵고 위축되어 목전의 일을 미봉하는 것을 급하게 여기고 임금의 잘못을 바로잡을 계책은 엄두도 내지 못하게 하셨습니다. 아, 예사롭지 않은 행위가 있었다는 핑계로 언관으로서 말하지 않은 잘못을 가리는 것은 신하들의 처지에서는 편리하다고 할 수 있겠지만 전하의 처지로 보면 과실 속에 또 과실을 추가하는 것입니다. 누가 되는 것은 성상의 덕이고, 손상되는 것은 성상의 몸이니 어찌 애석하지 않겠습니까. 이것이 특히 신이 마음 아프게 생각하는 것입니다.

수많은 잘못된 하교에 대해 신이 참으로 감히 지적해서 말하지 못할 점이 있지만, "제(齊)나라를 위한 것인가, 초(楚)나라를 위한 것인가?"와 "어린애〔兒豎〕" 등의 하교[2]로 말한다면 이것이 어찌 성주(聖主)께서 대각(臺閣)이나 경악(經幄)의 신하들에게 하실 말씀이겠습니까. 삼가 바라건대 성명(聖明)께서는 깊이 생각하여 속히 내리신 명을 거두고, 그 사람을 용서하고 그의 말을 채용하시고, 그간에 내리신 전교 또한 모두 환수하소서. 그리고 이제부터는 말씀을 더욱 신중히 하고 거조(擧措)를 가볍게 하지 마시어 성덕이 빛나게 하소서.

신 또한 이겸빈이 꾸짖은 삼사(三司)에 소속된 사람입니다. 신의 개인적인 의리로 본다면 그 말의 잘잘못에 대해 감히 끼어들어서 말할 수 없고, 또 모친의 병이 갈수록 위독해져 밤낮으로 초조해하니 어찌 다른 일을 언급할 여유가 있겠습니까. 그러나 신이 지난날 했던 한마디 말에 대해 성상께서 분에 넘치게 칭찬하여 받아들여 주시고, 생각하는

2 제(齊)나라를……하교 : 1768년 5월 25일 이겸빈이 《어제엄제방유곤록》의 잘못을 지적하는 상소를 올렸는데, 영조가 이날 전좌(殿座)에서 이겸빈에 대해 "이겸빈의 이 상소는 제나라를 위한 것인가, 초나라를 위한 것인가?"라고 하고, 이병정(李秉鼎)과 이명훈(李命勳)에 대해서는 '두 어린애〔兩兒豎〕'라고 하였다. 29일에 영의정 김치인(金致仁)이 이병정과 이명훈은 유신이므로 어린애라고 하는 것은 옳지 않다고 하자 영조가 받아들여 '관차양아수취직(觀此兩兒豎就直)' 7자를 '잉차제인준순 기불한심(仍此諸人逡巡, 豈不寒心.)'으로 바꾸라고 명하였는데, 25일 기사에는 '仍' 자가 '因' 자로 되어 있다. 《承政院日記 英祖 44年 5月 25日, 29日》

바가 있으면 숨김없이 말한다고 인정해 주기까지 하셨습니다. 여기에서 대성인(大聖人)이 자기의 마음을 비우고 남의 말을 받아들이는 성대한 도량을 우러러보고 신이 충성을 바치려는 정성이 여기에서 더욱 크게 일었습니다. 그런데 지금 예사롭지 않은 지나친 거조를 직접 보고서도 신이 만약 두려워서 말을 하지 않는다면 이는 신이 전하를 저버리는 것입니다. 이에 감히 목욕재계하고 소장을 써서 삼가 현(縣)과 도(道)를 통하여 올려서 성명께서 살펴 주시기를 바랍니다.

그러나 신이 대각에 들어가고 홍문관에 오른 지 이미 많은 날이 지났는데 미적거리고 참으면서 오늘에 이르렀으니, 남들은 말을 하지 않더라도 신 스스로 부끄러운 줄을 압니다. 지난번에 대각의 비평이 크게 일어났는데 마치 병에 걸린 사람이 침을 맞는 것 같았습니다. 그 말이 공의에서 나왔고, 죄가 직책을 제대로 수행하지 못한 데에 있으니, 하루라도 부끄러움을 무릅쓰고 그 자리에 있으면서 맑은 조정에 수치를 끼칠 수 없습니다. 바라건대 성상께서는 신의 직명을 속히 태거(汰去)하시고, 이어 유사에게 명하여 신이 임금을 바로잡지 않은 죄를 논하게 하여 대각의 공의에 답하시고 신의 행실을 가다듬게 하소서. 신은 하늘을 우러르고 대궐을 바라보며 지극히 두려운 마음을 금할 수 없습니다.-상소가 현과 도로 들어간 뒤에 지방에 있는 유신들을 모두 체직(遞職)하라는 명이 있어서 소본(疏本)을 승정원에서 돌려주었다고 하였다.-

옥당으로 있을 때 올린 차자[3]

玉堂箚子

삼가 아룁니다. 강(講)을 정지하라는 명을 내리신 지 이미 여러 날이 지났으나 마침 홍문관에 아무도 없어 아직까지 왕명을 반려하는 고사(故事)를 따르지 못하였습니다. 신이 외람됨을 무릅쓰고 새로 제수하신 명을 받았으므로 즉시 맨 먼저 이 일을 가지고 청을 드렸어야 합니다. 다만 삼가 생각건대 근자에 성상께서 격노하여 예사롭지 않은 하교를 내리시고 강을 정지하라는 명이 있기까지 하였으니 지금의 도리는 성상의 마음을 풀어 드리는 방법을 가지고 정성을 쌓아 설득해서 성상께서 마음을 바꾸시도록 하는 것뿐입니다. 그렇게 되면 강을 회복하는 것은 단지 그다음에 따라오게 되어 있는 일입니다. 신이 죽음을 무릅쓰고 대략 진달하겠으니, 성명께서는 마음을 가라앉히고 살펴 주소서.

신이 지난겨울에 〈어제계충자문(御製戒沖子文)〉[4]을 삼가 보았는데 "남이 생각지 않은 일로 내 심기를 건드리면 마음속으로 참을 수 없었지

3 옥당(玉堂)으로……차자 : 1770년(영조46) 1월 10일에 올린 차자이다. 《承政院日記 英祖 46年 1月 10日》

4 어제계충자문(御製戒沖子文) : 영조가 세손인 정조를 경계시키기 위하여 1769년 11월에 지어서 내린 것이다. 《일성록(日省錄)》에는 같은 해 1월부터 10월까지 〈어제시충자문(御製示沖子文)〉 또는 〈어제교충자문(御製敎沖子文)〉으로 기록되어 있고, 이후 1773년부터 1775년까지 〈어제회천만유충자문(御製懷千萬諭沖子文)〉, 〈금일회만서시충자문(今日懷萬書示沖子文)〉, 〈어제유충자문(御製諭沖子文)〉 등의 제목으로 정조에게 남기는 글들을 지어서 내렸다.

만 나중에 생각해 보면 내 잘못이었다."라고 하셨고, "지금이 옳고 지난날은 잘못되었다는 것을 깨달았다."라고 말씀하시기까지 하였습니다. 신은 몇 번을 거듭 읽으며 대성인께서 용맹하게 덕을 진전시키는 것을 우러러보고 감탄하고 흠앙하는 마음 금할 수 없었습니다. 그리고 속으로 이제부터는 성상께서 지나친 거조를 하시는 일이 다시는 없을 것임을 다행으로 여겼습니다. 그런데 얼마 지나지 않아 또 이런 일이 생겼습니다. 성인(聖人)이 사물에 대응하는 도량은 반드시 참기 어려운 것을 참아 내고 용납하기 어려운 것을 용납한 뒤에야 비로소 천지(天地)처럼 큰 것을 볼 수 있습니다. 그런데 어찌하여 한 가지 저촉된 일로 인하여 지나치게 염려하여 연석(筵席)에서 하신 말씀과 전교로 내린 글이 대부분 차마 들을 수 없는 말씀이고, 심지어 시종신(侍從臣)을 궐문에서 다그쳐 심문하시고 대신이 정토(庭討)를 봉행하기까지 한단 말입니까. 성덕에 누를 끼치고 국가의 체통을 손상하는 것은 이미 말할 것도 없거니와 후손에게 좋은 계책을 남기는 도리로 보아 또 어떻겠습니까. 그리고 차가운 대전에 종일토록 계시고 탕약을 누차 물리라고 명하신 것은 더욱 성상의 몸을 아끼는 방도가 아닙니다. 전하께서야 스스로를 가볍게 여기신다고 하더라도 위로 선왕들께 근심을 끼치는 점은 생각지 않으십니까.

전하께서 그동안 번뇌하신 일이 많지 않은 것은 아니지만 일이 지나고 나면 즉시 후회하지 않은 적이 없었고, 심지어 글로 지어서 동궁에게 보이기까지 하셨습니다. 만약 전하께서 이 일이 정리되고 나서 추후에 이번 일을 생각하신다면 또 작년 겨울에 지난 일을 후회하신 것처럼 하지 않으리라고 어찌 보장하겠습니까. 삼가 바라건대 성명께서는 깊이 생각하고 속히 깨우쳐 그간에 내리셨던 지나친 하교를 모두 환수하고, 이어 강을 회복한다는 명을 내리소서. 그렇게 하신다면 신은 책을 끼고 연석에 나아가서 다시 어리석은 충정을 다 바치고, 빈복(頻復)의 경계[5]를 우러러 올릴 것입니다. 전하께서는 헤아려서 재결하여 주소서.

5 빈복(頻復)의 경계 : 《주역》 〈복괘(復卦) 육삼(六三)〉에 "돌아오기를 자주 함이니, 위태로우나 허물이 없으리라.〔頻復, 厲, 无咎.〕" 하였는데, 이에 대한 정이(程頤)의 전(傳)에 "삼(三)은 음(陰)의 조급함으로 동(動)의 극(極)에 처하였으니, 돌아오기를 자주 하여 견고하지 못한 자이다." 하였다. 돌아온다는 것은 허물을 반성하고 바름으로 돌아온다는 뜻인데, 여기서는 바른길에서 이탈했다가 복귀하는 일을 반복하는 잘못에 대한 경계를 말한다.

공조 참의를 사직하는 상소 병신년(1776, 정조 즉위년)

辭工曹參議疏 丙申

삼가 아룁니다. 하늘이 불쌍히 여기지 않아 대행 대왕께서 갑자기 신민(臣民)을 버리시니, 온 나라 백성들이 부모를 잃은 듯이 통곡하였습니다. 더구나 신은 만번 죽을 상황에서 살아났기에 머리끝에서 발끝까지 모두 성은을 입었는데 용안을 다시 뵈려는 지극한 바람을 끝내 이루지 못하였으므로 애통하고 원망스러워 피눈물이 흐릅니다.

이어 삼가 생각건대 신이 지난번에 새로 관직에 제수되어 한번 사은하고 물러났는데, 승정원에 두고 온 소장에 대한 비답과 도신(道臣)의 장계에 대한 회유(回諭)에 은혜로운 말씀이 정중하였으니, 모두 소신이 얻을 수 있는 것이 아니었으므로 너무도 황공하고 감격하여 감히 계속해서 번거롭게 해 드리지 못하였습니다. 지난달에 현과 도를 통하여 올린 상소가 겨우 승정원에 올라갔는데 갑자기 벼슬에 나아가게 되었고, 곧이어 찬집청 당상(纂輯廳堂上)에 제수하는 명을 받들었습니다. 죽지 못해 살아 있는 외로운 신하가 뒤늦게나마 보은하는 데에 마음을 쓸 수 있는 길이 이 일 외에는 없기 때문에 마침내 당돌함을 무릅쓰고 명을 받들었습니다. 일이 끝나고 나서 곧바로 출발하여 제멋대로 행동한 자취가 있으니, 그 정상은 비록 매우 슬프지만 그 죄를 어찌 감히 피할 수 있겠습니까.

오호라, 신의 집안은 대대로 나라의 두터운 은혜를 입었고, 불초한 신의 대에 이르러 대행 대왕의 특별한 지우(知遇)를 외람되게 받았으므로 감격하여 항상 보답하려는 마음을 가지고 있었습니다. 그러나 신의 명운이 궁박하여 일이 크게 어긋났는데 도리어 다시 살려 주는 자애로운 은혜를 베풀어 주셨고, 성상께 염려를 끼쳐 드렸습니다. 아, 지난날 해와 달처럼 밝은 눈으로 어두운 곳까지 비춰 보지 않으셨다면 신의 집안은 멸족된 지 이미 오래되었을 것입니다. 끝에 가서는 거두어 서용해 주는 은혜가 금고(禁錮)되어 버려진 사람에게까지 이르렀습니다. 하늘과 같은 은덕에 보답하지 못했는데 대행 대왕께서 갑자기 세상을 떠나셨으니, 이것이 바로 신이 가슴을 치고 흐느껴 울면서 살고 싶지 않은 이유입니다.

돌아보건대 지금 처음 즉위하시어 조정이 청명하고 만백성이 모두 우러러보고 있습니다. 신이 잠깐이나마 죽지 않아서 성대한 때를 만났으니 미천한 신의 정성으로 보아 어찌 차마 곧바로 떠날 수 있겠습니까. 그러나 오랫동안 두려움이 쌓여서 다할 때가 없으니, 신을 위한 계책은 단지 죽을 때까지 조정에서 멀리 떨어져 초야에 살면서 온전히 보전해 준 덕스러운 뜻을 끝까지 받드는 것뿐입니다. 무슨 마음으로 다시 조신(朝臣)의 반열에 끼어서 사람들의 노여움을 거듭 범하겠습니까.

게다가 신은 일찍부터 괴벽증(塊癖症)을 앓고 있었는데 중간에 장기(瘴氣)에 상하였고, 근사에 서듭 자식을 잃은 슬픔을 당하여 마침내 정상적인 성정(性情)을 잃어서 정신이 흐리고 말과 행동이 전도되며, 눈이 흐릿하고 살이 빠져서 하늘이 버린 물건이 되었으니, 다시 살아 있는 사람으로 취급하여 일을 시킬 수 없는 상태입니다.

그러나 신의 정황과 질병은 지금 오히려 부차적인 일입니다. 신의 모친이 올해 80세인데 지병인 담화(痰火)가 몸 안과 밖으로 증상이 번지고 변화해서 한기와 열기가 갑자기 발작하고 시도 때도 없이 설사를 하니, 몹시 늙은 노인의 원기로 병과 대적하지 못하여 정신과 근력이 점점 어두워지고 끊어지려고 하고 있습니다. 집에 돌아와 20일간 간호하였으나 전혀 나아지지 않고 있으니 한 걸음이라도 곁을 떠나는 것은 논할 바가 아닙니다.

오호라, 몸이 초야에 있으면서 헛되이 직명(職名)만을 띠고 있어서 지난날 관직을 비운 죄가 이미 많은데, 지금 백관들이 슬프고 경황없는 때에 신만이 빈소(殯所)에서 멀리 있어 마치 지각이 없는 사람처럼 하고 있으니, 신의 죄가 여기에 이르러 죽어도 남음이 있습니다. 국법이 지엄한데 어찌 거듭 용서할 수 있겠습니까. 이에 부득이 혈성(血誠)을 짜내서 우러러 상중에 계신 성상께 아룁니다. 삼가 바라건대 성상께서는 신의 정황을 가련히 여기고 헤아려 주시어 신의 현직을 속히 체차하라고 명하고 신을 엄한 형률로 다스려 주소서. 그리고 신의 이름을 사판(仕版)에서 영구히 삭제하여 신이 오랫동안 모친 곁을 지키며 함께 성은을 감축할 수 있게 해 주신다면 몹시 다행이겠습니다. 신은 지극히 두렵고 간절한 마음 금할 수 없습니다.

대사간을 사직하고, 정이환의 관작을 삭탈하고 문외출송하라는 명을 거두기를 청하는 상소[6]

辭大司諫請寢鄭履煥削奪官爵門外黜送之命疏

삼가 아룁니다. 신의 죄는 스스로 지은 것이라 분수로 볼 때 엄벌을 달게 받아야 하는데 하루도 지나지 않아 갑자기 용서하는 은전을 내리셨습니다. 이어서 간장(諫長)에 특별히 제수하는 명을 삼가 받들었고, 소패(召牌)가 옥문(獄門)에 임하였으니, 신은 머리를 땅에 조아린 채 저도 모르게 감격의 눈물이 흘러 얼굴을 덮었습니다. 지금 혜경궁(惠慶宮)의 환후가 미령하여 약원(藥院)의 제조(提調)들이 모두 함께 숙직하고 신료들이 연이어 문후하는 때에 즉시 서둘러 입궐하여 숙배해야 하겠지만, 죄를 반성하고 있는 몸이라 감히 스스로 무고한 사람들과 똑같이 처신할 수 없습니다.

그리고 신의 형인 김종후(金鍾厚)가 현재 사헌부 지평을 맡고 있는데, 양사(兩司)를 통합하여 상피(相避)하는 것이 이미 근래의 관례가 되었습니다. 공적인 격례로 보나 사사로운 의리로 보나 모두 편안하기 어려워 끝내 스스로 왕명을 어기는 죄에 빠지는 것을 면하지 못해서

6 대사간을……상소 : 1776년(정조 즉위년) 9월 10일에 정조가 예문관 제학 정이환을 삭직하고 문외출송하라는 명을 내렸다. 그 전에 정이환이 부총관으로서 상소하여 김귀주(金龜柱)를 두둔하고 홍봉한(洪鳳漢)을 처벌하라고 주장하였는데, 이에 대해 정조는 정이환을 김귀주의 사인(私人)이라고 하면서 이 명을 내린 것이다. 몽오의 이 상소는 그달 11일에 올린 것이다. 정조는 이 상소에 대한 비답에서, 사리에 어긋나게 과격한 논의에 동요되지 말고 왕실에 마음을 쓰라고 하였다. 《正祖實錄 卽位年 9月 10日, 11日》

몹시 두려운 마음으로 처벌을 기다리고 있었습니다. 그런데 뜻밖에도 규례에 따라 처벌하지 않고 또 엄한 칙교를 내리셨으니 신은 이에 배나 더 두려워 몸 둘 바를 모르겠습니다. 그러나 신의 어리석은 신조는 끝내 갑자기 바꾸기 어렵습니다. 이에 감히 간략한 글을 지어서 우러러 성상께 올립니다. 삼가 바라건대 성명께서는 새로 제수한 직명을 체차하라고 속히 명하여 공사 간에 모두 다행이게 해 주소서.

신이 이미 언관(言官)으로 자처하지 않았으므로 감히 다른 일을 함부로 덧붙여 진달해서는 안 되지만 하교가 평정을 잃고 처분이 예사롭지 않아 임금의 덕에 크게 관계된 것을 보고서 신이 만약 두려워하여 말하지 않는다면 이는 신이 전하를 저버리는 것입니다. 신이 어찌 차마 그렇게 하겠습니까. 신이 삼가 내리신 전교를 보니 예문관 제학 정이환에 대해 관작을 삭탈하고 문외출송하라는 명이 있었는데, 신은 삼가 지나치다고 생각합니다. 아, 정이환이 죄가 없이 금고되어 버려진 지가 여러 해가 되었습니다. 성상께서 등극하시고 나서 흉악한 역적들을 찾아내서 다스리어 조정이 맑아졌고, 정이환이 맨 먼저 발탁되는 은전을 입자 사방에서 그 소식을 듣고 눈을 씻고서 기대하지 않은 이가 없었습니다. 그런데 오늘날 갑자기 큰 죄에 빠져서 곧은 충정을 드러낼 수 없게 될 줄을 어찌 생각했겠습니까. 정이환은 명망 있는 조부의 손자로서 언론이 준엄하고 과격한데, 이는 그 집안의 전통입니다. 시골의 세상 물정 모르는 사람이 전혀 꺼리거나 숨길 줄 몰라서 그렇게 된 것이니, 사소한 잘못이 있다고 하더라도 성상께서 미약한 양기(陽氣)를 보호하는 정치에 있어 오히려 차분하게 일깨워 주어도 혹시 상할까 염려되는데, 하루아침에 이와 같이 꺾어 버리니 실로 우리 전하께 바라던 일이 아닙니다. 그리고 김귀주(金龜柱)의 사인이라는 하교는 전하께서 실언하신 것입니다. 정이환이 견지하는 의리는 곧 천리와 인륜으로서 없애려고 해도 없앨 수 없는 것이니, 정이환의 말은 곧 온 나라 사람들의 공공연한 말이므로 똑같은 말을 하는 사람이 단지 김귀주 한 사람만이 아닙니다. 그런데 지금 그 말이 김귀주와 같다고 해서 그의 사인이라고 단정한다면 흉악한 역적과 동일한 심보를 가진 뒤에야 비로소 사인으로 귀결되는 데에서 면할 수 있을 터이니, 이것이 어찌 이치에 맞겠습니까. 삼가 바라건대 성상께서는 깊이 생각하여 속히 내리신 명을 거두어 성덕을 빛나게 하소서.

지난번에 신이 경연에서 시강(侍講)한 날에 감히 "마침 삼가기를 처음처럼 하라.〔愼終如始〕"라는 네 글자로 전하께 말씀드렸습니다. 신이 비록 보잘것없지만 어찌 감히 성상의 뜻이 퇴보할 것을 염려하겠습니까. 크게 두려워하는 것은 만에 하나라도 이로 인하여 충성스러운 사람이 주저하는 탄식이 있게 되고, 흉악한 무리가 날뛰려는 마음을 싹틔우는 것이니, 그렇게 되면 장차 나랏일이 어찌 되겠습니까. 이것이 신이 마음 아프게 생각하는 점입니다. 정성스러운 충정을 전하께서 알아주시기를 기대합니다. 신은 지극히 간절하고 두려운 마음을 금할 수 없습니다.

병조 판서와 예문관 제학을 사직하는 상소

辭兵曹判書藝文提學疏

삼가 아룁니다. 신이 경기 관찰사로 재직할 때에 갑자기 병조 판서에 제수하는 명을 받들었습니다. 말씀하신 뜻이 융숭하였으므로 너무나 감격스러워 눈물을 흘렸고, 영광을 입어 온 감영이 감격하였습니다. 신의 마음은 놀랍고 두려워 곧바로 달아나고 싶었지만 그럴 수 없었습니다. 이때에 궁성을 차단하고 온 나라가 불안한 상황이었는데,[7] 선전관을 보내 빨리 올라오라고 재촉하여 한 식경 동안 4, 5차례나 소명이 내려왔습니다. 신이 이에 근심스럽고 초조하여 관직을 사양하고 받드는 의리는 돌아볼 겨를도 없이 마침내 부득이 서둘러 달려와서 장전(帳殿) 가까이에서 모시게 되었습니다. 그러나 부족한 능력으로 중임을 맡고 박복한 사람이 갑자기 발탁되었는데도 조금도 사양하지 않고 마치 원래 가지고 있던 것처럼 하였으니, 스스로 돌아보아도 매우 부끄러운데 남들은 신에 대해 뭐라고 하겠습니까.

아, 한 나라의 군정(軍政)을 총괄하고 삼군(三軍)의 지휘를 관할하여, 평시에는 모든 무신(武臣)을 전형(銓衡)하고 전쟁이 나면 강력한

7 이때에……상황이었는데 : 1777년(정조1) 7월 28일 홍상범(洪相範)의 사주를 받은 강용휘(姜龍輝)와 전흥문(田興文)이 존현각(尊賢閣)을 침범하여 정조를 시해하려다 실패하고, 8월 10일 다시 경추문(景秋門) 담을 넘으려다 체포되었다. 이 사건으로 정조가 직접 친국을 하고, 궁궐 주위를 차단하고 호위하게 하였다. 이때 몽오가 경기 관찰사로 나가 있었는데, 두 달도 채 못 되어 정조가 불러들여 병조 판서로 삼은 것이다. 《日省錄 正祖 1年 7月 28日, 8月 10日》《夢梧集 夢梧金公年譜 卷1》

무력으로 적을 제압하는 것이 병조 판서의 직책입니다. 육조의 관장(官長) 중에 어느 직책인들 중요하지 않겠습니까만 그중에 병조 판서가 가장 중요합니다. 병조 판서의 직책이 어느 때인들 중요하지 않겠습니까만 지금은 더욱 중요한 때입니다. 어찌 재능이 부족하고 지혜가 얕은 신 같은 백면서생이 감히 근처라도 갈 수 있겠습니까. 그런데 전하께서 사람들의 기대를 벗어나 발탁하고 하루아침에 제수하면서 조금도 어려워하지 않으셨습니다. 우리 성상께서 새로 즉위하시어 관원들을 출척하는 것을 온 나라 사람들이 지켜보고 있는데, 신은 이것이 무슨 거조인지 모르겠습니다. 또 더구나 중비(中批)로 관직을 제수하는 것은 본래 성조(聖朝)의 아름다운 일이 아니고, 전장(銓長)의 경우는 반드시 묘당의 천거를 거치는 것이 또 우리나라의 정해진 제도입니다. 전하께서 처음 정사를 하실 때에 말속의 폐단을 바로잡고 옛날의 법제를 회복하는 데에 뜻을 두셨는데, 지금 갑자기 그것을 폐기하는 것이 여기에 이르렀습니다. 신 때문에 성덕에 누를 끼쳤으니 이것이 또 신의 죄입니다. 신이 사적(仕籍)에 이름을 올리고 벼슬한 지 겨우 10년이고, 귀양 가고 금고된 기간이 또 그중에 절반입니다. 신하들 가운데 가장 자급도 낮고 이력도 짧은데 10개월 사이에 통정대부에서 지헌대부로 뛰어올랐으니, 옛날의 명신(名臣)으로 임금께 특별한 지우를 받은 사람 중에도 이처럼 갑자기 등급을 뛰어넘은 경우는 없었습니다. 신은 본래 한미한 가문의 곤궁한 사람이고 게다가 당화(黨禍)를 입어 죽을 고비를 넘기고 살아난 사람으로서 초야에서 일어나 다시 조정에 들어왔으니, 성은이 망극하여 시간이 오래 지날수록 더욱 불안합니다. 비록 순서에 따라 평범하게 진급하게 하더라도 복이 지나쳐서 화가 생길까 두려운데, 더구나 지금은 갑자기 계속해서 진급하여 한결같이 단계를 밟지 않았습니다. 빨리 달려가면 넘어지고 그릇이 가득 차면 넘치는 법이니, 그 이치에 결코 요행이 없습니다. 삼가 생각건대 전하는 신에게 천지이고 부모이십니다. 신이 만번 죽을 고비에서 살아난 상황에 대해 전하께서 매번 측은히 여기고 불쌍히 여기셨습니다. 만약 전하께서 신의 여생을 온전히 보전해 줄 방도를 한번 생각해 보신다면 결코 신의 말이 끝나기를 기다리지 않고 새로 내린 명을 거두실 것입니다. 이것이 신이 간절히 기원하는 것입니다.

신이 상소를 써서 올리려고 할 때에 또 제수하는 교지를 받들었는데, 신을 예문관 제학으로 삼는 것이었으니, 신의 놀랍고 부끄러운 마음이 여기에서 배나 더 심해졌습니다. 신이 학식이 없고 문장력이 부족하며 변려문(騈儷文)에 특히 재능이 없다는 것은 온 조정이 다 아는 사실이고, 지난날 성상의 하교에서 송(宋)나라 신하 사마광(司馬光)의 고사를 인용하여 유시하기까지 하셨으니, 신의 본말에 대해서는 이미 성상께서 환히 알고 계십니다. 세상의 온갖 일은 모두 재능이 없어도 억지로 강요할 수 있지만, 어떻게 해 볼 수 없는 것은 글재주가 없는 사람에게 글재주를 갖추라고 요구하는 것입니다. 이것은 소경에게 사물을 보라고 요구하는 것과 무엇이 다르겠습니까. 신이 이 직임에 대해서 비록 염치를 무릅쓰고 받으려고 하더라도 어떻게 그럴 수 있겠습니까. 이에 감히 진심을 짜내서 애처롭게 호소합니다. 아, 신이 하늘과 같은 은혜를 받아서 참으로 감히 실정을 벗어난 말을 억지로 해서 거듭 성상을 속이는 죄를 범할 수 없다는 점에 대해서는 우리 전하께서 양찰해 주시리라 생각합니다. 삼가 바라건대 성상께서는 신에게 내린 자급을 환수하고 예문관의 겸함(兼銜)을 태거하라고 속히 명하여 사람들이 오래도록 놀라는 데에 이르지 말게 하고 미천한 신의 분수를 조금 편안케 해 주소서. 그렇게 되면 공사 간에 실로 다행이겠습니다. 신은 지극히 두렵고 간곡히 비는 마음 금할 수 없습니다.

이조 판서를 사직하는 상소

辭吏曹判書疏

삼가 아뢰옵니다. 신이 병조 판서를 맡은 지 겨우 두 달 지났는데 또 이조 판서에 제수하는 교지를 삼가 받들었습니다. 신은 명을 듣고서 두려워 몸을 어디에 두어야 할지 모르겠습니다. 생각건대 여러 해 동안 죄를 지은 신이 세상에 드문 성상의 지우(知遇)를 입어 해마다 등급을 뛰어넘어 발탁되었고, 너무 빠르게 진급한 것이 여기에 이르렀습니다. 이것이 어찌 능력이 없고 재능이 없는 신이 하루라도 감당할 수 있는 것이겠습니까. 그러나 달아날 길이 없어 죽든 살든 앞으로 나아갈 수밖에 없기에 밤중에 생각할 때마다 위로 옛날에 없던 각별한 성은에 감사하고 아래로 복이 적은 사람이라 복이 쉽게 가득 찰까 두려웠으니, 눈물과 땀이 번갈아 흘러내려서 어쩔 줄을 몰랐습니다. 조용히 사직을 청하여 고향에 돌아가 노모를 봉양하려고 생각하고 있었는데, 지금 이 새로운 명이 또 어찌하여 신에게 내려졌단 말입니까.

아, 국가의 정치는 관리를 임명하는 것보다 중요한 것이 없고, 그 권한은 이조 판서에게 있습니다. 마음이 공정하고 식견이 밝으며 명망과 실제가 모두 뛰어난 사람이 아니면 그 자리에 있어서는 안 됩니다. 더구나 지금은 새로운 교화가 청명하고 임금의 거조(擧措)에 대해 모두 복종하고 있으며, 게다가 국운에 어려움이 많고 조정의 기강이 확립되지 않았습니다. 따라서 관원에 대한 진퇴와 출척(黜陟)의 권한을 담당한 사람은 선을 표창하고 악을 단죄하기를 엄하게 하고 완급을 잘 조절하여 성상의 뜻을 받들어 보좌하고 공의(公議)를 널리 펴지게 해서 세도(世道)와 국가의 형세가 의지할 곳이 있게 해야 합니다. 그 책임이 다른 때에 비해 특히 중요하니, 어찌 어리석고 물정에 어두운 신 같은 자를 만에 하나라도 그 자리에 의논할 수 있겠습니까.

그리고 신은 오랫동안 시골에서 지냈고 버려진 지 6년이 지나 다시 도성에 들어왔으므로 사방에 친지가 적기 때문에 관료들의 현부(賢否)와 제반 직무의 난이(難易) 또한 대부분 전혀 알지 못합니다. 비록 노둔한 자질을 억지로 채찍질하여 티끌만 한 보답을 하려고 하더라도 어찌 될 수 있겠습니까. 신이 공도 없이 계속 진급하는 것도 참으로 근고(近古)에 없던 일입니다. 병조 판서의 직책을 염치를 무릅쓰고 받은 것은 그래도 급박한 때를 만났고 그 자리가 청화(淸華)한 자리와는 다르기 때문이라고 핑계 댈 수 있습니다. 그러나 이조 판서는 육조의 수장이고 백사(百司)를 총괄하므로 또 병조 판서에 비할 바가 아닙니다. 그런데 신이 지금 하루아침에 차지하여 동서로 두루 다니면서 신이 아니면 합당한 자가 없는 것처럼 한다면 미천한 신의 분에 넘쳐서 생기는 재앙은 말할 것이 없더라도 성상께서 처음 등극하시어 펴는 정사에 누를 끼쳐서 사방의 비난을 초래하는 것은 어찌하겠습니까. 그리고 중비(中批)는 좋은 일이 아니라서 신이 일찍이 누차 스스로 인혐하였고 아울러 경계의 말씀을 올렸습니다. 그런데 지금까지 과분한 은혜가 유독 신에게만 치우쳐 내리니, 장차 식자들이 성조(聖朝)의 빈번한 중비가 신 한 사람 때문이라고 비난한다면 이것은 또 신의 죄입니다.

신이 새로 제수하신 명을 받고부터 두렵고 애가 탑니다. 지난번에 지엄한 소명을 어긴 것도 아직까지 두렵기 그지없는데, 지금 예문관의 일로 입시하라는 명이 내렸습니다. 분수에 맞지 않는 직책을 아직 해면해 주지 않아 어전에 나아갈 길 또한 막혀서 왕명을 거역하게 되었으니, 그 죄가 만번 죽어도 지당합니다. 이에 감히 패초를 따라 궐에 나아가 충심을 짜내 간곡히 진달합니다. 삼가 바라건대 천지 부모와 같은 성상께서는 긍휼히 여기고 헤아려 주시어, 신이 새로 받은 직명을 속히 체차하여 전형(銓衡)하는 자리의 선발을 엄중하게 하고 돌보아 주는 은택을 끝까지 베풀어 주소서. 이어 유사(有司)에게 명하여 신이 왕명을 어긴 죄를 처벌하여 백관들로 하여금 경계할 줄을 알게 하소서. 신은 지극히 두렵고 간절히 비는 마음 금할 수 없습니다.

진정소 무술년(1778, 정조2)

陳情疏 戊戌

삼가 아뢰니다. 신이 휴가를 받아 귀성(歸省)하여 모자가 서로 마주 보고 성은에 대해 손을 모아 감축하였습니다. 그런데 신이 앓고 있던 묵은 병이 도중에 심해져서 위는 막히고 중간은 팽만하며 허리와 옆구리까지 통증이 뻗쳐서 혼절했다가 신음했다가 하며 인사불성이 되었습니다. 지금 찬수(纂修)하는 일과 도목 정사(都目政事)가 모두 시급하고 빨리 돌아오라는 성상의 하교를 직접 받았으니 일어나서 길에 올라야 하는데 현재의 상황상 방법이 없습니다. 지극히 황공하고 근심스러워 부득이 현(縣)과 도(道)를 통해서 아뢰니다. 삼가 바라건대 성상께서는 신의 직명을 체면(遞免)하라고 속히 명하여 신의 사적인 심정을 편안케 해 주소서.

이어 삼가 생각건대, 신의 간절하고 다급한 사적인 사정에 대해서 이미 성상께서 알고 계시고 그동안 연석의 하교에서 누차 염려해 주셨으니 신은 황공하고 감격하여 마음속으로 슬퍼하고 외람될까 두려워 말이 입에까지 올라왔으나 밖으로 꺼내지 못한 것이 여러 차례였습니다. 노모가 점점 노쇠해져 가는 것을 볼 때마다 부모의 길러 주신 은혜에 보답하지 못하는 심정을 견디기 어려우니, 지금 때를 놓치고 말하지 않는다면 다시 언제를 기다리겠습니까.

신은 타고난 운수가 기박하여 일찍 부친을 잃고 단지 편모와 의지하여 살았는데, 어머니가 아들을 사랑하는 것이 참으로 아들이 어머니를 사랑하는 것보다 심하였습니다. 신의 어머니는 올해 82세로, 평소 앓고 있던 담화(痰火) 병이 점점 한열이 교차하고 설사를 하는 증상을 보이면서 때때로 심해졌다가 조금 나았다가 하지만 한결같이 위태로운 지경입니다. 중간에 신이 큰 죄를 지어서 섬으로 귀양을 가자 노모는 죄악이 쌓여 자식을 잃었다며 눈물로 보낸 날이 많았습니다. 모친은 부인이라 성격이 치우치고 노경에 마음이 약해져서 진원(眞元)이 안에서 녹아 없어져 병과 대적할 수 없고 정신과 근력이 몇 단계나 추락하였으니, 지금이 어찌 사람의 자식으로서 하루라도 곁을 떠날 수 있는 때이겠습니까. 그런데 미천한 신이 보잘것없는 몸으로 성상께 세상에 없는 지우(知遇)를 받아, 죄를 지어 버려진 상태에서 일으켜 주고 갑자기 등급을 뛰어넘어 발탁하셨습니다. 신이 성상의 깊고 무거운 은혜에 감격하고 나라 형편이 어렵고 위태로운 것을 두려워하여 떠나지 못하고 연연하며 우물쭈물하면서 감히 떠나겠다고 고하지 못한 지가 어느덧 3년이 되었습니다. 경저(京邸)에서 지체하는 동안에 몸과 마음이 서로 어긋나서 마음속에 얼음과 숯이 함께 섞여 있는 것 같고 하룻밤에 창자가 아홉 번이나 뒤틀리며 꿈속에서도 때때로 자주 놀랍니다. 신의 정황과 사정이 이와 같으니 어찌 가련하지 않겠습니까. 더구나 지금 모친의 나이가 더욱 많아졌으니 신의 마음이 더욱 조급합니다.

오호라, "나를 그리워하지 말고 나랏일에 힘을 다하라."라는 말은 모친이 항상 신에게 권면하던 말입니다. 그러나 돌아가 뵐 때마다 만날 때는 기뻐하고 저를 보낼 때는 슬퍼하고 허전해합니다. 모친의 안색을 가만히 살펴보면 이런 기색이 해마다 더 심하고 달마다 더 심해지니, 여기에서 이별한 뒤에 신을 그리워한다는 것을 알 수 있습니다. 신이 비록 보잘것없지만 이런 상황에서 마음이 어떠하겠습니까. 옛사람이 "유씨(劉氏)를 섬길 날은 짧고 폐하를 섬길 날은 깁니다."라고 한 것[8]이 바로 신의 오늘날 상황을 두고 한 말입니다.

부모가 늙었을 때 돌아가 봉양하는 것에 대해서는 국가의 법이 있고, 신이 제 몸을 자신의 것이라고 여기지 않은 지 오래되었습니다. 비록 감히 곧바로 이것을 들어서 청을 드릴 수는 없지만 만약 천지 부모와 같은 성상께서 공사(公私)의 완급을 헤아려서 신이 띠고 있는 본직과 겸직의 중임을 해면해 주시고 신으로 하여금 한산한 관서의 직함을 얻어서 때때로 집에 들어가 모친을 뵐 수 있고 국가에 진력하는 정성을 조금이나마 바칠 수 있게 해 주신다면 충과 효에 있어 양쪽 모두 죄인이 되는 것을 면할 수 있을 것입니다. 이제부터 신이 모친을 모실 수 있는 남은 해는 모두 전하께서 내려 주신 것입니다. 미천한 신이 정성을 다해 기원하고 밤낮으로 바라는 것은 단지 이것뿐입니다. 전하께서는 불쌍히 여겨 주소서. 신은 정은 넘치도록 많으나 말은 위축되어 다 하지 못하니 황공하기 그지없습니다. 신은 지극히 간곡하고 두려운 마음 금할 수 없습니다.

8 옛사람이……것 : 진(晉)나라 이밀(李密)이 무제(武帝)에게 올린 〈진정표(陳情表)〉에 "신 밀은 지금 44세이고 조모 유씨는 지금 96세이니, 이는 신이 폐하께 충절을 다할 날은 길고 유씨에게 보답할 날은 짧은 것입니다."라고 한 말의 순서를 바꾸어 인용한 것이다. 《古文眞寶 後集 卷1》

영빈에 대해 원으로 봉하라는 명을 철회하기를 청하는 차자[9]

請寢暎嬪封園箚

삼가 아룁니다. 신이 삼가 유사(有司)의 말을 들으니, 정빈(靖嬪)[10]과 영빈에 대해 원(園)으로 봉하는 예를 장차 선조(先朝)의 하교에 의거하여 거행하되, 즉위하신 초기에 예조에서 올린 계사에 대한 비답에 "부묘(祔廟)하기를 기다려서 거행하라."라는 하교가 있었으므로 금년에 거행해야 한다고 합니다. 신은 이에 대해 구구한 소견이 있으니, 일을 하기 전에 한 말씀을 올려 참고하는 데에 대비할까 합니다.[11] 대저 궁과 원을 봉하는 예는 곧 선대왕께서 정한 제도로서 단지 대왕의 친모에 그치고 그 외의 사람은 해당되지 않으니, 이것은 대성인께서 만세를 위해 깊고 원대한 생각을 하여 정하신 것입니다. 이것으로 미루어 보면 정빈에 대해 원으로 봉하는 것은 참으로 전례를 살펴서 응당 행해야 하는 예전(禮典)이지만 영빈에 대해 원으로 봉하는 것은 선조께서 정하신 제도와 맞지 않는 듯합니다.

삼가 생각하건대, 성학(聖學)이 고명하여 의리의 근본을 환히 보셨으므로 무릇 지극히 중요하고 지극히 큰 전례(典禮)에 관계된 것들에

9 영빈(暎嬪)에……차자 : 1778년(정조2) 1월 30일에 올린 것이다. 영빈은 영조의 후궁 이씨(李氏)로, 장조(莊祖)로 추존된 사도세자(思悼世子)를 낳았다.

10 정빈(靖嬪) : 영조의 후궁 이씨(李氏)로, 진종(眞宗)으로 추존된 효장세자(孝章世子)를 낳았다.

11 일을……합니다 : 대본에는 '須至先事一言, 以備裁擇者.'로 되어 있다. 《정조실록》 2년 1월 30일 기사에 근거하여 '須至'와 '者'를 빼고 번역하였다.

대해 모두 천고(千古)의 고루(固陋)를 씻어 버리고 천리(天理)의 공정함에 맞도록 힘쓰셨는데, 어찌 이 일에 대해서 혹시라도 빠뜨리고 살피지 못한 점이 있겠습니까. 그러나 거행할 기일이 지금 이미 박두하였으므로 어리석은 신은 죽음을 무릅쓰고 아뢥니다. 생각건대 성상께서는 선조의 하교를 지금 다시 논의하는 것보다 중하게 여기기 때문이 아니겠습니까. 참으로 그렇다면 이 또한 크게 그렇지 않은 점이 있습니다.

대저 효도란 이치를 어기지 않는 것보다 큰 것이 없습니다. 그러므로 선친의 뜻을 잘 계승하는 사람은 오직 이치에 마땅하게 하는 것을 효도로 여기고 그 행적에 구애되지 않습니다. 더구나 이 일은 선대왕께서 당초에 제도를 정하실 때에 만세에 전해지게 하려는 데 뜻을 두었고, 말년에 내리신 하교는 일시적인 생각에서 나온 것입니다. 아, 만세토록 확정된 제도를 정성껏 준수하고 한때의 하교 때문에 감히 조정하지 않는 것이 곧 선왕의 본의(本意)를 받드는 것이고 전하의 달효(達孝)를 빛나게 하는 것입니다.

바라건대 성명께서는 신의 이 차자를 내려서 조정에 있는 신하들에게 널리 의논하게 하소서. 만약 신의 말이 합당하지 않다고 하는 사람이 있으면 신을 어전에 나오도록 부르시어 그와 대면해서 논쟁하게 하여 지극히 합당한 쪽으로 귀결되게 힘쓰신다면 매우 다행이겠습니다. 아, 이 일은 국가의 전례에 관계되고, 선조께서 정하신 제도입니다. 신이 만약 생각이 있으면서도 말하지 않는다면 이는 신이 선조를 저버리고 전하를 저버리는 것입니다. 그러므로 말하지 않을 수 없으니, 성명께서는 살펴보고 재결해 주소서.

《경연고사비례》를 올리는 차자[12]

進經筵故事比例箚

삼가 아룁니다. 신이 춘방(春坊)에서 시강(侍講)한 것이 지금 10여 년이 되었습니다. 예학(睿學)이 고명해지는 것을 우러러보며 저도 모르게 마음속으로 격앙되어 어리석은 소견을 다 짜내서 광망한 말씀을 드렸는데 그때마다 큰 도량으로 포용하고 허심탄회하게 받아들여 주셨습니다. 그리고 신이 불행히 중간에 큰 죄에 빠져서 스스로 궁벽한 산속에서 말라 죽을 것이라고 생각했는데 전하께서 즉위하신 초기에 금고(禁錮)되어 버려진 신을 서용하고 갑자기 등급을 뛰어넘어 발탁해 주셨으니, 성상께서 처음부터 끝까지 보잘것없는 일개 미천한 신하를 돌보아 주신 은혜가 지극히 두터웠습니다. 신이 만약 세상에 드문 영광과 은총을 차지하기만 하고 털끝만큼도 나라에 도움 되는 것이[13] 없다면 내심에 부끄러울 뿐만 아니라 하늘이 반드시 신에게 재앙을 내릴 것입니다. 신이 이 때문에 근심스럽고 두려워서 마음 편히 있지 못하고 그동안 전하와 가까운 곳에 있을 때나 경연 석상에서 이따금 경계하는 말씀을 드렸는데, 매번 받아들여 주는 성대한 도량을 보이셨습니다. 지난달 연석에서 하신 말씀은 특별히 온화하고 지성스러웠으며, 심지

12 경연고사비례(經筵故事比例)를 올리는 차자 : 1778년(정조2) 4월 20일에 올린 것이다.

13 나라에……것이 : 대본에는 '仰稗於國'으로 되어 있다. 문맥에 근거하여 '稗'를 '裨'로 바로잡아 번역하였다.

어 춘방의 옛일을 거론하면서 품고 있는 생각이 있거든 숨기지 말라고 허락하셨습니다. 신은 이에 감탄스럽고 영광스러워 감격이 극에 달해 눈물이 흘렀습니다.

오호라, 선비는 자기를 알아주는 사람을 위해서 죽는 법입니다. 자기보다 지위가 낮은 사람에게도 그러할진대 하물며 군부(君父)에 대해서야 말할 것이 있겠습니까. 우리 전하께서 자만하지 않는 성대한 덕으로 또 이처럼 인도하여 말하게 하시는데 신이 만약 묵묵히 있는다면 이는 전하가 신을 저버리는 것이 아니라 신이 전하를 저버리는 것이니, 신이 어찌 차마 그렇게 하겠습니까.

생각건대 신이 지금 경연에 입시하고 있으므로, 감히 《경연고사(經筵故事)》의 예를 모방하여 18조목으로 나누어서 하나의 책자로 편성하고, 목욕재계하고 공경히 써서 우러러 전하께서 여가에 보실 수 있게 합니다. 이 또한 옛날 주연(胄筵)에서 평상시 얘기하던 말에서 벗어나지 않고, 근자에 어전에서 다 하지 못한 말입니다. 만약 전하께서 보고 유념하여 채택해 주신다면 이것이 어찌 미천한 신 혼자만의 다행이겠습니까. 실로 국가의 다행일 것입니다.

삼가 생각건대 우리 전하께서는 불세출의 자질을 타고나시고 크게 위대한 일을 할 수 있는 때를 만나 새로운 교화가 청명하고 정신을 가다듬어 나라를 잘 다스리려고 하시니, 《서경》에 "하늘이 밝음을 명할 것인가, 역년(歷年)을 명할 것인가?"[14]라고 한 말이 바로 지금을

14 하늘이……것인가 : 주(周)나라 소공(召公)이 성왕(成王)에게 "이제 하늘이 우리에게 밝음을 명할 것인가, 길흉을 명할 것인가, 역년을 명할 것인가? 이것을 아는 것은 지금 우리가 처음 정사(政事)함에 달려 있습니다."라고 한 말을 인용한 것이다. 《書經

가리키는 것입니다. 하늘이 돌보아 주는 뜻이 지금 새롭고 민심이 지향하는 것이 지금 절실하니, 이렇게 임시방편으로 겨우겨우 유지되는 세상을 한번 정돈하는 것을 지금 하지 않고 다시 언제를 기다리겠습니까. 오호라, 세월이 흘러가는 것은 냇물이 흘러가면 다시 돌아오지 않는 것과 같으니, 우물쭈물하는 사이에 성상의 뜻이 날로 더욱 쇠퇴해지고 세도(世道)가 마침내 바로잡을 수 없는 지경에 이른다면 어찌 뜻있는 선비로 하여금 천추에 한을 남기게 하지 않겠습니까. 전하께서는 노력하고 노력하소서. 신이 본래 경연에 나아가서 이 차자를 직접 올리려고 하였으나 발에 난 병이 더욱 심해져 자력으로 나아갈 도리가 없으니, 신은 지극히 송구하고 한탄스러운 마음 금할 수 없습니다. 재결해 주소서.

召誥》 성왕이 처음 낙읍(洛邑)에서 정사를 시작할 때에 소공이 경계하기 위하여 한 말인데, 지금 정조가 처음 정사를 시작하여 얼마 되지 않은 때이므로 이 말을 인용한 것이다.

홍국영을 찬배하기를 청하는 차자 경자년(1780, 정조4)

請竄洪國榮箚 庚子

삼가 아룁니다. 신이 삼가 어리석은 충정이 있어서 천근(淺近)한 말까지도 다 들으시는 성상께 한번 말씀드리고 싶었으니, 이 마음을 품고서 밤중에 잠을 이루지 못한 지가 오래되었습니다. 생각건대 신이 하늘 같은 은혜를 입고서 보답할 길이 없었으니, 진실로 나라에 이로운 일이라면 죽음도 피하지 않을 것입니다. 지금 일의 단서가 점점 드러나서 근심과 두려움이 한층 더해지고 있는데 신이 어찌 차마 앞뒤를 돌아보며 끝내 말을 하지 않아서 우리 전하를 저버리겠습니까. 신이 만번 죽음을 무릅쓰고 진달할 것이니 성명께서는 살펴 주소서.

봉조하 홍국영은 몹시 잔인한 성질에 교활한 재주를 조금 가지고서 남의 공로를 빼앗아 자기의 공로로 삼고, 그 공로를 믿고서 스스로 방자하여, 국가의 일을 처리하고 관원을 임면(任免)하는 권한을 모두 자기가 장악하려고 하였으며, 행동과 말에 신하의 도리가 전혀 보이지 않았습니다. 아, 전하께서 신임하고 의지하는 신하로 대우하신 까닭은 그가 은혜로운 대우에 감격하여 마음을 다해 보답해서 혹시 조금이라도 도움 되는 점이 있게 하려고 해서입니다. 그런데 도리어 안중에 임금이 없고 조정에서 위엄을 부리고 있습니다. 모든 묘당의 큰 계책과 전조(銓曹)의 관리 임면과 대각의 언의(言議)와 군문(軍門)의 사무를 모두 장악하여 자기 마음대로 합니다. 공경과 문무백관을 모두 자기를 추종하는 자들로 채우려고 힘써서 아침에 제수했다가 저녁에 옮겨 버리고 순응하지 않는 자는 죄를 씌워서, 마침내 관료들을 모두 자기

손아귀에 들어오게 하고 무인(武人)을 모두 자기의 사인(私人)으로 만들었습니다. 뇌물을 대대적으로 받아서 온 나라의 재화가 마치 저자에 물건이 몰려들듯 폭주하니, 온 나라 사람들이 감히 말하지 못하고 감히 화내지 못한 지가 지금 몇 해가 되었습니다. 그러나 이것은 그에게는 하찮은 일에 불과합니다.

삼가 생각건대 전하께서는 춘추가 한창이신데 아직 왕자를 얻는 경사가 없으니 온 나라 신민들이 근심하고 조바심 내고 답답해하는 마음은 관료들이나 백성들이나 똑같습니다. 따라서 왕자를 많이 낳을 수 있는 방법이라면 참으로 할 수 있는 모든 방법을 다 써야 합니다. 더구나 그의 처지로 보면, 전하께서 총애하여 대우하고 의지하여 가까이하는 것이 전례가 없을 정도로 두터웠습니다. 그 또한 전하의 신하이니, 만약 조금이라도 인심(人心)이 있다면 일이 있기 전에 인도하고, 하교를 받들어서는 순종하여 이루는 것을 다른 사람들보다 훨씬 각별하게 해야 합니다. 그런데 작년 5월 이후로 명문가에서 다시 간택하기를 간절히 바라는 신하들은 시일이 급하다고 하였으나 유독 그만은 국가의 중요함을 생각하지 않고 혹시 권세를 잃을까 염려하여 그때에 사람을 대할 때마다 말하기를 "이 일은 결코 다시 거행할 수 없다."라고 하였습니다. 아, 통탄스럽습니다. 이 일을 다시 거행하지 않는다면 후사를 잇는 일은 어찌할 것입니까.

그러다가 위로 임금께 꾸중을 듣고 공의(公議)에 죄를 얻고 나서는 감히 벗어나려는 계책을 내서 갑자기 사직을 청하는 상소에 이 일을 크게 말하였고, 심지어는 자기가 성상의 좌우에 있으면 성상께서 다시 간택하는 것을 어렵게 여기실 것이므로 부득이 사직한다고 하였습니다. 오호라, 이것은 누구를 속이는 것입니까? 이 말은 우리 전하께서 중대한 400년의 종묘사직을 위하여 왕자를 많게 하는 도리를 행하고 싶어도 그의 안면에 구애되어 하지 않는다는 말입니까? 만약 정에 이끌려 차마 하지 못한다고 한다면 이것은 전하께서 종묘사직을 가볍게 여기시는 것이고, 만약 위세가 두려워 감히 하지 못한다고 한다면 이것은 전하께서 자신의 뜻대로 하지 못하시는 것입니다. 이것이 비록 자신의 권세가 크다는 것을 과시하려는 마음에서 나온 말이라고 하더라도 성상의 덕에 누를 끼치는 것은 유독 생각지 않는단 말입니까. 만약 그의 말대로라면 그가 있어서 다시 간택하지 않는 것은 그가 저지하기 때문이고, 그가 떠나고 나서야 다시 간택할 수 있는 것은 저지하는 자가 없기 때문이라는 뜻이 됩니다. 이것은 낫으로 눈을 가리는 계책으로서 자기의 진장(眞贓)이 탄로 나는 자료가 되기에 알맞으니, 교묘하게 하려다가 거꾸로 졸렬하게 되었다는 것이 이 경우를 두고 한 말입니다. 조금이라도 식견이 있는 자라면 그 간사한 정상을 이미 간파하였을 것입니다.

어제 연석의 하교를 들으니, 전하께서 곡진히 비호해 주는 성대한 덕을 베푸셨을지라도 그가 저지한 자취는 오히려 가릴 수 없는 것이 있었습니다. 오호라, 임금을 협박해서 종묘사직의 큰 계책을 저지하였으니, 그의 뜻은 장차 무엇을 하려는 것입니까? 이는 전하의 죄인일 뿐만 아니라 실로 종묘사직의 죄인입니다. 오호라, 하늘에 계신 조종(祖宗)의 영령께서 과연 그에게 무엇을 저버렸단 말입니까.

신이 전대의 역사서에서 임금과 신하 간에 유종의 미를 거두지 못한 대목을 볼 때마다 책을 덮고 개탄하지 않은 적이 없습니다. 가령 홍국영의 죄가 이 정도에 이르지 않는다면 성상께서 반드시 곡진히 보호해 주려는 것은 매우 성대한 덕이 되니, 신이 비록 보잘것없지만 어찌 앞뒤를 돌아보지 않고 도와서 이루려고 하지 않겠습니까. 그러나 홍국영의 죄는 종묘사직에 관계되므로 참으로 전하께서 사사로이 하실 일이 아닙니다. 또 더구나 전하께서 극진히 불쌍하게 여겨 온전히 보전할 도리를 가르쳐 주느라 그동안 염려해 주신 것이 더 이상 유감이 없을 정도입니다. 그런데 그가 끝내 고치지 않으니, 이는 전하께서는 그를 반드시 보전해 주시려고 하는데 그는 반드시 스스로를 보전하지 않으려고 하는 것이니, 그가 전하께 무슨 서운한 점이 있겠습니까.

혹 "그가 국가에 훈로가 있어서 《명의록(明義錄)》의 주인[15]과 거의 같은데 하루아침에 죄를 주면 《명의록》의 의리에 손상이 있을까 염려된다."라고 한다면 이것은 매우 그렇지 않습니다. 《명의록》이란 대리청정하신 의리를 천명하는 책이고, 홍국영을 죄주는 것은 왕자를 많게 하는 의리를 천명하는 일입니다. 공이 있어서 기록하고 죄가 있어서 죄주는 것은 사건은 비록 다르지만 의리를 천명함이 되는 것은 같습니다. 그리고 만약 공이 높다고 해서 그 죄를 처벌하지 않는다면 이는 김자점(金自點)[16]이나 심기원(沈器遠)[17]이 반역을 일으켰는데도 공이

15 명의록(明義錄)의 주인 : 《명의록》은 정조의 대리청정을 반대한 홍인한(洪麟漢), 정후겸(鄭厚謙) 등을 역적으로 치죄하여 사사(賜死)하고, 정조를 옹위한 홍국영(洪國榮), 정민시(鄭民始), 서명선(徐命善)의 충절을 드러내는 한편, 이 사건을 둘러싼 자초지종을 밝히고자 간행된 책이다. 정조가 찬집청(纂輯廳)을 설치하여 김치인(金致仁) 등으로 하여금 이를 찬집하게 하여 1777년(정조1) 3월 29일에 완성하였다. 주인이란 이 책에서 충신으로 기록한 사람들을 가리키는 말이다.

16 김자점(金自點) : 1588~1651. 본관은 안동(安東), 자는 성지(成之), 호는 낙서(洛西)이다. 성혼(成渾)의 문인이다. 광해군 때에 음서로 출사했는데 1623년(광해군15) 이귀(李貴), 김류(金瑬) 등과 함께 인조반정을 성공시켜 정사 공신(靖社功臣) 1등에 녹훈되었다. 이후 심기원 등의 정적을 제거하고 1646년(인조24) 좌의정을 거쳐 영의

있다는 이유로 죄를 받지 않게 되는 격이니, 천하에 어찌 이런 일이 있겠습니까. 삼가 생각건대 성학이 고명하시니 이런 의리에 대해 참으로 이미 남김없이 간파하셨을 테지만 신은 성상께서 과도하게 헤아리시는 근심을 금할 수 없어 감히 이렇게 덧붙여 진달합니다. 삼가 바라건대 성상께서는 더 이상 망설이지 마시고 속히 결단하여 빨리 유사에게 명하여 유배하는 법을 시행해서 뭇사람의 울분을 풀어 주소서.

신은 홍국영과 원래 전혀 안면이 없었습니다. 병신년(1776, 정조 즉위년) 가을에 소명을 받들고 상경한 뒤에 처음에는 《명의록》을 통해서 그가 나라를 위한 충심이 있다고 인정하여 전하께서 즉위하신 초기의 청명한 정치를 함께 보좌하였습니다. 그러면서 그가 하는 일을 찬찬히 들여다보고 처음에는 의혹이 들었고 중간에는 놀라고 분개하였으며, 오늘에 이르러서는 임금을 잊고 나라를 저버린 그의 죄가 길 가는 사람까지도 보고 듣는 정도에 그치지 않는다는 것을 분명히 알았습니다. 그렇기 때문에 어리석은 충정이 격발되어 참을 수 없어서 직접 차자를 써서 그 대강을 진달합니다. 그러나 신의 말 또한 늦은 것이니, 이것은 신의 죄입니다. 황공하고 황공합니다. 재결해 주소서.

정에 올라 권력을 장악하였다. 효종이 즉위하여 북벌론(北伐論)이 대두되자 단핵을 받고 1650년(효종1) 홍천(洪川)으로 유배되었다. 그곳에서 심복 이형장(李馨長)을 시켜 효종의 북벌 계획을 청나라에 고변하였다가 다시 광양(光陽)으로 유배되었으며, 1651년 아들 김익(金釴)이 숭선군(崇善君) 이징(李澂)을 추대하려 한 역모 사건이 발각되어 처형당하였다.

17 심기원(沈器遠) : 1587～1644. 본관은 청송(靑松), 자는 수지(遂之)이다. 권필(權韠)의 문인이다. 1644년(인조22) 좌의정으로서 남한산성 수어사를 겸임하게 되자, 이를 기회로 회은군(懷恩君) 이덕인(李德仁)을 추대하려고 도모하였다. 이 모의는 부하인 황헌(黃瀗) 등의 밀고로 탄로 났고 심기원은 거사 전에 처형되었다.

고향에 돌아가 모친을 봉양할 수 있게 해 주기를 거듭 청하는 상소 신축년(1781, 정조5)

申請歸養疏 辛丑

삼가 아룁니다. 신은 모욕을 당한 사람으로서 반년 만에 다시 도성에 들어왔습니다. 멀리 떠나 있다가 봄에 들어와서 여러 차례 용안을 뵈니 황감하고 영광스러워 소원이 충분히 이루어졌으니, 비록 당장 죽더라도 더 이상 유감이 없습니다. 다만 모친을 봉양하게 해 달라는 일만은 상소로 호소하고 연석에서 간청했는데도 아직까지 들어주지 않으시니 날이 갈수록 정리가 궁하고 형세가 급해집니다. 아, 신의 보잘것없는 상황은 지난번에 어전에서 이미 상세히 진달하여 성상께서 굽어살펴 주셨습니다. 때때로 궐에 들어와서 성상을 뵙는 것은 청한 일을 허락받더라도 감히 폐할 수 없는 일이고, 서울에 머물러 벼슬하는 것은 청한 일을 허락받지 못하더라도 감당할 수 있는 바가 아니니, 벼슬하지 않고 때때로 궐에 들어와서 뵙는 것은 청한 일을 허락받으나 받지 않으나 마찬가지입니다. 신 또한 어찌 괴롭게 직함만 가지고 있으면서 그칠 줄 모르고 누차 성상을 번거롭게 하겠습니까. 참으로 허락을 받지 못하면 위로는 나라의 체통에 손상이 되고 아래로 신의 마음이 편하지 못하지만, 한번 허락을 받으면 공사 간에 모두 편리할 수 있기 때문입니다.

대저 부모의 나이가 80이 되면 자식 중에 한 명이 벼슬에 나아가지 않는다는 예문(禮文)이 있고,[18] 우리나라의 법전에 매우 상세하게 실려

18 부모의……있고 : 《예기》 〈왕제(王制)〉에 "부모의 나이가 80이 되면 자식 중에

있으니,[19] 이것은 윤리와 교화의 큰 제방에 관계되는 일입니다. 가령 신의 모친이 건강하고 병이 없더라도 그대로 두어서는 안 되는데, 더구나 신의 모친이 쇠약해져 기력이 고갈된 상태에 대해서는 이미 그동안의 상소에서 다 말씀드렸으며, 지금에 이르러서는 병이 날이 갈수록 심중해지고 기력이 날이 갈수록 위태롭습니다.

신의 정리(情理)에 대해서는 온 조정 신하들이 모두 아는데, 지난번에 비국과 선혜청에 다시 차임한 것은 천만뜻밖이었습니다. 비국은 가장 중요한 관사이고 선혜청은 수당(首堂)에게 전적으로 의지하므로 모두 초야에 있는 사람에게 맡겨서는 안 되는데 이미 물러나서 다시 나올 수 없는 사람에게 맡기셨으니, 신의 마음이 두렵고 답답한 것은 우선 놓아두고라도 조정의 구차함이 막심합니다. 세 달 동안 헛되이 직함만 띠고 있으니 자리를 비우고 일하지 않는 죄가 쌓이고 있습니다. 이에 부득이 외람됨을 무릅쓰고 지난번에 올렸던 청원을 다시 말씀드려 현(縣)과 도(道)를 통해서 부쳐 들입니다. 삼가 바라건대 성상께서는 신이 띠고 있는 비국과 선혜청의 겸임을 속히 먼저 해면해 주시고, 이어 유사에게 명하여 신의 청원을 허락하게 하여 성조(聖朝)에서 효를 돈독히 하는 정치를 빛나게 하시고 미천한 신이 모친을 끝까지 봉양

한 명이 벼슬에 나아가지 않고, 90이 되면 온 가족이 벼슬에 나아가지 않고, 몹쓸 병에 걸려서 사람이 보호해 주지 않으면 살 수 없는 경우에는 가족 중에 한 사람이 벼슬에 나아가지 않는다."라고 한 말을 인용한 것이다.

19 우리나라의……있으니 : 《대전회통(大典會通)》〈이전(吏典)〉 급가조(給假條)에 "70세 이상의 어버이가 있는 자는 자식 중에 한 명이 돌아가 봉양하고, 80세 이상의 어버이가 있는 자는 두 명이 돌아가 봉양하고, 90세 이상의 어버이가 있는 자는 모든 자식이 돌아가 봉양한다."라고 한 말을 가리킨다.

하고 싶은 바람을 이루게 해 주소서. 그리해 주시기를 간절히 빕니다.

오호라, 신은 본래 타고난 성품이 경직되고 오활한 데다 거칠기까지 하여 마음 가는 대로 곧장 해 버리고 융통성을 부릴 줄 모릅니다. 이런 성품을 가지고 세상을 살아가니 어디 간들 낭패를 당하지 않겠습니까. 원수지간인 사람은 우선 논할 것도 없고, 평소 친하여 원한이 없던 사람 중에서도 신을 좋아하는 자를 한 사람도 보지 못했습니다. 사람들이 이미 신을 싫어하고, 신 또한 사람들을 싫어합니다. 이 때문에 시골에서 두문불출하며 감히 벼슬에 나아갈 생각을 하지 못하였습니다. 이어 유배되어 버려졌기 때문에 서민이 되는 것을 달게 여겼는데, 뜻밖에 우리 전하께서 뭇사람이 미워하는 속에서 신을 살펴 주시고 오랫동안 금고된 처지에서 서용하여 단계를 뛰어넘어 승진시키고 중대한 권력을 맡겨 주셨으니, 이는 신이 평소 꿈에도 생각지 못한 일입니다. 그런데 전하께서 신의 처지가 외로운 것을 불쌍히 여기고 신의 마음속에 딴생각이 없는 것을 믿어 주어 부딪치는 일마다 곡진히 비호해 주기를 자애로운 아버지가 어린 자식을 보호하는 것과 다름이 없게 하셨습니다. 혹시 망발을 하더라도 한결같이 너그럽게 보아 주시고, 자취에 의심스러운 점이 있으면 백방으로 변론해 주셨습니다. 끝에 가서는 탄핵이 번갈아 일어나서 신의 몸이 뭇사람의 과녁이 되었는데, 혐의를 풀어 주고 위무해 주며 허물을 씻어 내어 온전히 보전해 주느라 온 힘을 다해서 극진히 염려해 주셨습니다.

오호라, 이것은 먼 옛날부터 군신간에 없었던 제우(際遇)입니다. 그만한 자격이 되는 사람에게 베풀어도 오히려 성대한 덕이 되는데, 하물며 신처럼 불초한 사람에게야 말할 것이 있겠습니까. 신으로서는 평소 대등한 사람에게도 얻을 수 없었던 것인데 지금 임금께 그것을 얻었으니, 감격의 눈물을 흘리며 죽음으로 보답하겠다고 맹세하는 마음이 어찌 끝이 있겠습니까. 그러나 소인(小人)은 복이 없는데 은총이 지나쳐 재앙이 생기게 마련입니다. 신은 몸과 이름이 이미 욕을 당해서 조정에서 얼굴을 들 수 없고, 가문이 불행하여 정리상 노모의 곁을 떠날 수 없으니, 운명이 곤궁한 것이고 하늘이 버린 것입니다. 스스로 돌아보고 슬퍼하며 한밤중에 흐느낍니다. 신이 비록 보잘것없지만 신 또한 사람의 성(性)을 갖추고 있으니, 몸은 다시 벼슬에 나아갈 수 없지만 그 마음은 어찌 감히 하루인들 전하를 잊겠습니까. 삼가 바라건대 전하께서는 불쌍히 여겨 그 마음을 살펴 주고 그 몸을 놓아주어 낳고 기르는 은택을 끝까지 베풀어 주소서. 신은 충정이 안에서 북받쳐 말을 다듬지 못하겠습니다. 황공하고 황공합니다. 신은 지극히 간절하게 비는 마음 금할 수 없습니다.

이조 판서와 문형을 사직하는 상소 임인년(1782, 정조6)

辭吏曹判書文衡疏 壬寅

삼가 아룁니다. 삼양(三陽)이 비로소 돌아와[20] 형통한 운세가 몰려오는데, 도성 남쪽에 머물고 있는 몸이라 화봉인(華封人)의 축원하는 정성[21]만 간절합니다. 신이 지난해 말에 현(縣)과 도(道)를 통해 재차 소장을 올렸는데 성상의 비답을 받아 보니 말씀이 간곡하고 그 뜻이 지극히 엄하였으므로 신은 황공하고 답답하여 어찌할 바를 몰랐습니다. 그런데 겨우 며칠 지나서 이조 판서에 제수한다는 명이 꿈에도 생각지 못했는데 뒤이어 내려왔습니다. 신은 이에 더욱더 두려운 마음을 금할 수 없습니다. 오호라, 이 직임은 곧 신이 상처를 입었던 자리입니다. 신이 조정에서 떠난 것이 실로 이 자리로부터 시작되었는데, 더구나 지금 고향에 돌아가 모친을 봉양하겠다고 청원한 지가 이미 3년이 되었는데 말할 것이 있겠습니까. 헤아려 주는 도리상 결국 은혜를 입을 것이지만 거취(去就)의 의리로 보아 어찌 성상을 번거롭게 할 수 있겠습니까. 오직 이 삼관(三館)의 직함은 다섯 달이 되도록 해면

20 삼양(三陽)이 비로소 돌아와 : 삼양은 음력 정월을 가리킨다. 정월은 태괘(泰卦)의 달로, 하괘(下卦)의 세 효가 모두 양효(陽爻)이기 때문에 삼양지월(三陽之月)이라 한다. 대본에는 '三陽回截'로 되어 있다. 문맥에 근거하여 '回截'를 '截回'로 바로잡아 번역하였다.

21 화봉인(華封人)의 축원하는 정성 : 화봉인은 화(華) 땅의 봉인(封人)으로, 그가 요(堯) 임금에게 장수, 부, 다남(多男) 세 가지로 축수한 일이 있다. 이것을 화봉삼축(華封三祝)이라고 한다. 《莊子 天地》

되지 않았는데,[22] 글을 짓는 일이 날로 급하고 명을 어긴 죄가 날로 쌓이고 있습니다. 아, 필부의 지조는 오직 죽음이 있을 뿐이고, 미천한 정성은 바칠 길이 없습니다. 만약 이전처럼 벼슬에 매여 있다가 정작 일을 할 때에 낭패를 당하게 되면, 스스로 큰 죄에 빠진 뒤에는 성상께서 신을 곡진히 용서해 주시려고 하더라도 가능하겠습니까.

그리고 분수와 의리에 대해 경중을 가려서 처의(處義)하라는 하교에 대해서는 신이 참으로 황공하지만 아뢸 말씀이 있습니다. 미천한 신이 글재주도 없으면서 문형의 자리를 훔치고, 벼슬에서 물러난 것으로써 다시 벼슬에 나아갈 매개로 삼은 일을 가지고 자처(自處)하는 의리로 삼은 것에 대해서는, 큰 제방을 넘기가 어려워서라고 망녕되게 스스로 생각하였습니다. 그러나 분수와 의리에 대한 설로 말하자면 근세의 공경과 사대부들이 대부분 분의(分義) 두 글자에 짓눌려 종종 지조를 상실하고 염치를 훼손하거나 버렸으니, 국가의 풍속과 교화를 크게 손상하였습니다. 성명께서 위에 계시니 잘못된 풍속을 바로잡으리라 기대하였는데, 전하께서 분수와 의리로 신을 책망하시니, 신이 세태를 따라서 흘러다닐 수 없을 뿐만 아니라 이것이 어찌 미천한 신이 평소 전하께 기대하던 바이겠습니까.

오호라, 나라의 정치는 인재를 선발하는 것보다 큰일이 없는데 그 권한은 이조 판서와 문형[23]에게 있습니다. 직책이 청환(淸宦)에 해당하

22 삼관(三館)의……않았는데 : 1781년(정조5) 9월 홍문관 대제학, 예문관 대제학, 지성균관사가 되어, 이 상소를 올린 1782년 1월 7일까지 해면되지 않았다.

23 문형 : 대본에는 '文衛'로 되어 있다. 문맥에 근거하여 '衛'를 '衡'으로 바로잡아 번역하였다.

고 권세가 중하여 세상에서 으뜸가는 벼슬자리라고 일컫습니다. 신처럼 박복하고 고단한 사람은 비록 지방의 이름뿐인 직함이라도 갑자기 일시에 여러 자리를 차지하면 사람과 귀신이 서로 시기하여 생명이 위태롭게 됩니다. 삼가 생각건대 전하는 신에게 천지이자 부모이시니, 어찌 조금이나마 측은히 여겨서 온전히 보전해 줄 것을 생각지 않겠습니까. 이에 감히 진정을 모두 짜내어 현과 도를 통해 부쳐 올립니다. 삼가 바라건대 성명께서는 굽어살펴 주시어 먼저 신의 본직과 겸직을 제때에 태거(汰去)해 주소서. 이어 고향에 돌아가 모친을 봉양할 수 있게 해 달라는 신의 청을 윤허하시어, 규례에 비추어 시행하고 중대한 일이 지체되지 않게 하신다면 신의 지극한 바람을 펼 수 있을 것입니다. 신은 지극히 두렵고 간곡한 마음 금할 수 없습니다.

또 문형을 사직하고, 이어 이현영의 상소에 나온 말을 변론하는 상소
又辭文衡仍以李顯永疏語陳辨疏

삼가 아룁니다. 신이 지난번에 사직소를 올렸는데 또 윤허를 받지 못하였으므로 너무나 두렵고 근심스러워 밤낮으로 견책을 기다리고 있습니다. 방금 이달 15일에 승정원에 내린 전교를 삼가 보니, 《열조보감(列朝寶鑑)》의 발문(跋文)을 지을 기일이 촉박하다고 신을 재촉하여 올라오게 하라고 하셨는데, 말씀하신 뜻이 엄중하여 감히 들을 수 없는 것이 있었습니다. 신이 이에 배나 더 두려워 몸 둘 바를 모르겠습니다. 아, 신이 외람되게 삼관(三館)의 직임을 맡은 지 지금 여섯 달이 지났고 사직소를 아홉 번이나 올렸습니다. 권병(權柄)을 훔치고 이를 매개로 벼슬에 나아가는 것은 참으로 신이 견지하는 큰 제방에 관계되니, 비록 저들이 비웃고 욕하도록 내버려 두려고 하더라도 마음속이 부끄럽지 않겠습니까. 어리석은 고집이 이미 굳어져서 바꿀 길이 없습니다. 만약 그렇지 않다면 《열조보감》의 발문은 사체(事體)가 중요하니 작은 재주를 바쳐서 열성조의 공렬을 기술하여 책의 끝에 이름을 넣는 것이 어찌 신하의 지극한 영광이 되지 않겠습니까. 그런데도 신이 무엇 때문에 일부러 왕명을 어기고 왕명에 태만한 죄를 범하여 스스로 왕명을 거역한 죄를 짓겠습니까. 지난날 여러 차례 소장을 올리고 나서 성상께서 불쌍히 여겨 곡진히 헤아려 주시기를 바랐는데, 신의 정성이 부족해서 성상을 감동시키지 못해 마침내 지금에 이르렀으니, 기일은 이미 박두하였고 요행은 매번 바랄 수 없습니다. 오직 속히 엄한 견책을 받는 것만이 나라의 체통을 높이고 신의 분수를 편안케 하는 것입니다. 이에 현과 도를 통해서 다시 호소합니다. 삼가 바라건대 성상께서는 신이 띠고 있는 문원(文苑)의 직함을 태거하고 왕명을 거역한 죄를 다스리라고 속히 명하시어 중대한 역사가 지체되는 데에 이르지 않게 하소서.

신이 돈녕부 도정(敦寧府都正) 이현영(李顯永)의 상소를 삼가 보았는데, 신을 흉역(凶逆)으로 몰아넣은 것은 그 마음먹은 것이 지극히 심각하여 사람으로 하여금 두려움을 느끼게 합니다. 아, 스스로 역적을 탄핵한 공을 내세워 사람을 막는 구실로 삼은 것은 그 계책이 또한 졸렬합니다. 그러나 평소에 남에게 믿음을 보인 실상이 없고 행동을 할 때에 신중하지 않아서 치욕을 당하고 실패를 한 것은 곧 신의 본래 병통입니다. 신이 지금 스스로 반성하고 있으니 어찌 감히 남을 허물하겠습니까.

반국(半國)[24] 두 글자[25]에 이르러서는 세변(世變)이 끝이 없는 지금

24 반국(半國) : 나라 사람의 절반이라는 뜻으로, 붕당정치 시대에 한쪽의 당파를 가리키는 말로 사용되었다. 실록에는 1776년(정조 즉위년) 8월 6일 영남 유생 이응원(李應元)의 상소에 처음 나온다. 그러나 《병산집(屛山集)》에 실린 〈숙종대왕 행장(肅宗大王行狀)〉에 "또 하교하기를 '국가가 불행하여 동인과 서인을 표방한 지 100년이 되어 점점 고질화하니 한탄스러움을 금할 수 없다. 우리나라는 작은 나라인데 문벌을 숭상하여 사람을 등용하는 길이 이미 좁은 데다, 한쪽이 나오면 한쪽이 물러나서 나라 사람의 절반〔半國〕이 또 벼슬에 진출하지 못하니 어떻게 나라를 다스리겠는가. 그 근원을 따져 보면 실로 내가 대공지정하지 못하여 위에서 표준을 세우지 못했기 때문에 초래된 것이다.' 하였다."라고 한 것으로 보아, 숙종 대에 이미 사용된 말이다. 1781년 9월 29일에 올린 이현영의 상소에서 말한 반국은 노론(老論) 일파를 가리킨다.

25 글자 : 대본에는 '字'로 되어 있다. 문맥에 근거하여 '字'로 바로잡아 번역하였다.

기회를 틈타 투매(投賣)하는 부류이므로 이런 조짐을 키워서는 안 됩니다. 그러므로 신이 망녕되게 가벼운 경계를 보인 것은 진실한 고심이 전적으로 국가의 만세(萬世)를 위한 염려에서 나온 것입니다. 저들이 이에 대해 알맹이 없는 말로 얼버무리고 앞에 했던 말을 다시 하려는 계책을 쓰지 못하였으니, 본심이 장차 싹터 나올 것입니다. 신이 실로 다행으로 여기고 있으니 어찌 다시 말을 다 하겠습니까. 그렇기는 하지만 이미 한없는 오욕을 입었으니 신이 어찌 태연히 있을 수 있겠습니까. 감히 바라건대 아울러 감처(勘處)하여 사적인 의리를 편안케 해 주소서. 신은 지극히 두렵고 간절히 비는 마음 금할 수 없습니다.

《역대명신주의요략》을 올리는 차자

進歷代名臣奏議要略箚

삼가 아룁니다. 신이 지난날 한가히 지낼 때에 우연히 《역대명신주의(歷代名臣奏議)》를 보고 그중에 요체가 되는 말을 뽑아내서 아침저녁으로 보기 쉽게 하였는데, 신의 책 상자 안에 있던 초고가 성상께 들어가고 심지어 판각하라는 명까지 있을 줄은 생각지 못했습니다. 신이 삼가 이전의 초본을 다시 더 다듬고 명나라 신하들의 주의(奏議)를 붙여서 《역대명신주의요략》이라고 이름하고 8권으로 편집하여 감히 이렇게 올립니다.

오호라, 이 책은 크게는 임금의 덕과 다스리는 도로부터 작게는 하나의 정사와 하나의 명령에 이르기까지 근본을 찾고 은미한 것을 탐구하여 병통의 실마리를 지적하였으니, 비유하면 404가지의 병이 증상은 비록 다르지만 탕(湯), 환(丸), 침(鍼), 뜸〔焫〕 등 각각 마땅히 시행할 처방이 있는 것과 같습니다. 만약 전하께서 한가할 때에 반복해서 음미하고 눈으로 보고 마음으로 통달해서 일에 따라서 자신에게 돌이키신다면 책 안의 많은 저명한 석학(碩學)들이 모두 전하의 간쟁하는 신하 아닌 사람이 없을 것입니다. 그리고 이 책이 유포되어 관직에 있는 사람들이 읽고서 음미하는 사이에 선을 즐거워하고 의(義)를 좋아하는 마음이 촉발되어서 자기도 모르는 사이에 유연(油然)히 감동하고 용연(聳然)히 흥기한다면 날마다 공거문(公車文)에 올라오는 선한 말과 곧은 말이 완연히 이 책에 있는 말임을 알게 될 것입니다. 자기의 마음을 비우고 천근한 말까지도 다 들으시는 우리 전하의 성대한 덕에 또 천고의 간쟁하는 신하가 날마다 좌우에서 조언하고 조정에 가득 찬 신하들이 다투어 충심을 드러낸다면 태평 만세(太平萬歲)의 기초가 이로부터 다져질 것이니 어찌 아름답지 않겠습니까.

아, 신처럼 어리석고 고루한 자가 성상께 세상에 드문 지우(知遇)를 받았으나, 나아가서는 조금도 보탬 되는 것이 없었고 물러나서는 성상의 뜻을 저버렸다는 것을 더욱 알겠으니, 하찮은 편집하는 노고로써 삼가 남의 입을 빌려 진언(進言)하는 의리를 담아 함묵한 죄를 조금이나마 속죄하려고 하니 그 마음 또한 괴롭습니다. 아울러 살펴 주소서.

《국조명신주의(國朝名臣奏議)》는 삼가 성상의 하교를 받들어 지금 쉬지 않고 모아 편집하고 있으니, 일이 끝나기를 기다려 이어서 성상께서 보시도록 올릴 생각입니다. 재결해 주소서.

《국조명신주의요략》을 올리는 차자
進國朝名臣奏議要略箚

삼가 아룁니다. 신이 지난해에 《역대명신주의》에서 요체가 되는 글을 뽑아 책으로 만든 뒤에 속으로 생각해 보니, 우리나라 명신들의 주의(奏議) 중에 후세에 전할 만한 것 또한 많고 진언하는 성대함이 옛사람에 비해 부족함이 없고 간언을 하게 하는 아름다움이 성덕(聖德)을 더욱 빛나게 하였으니, 이것은 모두 후세에 전하지 않아서는 안 됩니다. 이에 제가(諸家)의 문집과 야승(野乘)에서 채집하여 대략 편집을 시작하였는데, 시골에 서적이 갖추어지지 않았고, 유리(流離)하는 과정에 초고를 많이 잃어버린 데다 연이어 상을 당해서 정신이 쇠약해져 실로 이 일을 마무리할 만한 여력이 없었습니다. 그래서 마침내 묵은 종이들 속에 던져두고 다시 보지 않은 지가 지금 10년이 되었습니다. 그런데 성상께서 《역대명신주의요략》을 올리라는 명을 내리신 날 《국조명신주의요략》을 만들라고 거듭 신에게 명하셨습니다. 신이 사실대로 대답하자 하교하시기를 "그대가 끝까지 완성시키라. 그대가 이미 조석으로 좌우에서 보좌하지 못하니, 그대가 스스로 정성을 다 바칠 일이 여기에 있지 않겠는가."라고 하셨습니다. 신이 명을 받고서 감격하여 더욱 편차에 박차를 가하여 몇 권으로 편집하여 삼가 이렇게 올립니다.

오호라, 책 안의 많은 명신들은 모두 열성조께서 길러서 성취시킨 자들입니다. 말을 하는 자는 아래에 있으나 그 전에 고무해서 선비가 말하지 않는 것을 부끄럽게 여기게 하고 말한 뒤에 잘 받아들여서 사람이 말 때문에 죄를 얻는 일이 없게 하는 것은 윗사람이 할 일입니다. 선왕의 뜻과 사업을 잘 계승하시는 전하의 효성으로 책을 펼치면 감흥이 일어서 선열(先烈)을 빛나게 할 것을 생각하실 터이니, 어찌 전대의 주의를 범범하게 보는 것에 비하겠습니까.

그러나 이 책에서 그 말이 생경하고 억센 것은 매번 중엽 이전의 글들이고 중엽 이후의 글들은 대부분 온화하고 완곡하니, 이것이 어찌 열성조께서 간언을 받아들이는 성덕(盛德)이 전후에 차이가 있어서이겠습니까. 실로 풍속이 세대가 내려올수록 낮아져서 법과 기강이 치밀해지고 꺼리는 것이 많아졌기 때문입니다. 오호라, 이미 낮아진 시운을 만났지만 끌어올려서 성대한 때를 뒤따라가는 것은 전하께 달려 있습니다. 삼가 바라건대 전하께서는 노력하고 노력하소서.

신이 삼가 생각건대 책에 요약본이 있는 것은 부득이해서입니다. 이는 사람의 정력이 많은 분량에 두루 미치기 어렵고, 핵심이 되는 말이 사람을 일깨우는 데에 유익하기 때문입니다. 그러나 본말이 관통되고 의미가 유장(悠長)한 것은 전서(全書)에 있으니 성상께서는 유념하소서. 신이 고루하고 고독하게 지내다 보니 보고 듣는 것이 넓지 못하여 널리 수집하고 요약할 때에 형세상 빠지고 어긋남을 면치 못하였지만 성명께서 그 잘못을 덮어 두고 충성하기를 바라는 정성만을 취하신다면 이 또한 신이 조석으로 좌우에 있는 것과 무엇이 다르겠습니까. 신은 지극히 간절한 마음 금할 수 없습니다. 재결해 주소서.

특교로 재촉한 뒤에 다시 앞의 청을 거듭 아뢰는 상소
特敎催促後更申前請疏

삼가 아룁니다. 신이 충심을 짜내어 소장을 올리고 성은을 내려 주기를 빌었는데, 성상의 비답에 허락하지 않고 특교를 잇달아 내리셨습니다. 첫머리에서 발문(跋文)의 일이 급하다는 말씀이 엄중하였고, 심지어 신이 거주하는 곳이 멀지 않다는 것을 아시고 그 노정이 여러 날 걸리지 않는다는 것을 헤아리셨으며, 신이 성상 곁을 떠난 지 이미 오래되었다는 것을 진념하여 그리워하는 마음이 없을 수 있느냐고 책망하셨습니다. 곡진하게 불쌍히 여겨 주시는 그 마음이 비록 자애로운 아버지가 어린 아들에 대해서라도 어찌 이보다 더하겠습니까. 신은 절반도 읽기 전에 감격의 눈물이 먼저 떨어져서 머리를 땅에 조아리며 몸 둘 바를 몰랐습니다. 오호라, 전하께 지우를 받고 전하께 은총은 입은 신이 스스로 조정을 떠난 지가 지금 여섯 달이 되었고, 한 해도 저물어 가고 있습니다. 신이 비록 보잘것없지만 신 또한 인심(人心)을 갖추고 있습니다. 전하가 계신 어전을 단지 꿈속에서나 왕래하지만 신의 집안에 복이 없어서 정리(情理)가 몹시 슬픈 것을 어찌하겠습니까.

신의 어머니가 90세인데 곤궁해서 돌아갈 곳이 없어 신이 봉양하고 있는데, 병이 위중하여 숨이 끊어질 듯 불안한 상태입니다. 신이 홀로 곁에 있으면서 눕고 일어날 때에 부축해 드려야 하므로 잠시도 겨를이 없습니다. 이와 같은 상황인지라 길 가는 사람도 눈물을 흘리는데 버리고 떠나서 일신의 영화를 도모한다면 이것이 어찌 사람의 자식이 차마 할 일이겠습니까. 신이 천지 같은 은혜를 갚지 못하고 미력한 힘도 다하지 못하고서 하루아침에 물러나겠다고 아뢰고 밝은 세상을 영영 떠났다는 생각을 할 때마다 스스로 돌아보고 슬퍼하며 한밤중에 울지 않은 적이 없습니다. 아, 운명이 곤궁하고, 정(情) 또한 슬픕니다. 현재 어머니의 병이 자주 외기(外氣)가 더해져서 가까운 시일 안에는 곁을 떠날 가망이 없습니다. 그리고 가령 조만간에 틈이 나서 천안(天顔)을 뵙고 싶은 소원을 이룰 수 있다고 하더라도 분에 넘치는 직함이 몸을 얽매고 있어서 움직일 길이 없습니다.

아, 신이 문형(文衡)의 직책에 대해 이미 스스로 도둑질하는 것이나 거간(居間)하는 짓이라고 단정하였고, 또 죽어도 명을 받들 수 없다는 뜻으로 소장에서 단정하여 말씀드렸습니다. 작은 지조를 밝히지 못했는데 독촉하는 하교가 매번 내려오니, 이는 신의 평소 처신이 마음과 입이 서로 호응하지 않아서 말이 임금께 믿음을 받지 못한 결과입니다. 신이 장차 무엇에 의지하여 전하를 섬기겠습니까.

《열조보감(列朝寶鑑)》의 발문은 사체(事體)가 지극히 중요하고, 찬국(纂局)에서 올릴 기일이 점점 가까워지는데 만약 신 때문에 지연되고 얽매여 다급하게 되어서 일을 그르친다면 신이 만번을 죽더라도 그 죄를 어찌 속죄하겠습니까. 이에 부득이 머리를 들어 호소하느라 느긋하게 말할 겨를이 없으니, 기휘 빈거롭게 해 드린 죄는 실로 날게 받겠습니다. 삼가 바라건대 성상께서는 중대한 일을 잠시도 지체해서는 안 된다는 것을 유념하고 지극한 정을 오랫동안 막기 어렵다는 것을 살피시어, 신이 띠고 있는 문형의 직임을 태거(汰去)하라고 속히 명하고 모친을 봉양하게 해 달라는 신의 청을 허락해 주어 공사 간에 모두 다행스럽게 되도록 해 주소서. 신은 눈물을 흘리며 간곡하게 비는 지극한 마음을 금할 수 없습니다.

합계한 뒤에 《열조보감》의 발문을 다시 짓기를 청하는 두 번째 상소

合啓後請寶鑑跋文改撰再疏

삼가 아룁니다. 신은 악역(惡逆)이라는 지목을 받은 몸이고 이름이 나라 사람들의 입에 올랐으니 단지 근신하면서 죽기를 기다려야 하는데 어찌 당돌하게 전하께 호소할 수 있겠습니까. 다만 발문은 사안이 급하기 때문에 죽음을 무릅쓰고 전하께 말씀드리고 삼가 엄한 견책이 내리기를 기다렸습니다. 그런데 상상의 비답을 받아 보니 말미의 110여 자는 말씀하신 뜻이 간곡하고 측은히 여기신 뜻이 갈수록 더욱 지극하였으며, 호소할 길이 없는 남모르는 원통함으로 장차 죽어도 눈을 감지 못할 한스러운 일에 대해서도 남김없이 밝혀 주셨으니, 더더욱 신이 애당초 감히 바라던 것이 아닙니다. 하늘이 덮어 주고 해가 비춰 주듯 부모 같은 임금이 매우 가까이 계시매, 신은 열 번을 경건히 읽으며 저도 모르게 소리 내어 울며 눈물을 흘렸습니다. 오호라, 신을 낳아 주신 분은 부모이지만 오늘부터 죽는 날까지는 모두 전하께서 주신 것입니다. 이번 생은 다 지나갔으니, 단지 한 가닥 남은 목숨이 빨리 끊어져 지하에서 결초보은할 수 있기를 바랄 뿐입니다.

다만 이 《열조보감》의 발문을 다시 짓는 일에 대해 윤허를 받지 못했으니 신은 지극히 황공하고 애타는 마음 금할 수 없습니다. 오호라, 《열조보감》은 열성조의 성대한 덕과 큰 사업을 백대의 후세에게 전할 책입니다. 그 발문은 관계된 바가 지극히 중요하고, 당당한 성조(聖朝)에 그 글을 지을 사람이 없을까 염려할 것이 없는데, 악역이라고 지목받은 사람이 지은 글을 발문으로 붙여서 위로 열성조께 누를 끼친다면 국가의 체통으로 보아 어찌 매우 온당치 못한 일이 아니겠습니까.

아, 역(逆)이라는 것은 천하의 큰 악(惡)입니다. 한 가지라도 그것을 범하면 왕법(王法)으로 보아도 용서하지 못하고, 사람으로서도 용납받지 못합니다. 비록 한 사람이 이 명목을 부당하게 붙이더라도 다시 사람 축에 낄 수 없는데, 하물며 전후로 삼사(三司)가 한목소리로 주장하였으니 말할 것이 있겠습니까. 비록 한 가지 일로 인하여 부당하게 이런 죄과에 빠졌더라도 왕법을 요행히 면하기를 바라기 어려운데, 하물며 평생의 중대한 공안(公案)을 결단한 것인데 말할 것이 있겠습니까. 신의 집안은 선조 이래로 나라의 두터운 은혜를 입어 대대로 충효의 가훈을 전해 내려왔는데 불초한 신에 이르러 오욕을 끼친 것이 이미 많습니다. 신은 본래 만번 죽을 상황에서 겨우 살아난 사람이니 당시에 사람들이 무슨 말인들 못했겠습니까. 그런데도 이런 악한 명목은 가하지 않았습니다. 지금 죽음이 가까워진 나이에 갑자기 이런 명목을 받았으니, 살아서는 성상 앞에 얼굴을 들 수 없고 죽어서는 지하에 돌아가 조상을 뵐 수 없습니다. 비록 성상께 죽은 사람을 살려 주시는 은혜를 입어 아직 온전히 살아 있기는 하지만 지금 죽지 않고 살아 있더라도 이미 죽은 것과 다름없으니, 이런 상황에서 책 끝에 이름을 넣어서 국가에 수치를 끼칠 수 있겠습니까.

삼가 생각건대 성명께서 위에 계시니 이런 사리를 어찌 살피지 못하셨겠습니까. 다만 신의 성의가 평소에 쌓이지 않아서 스스로 인혐한 것이 의례적인 사양으로 귀결되고 공적인 말이 사적인 간청으로 의심받으니, 이 또한 신의 죄입니다. 판각하는 작업이 끝나 성상께 올릴 기한이 촉박하고 엄하게 추고하여 재촉하시니 배나 더 두려워 몸 둘 바를 모르겠습니다. 이에 감히 성상을 번거롭게 해 드리는 죄를 무릅쓰고 다시 다급하게 호소합니다. 삼가 바라건대 성상께서는 《열조보감》의 사체가 중요하다는 것을 깊이 생각하여 별 탈 없는 사람에게 다시 발문을 지어서 올리라고 속히 명하소서. 이어 신이 그동안 지은 죄를 처벌하여 나라의 기강을 진작하고 나라 사람들의 말에 답하시기를 간곡히 빕니다. 신은 몹시 절박하고 두려운 마음 금할 수 없습니다.

이조 판서를 사직하고, 이어 이형규의 상소로 인하여 스스로 인혐하는 상소 갑진년(1784, 정조8)

辭吏曹判書仍以李亨[26]逵疏自引疏 甲辰

삼가 아뢰니다. 신이 중임을 헛되이 띤 지 지금 세 달이 되었으니, 계속 초야에 있으면서 가만히 앉아서 나라의 체통을 손상한 것입니다. 신이 4, 5년 이래 쌓인 죄가 산과 같아 만번을 죽어도 남은 죄가 있습니다. 작년에도 이와 같았는데 금년에 또 이와 같아서 사직소와 호노(戶奴)가 올린 정장(呈狀)에 대해 모두 윤허를 받지 못했습니다. 아, 신의 평생을 스스로 평가한다면 큰 제방을 보존하려고 한 것입니다. 신이 감히 신 자신을 위해서 그런 것이 아니라 국가를 위해 멀리 생각해서 그랬던 것이고, 이미 여러 차례 남김없이 모두 진달하였습니다. 삼가 생각건대 천지와 같고 부모와 같은 성상께서 끝까지 곡진히 보호해 주신 인덕(仁德)으로 볼 때 결국 이해해 주는 은혜를 내리시는 것이 어찌 혹시라도 전후에 다름이 있겠습니까. 그러나 현재 황공하고 답답함이 갈수록 더욱 극심해지니 형세상 부득이 다시 번거롭게 호소하지 않을 수 없습니다.

그리고 신의 노모는 한열(寒熱)이 왕래하는 묵은 병이 이미 수십 년 동안 고질이 되었는데 지금은 거의 발작하지 않는 때가 없습니다. 또 이달 초부터 감기까지 겹쳐서 증세가 매우 위중하니, 이는 10년

26 亨 : 대본에는 '享'으로 되어 있다. 《정조실록》 8년 12월 1일 기사에 근거하여 수정하였다.

이래 없었던 일입니다. 나머지 증상도 아직 오락가락하여 정신이 갈수록 더욱 불안하고, 종일토록 정신이 혼미해서 조는 듯 마는 듯합니다. 신이 지금 곁에서 간호하면서 애간장이 타는 듯하니, 몇 달 이내에는 반걸음도 곁을 떠날 가망이 전혀 없습니다. 세자시강원 우빈객(世子侍講院右賓客)에 새로 제수하는 명은 비록 매우 분에 넘치지만 영광으로 보면 지극합니다. 그러나 간절히 뵙고 싶은 정성을 조금도 펼 수 없는 데다 사신이 온다는 말을 들었고, 교서를 반포하는 예를 장차 거행한다고 들었는데, 또한 서울 가까이 나아갈 길이 없습니다. 신의 처지가 이와 같으니 살아 있어도 죽느니만 못합니다. 이에 현과 도를 통하여 죽음을 무릅쓰고 간절한 심정을 호소합니다. 미천한 신의 병은 50일 동안 병세가 깊어져서 이미 귀신의 형상이 되었으나 이것까지 언급할 겨를이 없습니다. 삼가 바라건대 성상께서는 신의 본직과 겸직을 체차하도록 속히 명하시고, 신이 고향에서 노모를 봉양할 수 있게 해 달라는 앞의 청을 윤허하여 공사 간에 모두 합당하게 되도록 해 주소서.

신이 대사헌 이형규(李亨逵)의 소본(疏本)을 보니, 심낙수(沈樂洙)를 크게 칭찬하고 유악주(兪岳柱)에게 죄를 주라고 청하면서 갑자기 신의 이름을 끼워 넣어 마치 신이 심낙수와 의기가 서로 통하는 자인 것처럼 하였습니다. 오호라, 참으로 "인생에 만사가 안 일어나는 일이 없다."라는 경우라 할 수 있겠습니다. 신은 운명이 기구해서 세상과 원수가 되었는데, 선대왕과 우리 성상의 지극한 사랑과 큰 덕을 곡진히 입어 지금까지 실낱같은 목숨을 보전하고 있지만 두렵고 위축되는 것은 끝날 때가 없습니다. 벼슬에서 물러난 뒤로 세상 또한 신을 잊기를 바랐는데, 죽음이 가까워진 나이에 또 근거 없는 비방을 당하는 것이 이 지경에 이를 줄을 어찌 생각했겠습니까. 신세를 돌아보면 더욱 슬프고 가련할 뿐입니다.

아, 신과 심낙수의 심술과 의견이 얼음과 숯처럼 섞이지 않고 연(燕)나라와 월(越)나라가 멀리 떨어져 있는 것처럼 다르다는 것은 성명께서 환히 알고 계시는 사실입니다. 심낙수가 신의 생각을 계승하였는지 계승하지 않았는지는 많은 사람들의 공정한 눈이 보고 있고 귀신과 하늘이 알고 있으니 신이 어찌 이에 대해 굳이 말을 다 하겠습니까. 그렇기는 하지만 남이 이미 신을 끌어대었는데 신이 만약 묵묵히 받아들인다면 수치가 더욱 커질 것입니다. 이에 말을 하지 않을 수 없었으니 아울러 살펴 주소서.……

서용되어 관작이 회복된 뒤에 인책하는 상소 을사년(1785, 정조9)

敍復後引罪疏 乙巳

삼가 아룁니다. 신은 본래 다시 살아난 목숨인데 또 만번 죽을죄를 범하였으니, 천행(天幸)은 거듭 바랄 수 없고 여론의 비난 또한 면하지 못하리라는 것을 알고 있었습니다. 그런데 천지 부모와 같은 전하께서 신의 노모의 정상을 불쌍히 여겨 특별히 국법을 관대하게 적용하여 가볍게 처벌하셨습니다. 신은 집에 돌아와 노모와 부둥켜안고 슬퍼하며 두 손 모아 성상께 감사하였으니, 감격의 눈물이 샘물처럼 흘렀습니다. 내리신 전교 770여 글자에서 신에 대해 "죄는 비록 용서하기 어렵지만 그 마음은 실로 다른 뜻이 없다."라고 하셨습니다. 그 본말을 격려하고 장래를 면려한 것이 간곡하고도 불쌍히 여긴 말씀이었으니, 한 글자 한 글자가 귀신조차 울릴 만하였습니다. 옛사람이 "노한 것이 아니라 가르치는 것이다."[27]라고 한 것이나 "죄를 받는 것을 영광으로 여긴다."라고 한 것이 모두 신의 오늘날을 위하여 있는 말입니다. 예로부터 군신간에 이런 일이 있었습니까? 신처럼 보잘것없고 신처럼 죄를 지은 자가 어떻게 해서 성명께 이런 대우를 받는지 모르겠습니다. 신은 백번을 거듭 읽으며 글자마다 눈물을 흘렸으니, 비록 자자손손 분골쇄신하더라도 어찌 만에 하나라도 보답할 수 있겠습니까. 그리고 얼마 지나지

27 노한……것이다 : 《시경》 〈노송(魯頌) 반수(泮水)〉에 "얼굴빛을 온화하게 하고 웃으시니, 노함이 아니라 가르치심이로다.〔載色載笑, 匪怒伊敎.〕"라고 한 말을 인용한 것이다.

않아 은총이 갑자기 내려서 서용함과 동시에 규장각의 직함이 예전처럼 내려졌으니, 신은 놀랍고 감격스러워 정신이 다 달아났습니다.

소명을 받고 달려오는 길에 변란을 고하는 글이 갑자기 올라왔고,[28] 신을 의금부에 제수하는 명이 또 장전(帳殿)에 친림(親臨)하실 때에 내려졌습니다. 역적을 토죄(討罪)하는 의리가 중하여 서둘러 입시하여 참석하였으니, 사람이 염치가 없고 거리낌이 없는 것이 여기에 이르러 극에 달했습니다. 얼굴을 들어 하늘의 해를 보기 부끄러우니, 곁에서 보는 사람들이 신을 어떤 사람이라고 여기겠습니까. 성은을 입어 집에 돌아와 노모를 간호한 지 지금 며칠이 지났는데, 한밤중에 스스로 점검하면서 옛 허물을 생각하고 새로 받은 은혜를 생각하니 감격스럽고 부끄러운 마음이 교차하여 잠을 이루지 못하였습니다.

오호라, 신이 사리에 어둡고 하는 일이 전도되고 망녕되며 마음 가는 대로 곧바로 행하는 것은 성명께서 잘 아시는 바이거니와 지난날 범한 죄는 모두 스스로 초래한 것입니다. 아, 살 곳으로 달려가고 죽을 곳을 피하는 것은 금수도 오히려 그러합니다. 뜨거운 국물에 데어 본 사람은 식은 국도 불어 마시는 도리에 관계된 것이라면 의당 보통의 경우보다 백배나 더 신중해야 하는데, 한결같이 어리석고 제멋대로 하는 것이 어린애가 기어서 샘에 들어가는 것과 거의 같았습니다. 반드시 죽을죄가 매번 자신으로 말미암아 일어나고 살려 주려는 방도가 매번 성상의

28 변란을……올라왔고 : 김종수가 입궐하기 위하여 궁궐로 가고 있을 때에 전 현감 김이용(金履容)이 이률(李瑮)과 양형(梁衡)이 역모를 꾀한다는 고변서를 김종수에게 전달하였다. 김종수는 그것을 훈련대장 구선복(具善復)에게 전달하였고, 구선복이 정조에게 올렸다. 이 일로 이날 숙장문(肅章門)에서 이률과 양형에 대한 친국(親鞫)이 설행되었다.《正祖實錄 9年 2月 29日》

염려에서 나오니, 세상천지에 이 어떤 사람이란 말입니까.

아, 신의 죄는 신이 스스로 알고 있습니다. 신이 하늘과 같은 은혜를 받아 속마음을 드러내신 하교를 누차 받들었는데, 머리를 짓찧어 피를 흘리며 간언해서 임금이 욕을 당하면 신하는 죽어야 한다는 의리를 바치지도 못하고, 또 성상의 마음을 받들어서 근거 없는 논의를 진압하지도 못하여, 마침내 의리가 점점 어두워지고 풍파만 거듭 일어나게 하였습니다. 첫째도 신의 죄이고, 둘째도 신의 죄입니다. 이 죄는 죽어도 남음이 있는데 성상께서 불쌍히 여겨 처벌하지 않으셨으니, 지금에 이르러서는 종일토록 스스로 반성하며 스스로 새로워지기를 도모할 뿐입니다.

지금까지 신의 죄를 성토한 소장의 내용 중에 어느 것인들 신하 된 자에게 있어 극악한 죄 아닌 것이 있겠습니까. 지은 죄는 면하기 어렵고 말을 하면 믿어 주지 않는데 또한 어찌 감히 외람되게 변명하여 따질 수 있겠습니까. 그러나 그중에 한두 소차(疏箚)는 곧 급서(急書)이고, 신하 된 자가 이 죄명을 얻으면 결코 천지간에서 일각도 숨을 쉴 수 없습니다. 이에 부득이 신을 가엽게 여겨 주시는 전하께 눈물을 흘리며 호소하니, 관직의 거취는 감히 논할 바가 아닙니다. 삼가 바라건대 성명께서는 신을 사패(司敗)에 내려 신에 대해 말한 자의 내용을 가지고 그 허실을 분명히 조사하라고 속히 명하소서. 만약 일호라도 잘못한 점이 있다면 신은 아무 소리 않고 죽음을 받아들일 것입니다. 만약 그렇지 않아서 하루라도 이 악역의 이름을 씻어 낸다면 살아서는 사람 축에 낄 수 있고 죽어서는 지하에서 눈을 감을 수 있을 것입니다. 전하께서는 불쌍히 여겨 주소서. 신은 지극히 두렵고 간절히 비는 마음 금할 수 없습니다.

진하하는 날 중도(中道)에서 견책을 청하고 이어 상전을 사양하는 상소[29]

陳賀日中路請譴仍辭賞典疏

삼가 아룁니다. 하늘의 주벌이 끝나서 하례하는 의식이 곧 거행될 것이니, 안옥(按獄)을 담당했던 미천한 신은 배나 더 경사스럽습니다. 그러나 오욕을 입은 몸이라 감히 다시 도성 가까이 가지 못하고 전야(田野)에 있는 집에서 지내고 있는 것 또한 개인적인 마음에 편치 못합니다. 이에 부득이 병든 몸을 수레에 싣고 한강을 건너와 소장을 남기고 곧바로 돌아가는데, 멀리 궁궐을 바라보니 정신이 아득합니다. 신이 지난날 경조(京兆)를 맡았을 때 외람되게 사직소를 올렸는데, 성상의 비답이 융숭하여 밝은 해가 하늘 한가운데 떠 있는 것 같았으니, 글자마다 감격의 눈물을 흘리며 몸 둘 바를 몰랐습니다. 아, 신은 오욕을 당한 사람입니다. 모든 관직과 관계된 일에 대해 비록 거취(去就)를 논할 것이 없지만, 나라에 경사스러운 예가 있을 때에는 어찌 조금이나마 정성을 펴고 싶지 않겠습니까. 그러나 몸과 이름이 이미 낭패를 당했으니 얼굴을 들기가 어렵습니다. 안옥이 한번 나왔는데도 분란이 많은 것이 부끄러우니, 임금과 지척인 조정의 반열에 나아가서 낄 길이 없습

29 진하하는……상소 : 1785년(정조9) 2월 29일 이률(李瑮)과 양형(梁衡) 등의 역모 사건이 고변되었고, 4월 14일 옥사가 완료되었는데, 이 사건을 주도적으로 담당했던 구선복(具善復)과 몽오에게 상전(賞典)이 시행되었다. 《承政院日記 正祖 9年 4月 11日》 《正祖實錄 9年 2月 29日, 4月 14日》

니다. 정상은 비록 슬프고 가련하지만 자취로 보면 임금의 명에 태만한 것입니다. 신의 죄가 이 지경에 이르렀으니 실로 만번 죽어 마땅합니다. 삼가 바라건대 성상께서는 속히 유사(有司)에게 명하여 신을 엄하게 처벌하게 하소서.

그리고 신은 전민(田民)을 사급(賜給)하라는 명에 대해 두렵고 부끄러운 마음을 금할 수 없습니다. 아, 지금 이 역적들이 주멸(誅滅)된 것은 실로 종묘사직의 경사에 관계됩니다. 마치 신령과 하늘의 도움이 있는 것 같으니 참으로 인력으로 미칠 수 있는 일이 아닙니다. 그러나 역적의 소굴을 직접 찾고 그 진장(眞贓)을 직접 잡아낸 사람은 김이용(金履容)입니다. 다만 그가 스스로 진달할 길이 없어서 소명을 받고 달려가는 신을 통해서 조정에 전해지게 하였기 때문에 신이 어전에 나아갈 때에 목전에서 보고 들은 것만을 들어서 아뢰었을 뿐입니다. 성명께서 위에 계시니 신이 비록 다른 사람이 한 일로 인하여 공을 삼으려고 해도 될 수 없는 일입니다. 그리고 역적 김두공(金斗恭)이 섬 안에서 한 말[30]은 아랫사람들에게 들은 말을 전한 것에 불과하고, 계책을 아뢰고 보좌한 일은 신이 관여한 것이 없습니다. 앞의 일로 보나 뒤의 일로 보나 신에게 무슨 털끝만큼이라도 기록할 만한 노고가 있겠습니까. 그런데 조정에서 훈신(勳臣)에게나 하사하는 토지와 노비를 조금도 삼가지 않고 쉽게 베푼단 말입니까. 게다가 조정의 체면으

30 역적……말 : 김하재(金夏材)의 조카 김두공이 적소(謫所)인 거제(巨濟)에서 "내가 서울로 올라가면 아무리 사람이 많이 상하더라도 고할 말이 있다."라고 하였는데, 결국 이 말로 인하여 이률 등의 역모 사건이 드러났다. 《正祖實錄 9年 2月 29日》, 《日省錄 正祖 9年 2月 29日》

로 말하더라도 이것을 지위가 낮고 천한 사람에게 베푸는 것은 비록 과도한 상이 되기는 하지만 그래도 후세를 권면하는 의미가 있습니다. 신이 비록 보잘것없기는 하지만 직위가 높은 품계이니 조정에서 보는 것이 의당 같지 않은 점이 있어야 합니다. 이 또한 어찌 조정에서 유의하고 아껴야 할 대목이 아니겠습니까.

신이 본래 모든 것이 남들만 못하지만 그래도 한 가닥 염치는 남아 있으니, 참으로 은혜에 감격하고 위엄을 두려워하여 공도 없으면서 염치를 무릅쓰고 상을 받아 미천한 신의 본심을 저버리고 국가의 대체(大體)를 손상하는 일은 차마 할 수 없습니다. 오호라, 신의 머리끝부터 발끝까지 터럭 하나까지도 모두 전하께서 주신 것입니다. 이제 와서 어찌 감히 실정을 벗어난 말을 억지로 하여 자신을 속이고 하늘을 속일 계책을 내겠습니까. 진실한 이 마음은 귀신이 내려다보고 있습니다. 만약 성상께서 깊이 생각하여 속히 명을 거두어 주신다면 공사 간에 모두 바르게 되고 상하가 모두 빛날 것입니다. 그리하여 전하께서 신에게 내리고 신이 전하께 받는 것이 토지나 노비에 비하여 만배나 더 클 것입니다. 신이 감히 외람되게 부화(浮華)한 말씀을 올리지는 못하지만 우러러 믿는 것은 하늘의 밝은 태양이 구석구석 모두 비추는 것일 뿐입니다. 땅에 엎드려 삼가 처분을 기다리자니 땀과 눈물이 함께 흘러내립니다.

신이 소장을 써서 올리려고 할 때에 대사간 이의행(李義行)의 소본(疏本)을 삼가 보았는데, 근래에 옥사(獄事)를 관장했던 신하들이 소루하고 가벼운 쪽으로 처벌한 잘못을 낱낱이 거론하고, 이어 홍복영(洪福榮)에게 차율(次律)을 적용한 것에 대해 크게 비난하고 배척하였는데, 말이 엄정하고 의리가 정당하였습니다. 아, 신의 죄는 신이 스스로 알고 있으니, 어찌 홍복영 한 사람의 율명(律名)만 정당성을 잃었겠습니까. 역적 김두공의 흉악한 공초가 나왔을 때에 대소 신료들이 모두 뼈가 시리고 마음이 떨려 역적 김하재(金夏材)가 다시 나왔다고 하였는데, 같은 정상으로 끝까지 캐내는 도리와 이괄(李适)이나 신치운(申致雲)과 동일한 형률을 적용하자는 청을 드리면서 머리를 짓찧어 피를 흘리며 간언해서 성상의 마음을 감격시키지 못했으니, 임금이 욕을 당하면 신하는 죽어야 하는 의리가 모조리 없어졌습니다. 홍복영의 지극히 흉악한 죄상 또한 어찌 지정불고죄(知情不告罪)만으로 논할 수 있겠습니까. 그런데 형률을 정할 때에 또 간쟁하지 못했으니, 지금 와서 생각해 보면 어느 것이든 죄 아닌 것이 없습니다. 공의(公議)가 준엄하게 일어나는 것 또한 늦었다고 할 것입니다. 너무나 부끄럽고 송구하여 조금이나마 스스로 탄핵하는 의리를 바칩니다. 바라건대 엄한 벌을 내리시어 안옥을 잘못한 자의 경계가 되게 하소서. 신은 지극히 두렵고 간절히 바라는 마음 금할 수 없습니다.

문효세자 지문의 일을 논하고, 이어 조시준의 상소로 인하여 스스로 인혐하는 상소 병오년(1786, 정조10)

論文孝世子誌文事仍以趙時俊疏自引疏 丙午

삼가 아룁니다. 문효세자의 지문을 지어 올리는 일에 대해서 신이 이미 명을 받들었습니다. 비록 어리석고 글재주가 없으며 고루하여 아름다운 덕을 묘사하는 일을 감당하지 못한다는 것을 스스로 알고 있지만 미천한 힘을 다하여 장례에 정성을 바치려고 하였습니다. 그러나 지금 각리(閣吏)가 와서 전하께서 내리신 어제 행록(御製行錄)을 가져왔기에 신이 두 손으로 받들어 무릎 꿇고 읽었는데, 절반도 채 읽기 전에 문득 저도 모르게 눈물이 흐르고 울음이 터졌습니다. 삼가 생각건대 성상의 언어와 문장은 모두 전모(典謨)에 합치합니다. 지금 인륜의 지극한 정이 발휘되고 천성으로 이루어진 성덕(聖德)이 자연스러워 정경(情景)이 진실하고 말이 극진해서 글자마다 귀신을 울릴 만합니다. 무덤에 보관하면 효도하고픈 세자의 마음을 위로하여 유감이 없게 할 수 있고, 청사(靑史)에 전하면 또 백세 후까지 전해져 증거로 삼게 할 수 있으니, 결코 신들이 그 사이에 한마디도 보탤 수 있는 것이 없습니다.

삼가 살펴보건대, 숙종대왕 신사년(1701, 숙종27)에 인현 성모(仁顯聖母)의 묘지문 제술관(墓誌文製述官)을 처음에 대제학 이여(李畬)로 계하하셨습니다. 그런데 어제 행록이 내려지자 이여가 상소하여 행록을 지문으로 삼을 것을 청하여 윤허받았고, 이어 이여에게 지문의 후기(後記)를 지어 올리라고 명하셨습니다. 지금 상황에서 옛일을 비추어 보면 실로 옛사람이 먼저 헤아렸던 것입니다. 그리고 삼가 생각건대, 무신년(1728, 영조4)에 지어진 영릉(永陵)의 지문과 임신년(1752)에 지어진 의소묘(懿昭墓)의 지문이 모두 선대왕의 어제이니, 지금 이 어제 행록을 지문으로 삼는 일은 더욱 선왕의 성효(聖孝)를 계승하는 뜻에 부합하는 점이 있습니다. 이에 감히 짧은 상소를 빨리 지어서 현(縣)과 도(道)를 통해 아룁니다. 삼가 바라건대 성상께서는 속히 밝은 전지(傳旨)를 내려 주소서.

그리고 신은 호조 판서 조시준의 상소에 대해 의혹을 금할 수 없고, 이어 눈살이 찌푸려지는 점이 있습니다. 신은 오욕(汚辱)을 받은 사람이니 모든 조정의 큰일에 대해 어찌 감히 말할 수 있겠습니까마는, 그날 연석에서 아뢴 것은 부득이한 일이었습니다. 오호라, 처음 경사가 있었고 끝에 슬픈 일이 일어났을 때에 온 나라 사람들의 울분이 겹겹이 쌓였습니다. 신은 한번 생각이 날 때마다 심신이 모두 아파서 눈물이 흘러 턱까지 젖는 것을 금치 못하였습니다. 이런 마음으로 이런 때를 당하여 갑자기 경악할 만한 말을 들었고, 이미 말이 나왔으므로 깊은 생각 없이 말이 튀어나오는 것은 천리로 보나 인정으로 보나 그렇게 하지 않을 수 없는 것입니다. 그렇다면 저 사람의 도리에 있어서는 단지 반성하고 움츠려서 자신의 잘못을 인정해야 하는 것이 당연한데, 지금 도리어 위태로운 말로 함부로 남을 핍박하고 신을 탓하며 심지어 옛날의 명신들이 산릉에 대해 논한 일을 인용하여 스스로 변명하였으니, 오호라, 어찌 그리도 생각지 않는 것이 심하단 말입니까. 그렇기는 하지만 사람이 하는 말이 이와 같은 데에 이르렀으니 신이 어찌 태연히 있기만 할 수 있겠습니까. 단지 병 때문에 전야에 엎드려 있으면서 감히 외람되게 소장을 올리지 못하다가 지금에서야 대략 덧붙여 인혐

합니다. 삼가 바라건대 신의 죄를 다스리라는 명을 속히 내리시어 함부로 말하는 자의 경계가 되게 하소서. 신은 지극히 두렵고 간절히 비는 마음 금할 수 없습니다.

조시준이 재차 올린 상소로 인하여 변론하는 상소
因趙時俊再疏陳辨疏

삼가 아룁니다. 신이 병으로 누워 있다가 늦게서야 호조 판서 조시준이 재차 올린 상소를 보고 신은 지극히 해괴한 마음을 금할 수 없었습니다. 신이 그의 처음 상소가 나왔을 때에 즉시 변론할 줄을 모르지 않았으나 참고서 그대로 둔 것은 또한 매우 헤아린 것이 있어서입니다. 그러다가 지문(誌文)의 일로 소장을 올리면서 형세상 부득이하여 간략하게 덧붙여 언급하였으나 말을 구사할 때에 충후하게 하려고 힘썼습니다. 그런데 저 사람이 갑자기 한 가지 일에 대해 재차 소장을 올렸으니, 이는 전혀 뜻밖의 일입니다. 그가 주장하는 말을 자세히 따져 보면 전적으로 지난 일을 소급해 논하는 역할을 제멋대로 담당하고 본질을 흐리게 하려는 계책을 꾸며 낸 것이니, 이것은 일반적인 정리로 추측할 수 있는 것이 아닙니다. 그 사이에 무슨 핍박한 일이 있기에 이렇게도 급박하게 말하는 것인지 모르겠습니다.

대체로 신이 지난날 연석에서 아뢴 것은 본 사안 외에 지난 일을 소급해 논한 세 가지 일인데, 처음과 중간과 끝이 있고 조건이 각각 다르며 단락이 분명합니다. 성상께서 위에서 보셨고 신하들이 곁에서 들었으므로 지금 그것을 변환하고 숨기려 해도 불가능합니다. 그런데 저 사람이 신의 상소에서 말을 다 하지 않으려고 한 것을 보고는 '시경(始慶)'[31]이라는 두 글자를 끄집어내서 감히 이 기회를 틈탈 수 있다고

31 시경(始慶) : 대본에는 '始終'으로 되어 있다. 《정조실록》 10년 6월 14일 기사 등에

여겼습니다. 그리하여 짐짓 모른 체하며 거짓된 말로 올렸다 내렸다 하면서 은연중에 신의 상소에 있는 '시경' 두 글자를 신이 연석에서 아뢴 말의 중간 단락의 말에 억지로 붙여서 그 처음을 숨겨서 없애려는 계책을 세웠으니, 누구를 속이겠습니까. 그 계책이 또한 졸렬합니다. 그렇기는 하지만 신이 만약 그가 농간 부리고 뒤바꾼 대로 놔두고 묵묵히 한마디도 하지 않는다면, 이는 신의 가슴속에 가득한 슬픔과 원망이 처음에는 격분으로 인하여 폭발하였다가 곧바로 두려워서 도로 삼키는 꼴이 될 것입니다. 신이 비록 몹시 둔하기는 하지만 어찌 그렇게 하겠습니까.

아, 신이 거칠고 광망하며 어리석어 세상 사람들과 원수가 되어서 몸이 그들의 표적이 된 지가 20년입니다. 다행히 선대왕과 우리 전하의 지극히 어질고 지극히 밝은 덕에 힘입어 지금까지 잔약한 목숨을 보전하고 있으니, 위로는 천지 같은 큰 은혜를 우러러서 망극한 은혜에 감읍하고 아래로는 미천한 목숨을 생각하여 앞의 잘못을 거울삼는 것을 급하게 여겨야 할 것입니다. 그런데 갑자기 또다시 망발을 하여 어린아이가 기어서 샘에 들어가고,[32] 역노(蜮弩)[33]와 귀차(鬼車)[34]를

근거하여 '終'을 '慶'으로 바로잡아 번역하였다.

32 어린아이가……들어가고 : 아무것도 모르는 어린아이가 샘에 기어 들어가는 꼴이니, 물에 빠져서 죽게 된다는 의미이다. 맹자가 사단(四端)을 설명하면서 한 말을 단장취의(斷章取義)하여 인용하였다. 《孟子 公孫丑上》

33 역노(蜮弩) : 역(蜮)은 단호(短狐)라고도 하는데, 자라와 비슷하고 세 발이 달렸으며, 입속에 쇠뇌〔弩〕처럼 생긴 물건을 지녀서 기(氣)를 화살로 삼아 물속에서 사람을 쏘아 해친다고 한다. 또 일설에는 입에 모래를 물고 있다가 사람이나 그림자를 쏘아 맞혀 병을 앓게 만든다고 한다. 《爾雅翼 卷13》

건드린 것과 다름이 없으니, 스스로 생각할 때 만에 하나도 요행으로 면할 수 없습니다. 오호라, 신이 지금 늙어서 백수(白首)가 되도록 요행히 살아 있는 것도 다행이라고 할 수 있는데, 어찌 차마 여생을 아까워해서 한결같이 할 말을 않고 입을 다물어서 국가를 저버리겠습니까. 진실한 충심을 이미 전하께서 통촉하셨으니 신은 내일 죽더라도 더 이상 여한이 없습니다. 지금에 이르러 만사가 모두 끝나 버린 뒤이니, 감히 장황하게 다시 제기하여 슬퍼하고 계시는 우리 성상의 심사를 슬프게 할 수 없습니다. 그리고 저 사람이 상소에서 언급한 허다한 패려한 말은 그가 기력을 헛되게 쓴 것만 드러낼 뿐이니 신이 거기에 대해 한마디라도 할 수 있겠습니까. 이에 감히 사실을 대략 아뢰어 현과 도를 통하여 덧붙여 진달합니다. 삼가 바라건대 성명께서는 신이 망언한 죄를 속히 다스리시어 사람들의 마음을 통쾌하게 하소서.……

34 귀차(鬼車) : 중국 남방 검주(黔州) 지방에 전해 오는 상상 속의 동물 귀차구두조(鬼車九頭鳥)를 말한다. 사람 얼굴에 박쥐 날개를 한 흉조(凶鳥)의 일종인데, 사람의 혼을 거두어 간다고 한다. 《爾雅翼 卷17》

우의정 채제공의 서계와 장령 조정상의 상소로 인하여 소회를 진달하는 차자 무신년(1788, 정조12)

因右相蔡濟恭書啓掌令趙貞相疏陳所懷箚 戊申

삼가 아룁니다. 신이 조덕린(趙德鄰)의 일[35]에 대해 그동안 연석에서 미천한 견해를 모두 말씀드리고 전하께서 마음을 바꾸시기를 밤낮으로 기다렸습니다. 한번 중신(重臣)의 상소가 올라온 뒤로 상신(相臣)의 서계와 헌대(憲臺)의 상소가 차례로 나왔는데, 더 이상 여지가 없을 만큼 그 기세가 호건하고 가리키는 뜻이 몹시 패악하였습니다. 오호라,[36] 우리나라에서 100년 이래 어찌 일찍이 이런 일이 있었겠습니까. 여기에서 돼지가 미약하지 않고 서리가 장차 얼음이 되려 함을 볼 수 있으니,[37] 신은 천장을 쳐다보고 길게 탄식하며 밤에 잠을 이루지 못하

35 조덕린(趙德鄰)의 일 : 조덕린은 1725년(영조1) 노론·소론의 당론이 거세지자 당쟁의 폐해를 논하는 10여 조의 상소를 올렸는데, 여기에 노론을 비난하는 내용이 있어 당쟁을 격화시킬 염려가 있다고 해서 종성(鍾城)에 유배되었다가 1727년 정미환국으로 소론이 집권하게 되자 유배에서 풀려났다. 그러나 이후 1736년 서원을 마구 설치한 데 대해 반대하는 상소를 올린 것이 1725년의 상소와 연관되어 노론의 탄핵을 받아 다시 제주로 유배되어 가던 중 강진(康津)에서 죽었다. 1788년(정조12) 11월 10일에 정조가 조덕린의 죄명을 탕척(蕩滌)해 주었다. 《英祖實錄 1年 10月 20日·21日, 13年 7月 26日》《正祖實錄 12年 11月 10日》

36 오호라 : 대본에는 '□呼'로 되어 있다. 문맥에 근거하여 '□'에 '嗚'를 보충하여 번역하였다.

37 돼지가……있으니 : 돼지는 성질이 조급하고 서리는 음기가 맺혀서 형성되는데, 모두 군자의 도인 양(陽)을 소멸시키는 소인을 비유한다. 《周易 姤卦, 坤卦》 여기서는 소인의 세력이 점차 확대되고 있다는 말이다.

였습니다.

삼가 생각건대 성학(聖學)이 고명하신 우리 전하께서는 윤리와 기강을 수립하고 명의(名義)를 중시하는 도리에 가장 뜻을 두시어 무릇 순역(順逆)의 의리에 관계된 것이라면 지극히 신중히 하지 않는 것이 없으셨습니다. 그리고 신임 의리(辛壬義理)[38]에 관계된 것에 이르러서는 전하의 타고난 효성으로 더욱 가슴 아파서 차마 말하지 못하는 것이 있으셨으니, 이것이 곧 신이 평소에 감격하고 흠탄해 온 점입니다.

저 조덕린의 일을 꾸며 낸 것은 영남 선비들이 당초 전하의 심중을 떠보려고 계획한 것에 불과하였습니다. 그런데 전하께서 먼저 들은 말을 지나치게 믿고 여러 사람의 의견을 묻지 않고서 곧바로 처분을 내리셨으므로 기사년(1689, 숙종15)의 흉악한 무리와 무신년(1728, 영조4)의 역당(逆黨)이 비로소 감히 거리낌 없는 마음을 내서 마침내 이 지경에 이른 것입니다. '지(持)'라는 한 글자는 그 뜻이 다른 사람을 예측할 수 없는 지경으로 몰아넣으려는 데에 있지만, 스스로 자신의 무엄한 마음을 드러냈을 뿐이니, 진실로 말할 가치조차 없습니다. 그런데 헌신(憲臣)의 상소에서 앞뒤로 너절하게 늘어놓은 말은 단지 임금의 명에 극력 항거하여 안중에 임금이 없었다는 것을 중신의 죄안(罪案)으로 삼았으니, 이것은 예로부터 소인들이 나라를 망치던 술책입니다. 가령 이 일이 신임 의리와 관계가 없다고 하더라도 맑은 조정에서

38 신임 의리(辛壬義理) : 신축년(1721, 경종1)과 임인년(1722) 두 해에 걸쳐 노론과 소론 간에 뒷날 영조가 되는 연잉군(延礽君)의 세제(世弟) 책봉과 대리청정(代理聽政)을 두고 대대적인 인명 살상을 초래한 신임옥사(辛壬獄事)가 일어났는데, 이때 노론이 내세운 명분을 말한다.

간쟁의 직임에 있는 자로서 감히 이런 말을 올릴 수 있는 것입니까. 후세 사람들에게 보게 한다면 지금을 어떤 시대라고 하겠습니까. 이 점이 바로 신이 가슴 아파하는 것입니다.

아, 조덕린의 상소문에는 효경(梟獍)의 심보를 드러내지 않은 구절이 없습니다마는, "백세(百世)가 앞에 있고 천세(千歲)가 뒤에 있다." 라는 여덟 글자[39]는 곧 이응원(李應元)의 흉소(凶疏) 중의 말을 답습해 쓴 것이니, 그 원류를 전수한 것이 불측하여 사람으로 하여금 모골이 송연하고 간담이 떨리게 하였습니다. 신이 당초에는 연석에 나아갈 때를 기다려 심중의 생각을 다 말씀드리려고 하였으나, 작은 물줄기가 점점 커져서 하늘에까지 닿을 기세여서 지체할 수 없기 때문에 차자를 올려 아뢰지 않을 수 없었습니다. 삼가 바라건대 성상께서는 다시 깊이 생각하여 앞서 내린 명을 속히 거두어 주소서. 재결해 주소서.

39 백세(百世)가……글자 : 1776년(정조 즉위년) 8월 6일 영남 유생 이응원이 사도세자의 죽음에 대해 명백하게 밝혀서 관련 죄인을 처벌하라고 요청하는 상소에서 "백세가 앞에 있고 천세가 뒤에 있어서 만고의 강상(綱常)은 없어지지 않을 것이니, 후세의 공의(公議)가 더욱 두렵습니다."라고 하였는데, 이에 대해 정조가 "이 상소는 차마 듣지 못할 망극부도(罔極不道)한 말이 될 뿐만 아니라 곧 우리 선대왕과 선친의 극악한 대역(大逆)이니 친히 국문하겠다."라고 하교하였다. 《正祖實錄 卽位年 8月 6日》

벼슬에서 물러나 고향에 돌아가기를 청하는 상소

乞歸疏

삼가 아룁니다. 신이 연석에서 벼슬에서 물러나기를 간청한 지가 지금 이미 다섯 달이 지났습니다. 아, 신은 모욕을 받고 버려진 몸으로 두려워 위축되어 있는 처지이니, 어찌 다시 도성에 가까이 있을 이치가 있겠습니까. 그런데 갑자기 도성에 들어와서 반년을 지체하고 있으니, 설사 은혜에 감격했기 때문이라고 하더라도 지조를 상실한 것으로 귀결될 뿐입니다. 그런데도 벼슬에서 물러나겠다고 고하고 나서 8년 뒤에 머리가 하얗게 세어 죽을 날이 가까운 나이에 다시 조신(朝臣)의 반열에 끼어서 절뚝거리며 다니고 있습니다. 비록 공적으로는 많은 사람들이 모인 곳에 가지 않고 사적으로는 한 걸음도 집 밖으로 나가지 않아서 염치를 조금 보존하여 스스로 구속된 사람에 견준다고 하더라도 마음속으로 부끄러워하고 자나 깨나 두려워하는 것은 잠시도 잊은 적이 없습니다.

그렇기는 하지만 처신이 창피스럽고 염치가 훼손되더라도 신은 염려할 겨를이 없고, 많은 사람들이 깜짝 놀라고 암중에 공격하더라도 신은 돌아볼 겨를이 없고, 질병으로 고달프고 정력이 쇠약해져도 신은 근심할 겨를이 없습니다. 오직 신의 어머니가 90세가 넘었는데, 평소 고질병을 앓는 것이 근심입니다. 한열이 왕래하고 설사하는 증상은 근래에 더 심해지지는 않았지만 이 또한 무시로 발작하고, 근력과 정신은 서울에 들어올 때에 비해서 몇 단계나 낮아졌을 뿐만이 아닙니다. 지금 날씨가 추워져서 객지살이하는 집이 황량하고 한 해가 저물어

가서 친속들이 흩어져 있는데 만에 하나 우물쭈물하는 사이에 병이 날로 심해지고 기운이 날로 상해서 움직일 수도 없고 떠나고 머무는 것이 모두 어렵게 된다면 이때에는 신이 뉘우치는 마음이 한이 없다고 하더라도 장차 어찌하겠습니까. 생각이 여기에 미치니 저도 모르게 슬픔으로 마음이 놀라고 두려움으로 몸이 떨립니다. 이에 부득이 천지부모 앞에 다급하게 호소합니다. 삼가 바라건대 성상께서는 신이 띠고 있는 수어사의 직임을 체차하도록 속히 허락하여 신이 노모와 함께 제때에 고향에 돌아갈 수 있게 해 주시어 끝까지 돌보아 주는 은택을 내려 주소서.

오호라, 보잘것없는 신이 외람되이 지우(知遇)를 입어 만번 죽을 처지에서 살아났으니 받은 은혜가 망극하여 한밤중에 눈물을 흘렸습니다. 그래서 이 몸이 제 몸이라는 것을 잊고서 생사를 도외시하고 앞으로 나아가겠다고 가슴에 새겼으니, 만약 제 몸과 제집을 돌아보는 생각을 품어서 감히 요순 같은 성상을 떠나려는 마음을 먹는다면 신명이 반드시 죽일 것입니다. 삼가 바라건대 전하께서는 가련하게 여겨 주소서.……

우의정을 사임하는 상소

辭右議政疏

삼가 아룁니다. 신은 의정에 새로 제수하는 명을 받들고부터 너무나 놀라 정신이 아득하여 낮에는 먹는 것을 잊고 밤에는 잠자는 것을 잊었습니다. 이는 신이 감히 신의 몸을 걱정해서가 아니라 미천한 신 때문에 위로 성상의 덕에 누를 끼칠까 두려워서입니다.

오호라, 국가의 치란은 재상의 발탁을 잘했는지 못했는지에 달려 있으니, 옛날에 덕행을 기준으로 인재를 선발한 지가 오래되었습니다. 세도(世道)가 낮아져 말세가 되어 모든 직책이 다 옛날만 못하지만 대신(大臣)의 직임은 그래도 반드시 기량이 대중을 포용할 만하고 재능이 일을 처리할 만한 뒤에야 비로소 국가의 기무(機務)를 다스리고 세도를 지탱할 수 있습니다. 그렇지 않으면 나라가 위태로워질 것입니다. 신 같은 자는 재능이 없고 학식이 얕으며 기량이 좁은 일개 서생일 뿐이니, 평범한 관직이라도 합당한 자리가 한 군데도 없습니다. 대신의 지위에 올라서 한 시대의 일을 결정하는 것으로 말하면, 이것이 어찌 신이 평소 꿈속에라도 감히 생각했던 것이겠습니까. 그런데 지금 갑자기 제수하면서 신이 그 자리에 걸맞은지를 따지지 않으셨으니, 지금 온 나라 사람들이 조롱하고 비웃어서 위로 조정에까지 미친 것도 이미 작은 일이 아닙니다. 결국 나랏일을 그르친 뒤에는 신이 비록 만번 주륙을 당하더라도 이미 그르쳐 버린 나랏일에 무슨 도움이 되겠습니까.

그리고 신이 광망하고 어리석으며 소신대로 행동하여 원수는 많고 동지는 적다는 것을 성명께서 환히 알고 계십니다. 그러므로 세상에 쓰일 수 없다는 것을 스스로 알아서 종신토록 곤궁하게 사는 것을 달게 여기고 있었는데, 세상에 드문 성상의 지우(知遇)를 받아 청요직(淸要職)을 두루 역임하고 짧은 기간에 높은 지위에 올랐습니다. 그런데도 오히려 누차 만번 죽을죄에 빠졌다가 분에 넘치게도 다시 살려 주시는 자애로운 은혜를 입었으니, 우리 성상께서 미천한 신을 비호하고 인도하여 죽을 곳을 피하고 살 곳으로 나아가도록 모든 방법을 써서 곡진히 돌보아 주셨습니다. 이에 신이 항상 감격의 눈물을 흘리며 덕스러운 뜻을 끝까지 받들 수 있기를 바랐습니다. 그런데 지금 새로 제수한 명은 우리 성상께서 미천한 신을 끝까지 온전히 보전해 주신 본의와 크게 어긋나는 듯하니, 아마도 신이 죽을 때가 된 듯합니다.

신은 본래 박복한 집안에서 태어난 데다 체질이 허약하고, 게다가 신세가 고독하여 혈혈단신으로 외롭게 지내며, 질병이 고질이 되어 빈껍데기만 남아 있습니다. 중간에 지나친 복이 재앙이 되어 거의 살아날 수 없는 상황이었는데 근래에 한번 벼슬을 쉰 것에 힘입어 혹시 이것이 그간의 허물을 상쇄할 수 있는 방법이 되기를 바랐습니다. 그런데 갑자기 도성에 다시 들어와 영화와 녹봉을 탐내서 3년 동안 돌아가지 않고 있으니, 염치를 잊고 지조를 훼손하여 세상 사람들이 천시하는 사람이 되었을 뿐만이 아닙니다. 원래 복이 없는 사람이니 얼마 지나지 않아 죽게 되지 않겠습니까. 그런데 지금 또 덜어 내지 않고 더 보태서 멈출 줄을 모르고 앞으로 나아가기만 하니 신이 비록 하찮은 목숨을 다시 연명하려고 하더라도 어찌 될 수 있겠습니까. 우리 전하께서 신을 총애하고 걱정해 주면서 신으로 하여금 이렇게 극한 상황에 이르게 하시니, 천지처럼 살리기를 좋아하는 전하의 덕에 크게 손상을 끼치지 않겠습니까.

그리고 삼가 생각건대, 신의 어머니가 금년에 93세입니다. 평소에 고질병을 앓고 있어서 신기(神氣)가 불안하고, 막 큰 병을 앓고 나서 아직 위태로운 상황에서 벗어나지 못했는데, 신의 어머니 곁에는 오직 신 한 사람뿐입니다. 나라의 법에 의거해 보더라도 부모의 나이가 90인 경우에는 중자(衆子)도 모두 고향에 돌아가 봉양하도록 허락하고 있습니다. 지금 신의 어머니 나이가 중자도 모두 돌아가 봉양하는 한계를 넘은 지가 이미 오래되었고, 신이 또 형제도 없고 자식이나 조카도 없는데 돌아가 봉양하겠다는 청에 대해 아직까지 윤허를 받지 못했으니, 효도로 나라를 다스리는 세상의 죄인이 되는 것을 이미 면하기 어렵습니다. 더구나 또 백관의 우두머리 자리를 차지하여 아침 일찍부터 밤늦게까지 조정에 있어서 모자가 함께 있지 못한다면 전하께서는 장차 무엇을 가지고 백성들에게 효도하는 기풍을 일으키게 하시겠습니까. 잘못을 바로잡았던 옛날의 성대한 일을 공손히 기다리고 있는데, 마침 대례(大禮)가 목전에 있고 별유(別諭)를 거듭 내리시니, 만약 시일을 끌면서 가만히 엎드려 있으려고 한다면 실로 죄가 더욱 커질까 두렵습니다. 이에 부득이 만번 죽는 것을 무릅쓰고 어진 전하께 애처롭게 호소합니다.

아, 끝없이 큰 은혜를 받은 신이 티끌만큼이라도 보답하는 도리는 죽든 살든 앞으로 나아가는 길뿐인데, 지금에 이르러서 신이 만약 속으로는 자기만 편하려고 하면서 겉으로 겸양하는 척한다면 신명이 반드시 죽일 것입니다. 한 글자 한 글자를 충심으로 써 올리고 전하께서 통촉해 주시기를 기대합니다. 삼가 바라건대 성명께서는 신에게 내린 과분한 대광보국숭록대부(大匡輔國崇祿大夫)의 품계를 속히 개정하시고, 다시 어질고 덕 있는 사람을 뽑아서 국가의 일이 다행스럽게 되도록 하시기를 간절히 빕니다.……

해상한 뒤에 박종악의 무함[40]에 대해 변론하기를 청하는 상소 임자년(1792, 정조16)

終制後請辨朴宗岳誣疏 壬子

삼가 아룁니다. 신의 죄가 귀신과 하늘에까지 닿고 재앙이 자모(慈母)에게까지 미쳐서 삼년상을 마치고 한 가닥 실낱같은 목숨이 남아 있는데, 판중추부사에 임명한 날에 성상께서 별유(別諭)를 내려 주셨습니다. 불쌍히 여겨 위로해 주시려는 성상의 뜻이 가득하였으니, 신은 은혜로운 말씀을 두 손으로 받들고 영광을 고할 곳이 없어 황공하고 감격스러운 나머지 피눈물이 얼굴을 덮었습니다. 길조(吉朝)에 사은숙배하라는 성상의 하교가 정중하시니, 신이 비록 어리석지만 임금을 연모하는 한 조각 정성은 그래도 개나 말에 견줄 수 있습니다. 3년 동안 성상 곁을 떠나 있었으니 한번 용안을 뵙고 초야에 물러나 죽는 것이 곧 신이 오매불망 소원하던 일입니다. 더구나 신의 병세가 아침에 저녁을 예단할 수 없는 상황이라 아직 죽지 않은 지금은 더욱 시급한 때이니 달려가 명을 받드는 것을 어찌 감히 잠시라도 지체할 수 있겠습니까마는 발이 묶여 있는 것과 같아 스스로 돌아보며 눈물만 흘리고 있습니다.

40 박종악(朴宗岳)의 무함 : 당시 우의정이던 박종악이 몽오에 대해 홍국영에게 아첨하였다고 논척하고, 역적 유성한(柳星漢)과 윤구종(尹九宗)의 우두머리이므로 귀양 보내라고 상소한 일을 가리킨다. 이때는 몽오가 모친상을 당하여 상제(喪制) 중에 있었으므로 적극적인 대응을 하지 않다가 상제가 끝나고 나서 이 상소를 올려 변론한 것이다.《正祖實錄 16年 5月 24日, 11月 9日》

오호라, 신은 본래 곤궁하고 고독한 인생이라 단지 노모와 서로 의지하며 살고 있었는데, 전하께서 신을 총애하신 것이 너무 지나쳐서 은혜가 여러 해 동안 고질병을 앓는 신의 모친에게까지 미쳐서 번번이 진귀한 약제를 하사해 주시는 은혜를 입었습니다. 모친은 병중에도 매번 손을 모아 감축하였고, 성상 덕택에 수명을 연장할 수 있었는데 신의 불효 때문에 갑자기 세상을 떠났습니다. 천지가 비록 크다고 하지만 신의 한 몸을 의지할 곳이 없습니다.

아, 신처럼 보잘것없는 사람이 일찍 주상의 지우(知遇)을 입었으니 성상께서는 미천한 신에게 부모이십니다. 애써 자애롭게 돌봐 주시어 궂은 곳을 피하고 좋은 곳으로 가게 하셨으니 이는 역사책에도 없던 일입니다. 지금에 와서 부모에 대한 효도를 옮겨 충성을 바칠 곳은 오직 위에 계신 성명(聖明)뿐인데, 신이 지금 낭패와 모욕을 당하여 오랫동안 생사의 기로에 있으니 다시 궐문에 들어갈 길이 이번 생에는 없습니다. 신의 명이 궁한 것이니 무슨 말을 하겠습니까.

오호라, 역적이란 천하의 큰 악입니다. 신하 된 자가 한번 역적이라는 명칭이 붙으면 종신토록 씻기 어렵습니다. 생각건대 신이 지금까지 의지해서 전하를 섬긴 것은 단지 역(逆)과 순(順)을 구분하는 데 엄격한 한 가지 일뿐인데 신의 운명이 기박하여 10여 년 이래 뜻하지 않게 이 명칭을 뒤집어쓴 것이 여러 차례입니다. 이는 모두 함부로 행동하였기 때문이니 스스로 그런 죄를 지은 것이나 마찬가지입니다. 사람들이 그런 말을 한 것은 단지 신의 본심을 헤아리지 못하고 너무 과격해서 그런 것입니다. 그러나 어찌 일찍이 오늘의 일처럼 시골집에서 거상(居喪)하면서 세상을 잊고 있는 가운데 갑자기 얼굴을 알기도 하고 알지 못하기도 한 역적들을 끌어대서 그것을 기화(奇貨)로 삼아 암중에 거짓말을 지어내 악랄하게 얽어매어 그 계책이 이르지 않는 곳이 없는 지경에까지 이른 적이 있었겠습니까.

신이 상복을 입고 있는 때에 이름이 역적을 논하는 글에 올랐으니 오장이 다 무너져 내리고 슬픔이 한이 없었습니다. 그런데도 심장을 갈라서 스스로 밝히지 못하였으니 사람으로서의 이치가 모두 없어졌다고 할 만합니다. 그런데 다 죽어 가는 신에게 태의(太醫)를 보내 약을 내려 주시고, 흉악한 무함이 일어나고 위태로운 병이 차례로 엄습하여 만에 하나도 요행을 바랄 수 없는 상황에서 죽을 목숨을 살려 주셨으니 이것이 누구의 은혜이겠습니까. 그 두터운 은혜는 천고에 없던 일이라 신의 집안 자손 대대로 살아서는 목숨을 바치고 죽어서는 결초보은하더라도 만분의 일도 보답할 수 있는 바가 아닙니다.

신이 임인년(1782, 정조6)에 사직을 청할 때 이미 죽을 때까지 벼슬에 나아가지 않아서 천하의 큰 제방을 보존하겠다고 마음속으로 맹세하고 어전에서 다짐했는데, 성상의 덕이 하늘과 같아 곤경에서 구해 주고 가까이서 모실 수 있게 하여 극진히 돌봐 주신 데에는 어떻게 할 수가 없었습니다. 신이 이 때문에 감격하여 마침내 처음 마음을 고수하지 못하고 결국 때때로 명을 따르는 것을 면치 못하였는데, 조정에 나와서는 노복들 대하기가 부끄러웠고 집에 들어가서도 베개가 눈물에 젖었습니다. 한 몸의 염치와 의리가 훼손되고 밝은 세상의 풍속과 교화에 누를 끼친 것이 더 이상 여지가 없게 되었으니, 지금 사람들이 비난하는 것을 보면 그들의 뜻이 이렇게 하지 않으면 신을 제거하기에 부족하다고 여겨서이니 참으로 당연한 것입니다. 모두가 신이 자초한 것이니 어찌 감히 원망할 생각을 하겠습니까마는 극악한 역적이라는 말이 어떤 명목(名目)입니까. 가령 그 말이 미관말직에 있는 사람의 입에서 나왔더라도 조사해서 혐의를 벗기 전까지는 사람 축에 낄 수 없는데, 더구나 그 말이 백관을 통솔하는 대관(大官)에게서 나왔고, 못난 신 또한 일찍이 대신의 자리에 있었으니 말할 것이 있겠습니까.

아, 저 역적 윤구종(尹九宗)의 하늘과 땅에 사무치는 죄악에 대해서는 모두 그와 같은 하늘 아래 사는 것을 수치로 여기지만 신이 지금 역적이라는 이름을 뒤집어쓰고 있으므로 신이 감히 말할 것이 아닙니다. 그러나 하늘의 토죄를 오랫동안 지체할 수 없고 여론의 울분을 끝까지 막을 수 없습니다. 성상의 밝은 지혜로 상황을 깨달아 조만간 한번 윤음을 내려서 사주한 자와 동모한 자를 철저히 조사하게 하신다면 고발한 사람과 피고인의 진위(眞僞)와 곡직(曲直)이 절로 남김없이 드러날 것입니다. 신이 자애로운 성상께 밤낮으로 울면서 축원하는 것은 오직 이것뿐입니다. 이 일을 조사하면 신이 살지 죽을지가 당장에 정해질 것이고, 조사하지 않으면 신은 종신토록 사람도 아니고 귀신도 아닌 상태로 원통한 마음을 품고 살다가 원망을 품고서 죽을 것이고 죽어서도 눈을 감지 못할 것입니다.

신은 본래 지극히 미천하지만 성상의 덕화(德化) 속에 살고 있는 한 생명이니 성상께서 사랑하여 살리고자 하는 덕스러운 뜻으로 측은히 여겨 주시지 않겠습니까. 삼가 바라건대 천지 부모와 같은 성상께서는 상세히 살펴 속히 윤구종의 아들을 국문(鞫問)하라는 청을 윤허해 주소서. 그렇게 해 주신다면 신은 비록 죽더라도 살아 있는 것과 같을 것입니다. 전하께서는 불쌍히 여겨 주소서. 상소를 쓰자니 눈물이 흘러서 무슨 말을 해야 할지 모르겠습니다.……

이가환을 토죄하기를 청하는 상소

請討李家煥疏

삼가 아룁니다. 신이 뒤늦게야 이가환의 소본(疏本)을 보고 저도 모르게 심장이 떨리고 머리카락이 곤두섰습니다. 삼가 생각건대 우리 숙종대왕의 성대한 덕과 큰 업적은 역사서에 다 기록하지 못할 정도입니다. 그중에서도 역(逆)과 순(順), 사(邪)와 정(正)의 구분에 가장 엄격하여 그것으로 자손에게 계책을 남기고 자손을 편안케 하려고 하셨으니, 비유하면 붉은 해가 하늘에 높이 떠 있어서 도깨비가 달아나지 못하는 것과 같습니다. 흉역(凶逆) 이잠(李潛)의 상소[41]가 올라온 때에 그의 헤아리기 어려운 말이 전적으로 두 성인의 자애와 효도를 이간하고 한 시대의 충신과 현자들을 도륙하려는 계책에서 나왔다는 것을 통촉하고 즉시 법으로 처리하신 것은 더욱 밝게 빛났습니다. 그 후에 김일경(金一鏡), 박필몽(朴弼夢), 이인좌(李麟佐), 정희량(鄭希亮)의 변고가 일어나자 온 나라의 신민들이 선왕을 잊지 못하여 대성인(大聖人)

41 이잠(李潛)의 상소 : 이잠(1660~1706)은 본관이 여주(驪州)로, 성호(星湖) 이익(李瀷)의 형이다. 1706년(숙종32) 5월 29일 충청도 유생인 임부(林溥)가 김춘택(金春澤)의 처벌과 국정 쇄신을 건의하는 상소를 올렸다가 귀양 가는 일이 발생하였다. 평소 노론계 김춘택의 행위에 강한 불만을 느꼈던 이잠은 김춘택이 희빈(禧嬪) 장씨(張氏)의 소생인 원자의 세자 책봉을 미루는 것이 원자를 제거하고 연잉군(延礽君)을 후사로 삼기 위한 것이라고 여겨, 9월 17일에 송시열(宋時烈), 김춘택, 이이명(李頤命) 등을 비난하는 상소를 올렸다. 이 상소는 당시 국정을 장악하고 있던 노론계의 거센 반발과 숙종의 진노를 일으켰고 이잠은 국문(鞫問)을 받다가 죽었다. 하지만 그의 상소는 이후로 첨예한 정치적 쟁점이 되었다. 《肅宗實錄 32年 9月 17日》

의 깊은 근심과 원대한 염려가 보통 사람보다 훨씬 뛰어난 것에 대해 더욱 우러렀습니다. 선대왕께서 연석(筵席)에서 하신 하교 중에 "화란이 싹틀 때에 막고 조짐이 시작될 때에 끊는다.〔防微杜漸〕"라는 네 글자는 이 때문에 하신 말씀입니다. 이가환이 흉악한 심보를 대대로 이어받았다고 하더라도 그 또한 선조(先朝)의 신하이니 하늘을 이고 땅을 밟고 있으면서 어찌 감히 "나라를 위해 목숨을 바친다.〔爲國殉身〕"라는 말을 글로 써서 전하 앞에 올릴 수 있단 말입니까. 세도(世道)를 생각하면 곧바로 통곡하고 싶지만 그렇게 할 수 없었습니다.

오호라, 조덕린(趙德鄰)에 대한 처분[42]은 성상의 생각 중에 하나의 잘못된 일이니, 5, 6년 이래로 신이 이미 남김없이 통렬하게 진달하였습니다. 다만 정성이 미약하여 성상을 감동시키지 못하여 아직까지 명을 철회하지 않고, 흉악한 무리가 점점 기승을 부리는 것이 이 지경에까지 이르렀습니다. 신이 무신년(1788, 정조12)에 올린 차자[43]에서 "미약한 돼지가 아니다."라고 한 것이 지금에 이르러서는 날뛰는 것이 지나쳐서 사람에게 덤벼드는 지경에 이르렀다고 해도 과언이 아닐 것입니다. 신이 늙었는데도 죽지 않고 있다가 성명(聖明)의 세상에서 이런 큰 변괴를 또 보게 될 줄을 어찌 생각이나 했겠습니까. 삼가 바라건대 성명께서는 깊이 살피고 멀리 내다보시어 속히 처분을 내려서

42 조덕린(趙德鄰)에 대한 처분 : 1788년(정조12) 11월 8일 영남 유생들이 올린 《창의록(倡義錄)》에 대해 헌의하게 하고, 10일 고(故) 승지인 경상상도 호소사(慶尙上道號召使) 조덕린과 고 목사(牧使)인 소모사(召募使) 황익재(黃翼再)의 죄명을 세초(歲抄)에서 지우라고 명하였다. 《正祖實錄 12年 11月 8日, 10日》

43 무신년에 올린 차자 : 〈우의정 채제공의 서계와 장령 조정상의 상소로 인하여 소회를 진달하는 차자〔因右相蔡濟恭書啓掌令趙貞相疏陳所懷箚〕〉를 가리킨다. 《夢梧集 卷2》

국가의 기강을 세우고 화란의 싹을 막으소서. 신이 곤궁하고 위축되어 있는 처지에서 감히 살아 있는 사람으로 자처하지 못하니 어찌 조정의 일에 대해 논하겠습니까마는 일이 선조의 큰 제방(堤防)에 관계되기 때문에 감히 말하지 않을 수 없었습니다. 바라건대 전하께서는 참람한 죄를 용서하고 어리석은 충정을 살펴 주소서.……

좌의정을 사직하는 상소 계축년(1793, 정조17)

辭左議政疏 癸丑

삼가 아룁니다. 신은 새로 내리신 명을 받고부터 두려움과 의아함으로 병이 더 심해져서 사관이 돌아갈 때에 대략 부주(附奏)하였습니다. 다만 내리신 유지(諭旨)에서 속마음을 열어 보이신 것은 천고에 드문 일이었으나 억지로 마음을 내서 받드는 것은 이미 논할 것이 없고, 글을 지어 사례하는 것도 겨를이 없어 밤새도록 두려워하며 눈물만 흘릴 뿐이었습니다.

오호라, 신이 당한 망극한 화는 과거의 서책에도 기록된 적이 없는 일이지만 이미 천지 부모의 은덕을 입어 목숨을 보전하였습니다. 가려진 곳까지도 밝은 해가 환히 비추듯 살펴 주신 일에 대해서는 자초지종과 내력을 남김없이 다 알고 계시니 신하 된 도리로 보아 어찌 감히 지금에 와서 다시 제기하겠습니까. 그러나 악역(惡逆)이라는 말은 어떤 명목(名目)입니까. 불행히도 근년 들어 일어나지 않는 세변(世變)이 없어서 마침내는 악역이라는 명목을 심상한 제목으로 여겨서 이 명목을 남에게 붙이면서 조금도 어렵게 여기지 않고 남에게 이런 지목을 당해도 심하게 놀라지 않으니, 이것은 천지와 사람이 생긴 이래 더없이 큰 변괴입니다. 악역이라는 명목이 점점 가벼워지면 군신간의 의리가 점점 무너져서 그 말류의 폐단은 장차 나라가 나라답지 못하고 사람이 사람답지 못하는 데에 이르게 되니 이것이 곧 신이 몹시 근심하고 통한으로 여기는 이유입니다. 그러므로 신의 얕은 견해로는 신하된 자가 한번 이 명목을 받으면 지극히 맹랑하고 지극히 애매한 일이어서 이미 무고함이 밝혀지고 누명이 벗겨진 뒤라 하더라도 오히려 반드시 종신토록 스스로 폐인(廢人) 행세를 하여 사람 축에 끼지 않은 뒤에야 군신간의 분의(分義)가 엄해져서 천하의 큰 제방을 보존할 수 있다고 항상 생각하였습니다. 신이 이 말을 어전에서 여러 차례 아뢰었으니, 그 마음이 괴롭고 그 정상이 슬픕니다.

만약 그러한 것이 아닌데 신이 하늘과 같은 은혜를 받았으면서 한 번의 횡역(橫逆)으로 인하여 감히 벼슬에 나아가지 않을 생각을 한다면 이는 참으로 개나 말보다 못한 것이니 신명(神明)이 반드시 죽일 것입니다. 신이 보잘것없는 사람이기는 하지만 어찌 차마 이렇게 하겠습니까. 이런 사리를 명철하고 거룩한 전하께서 어찌 살피지 못하시겠습니까. 그런데도 오늘날 과분한 은혜를 내리셨으니, 이는 필시 신의 평소 언행에 전하를 크게 속일 만한 점이 있어서이고 또한 신의 기구한 운수와도 관계됩니다. 신은 이에 자신을 돌아보며 부끄러워하고 이어 스스로 슬퍼합니다.

아, 별유(別諭) 233자 중에 어느 말인들 융숭한 은혜와 각별한 은총 아닌 것이 있겠습니까마는 '우리 당〔吾黨〕'이라는 두 글자와 "온갖 풍상을 겪었으나 마음이 한결같았다."라는 하교에 이르러서는 예로부터 군신 사이에 이런 일이 있었는지 신은 감히 모르겠습니다. 신은 절반도 채 읽기 전에 저도 모르게 눈물이 줄줄 흘러내렸습니다.

오호라, 신이 평소 지켜 온 소신이 세상과 맞지 않았는데, 신이 성명께 지우(知遇)를 받은 것도 이 때문이고 신이 온 세상에 죄를 얻은 것도 이 때문이니, "나를 알아주는 것도 오직 《춘추(春秋)》이고, 나를 죄주는 것도 오직 《춘추》이다."[44]라는 것이 이런 경우를 두고 한 말입니다. 아, 선비는 자기를 알아주는 사람을 위해서 죽는다고 하였습니다.

자기보다 신분이 낮은 사람에게도 그렇게 하는데 더구나 신하로서 임금에게 이런 대우를 받았다면 감격하여 죽는 것도 돌아보지 않을 것이니, 만약 조금이라도 사람의 마음을 가지고 있는 자라면 누군들 그렇게 하지 않겠습니까마는 나라의 기강이 점점 해이해지고 인심이 사나워지는 것은 어찌할 수 없습니다. 온 세상 사람들이 속이고 미혹하는 습성이 달이 갈수록 심해지고 해가 갈수록 심해져서 온갖 계책을 써서 기필코 신을 죽이려고 하는 것이 작년의 일에 이르러 극에 달했습니다. 근심거리가 아직 많이 남아 있고 저들의 계책이 갈수록 더욱 교묘해지니, 지혜로운 자가 아니라도 지난 일을 미루어서 앞일을 알 수 있습니다. 신이 감히 죽음을 두려워하는 것이 아닙니다. 두려운 것은, 죽어서도 나라에 보탬이 없고 전하께서 신을 알아주신 밝은 안목만 손상시키는 것입니다. 그렇기는 하지만 이것은 단지 성상의 하교에서 언급하신 말로 인하여 죽기 전에 이 마음을 아뢰는 것일 뿐입니다. 신의 현재 처의(處義)를 가지고 말씀드리자면 이것은 하찮은 일에 속하고, 필부의 작은 지조로 보면 죽음이 있을 뿐입니다. 처음에 이미 성은을 헛되게 하였으니 결국에는 반드시 스스로 죄에 빠질 것입니다. 혹시라도 일찍 처분을 받지 못한다면 끝에 가서 낭패를 당하게 될까 두렵습니다. 이렇게 되면 공적으로나 사적으로나 무슨 이익이 되겠습니까. 이에 삼

44 나를 알아주는……춘추이다 : 맹자가 공도자(公都子)에게 치란(治亂)이 반복됨을 설명하면서 "세상이 쇠하고 도가 미약해져서 부정한 학설과 포학한 행동이 일어나 신하로서 군주를 시해하는 자가 있으며, 자식으로서 아버지를 시해하는 자가 있었다. 공자께서 이를 두려워하여 《춘추》를 지으셨으니, 《춘추》는 천자가 하는 일이었다. 이 때문에 공자께서 말씀하시기를 '나를 알아주는 것도 오직 《춘추》이며 나를 죄주는 것도 오직 《춘추》이다.' 하셨다."라고 한 말을 인용한 것이다. 《孟子 滕文公下》

히 충심을 다 짜내어 현(縣)과 도(道)를 통하여 아룁니다.

미천한 신의 병이 점점 치료하기 어려운 지경에 이르러서 언제 죽을지 모르는 형편이니 조정에 나아가서 일하는 것은 이번 생에는 바랄 수 없는 실상에 대해서도 장황하게 늘어놓을 겨를이 없습니다. 삼가 바라건대 성상께서는 굽어살피고 불쌍히 여겨 주시어 신을 의정(議政)에 제수한 새 명을 즉시 거두어 나라의 큰 제방을 보존하고 신의 작은 지조를 온전히 해 주소서. 신은 지극히 두렵고 간절히 바라는 마음 금할 수 없습니다.

채제공을 토죄하기를 청하는 차자
請討蔡濟恭箚

사관을 보내 봉함하여 반송하였다.

삼가 아룁니다. 신이 수상(首相)과는 결코 조정에서 함께 벼슬할 수 없는 의리에 대해 어전에서 이미 다 아뢰었습니다. 오호라, 작년(1792년) 5월 22일에 구전(口傳)으로 내린 하교에 성상의 효심을 명백하게 보여주셨는데 심원한 우려가 이 정도에 이르렀으니 그 간절하고 애통해하신 성실한 뜻이 귀신을 울리고 돼지나 물고기 같은 미물까지도 감격시킬 만하였습니다. 당시에 대신들이 이후로 만약 이 일을 다시 제기하는 자가 있으면 그가 곧 난역(亂逆)이라고 장주(章奏)에서 다짐한 지가 겨우 한 해밖에 되지 않았는데 도리어 맨 먼저 그 말을 범하였으니, 이것은 천고에 없는 세변(世變)입니다. 그가 임금도 안중에 두지 않는 마음을 품고 있다는 것은 길 가는 사람도 아는 일입니다. 성상께서 비답에서 하신 말씀과 봉하여 돌려보내고 정원에 내려보내지 않은 것으로 보건대 상소에서 한 말이 지극히 패려하고 흉악하다는 점을 미루어 알 수 있습니다. 이 형세를 보건대 반드시 다시 협박하는 계책을 부려 적도(賊徒)들의 창도자가 될 것이 불을 보듯 뻔합니다. 놀라고 분해서 국론이 들끓고 있으니 실로 어떤 재앙의 기미가 머잖아 닥칠지 모르겠습니다. 생각이 여기에 미치니 뼈가 시리고 소름이 돋습니다. 삼가 바라건대 성명께서는 깊이 생각하고 멀리 내다보시어 원래의 상소를 특명으로 도로 가져오게 하여 반포해서 제때에 성토하여 백성들의 마음을 크게 안정시킬 수 있게 하소서. 어전에서 다 말씀드리지 못한 마음을 억누를 수 없어 감히 이렇게 거듭 아뢰어 속히 처분을 내리시기를 바랍니다. 재결해 주소서.

채제공의 흉소를 반시하기를 청하고, 아울러 인책하는 내용을 덧붙여 아뢰는 상소

請頒示蔡濟恭凶疏兼附引罪疏

반송되었다.

삼가 아룁니다. 신이 어제 석 달이 지난 뒤에야 어전에 입시하는 것을 허락받아 가슴속에 가득 쌓인 열혈(熱血)을 만분의 일이라도 드러낼 수 있기를 기대하였습니다. 그러나 성상의 하교가 지엄하여 두려움이 앞섰고 병으로 정신이 어둡고 기운이 고갈되어 말에 조리가 없었습니다. 결국은 정성이 성상의 마음을 감격시키지 못하고 물러가라는 명을 받고 물러나 편전을 내려와 배회하며 어찌할 바를 몰랐습니다. 오호라, 전하께서는 위로는 종묘를 받들고 아래로는 신민을 거느리고 계신데, 옛날에 없던 극악한 역적이 세 달 동안이나 천지 사이에서 머리를 들고 살게 하고 죄를 묻지 않으셨으니, 온 천하 사람들과 후세의 선비들이 우리 동방에 나라가 있다고 하겠으며 전하께 신하가 있다고 하겠습니까. 이로부터 강상(綱常)이 무너지고 사람들이 모두 이적(夷狄)과 금수(禽獸)가 되고야 말 것입니다. 오호라, 천하에 어찌 이런 일이 있을 수 있겠습니까.

그렇기는 하지만 신이 어제 연석에서 금령을 조금 너그럽게 하시라는 청을 드린 것도 아직 윤허를 받지 못했으니, 신이 어찌 감히 함부로 금령을 범할 생각을 하겠습니까. 다만 연석에서 아뢴 사안 중 한 가지 일에 대해 끝까지 다 말하지 못하였으나 관계된 바가 막중하기 때문에 부득이 그 말을 마저 다 하고서 성명께서 신의 말을 채용하신 뒤에 신이 금령을 범한 죄를 처벌하시기 바랍니다.

오호라, 채제공의 상소에 들어 있는 수많은 흉악하고 패려한 말은 대략 들어도 그것이 결코 오늘날 전하의 조정에서 신하로 있는 자가 감히 입을 열어 할 말이 아닙니다. 그리고 네 글자[45]를 따다가 쓴 것은 《명의록(明義錄)》 안에서 역적의 말이라고 극구 욕한 것이니 곧 하나의 정후겸(鄭厚謙)의 넋이 환생한 것입니다. 성상께서 이 부분은 융통성 있게 보아야 할 점이 있을 수 있다고 하교하신 것 같기에 신이 감히 "신이 비록 귀로 들었지만 눈으로 직접 본 것과 다름이 없는 실상입니다."라고 대답하였습니다. 다만 생각건대 이 일은 깊이 근심하고 멀리 염려하지 않아서는 안 됩니다. 가령 역률(逆律)을 즉시 시행한다고 하더라도 원래의 상소를 아직 반포하지 않았으니, 이는 흉악한 역적의 괴수가 빌미 삼아 빠져나갈 구실을 만들어 줄 뿐입니다. 장차 한 무리의 흉악한 자들이 보이지 않는 곳에서 서로 전수하여 온 나라의 절반이 되는 흉악한 무리가 태도를 바꾸고 마음을 바꿀 길이 영원히 없어지는 것입니다. 지금 속히 흉악한 상소를 가져다가 반시한다면 채제공이 평소에 임금을 무시하는 마음을 품고 있고 오랫동안 임금을 속이는 재주를 익혀 왔다고 하더라도 성상께서 굽어보시고 모든 사람들이 보게 되므로 결코 변환(變幻)하는 간계를 멋대로 부릴 수 없을 것입니다. 그 상소의 원본이 한번 나와서 그 말의 맥락과 가리키는 뜻이 만분의

45 네 글자 : 동호지필(董狐之筆)을 가리킨다. 1793년(정조17) 5월 28일 채제공이 새로 제수된 영의정의 직임을 체차해 주기를 청하면서 사도세자의 죽음에 대한 문제를 제기하였는데, 사도세자의 죽음에 관여한 노론을 역적으로 규정하여 처벌하자는 주장을 하였으므로 몽오가 강력하게 반발한 것이다.《正祖實錄 17年 5月 28日》 동호는 춘추시대 진(晉)나라의 사관(史官)이다.

일이라도 융통성 있게 볼 점이 있다면, 살리기를 좋아하는 성상께서는 비로소 금수까지도 함부로 잡지 않는 지극한 인(仁)을 극진히 이루실 수 있고 신은 망언한 죗값을 받을 것입니다. 그렇지 않다면 온 나라 사람들이 그 살을 씹고 그 가죽을 깔아서 응징하고 싶은 마음을 분출할 수 있고 종묘사직과 신(神)과 사람의 울분을 쏟아 낼 수 있을 것입니다. 성상께서는 유념해 주소서.

이어 삼가 생각건대, 신이 비록 불초하지만 직책이 대신(大臣)이니 감히 스스로 거취를 가볍게 해서 위로 밝은 시대에 누를 끼쳐서는 안 되는데 역적을 토죄하는 일이 급하여 다른 것은 돌아볼 겨를이 없었습니다. 지난번 판중추부사에 임명되어 인의(引義)하던 때에는 단지 구전 정사로 부직(付職)하는 전례가 없다는 것을 감히 벼슬에 나아가지 못하는 단서로 삼았습니다. 그런데 전교가 연일 거듭 내려와 전관(銓官)과 승지를 체차하고 조보(朝報)에서 구전 정사에 대한 내용을 바로잡으라는 명이 있기까지 하였습니다. 그래서 신이 혹시나 늦을세라 당일에 사은숙배하였는데, 결국은 구전 정사가 바로잡혔으니, 원래 해당 조에서 거행한 일이 조보에 나오는 일은 없습니다.

그리고 전달 초에 책임을 물어 파직하는 전교에 죄명은 있는데 죄목은 없는 것 또한 전례가 없는 일입니다. 처음부터 지금까지 죄상의 경중과 유무에 대해 온 나라 사람들도 모르고 신도 몰랐으니, 감별하여 복직시킨 뒤에는 미관말직이라도 외람되게 모호한 자취를 가지고 스스로 죄 없는 사람과 동일시해서는 안 되는데 더군다나 대관(大官)은 말할 것이 있겠습니까. 그런데 이것은 이미 지난 일이라는 핑계로 애당초 감히 구전 정사 건과 당시에 함께 인혐할 생각을 하지 않았으니, 그 행동이 어지럽고 어수선하여 대신의 자리에 수치를 끼쳤다고 할 것입니다. 그런데도 신이 감히 주저하지 않고 그렇게 한 것은 중요하게 여기는 일이 따로 있었기 때문입니다. 지금 징토할 길이 끊어지고 도움 받을 계책이 없으니, 지난날의 거취를 돌아보면 신이 이에 대해 몹시 부끄럽습니다. 감히 스스로 탄핵하는 뜻을 붙이니, 처벌을 내리시어 국가의 체통이 높아지고 대관들이 경계할 줄을 알게 하소서.……

의 議

통어영을 강화도에 옮겨 설치하는 것이 타당한지에 대한 헌의[46]

統禦營移設江都當否議

통어영을 강화도에 옮겨서 설치하는 데 대한 논의는 신이 강화 유수로 있을 때에 어전에서 대략 진달하였으니, 지금 어찌 이견이 있겠습니까. 강화도에 전선(戰船) 한 척 두지 않고 수졸(水卒) 한 명 두지 않은 것은 전적으로 성안으로 들어가서 지키려는 계책이고 애당초 적을 막으려는 뜻을 내지 않은 것이니 그 계책이 지나치게 졸렬하고 만전(萬全)을 기하기에 부족한 점이 있습니다. 아, 막는 것과 지키는 것은 서로 보완되는 것이니, 지키는 것은 막음으로 인하여 더욱 견고해진다는 것이 병가(兵家)의 일반적인 계책입니다. 그런데 강화도는 지키는 것만 있고 막는 것은 없으며, 이른바 막는다는 것 또한 적이 이미 바닷

46 통어영(統禦營)을……헌의(獻議) : 1778년(정조2) 윤6월 12일 통어영을 강화도에 설치하는 문제에 대해 수의(收議)하라는 명이 내려졌고, 1779년 3월 9일 통어영을 강화도에 옮겨 설치하고 삼도(三道)의 수군과 육군을 겸하여 통솔하도록 하였다. 《日省錄 正祖 2年 閏6月 12日, 3年 3月 9日》

가로 올라온 뒤에 막으려는 것이고, 바닷가로 올라오기 전에 막으려고 하지 않는 것이니 잘못된 것이 아니겠습니까.

그리고 강화도는 앞쪽은 한강 하구를 마주 보고 있고 왼쪽에는 교동(喬桐)이 있고 오른쪽에는 영종(永宗)이 있으니, 지리적으로는 서남쪽의 요충지이고, 형세로 볼 때도 저쪽과 이쪽이 서로 호응하는 곳으로는 강화도만 한 곳이 없습니다. 가령 삼남(三南)에서 오는 적의 배가 영종을 지나서 한강 하구에 도달하면 교동에서는 알지 못하고, 양서(兩西)에서 오는 자가 교동을 지나서 한강 하구에 도달하면 영종에서는 알지 못합니다. 강화도만은 삼남과 양서에서 와서 한강 하구로 들어가는 적선을 모두 볼 수가 있는데 절제(節制)할 방법이 없습니다. 여러 진(鎭)과도 교통되지 않고 전선과 수졸이 또 수하에 있지 않아서 가만히 앉아서 바라보는 것 외에 저지할 길이 없으니, 이것이 어찌 좋은 계책이겠습니까. 신은 그러므로 강화 유수에게 삼도통어사(三道統禦使)를 겸하게 하고 전선과 수졸을 두는 것이 편리하다고 하는 것입니다. 대체로 이런 일은 매번 멀리서 헤아리기 어려운 문제가 있으므로 직접 눈으로 확인하는 것 외에는 오직 지도가 있어야 지형을 이해하고 사정을 짐작할 수 있기 때문에 신이 강화도에 있을 때에 지도를 그려서 성상께서 보시게 하려고 생각했으나 실행하지 못하였습니다. 그러나 해상 방어의 큰 계책에 관계되므로 신의 얕은 지혜로 억단(臆斷)할 수 있는 일이 아닙니다. 성상께서 깊이 생각하고 널리 물어서 처리하시는 데에 달려 있습니다.

수어청과 총융청을 합치는 것이 타당한지에 대한 헌의[47]

守禦摠戎合營當否議

이번에 수어청과 총융청을 합쳐서 하나의 영(營)으로 만들자는 논의에 대해 신이 평소 마음속에 강구한 적이 없으니 지금 어찌 감히 당장 사리에 맞는 의견을 내서 밝은 명에 답할 수 있겠습니까. 다만 얕은 견해로 논한다면, 오위(五衛)를 혁파하고 삼군문(三軍門)을 설치한 뒤로 옛날의 제도가 사라지고 경상 비용이 줄어들었고, 총융청과 수어청은 또 나중에 나와서 더욱 불필요한 것입니다. 장수와 사졸이 따로 있고 소모하는 경비는 많으니, 병졸을 본도로 돌려보내고 유사(有司)의 경비를 줄임으로써 양쪽이 모두 편리한 것만 못합니다. 보존할지 혁파할지 나눌지 합칠지에 대한 신의 얕은 견해는 대략 이와 같습니다. 그리고 상세한 절목(節目)과 조치(措置)에 대해서는 감히 신의 마음에 분명하지 않은 것을 가지고 단정해서 말할 수 없습니다. 성상께서 깊이 생각하고 살펴서 처리하소서.

다만 신이 여기에서 어리석은 생각이 있어 삼가 밝은 성상께 아뢰겠습니다. 대체로 천하의 일은 두 가지 길이 있으니, 예전대로 하는 것과 새로 고치는 것입니다. 새로 고쳐야 하는데 예전대로 하면 불편하고,

47 수어청(守禦廳)과……헌의(獻議) : 1778년(정조2) 2월부터 두 영을 합치는 문제가 거론되다가 윤6월 24일 수의(收議)한 것을 병조가 보고하는 내용이 나오는데, 이 글은 우참찬으로 있던 몽오가 헌의한 것이다. 《承政院日記 正祖 2年 2月 5日, 閏6月 13日·24日》

예전대로 해야 하는데 새로 고치면 전도됩니다. 두 가지가 잘못되기는 마찬가지인데 전도되는 쪽보다는 차라리 불편한 쪽이 낫습니다. 그리고 예전대로 하는 데에서 병이 된 것은 하루아침에 고치면 그 병이 즉시 낫습니다. 그러나 새로 고친 데에서 병이 된 것은 그렇지 않습니다. 이미 새로 고친 뒤에는 그것이 병이 된다는 것을 깨달았을지라도 그대로 두든 새로 고치든 둘 다 문제가 되어서 하나도 괜찮은 것이 없습니다. 그러므로 옛사람이[48] 그 일을 중하게 여겨 감히 대뜸 바꾸지 않은 것입니다. 비록 새로 고치는 것이 백배의 이익이 있고 하나의 해도 없다는 것을 분명히 알지라도 반드시 점진적으로 행하여 조금씩 시험해 보아야 하니, 정치를 하는 대체가 대개 다 그런 것이지 이 일만 그런 것이 아닙니다. 신은 삼가 성상께서 처음부터 끝까지 유념하시기를 바랍니다.

48 그러므로 옛사람이 : 대본에는 '故之人古'로 되어 있다. 《승정원일기》 정조 2년 윤6월 24일 기사에 근거하여 '故古之人'으로 바로잡아 번역하였다.

몽오집

제3권

강의 講義

고사 故事

강의 講義

춘궁시강일기
春宮侍講日記

무자년(1768, 영조44) 6월 15일 겸사서일 때 존현각(尊賢閣)에서 소대(召對)가 있었다. 《자치통감강목(資治通鑑綱目)》 한(漢)나라 순제(順帝) 편의 "가을 9월에 조서(詔書)를 내려 용맹한 사람을 천거하라고 하였다."에서 "중랑장(中郎將) 장탐(張耽)[1]을 보내 쳐서 항복받았다." 까지 진강하였다.

내가 아뢰기를,

"환관들이 왕공(王龔)을 무함할 때에는 왕공이 무함을 당한 줄을 깨닫지 못하다가[2] 환관들이 양상(梁商)을 참소하자 말하기를 '너희

1 장탐(張耽) : 후한 순제(後漢順帝) 때 흉노(匈奴) 정벌에 공을 세운 무장이다. 《後漢書 孝順帝紀》

2 환관들이……못하다가 : 왕공(王龔, ?~140)의 자는 백종(伯宗)이고, 산양(山陽) 고평(高平) 사람이다. 벼슬은 태위(太尉)에까지 올랐다. 영화(永和) 1년(136) 환관의 전횡을 바로잡으려고 상소하여 그들을 축출하기를 청하였는데, 환관들이 오히려 무고하자 순제가 왕공에게 자복(自服)하도록 명하였다. 이에 이고(李固)가 황제의 장인인 대장군 양상(梁商)에게 탄원하여 겨우 풀려나게 하였다. 《後漢書 王龔列傳》

들이 함께 질투하는 것이다.'라고 하였으니,[3] 이것은 순제가 전에는 어리석다가 뒤에 와서 현명해졌기 때문이 아닙니다. 조정의 신하와 외척은 형세상 친소(親疏)의 구별이 있기 때문에 임금의 마음에 공과 사의 차이가 있는 것입니다. 대체로 환관과 외척의 화(禍)는 대대로 모두 그러하였습니다. 서한(西漢)은 외척 때문에 나라가 망하였는데, 동한(東漢)이 또 징계[4]할 줄을 모르니 참으로 슬픈 일입니다. 양하(良賀)가 '신의 천거를 받는 것은 영광이 아니라 욕을 당하는 것입니다.'라고 하였는데,[5] 후세 사람 중에 이 뜻을 아는 자가 적습니다. 송(宋)나라의 신하가 '환관과 궁첩(宮妾)이 그 이름을 모르는 자를 얻어서 재상으로 삼아야 합니다.'라고 한 말[6]이 참으로 명언입

3 환관들이 양상(梁商)을……하였으니 : 양상(?~141)의 자는 백하(伯夏)이고, 양통(梁統)의 증손자이다. 후한 순제 때 양 황후(梁皇后)의 아버지로, 대장군을 지냈다. 영화 4년(139)에 환관들이 양상이 총애받는 것을 질투하여 양상이 조등(曹騰), 맹분(孟賁) 등과 왕자들을 불러서 폐립(廢立)을 도모한다고 모함하니, 순제가 "대장군 부자(父子)는 내가 친한 사람이고 조등과 맹분은 내가 아끼는 사람이므로 결코 그런 일이 없을 것이다. 단지 너희들이 질투한 것일 뿐이다."라고 한 일을 가리킨다. 《後漢書 梁商列傳》

4 징계 : 대본에는 '懲誡'으로 되어 있다. 문맥에 근거하여 '誡'을 '誡'로 바로잡아 번역하였다.

5 양하(良賀)가……하였는데 : 양하는 후한 순제 때의 환관으로 지위가 대장추(大長秋)에 이르렀는데, 임금이 일찍이 구경(九卿)에게 용맹한 사람을 추천하라는 조서를 내렸으나, 양하만이 유독 사람을 추천하지 않았다. 임금이 그 까닭을 물으니, 대답하기를 "신은 미천한 신분으로 태어나 궁궐에서 자랐기 때문에 사람을 알아보는 안목이 없고, 또 사류(士類)들과 사귄 적도 없습니다. 그리고 옛날에 위앙(衛鞅)이 환관인 경감(景監)을 통해서 임금을 알현하자, 식견 있는 사람들은 그의 끝이 좋지 못할 줄을 알았으니, 지금 신의 천거를 받는다면 이는 영광이 아니라 욕이 될 뿐입니다." 하고, 굳게 사양하였던 일을 가리킨다. 《後漢書 宦者列傳》

니다. 환관이나 궁첩이 외척과는 다르지만 내부의 통로인 점은 같습니다. 임금이 환관이나 외척의 말로 인하여 사람을 등용하면 나라가 어지러워집니다. 신하가 환관이나 외척을 통해서 벼슬에 나아가면 입신(立身)하는 것이 바르지 않으니, 비록 관중(管仲)이나 제갈량(諸葛亮) 같은 재주가 있더라도 결코 등용해서는 안 됩니다."

하니, 세손이 이르기를,

"참으로 그렇다. 한나라로 말하면 외척 중에서 능히 보전한 자가 두세 집안뿐이다."

하였다. 내가 아뢰기를,

"정권을 빌려주었는데 어찌 망하지 않을 수 있겠습니까. 그들을 사랑하는 것이 도리어 그들을 해치는 것입니다. 못난 군주들은 집안과 나라가 함께 온전해지는 방법을 모르고서 번번이 모두 외척을 높이 등용하여 결국은 집안과 나라가 함께 손상되는 지경에 이르렀으니, 이것은 그들의 마음에 외척을 사적인 사람으로 생각하였기 때문입니다. 하늘은 사적으로 덮어 주는 것이 없고, 땅은 사적으로 실어 주는 것이 없고, 해와 달은 사적으로 비춰 주는 것이 없습니다. 왕이 된 자는 이 세 가지 무사(無私)의 뜻을 받들어서 천하를 다스리니, 똑같은 신하인데 그 사이에 어찌 친소를 둘 수 있겠습니까."

하니, 세손이 이르기를,

"그렇다."

하였다. 내가 아뢰기를,

6 송(宋)나라의……말 : 송 인종(宋仁宗)이 재상으로 임명할 만한 사람이 누구인지 묻자 왕소(王素)가 대답한 말이다. 《山堂肆考 卷43 臣職》

"저하의 춘추가 한창이니 여염의 서민으로 말하면 지금이 바로 힘을 써서 부지런히 배울 때입니다. 옛사람이 이르기를 '천하의 운명은 태자가 공부를 하느냐 하지 않느냐에 달려 있다.'라고 하였으니, 그 관계된 바가 얼마나 중요하겠습니까. 정자(程子)가 이르기를 '하루 동안에 어진 사대부를 접견하는 때가 많고 환관이나 궁첩을 접견하는 때가 적은 뒤에야 덕성을 훈도할 수 있다.'라고 하였습니다. 하루에 두 번 서연(書筵)을 여는 것을 한 번도 정지한 적이 없기는 하지만 환관이나 궁첩을 접견하는 때를 궁료(宮僚)를 접견하는 때와 비교하면 시간상으로 많을 뿐만이 아닙니다. 특별한 일이 없는 날에는 두 차례의 서연을 혹시라도 정지하거나 빠뜨리지 않는 것이 좋습니다."

하니, 세손이 이르기를,

"연이어 서증(暑症)과 복통이 있어서 어제 의관을 불러서 진찰하고 약을 먹느라 두 차례의 서연을 모두 정지하여 마음이 매우 불안하였기 때문에 소대를 행한 것이다."

하였다. 내가 아뢰기를,

"날씨가 매우 덥고 저하의 체후도 미령하시니 서연을 설행하기 어렵지만 소대는 예모(禮貌)를 간소하게 하여 궁료를 접견하는 것이 좋겠습니다. 서연과 소대를 정지하는 것은 학업에 간단(間斷)이 생기는 것이 애석할 뿐만 아니라 오랫동안 환관과 궁첩을 대하고 궁료를 접견하지 않게 되니 이것이 가장 걱정됩니다. 송나라 신하 장구성(張九成)[7]이 그 임금에게 고하기를 '폐하께서 환관과 궁첩을 대할

7 장구성(張九成) : 1092~1159. 송나라 때 학자로 자는 자소(子韶), 호는 횡포거사(橫浦居士)·무구거사(無垢居士)이다. 양시(楊時)의 제자로 경학을 깊이 연구하여 훈

때와 신료를 대할 때에 그 마음이 같습니까, 다릅니까?' 하니, 그 임금이 즉시 대답하지 못하였습니다. 장구성이 또 아뢰기를 '폐하께서 대답할 말을 생각하시는 것이 이미 성실하지 않은 것입니다.'라고 하였으니 이 말이 바로 자신을 점검하기에 좋은 말입니다. 사람이 신독(愼獨)의 공부가 극처(極處)에 이르지 않았다면 남들이 보는 데서나 보지 않는 데서나 한결같이 하기가 어찌 쉽겠습니까. 송나라 황제가 즉시 대답하지 못한 것은 참으로 잘못되었으니, 요컨대 환관과 궁첩을 대하는 때가 신료를 대하는 때만 못해야 합니다. 그러므로 신이 궁관(宮官)이 나아가서 뵙는 때가 매우 적은 것을 걱정한 것입니다."

하니, 세손이 이르기를,

"그렇다. 체념(體念)하겠다."

하고, 또 이르기를,

"순제가 유약하여 국권을 환관과 외척에게 주었으나 바른말 하는 사람을 죄주지 않고 채용한 적이 있으니 이것은 가상하다."

하자, 내가 아뢰기를,

"저하의 말씀이 참으로 옳습니다. 대체로 임금의 덕은 다른 사람의 말을 받아들이고 간언을 수용하는 것보다 큰 것이 없습니다. 이는 한 사람의 총명은 한계가 있으나 천하의 사변(事變)은 끝이 없기 때문입니다. 진실로 남의 말을 수용한다면 천하의 선(善)이 모일 것이니, 임금의 도가 절반은 이루어진 것입니다. 그런데 못난 군주들은 늘 자기가 가르칠 사람을 신하 삼기를 좋아하고 가르침 받을

해(訓解)한 것이 많다. 《宋史 張九成列傳》

사람을 신하 삼기를 좋아하지 않으며, 귀에 거슬리는 말은 받아들이기 어려워하고 자기의 뜻에 맞는 말은 쉽게 받아들이는 것이 문제였으니, 이것이 곧 정치가 옛날만 못한 이유입니다."

하니, 세손이 이르기를,

"그렇다."

하고, 또 이르기를,

"순제가 법진(法眞)[8]을 부른 것 또한 가상하니, 사서(史書)에 '내외(內外)의 도서(圖書)와 경전(經典)에 통달한 학자이다.'[9]라고 한 말로 보면 법진은 참으로 순유(醇儒)는 아니지만 그 또한 한 시대의 고사(高士)이다."

하였다. 내가 아뢰기를,

"동한(東漢)에 순유가 없었으니, 법진은 아마도 은거한 선비일 것입니다. 이런 사람을 임금이 초빙했는데도 끝내 나오지 않았으니, 겉모습만 보면 이런 사람은 실제 정사에 보탬이 없는 것 같지만 그 실상은 풍속을 수립하고 세도를 면려하는 데에 많은 관계가 있습니다. 이때에 혼란이 극에 달하기는 했지만 황경(黃瓊)[10]과 이고(李

8 법진(法眞) : ?~188. 후한 때의 은자로, 자는 고경(高卿), 호는 현덕선생(玄德先生)이다. 남군 태수(南郡太守) 법웅(法雄)의 아들이다. 학문을 좋아하였으나 일정한 학파가 없었고, 진류(陳留)와 범염(范冉) 등 제자가 수백 명이었다. 후한 효순제가 네 번이나 불렀으나 벼슬에 나아가지 않고 은거하였다. 《後漢書 逸民列傳 法眞》

9 내외(內外)의……학자이다 : 《후한서(後漢書)》에서 법진에 대해 "배우기를 좋아하였으나 일정한 학파가 없었고, 내외의 도서와 경전을 널리 통달하여 관서(關西)의 대유(大儒)가 되었다."라고 논한 말을 가리킨다. 도서는 도참(圖讖)에 관련된 서적을 가리키는 것으로 보인다.

固)[11] 등 제현(諸賢)이 천거와 초빙을 통해 벼슬에 나와서 청의(淸議)를 주장하여 사악한 무리들이 꺼리는 것이 있게 하였으니 그 공이 원대하다고 할 수 있습니다. 시대가 아래로 내려와 영제(靈帝)와 헌제(獻帝) 때에 조조(曹操)가 한(漢)나라를 호시탐탐 노리고 있었으나 끝내 감히 차지하지 못한 것에 대해 선유(先儒)들은 청의의 힘이라고 합니다. 동한 광무제(光武帝) 때부터 유일(遺逸)[12]을 초빙하고 덕행이 있는 사람을 표창한 이후로 규모(規模)를 세우고 풍속을 수립한 것이 국운에 크게 도움이 있었으니, 이런 대목은 잘 살펴야 합니다. 회남왕(淮南王)이 반란을 일으키려고 하면서 '공손홍(公孫弘)[13]의 무리를 꾀는 것은 그릇의 뚜껑을 여는 것처럼 마른 나뭇잎을 흔들어 떨어뜨리는 것처럼 쉽거니와 꺼리는 대상은 급암(汲黯)한 사람이다.'라고 한 것[14]으로 보건대, 바른 사람이 당시에 난(亂)에

10 황경(黃瓊) : 86~164. 후한 사람으로, 자는 세영(世英)이다.

11 이고(李固) : 94~147. 자는 자견(子堅)이고, 사도(司徒) 이합(李郃)의 아들이다. 후한 충제(後漢沖帝) 때 태위(太尉)를 지냈는데, 충제가 붕어하고 질제(質帝)가 시해되자 두교(杜喬)와 함께 청하왕(淸河王) 유산(劉蒜)을 세우려고 하였다. 그러나 양기(梁冀)가 환제(桓帝)를 세운 뒤 이고를 무고하여 하옥시키고 살해하였다.《後漢書 李固列傳》

12 유일(遺逸) : 대본에는 '遣逸'로 되어 있다. 문맥에 근거하여 '遣'을 '遺'로 바로잡아 번역하였다.

13 공손홍(公孫弘) : 기원전 200~기원전 121. 한 무제(漢武帝) 때 60세에 처음으로 박사(博士)가 되었는데 법률과 행정에 밝고 그 운용(運用)에 있어 유교적 방책(方策)을 썼으며 성품이 겸허하였기 때문에 무제의 신임을 얻어 누차 승진하여 벼슬이 승상(丞相)에 이르렀으며 평진후(平津侯)에 봉해졌다.《漢書 公孫弘列傳》

14 회남왕(淮南王)이……것 : 회남왕은 한나라 고조(高祖)의 여섯째 아들이며 문제(文帝)의 이복동생인 유장(劉長)으로, 문제 6년에 모반 사건에 연루되어 촉(蜀)의 엄

임하여 절개를 바칠 뿐만 아니라 간사한 싹을 미리 꺾어 버린 것이 이와 같습니다. 대저 한 사람의 선비를 조정에 등용하여도 능히 역적으로 하여금 두려워서 감히 발호하지 못하게 하니, 그 공효가 어떠합니까. 임금이 된 자가 명절(名節)을 배양하는 도리에 유의하지 않아서는 안 됩니다."

하니, 세손이 이르기를,

"아뢴 말이 좋다."

하였다.

21일 존현각에서 서연에 입시하여 《시전(詩傳)》 제10권 〈옹(雝)〉을 진강하였다.

내가 아뢰기를,

"'천자가 근엄하시다.〔天子穆穆〕'에 대해 주자(朱子)가 풀이하기를 '목목(穆穆)은 천자의 모습이다.'라고 하였는데, 이는 본래 《예기(禮記)》의 '천자는 목목하고, 제후는 황황(皇皇)하다.'[15]라는 글에 근본을 둔 것입니다. 대체로 위의(威儀)와 기상(氣象)은 하루아침에 갑

도(嚴道)로 귀양 가다가 도중에 굶어 죽었다. 유장이 반란을 일으키려고 할 때에 급암을 꺼리면서 말하기를 "그는 직간을 좋아하고 절개를 지키며 의리에 죽을 인물이므로 옳지 않은 일로 현혹하기 어렵다. 그러나 승상 공손홍 같은 사람을 꾀는 것은 그릇의 뚜껑을 열듯 마른 나뭇잎을 흔들어 떨어뜨리듯 쉽다."라고 한 말을 인용한 것이다. 《史記 淮南衡山列傳, 汲鄭列傳》

15 천자는……황황(皇皇)하다 : 《예기》 〈곡례 하(曲禮下)〉에 "천자는 목목하고, 제후는 황황하고, 대부(大夫)는 제제(濟濟)하고, 사(士)는 창창(蹌蹌)하고, 서인(庶人)은 초초(僬僬)하다."라고 한 말을 인용한 것이다.

자기 외부에서 얻을 수 있는 것이 아닙니다. 반드시 내면에 그런 덕이 있은 뒤에야 위의와 기상이 이와 같이 밖에 드러나니, 위의와 기상은 그 증거인 것입니다. 선유(先儒)[16]가 말하기를 '학자는 모름지기 기상을 성찰하고 바로잡아야 하니, 기상이 좋을 때에 온갖 일이 마땅하게 된다.'라고 하였고, 주자가 그것을 《소학(小學)》에 실었습니다. 필부가 학문을 할 때에도 기상을 성찰하고 바로잡아야 하는데 더구나 지극히 높은 지위에 있어서 온 천하 사람들이 우러러보는 사람은 말할 것이 있겠습니까. 진실로 내면에서 수양하면 위의와 기상이 이와 같게 됨을 절로 알게 될 것입니다. 한나라 성제(成帝)가 조정에 임해서는 신(神)과 같은 모습이었지만 주색(酒色)에 빠진 자였으니, 이는 거짓으로 꾸민 것입니다. 이것은 바로 경계로 삼아야 할 점입니다."

하니, 세손이 이르기를,

"그렇다."

하였다.

7월 3일 소대에서 《자치통감강목》 "3년 여름"부터 "재동현(梓潼縣)의 산이 무너졌다."까지 진강하였다.

내가 아뢰기를,

16 선유(先儒) : 송나라의 학자인 여희철(呂希哲, 1036~1114)을 가리킨다. 자는 원명(原明)이며, 여공저(呂公著)의 아들이다. 어려서는 손복(孫復), 호원(胡瑗) 등에게 수학하였으며, 나중에는 정호(程顥)와 정이(程頤), 장재(張載)에게 수학하였다. 형양군공(滎陽郡公)에 봉해졌기 때문에 여형공(呂滎公)으로 불린다. 《여씨잡기(呂氏雜記)》를 저술하였다.

"순숙(荀淑)[17]에 대해 졸(卒)이라고 쓴 것은 순숙이 선한 선비이기 때문만은 아닙니다. 동한의 명류(名流) 중에 이고(李固)와 이응(李膺)[18]이 으뜸이 되는데 이 두 사람 모두 순숙의 문하에서 배출되었습니다. 한나라 말기에 청의(淸議)가 보이지 않게 국운을 붙잡아 준 연원이 시작된 곳으로서 그 공을 덮어 버릴 수 없기 때문에 주자가 특별히 '순숙졸(荀淑卒)'이라고 썼으니, 이것은 곧 세교(世敎)을 부지하는 뜻입니다. 그런데 순숙의 손자 순욱(荀彧)[19]이 조조(曹操)에게 빌붙었으니, 비록 명망 있는 조부의 손자라도 그 가문의 명성을 잇지 못하는 자가 많습니다."

하니, 세손이 이르기를,

17 순숙(荀淑) : 83~149. 동한(東漢) 사람으로, 자는 계화(季和)이다. 현량(賢良)으로 천거되어 일에 임해서는 명쾌하게 처결했다. 그의 아들 8형제도 모두 덕업을 성취해서 세상에서 순씨 팔룡(荀氏八龍)이라 했다. 《後漢書 荀淑列傳》

18 이응(李膺) : 후한(後漢) 때 사람으로, 자는 원례(元禮)이다. 환제(桓帝) 때 사례교위(司隷校尉)를 지냈는데, 기강이 날로 무너지는 조정에서 그만 유독 엄격한 풍도를 보였으므로 그에게 추천되는 것을 "용문에 오른다.〔登龍門〕"라고까지 칭하였다. 태학생(太學生)의 영수 곽태(郭泰) 등과 연대하여 환관의 전횡을 반대하다가 당고(黨錮)의 화를 당하여 면직되었다가 영제(靈帝) 때 복관되었는데, 두무(竇武)와 환관을 주살(誅殺)하려고 꾀하다가 죽음을 당하고 말았다. 《後漢書 黨錮列傳 李膺》

19 순욱(荀彧) : 163~212. 후한의 정치가로, 자는 문약(文若)이다. 처음에 원소(袁紹)에게 몸을 의탁했는데, 원소가 큰일을 이루지 못할 것이라 보고 조조의 막하로 옮겼다. 조조에게서 '그대는 나의 장자방(張子房)'이라는 말을 들을 정도로 신임을 얻었다. 그러나 건안(建安) 17년(212) 동소(董昭)가 조조에게 작위를 올리려고 하면서 순욱에게 의견을 물었는데 순욱이 반대하여 무산되었기 때문에 조조의 의심을 샀다. 그 뒤 조조가 손권(孫權)을 치러 갈 때 순욱은 병 때문에 수춘(壽春)에 남았다가 죽었는데, 이때 순욱의 나이가 50이었다. 《三國志 魏書10 荀彧傳》《後漢書 荀彧列傳》

"순욱은 팔룡(八龍)[20] 중 누구의 아들인가?"

하자, 내가 아뢰기를,

"순곤(荀緄)의 아들입니다. 종호(鍾皓)가 허물을 부르고 원망을 취하는 것을 경계하여 몸을 보존하고 가문을 온전히 하는 것으로 권면하였으니,[21] 이것이 자질(子姪)을 가르치는 방법으로는 참으로 좋습니다. 하지만 국가를 소유한 자가 신하를 부리는 데서도 이 법문(法門)을 바름으로 삼는다면 그 나라의 일을 알 만하니 이것은 감계(鑑戒)로 삼아야 할 대목입니다."

하니, 세손이 이르기를,

"그렇다."

하였다. 세손이 또 이르기를,

"환제(桓帝)가 자신을 천자로 옹립한 공로를 가상하게 여겨 양씨(梁氏) 및 환관들을 더욱 많이 봉하였는데,[22] 이 일은 어떠한가?"

20 팔룡(八龍) : 순숙의 아들들인 순검(荀儉), 순곤(荀緄), 순정(荀靖), 순도(荀燾), 순왕(荀汪), 순상(荀爽), 순숙(荀肅), 순전(荀專)이 모두 뛰어난 인재들이었기 때문에 당시 사람들이 팔룡이라고 불렀다. 《後漢書 荀淑列傳》

21 종호(鍾皓)가……권면하였으니 : 종호는 후한 영천(潁川) 사람으로, 자는 계명(季明)이다. 종호의 조카 종근(鍾瑾)이 벼슬에 나아가지 않자 이응이 벼슬에 나아가라고 권하면서 맹자(孟子)의 "시비지심(是非之心)이 없으면 사람이 아니다."라는 말을 인용하였다. 이에 대해 종호가 종근에게 "옛날에 제(齊)나라 대부(大夫) 국무자(國武子)가 남의 허물 들추기를 좋아하다가 원망을 초래하였다. 몸을 보전하고 집안을 온전히 하는 데에는 너의 방법이 귀하다."라고 한 말을 가리킨다. 《後漢書 鍾皓列傳》

22 환제(桓帝)가……봉하였는데 : 후한 순제(後漢順帝)의 황후 양씨(梁氏)의 오라비인 양기(梁冀)가 질제(質帝)를 독살하고 환제를 옹립하였는데, 환제가 자신을 천자로 옹립해 준 일에 대한 보답으로 양기의 동생 양불의(梁不疑)를 영양후(潁陽侯)에

하자, 내가 아뢰기를,

"제왕이 비록 뒤를 이을 태자나 아우나 조카가 없더라도 종실(宗室)의 중망(衆望)이 모이는 사람을 궁궐에 들여서 대통(大統)을 잇게 하니, 비록 천자를 옹립하는 일을 도모한 대신이라도 어찌 논할 만한 공훈이 있겠습니까. 그런데 지금 환제는 양기(梁冀)가 청하왕(淸河王)을 버리고 옹립한 사람[23]이기는 하지만, 신하는 이것으로 스스로 임금에게 덕을 입혔다고 생각하고 임금 또한 이것으로 신하에게 덕을 입었다고 생각하였으니, 이것이 천자를 옹립한 데 대한 논공(論功)이 있게 된 시발점입니다."

하니, 세손이 이르기를,

"효숭후(孝崇后)는 효숭황(孝崇皇)의 첩인가? 환제가 언 귀인(匽貴人)을 높여서 효숭후로 삼았는데 이 일은 어떠한가?"[24]

하자, 내가 아뢰기를,

봉하고, 양불의의 동생 양몽(梁蒙)을 서평후(西平侯)에 봉하고, 양기의 아들 양윤(梁胤)을 양읍후(襄邑侯)에 봉한 일을 가리킨다. 《後漢書 梁冀列傳》

23 환제는……사람 : 환제는 하간효왕(河間孝王)의 손자이고, 청하왕 유산(劉蒜)은 효경제(孝景帝)의 아들인데, 충제(沖帝)가 죽었을 때와 질제가 시해되었을 때 이고(李固)와 두교(杜喬) 등이 청하왕을 옹립하려고 하였으나 양기가 반대하고 환제를 옹립하였다. 《後漢書 梁冀列傳》

24 효숭후(孝崇后)는……어떠한가 : 효숭후는 후한 환제(後漢桓帝)의 생모인 효숭언황후(孝崇匽皇后)이다. 환제의 사친(私親)은 여오후(蠡吾侯) 유익(劉翼)인데, 환제가 즉위하고 나서 효숭황으로 추존하였다. 그런데 정비(正妃)는 박원귀인(博園貴人)으로 추존하고 생모는 유익의 잉첩(媵妾)이었는데 효숭후로 추존하였다. 아무리 황제의 생모라 하더라도 아버지의 정비를 귀인으로, 잉첩을 황후로 추존하였기 때문에 세손인 정조가 질문한 것이다. 《後漢書 孝崇匽皇后紀》

"환제가 여오후(蠡吾侯)에게 단지 황(皇) 자를 빌려준 일은 대통을 이은 자를 존숭하는 것에 비하면 차이가 있지만 궁궐에 들어가 대통을 이은 뒤에 여오를 높여서 황으로 한 것은 이미 예를 잃은 것이고, 여오의 정비(正妃)를 후로 삼지 않고 사친(私親)의 잉첩(媵妾)을 후로 삼은 것은 더욱 예를 잃은 것입니다. 《예기》에 '예를 잃은 가운데 또 예를 잃은 것이다.'라고 한 것이 바로 이를 두고 한 말입니다."

하였다. 세손이 이르기를,

"역대로 추숭(追崇)한 것이 어느 때에 시작되었는지 모르겠지만 모두 잘못된 것이다."

하자, 내가 아뢰기를,

"참으로 말씀하신 것과 같습니다. 한나라 광무제(光武帝)는 번저(藩邸)에서 들어와 계승한 사람과는 다릅니다. 애제(哀帝)와 평제(平帝)가 나라를 잃은 뒤로 종실로서 창의(倡義)하여 나라를 회복했으니, 중흥이라고는 하지만 창업한 것과 같은데, 스스로 서한(西漢)의 대통을 이었다고 하여 태묘(太廟)를 따로 건립하지 않고 단지 남양(南陽)에 사친(四親)의 사당만 세웠으니, 이것이 가장 뛰어난 일이고, 주자 또한 매우 칭찬하였습니다. 광무제의 이 일은 다른 사람이 하기 어려운 일이라고 할 수 있습니다. 추숭한 일이 예를 잃었다는 것에 대해 한나라와 당나라의 여러 신하 중에는 그것이 잘못이라고 밝혀서 말한 사람이 한 명도 없었고, 송나라에서 복왕(濮王)의 전례(典禮)를 논할 때[25]에 이르러 선현의 의론이 나와서 예의 뜻이 비로

25 복왕(濮王)의……때 : 복왕은 송 영종(宋英宗)의 생부인 복안의왕(濮安懿王) 조윤양(趙允讓)을 가리킨다. 영종이 인종(仁宗)의 양자로 들어가 즉위한 후에 생부를

소 크게 밝혀졌습니다."

하니, 세손이 이르기를,

"그렇다. 환제가 언 귀인을 효숭후로 삼은 것에 대해 하번(下番)이 아뢴 '예를 잃은 가운데 또 예를 잃었다.'라는 말은 참으로 적확한 의론이다."

하였다. 세손이 이르기를,

"진번(陳蕃)이 양기(梁冀)의 사자(使者)를 매를 때려 죽인 일[26]은 보통 사람이 하기 어려운 일이라고 할 수 있다."

하자, 내가 아뢰기를,

"진번이 결국에는 공을 세웠는데, 여기에서 이미 그 단서를 볼 수 있습니다. 신이 일찍이 동평위(東平尉) 정재륜(鄭載崙)이 지은 책자[27]를 보니, 허적(許積)이 전라 감사 때 조 귀인(趙貴人)[28]의 궁노

추존하는 전례 문제가 일어났다. 당시 여회(呂誨) 등은 복왕을 황(皇)으로 칭해야 한다고 한 반면 구양수(歐陽脩), 한기(韓琦), 증공량(曾公亮)·조개(趙槩) 등은 "금상(今上)은 인종의 양자가 되었으니, 인종을 황고(皇考)라 칭하고 복왕을 황백(皇伯)으로 칭해야 한다."라고 하여 추존을 반대하였다. 이때 황태후가 복안의왕을 황으로 칭하라는 조서를 내렸다. 이에 대해 정이(程頤)가 상소를 올려 인종을 황고라고 칭하고 복안의왕을 황백이라고 칭하는 것이 옳다고 하였다.《宋史 濮王列傳》,《二程文集 卷6 代彭中丞論濮王稱親疏》

26 진번(陳蕃)이……일 : 진번은 후한의 명사(名士)로 여남(汝南) 사람이다. 양기가 대장군이 되어 위세를 떨칠 때 진번에게 편지를 보내 청탁하였는데 진번이 들어주지 않았다. 이때 양기의 사자가 거짓으로 만나 주기를 청하자 진번이 그 사자를 잡아서 매를 때려 죽였다.《後漢書 陳蕃列傳》

27 동평위(東平尉)……책자 : 정재륜(鄭載崙)은 효종의 5녀 숙정공주(淑靜公主)와 혼인하여 동평위가 되었다. 그가 효종 때부터 경종 때까지 궁궐을 출입하면서 보고 들은 역대의 고사(故事), 가언(嘉言), 선행(善行) 등을 모아 놓은《공사견문록(公私

(宮奴)가 내려와서 사리에 맞지 않게 백성의 재물을 점유하려고 하여 허적이 허락하지 않자 궁노가 눈을 부라리며 큰소리로 말하기를 '영감은 전라 감사에서 그치려고 합니까?'라고 하였습니다. 허적이 그 자리에서 궁노를 때려 죽였는데, 귀인이 듣고서 궁인(宮人)들에게 경계하기를 '이 일을 대조(大朝)께서 듣지 못하게 하라. 대조께서 들으면 필시 내가 종을 풀어 외부에서 소란을 일으켰다고 의심하실 것이다.'라고 하였으니, 여기에서 성조(聖祖)의 가법(家法)이 바른 것을 볼 수 있습니다."

하니, 세손이 이르기를,

"이 일은 나도 일찍이 들었다."

하였다. 내가 아뢰기를,

"그 책자 안에 또 한 가지 일이 기록되어 있는데, 선왕조 때에 협시(夾侍)가 휴가를 받아 고향에 내려갔다가 돌아오자 상께서 연로(沿路)에서 누가 후하게 접대하고 누가 박하게 접대했는지를 물었습니다. 협시가 상의 뜻을 속으로 헤아리고서 냉대한 자에 대해서는 힘을 다해 우대했다고 하고, 후대한 자는 전혀 돌아보지 않았다고 대답하였습니다. 상이 그 말을 진실이라고 믿고서 우대했다고 한 자는 비루하다고 여겨 등용하지 않고 냉대했다고 한 자는 지조가 있다고 여겨 승진시켰다고 합니다. 환관만 그런 것이 아니라 외정(外廷)에 있는 신하 중에 소인들의 정태(情態)는 대부분 이처럼 마음을 쓰는 것이

見聞錄)》을 지었는데, 허적(許積)의 일은 이 《공사견문록》에 실린 내용인 듯하다.

28 조 귀인(趙貴人) : 인조의 후궁으로 효명옹주(孝明翁主)를 낳았다. 1651년(효종2) 역모에 연루되어 사사(賜死)되었다.

지극이 교묘하므로 위에 있는 사람이 속임을 당하지 않으려고 하더라도 어려운 일이니, 참으로 이른바 적의 계책을 헤아리기 어렵다는 것입니다. 이런 대목에 대해 참으로 잘 관찰해서 간파해야 합니다."

하니, 세손이 이르기를,

"이 일 또한 일찍이 들은 것 같다. 이런 말에 반드시 속게 되니 어떻게 하면 속지 않을 수 있겠는가?"

하자, 내가 아뢰기를,

"아뢴 사람의 평소 마음 쓴 자취를 가지고 헤아려 보면 알 수 있는 방도가 있을 듯합니다."

하니, 세손이 이르기를,

"이것은 그렇다."

하였다. 내가 아뢰기를,

"예후(睿候)가 자주 미령하신데, 모든 조섭을 신중히 하는 도리라면 참으로 할 수 있는 도리를 다해야 하고, 성인이 '경계하는 것이 여색(女色)에 있다.'[29]라고 한 경계에 대해 더욱 십분 마음을 쓰지 않아서는 안 됩니다. 신이 젊었을 때에 어른들이 이 일을 가지고 경계하는 말을 들을 때마다 부끄러워서 그 말이 제 몸에 절실하다는 것을 몰랐습니다. 그러다가 3, 4십 세가 된 뒤에야 비로소 그 말이 참으로 약석(藥石)이 되는 말이라는 것을 깨달았습니다."

하니, 세손이 이르기를,

29 경계하는……있다 : 공자가 말한 군자의 세 가지 경계 중 하나를 가리킨다. 군자는 세 가지를 경계해야 하는데 젊을 때에는 혈기가 안정되지 않은 상태이므로 여색을 경계해야 한다고 하였다. 《論語 季氏》

"색욕을 어떻게 쉽게 제어한다고 말할 수 있겠는가마는 실은 색욕에 있어서는 내 마음이 본래 담담하다."

하자, 내가 아뢰기를,

"있으면 고치고 없으면 더욱 노력하는 것이 신의 작은 바람입니다."

하니, 세손이 이르기를,

"유념하겠다."

하였다. 내가 아뢰기를,

"신들이 저하께서 미령하시다는 것을 모르지 않지만 근심하고 사랑하는 정성을 이기지 못하여 감히 말씀을 올렸는데, 비지(批旨)가 우악(優渥)하고 곧이어 소대를 명하시니, 자신의 마음을 비우고 남의 말을 받아들이는 성대한 거조에 대해 신은 실로 흠앙하는 바입니다. 신이 일찍이 남의 말을 받아들이고 간언을 용납하는 것이 임금의 첫 번째 덕목이라고 진달하였는데, 서툴고 어눌한 말을 이처럼 채납해 주셨습니다. 이 마음을 미루어 가면 장차 천하의 선이 모두 모이는 것을 볼 수 있을 터이니, 이것이 신이 기뻐하는 이유입니다."

하니, 세손이 이르기를,

"더위로 두통이 매우 심했기 때문에 소대를 행하려다 하지 못하였다. 아뢴 말을 본 뒤에 비로소 행하여 오랫동안 앉아서 글 뜻을 강론하고 아뢴 말을 많이 들으니 아프던 곳이 도리어 나아진 것 같다."

하였다. 내가 아뢰기를,

"임금의 덕은 간언을 용납하는 것보다 큰 것이 없습니다. 급암(汲黯)과 위징(魏徵)[30]의 일로 말하면, 조정에 곧은 신하 한 사람이 있으면

30 위징(魏徵) : 580~643. 당(唐)나라의 개국 공신으로, 자는 현성(玄成), 시호는

그 이익이 무궁하니, 회남왕이 급암을 꺼려서 감히 반란을 일으키지 못했다는 것에 대해서는 신이 전에 이미 아뢰었습니다. 위징이 휴가를 갔다가 돌아와 태종(太宗)에게 고하기를 '사람들의 말에 폐하께서 남산(南山)에 행행하려고 하여 채비를 이미 마쳤는데 결국에 행행하지 않으셨다고 하는데, 무슨 이유입니까?' 하니, 태종이 말하기를 '경이 노할까 두려워서 중간에 그만두었다.'라고 하였습니다. 조정에 곧은 신하가 있으면 허물이 있을 때에 반드시 간언할 뿐만 아니라 군상(君上)으로 하여금 그가 노할까 두려워 감히 잘못된 일을 하지 않게 하고, 난(亂)에 임하여 절의를 바칠 뿐만 아니라 역적으로 하여금 두려워서 감히 반란을 일으키지 못하게 하니 그 공효가 어떠합니까. 삼가 바라건대 유의해서 체념하소서."

하니, 세손이 이르기를,

"아뢴 말이 참으로 옳다."

하였다. 내가 아뢰기를,

"저하께서 한가히 계실 때에 펼쳐 보시는 것이 무슨 책입니까? 이 또한 궁관(宮官)에게 말씀하시는 것이 좋습니다. 비록 경서(經書)나 사서(史書)가 아니더라도 유익한 책자라면 삼가 논란하고 유익한 점을 드러내야 할 것이고, 무익한 책자라면 경계하는 말씀을 올려야 합니다. 정자(程子)가 일찍이 말하기를 '천자가 내전(內殿)에서 지

문정(文貞)이다. 건국 이후 간의대부(諫議大夫) 등의 요직을 역임하며 강직한 성품으로 태종(太宗)의 잘못을 간쟁하여 '정관(貞觀)의 치(治)'라는 태평 시대를 여는 데 크게 공헌하였다. 그가 죽자 태종은 거울 하나를 잃었다고 탄식하였다. 《군서치요(群書治要)》를 주편(主編)하였고, 예서(禮書)에도 밝아서 《소대례(小戴禮)》에 근거하여 《유례(類禮)》 20권을 지었는데 지금 전하지 않는다.

내실 때의 먹고 입는 것과 동정(動靜)을 모두 경연관으로 하여금 알게 해야 한다.'라고 하였는데, 더군다나 서책이야 말할 것이 있겠습니까."

하니, 세손이 이르기를,

"근자에 지극히 덥고 병이 있어서 내용이 심오한 서책을 볼 수 없었고, 행문(行文)에 관한 서책은 더욱 보기 어려웠으나 진달한 말은 좋다."

하였다.

7월 4일 소대에서 "원가(元嘉) 원년"부터 "국가의 큰일"까지 진강하였다.

내가 아뢰기를,

"양기(梁冀)의 일로 보면 소인(小人)이 정권을 독차지하려고 하면 가까운 형제간이라도 꺼리는 법이니, 이는 상대가 나의 권력을 빼앗을까 염려하기 때문입니다. 역대의 간흉(奸凶)들은 부자와 형제간이라도 각각 문호(門戶)를 세우고 서로 시기한 자가 많으니, 채경(蔡京)[31]의 일은 윤리가 없어졌다고 할 수 있습니다."

하니, 세손이 이르기를,

"그렇다."

하였다. 내가 아뢰기를,

31 채경(蔡京) : 1047~1126. 중국 북송(北宋) 말기의 재상으로, 자는 원장(元長)이다. 철종(哲宗) 연간에 사마광(司馬光)을 따라 신법(新法)을 시행하면서 유지(劉摯)와 범조우(范祖禹) 등을 유배 보냈다. 흠종(欽宗)이 즉위하자 국난을 초래한 육적(六賊)의 우두머리로 몰려 실각되었고, 배소(配所)인 담주(儋州)로 가다가 병사하였다. 《宋史 姦臣列傳 蔡京》

"어제 연석에서 신이 감히 한가히 계실 때에 보시는 책을 여쭈었는데, 한여름이라 행문에 관한 서적은 더욱 보기 어렵다고 말씀하셨습니다. 신이 그때에 신의 견해를 진달하고 싶었으나 밤이 깊어서 물러나왔습니다. 한여름이라 행문에 관한 책을 보기 어렵다는 것은 참으로 저하의 말씀과 같습니다. 그렇기 때문에 여염 사람들은 한여름에는 시가(詩歌)를 읽는 자가 많습니다. 그러나 제왕의 학문은 필부와 다릅니다. 시율(詩律)의 부류는 지극히 긴요하지 않고, 우연히 보아서 더위를 잊을 거리로 삼는 것이 해가 없을 것 같지만 이런 글을 한번 보면 정이 이끌리기 가장 쉽고, 만약 계속해서 빠져든다면 그 해가 작지 않습니다. 사상채(謝上蔡)가 사서(史書)를 매우 잘 외우자 정자(程子)가 오히려 완물상지(玩物喪志)라고 꾸짖었습니다.[32] 사서는 고금의 국가의 성패와 인물의 현사(賢邪)를 거울삼는 것으로서 또한 보탬이 없지 않은데도 정자가 오히려 꾸짖었습니다. 더구나 시율의 부류는 완물상지가 되는 것이 사서에 비할 바가 아닙니다. 삼가 바라건대 유념하소서."

하니, 세손이 이르기를,

"체념하겠다."

하였다.

32 사상채(謝上蔡)가……꾸짖었습니다 : 상채는 북송(北宋) 때 학자인 사양좌(謝良佐, 1050~1103)이다. 자는 현도(顯道)이며, 채주(蔡州) 상채(上蔡) 사람으로, 정호(程顥)와 정이(程頤)의 문인이다. 완물상지에 대한 내용은 《근사록(近思錄)》 권2에 실려 있다.

8월 19일 주강에서 《맹자》 문왕지유장(文王之囿章)과 이소사대장(以小事大章)을 진강하였다.

내가 아뢰기를,

"사람의 목숨은 지극히 중한데 사슴을 죽인 것을 사람을 죽인 죄와 똑같이 처벌하였습니다. 제왕(齊王)의 뜻은 사람들이 혹시라도 사슴을 해칠까 염려되었기 때문에 엄한 법으로 방지한 것입니다. 후세에 임금이 명령을 반드시 실행하려고 하면 그때마다 죽이는 것으로 위협하였습니다. 그러나 모든 천하의 일은 이치가 순하면 명령이 저절로 행해지고 이치가 순하지 않으면 비록 엄한 법을 만들어도 명령이 행해지지 않습니다."

하니, 세손이 이르기를,

"그렇다."

하였다. 내가 아뢰기를,

"'백성과 함께한다.〔與民同之〕'라는 네 글자는 매우 긴요한 대목이고, 호색장(好色章)의 집주(集註)에 들어 있는 공사(公私)에 대한 설은 지극히 좋습니다. 백성과 함께하는 것은 공(公)이고, 백성과 함께하지 않는 것은 사(私)입니다. 공사 두 글자는 천리(天理)와 인욕(人欲)의 분기점입니다. 천지간의 만물이 본래 나와 일체인데, 장자(張子)의 〈서명(西銘)〉에 이 뜻을 말한 것이 매우 상세합니다. 필부가 학문할 때에도 이 뜻을 알아야 하는데, 더군다나 천명을 받아서 백성을 사목(司牧)하는 자는 말할 것이 있겠습니까. 백성과 함께하지 않고 단지 자기의 사사로운 마음으로 말미암으면 이루기 어렵습니다. 《논어》의 '이익에 의지하여 행하면 원망이 많다.〔放於利而行多怨〕'라는 구절에 대한 주에 '자기에게 이롭고자 하면 반드시 남에게 해를 끼친다.〔欲利於己 必害於人〕'라는 여덟 글자가 참으로 적확한 말입니다. 임금이 된 자는 매번 한 사람으로 천하를 흡족하게 하는 것이지 천하로써 한 사람을 봉양하는 것이 아니라는 도리를 모르는 것이 문제입니다. 관장(官長)이 된 자로 말하면, 모두들 관(官)을 설치한 본의가 이 백성을 위해서 관장을 두었다는 것을 모르고, 이 백성으로 자기 한 몸을 봉양하기 위함이라고 인식하니, 백성들이 살지 못하는 것은 이 때문입니다. 대저 천하의 온갖 일은 모두 하나의 사(私) 자로 인해 무너집니다. 집안을 망치고 나라를 망하게 하는 것도 그 근본을 추구해 보면 모두 여기에서 말미암습니다. 다만 사(私)는 '내가 있다.'라는 말인데, 이 몸의 일생에 이 사 자가 태어날 때부터 함께 생긴 것이므로 제거하기가 가장 어렵습니다. 참으로 마음을 써서 성찰하고 힘을 써서 제거하지 않아서는 안 됩니다. 한번 사의(私意)에 가려지면 밝은 자가 어두워지고 굳센 자가 유약해지니 두려워하지 않을 수 있겠습니까. 신이 감히 묻건대, 저하께서 평소 스스로 반성해 볼 때 모든 생각과 일을 할 때에 사의라는 것을 자각할 경우가 많습니까? 신은 듣기를 원합니다."

하니, 세손이 이르기를,

"그것이 사의라는 것을 자각할 때도 더러 있지만 사의가 있더라도 자각하지 못할 때도 많다."

하였다. 내가 아뢰기를,

"신의 경우는 늘 사의라는 구덩이 속에 있으므로 매번 자각하지 못하는 것을 근심합니다. 우연히 한 번 자각하면 이것이 곧 사의가 물러나서 공의의 명령을 듣는 조짐입니다. 자각하는 때가 있다는 말씀이 참으로 좋습니다. 그러나 자각하지 못할 때가, 생각건대 필시 자각할 때보다 많을 것입니다. 저하의 예학(睿學)이 일찍 성취되기는 했지만 한 생각의 사의가 싹트는 것과 일상생활 속에서 사의에 걸리는 것이 필시 매우 많을 텐데, 지금 간혹 자각하는 때가 있다고 말씀하시니, 이는 사의가 적기 때문이 아니라 자각하지 못하는 때가 많기 때문입니다. 앞으로는 성찰하는 공부에 더욱 힘써서 자각하는 경지에 이르게 하십시오. 그렇게 되면 사의가 되는 때가 전에 비해 더욱 많아지겠지만, 그런 뒤에야 비로소 장족의 진전을 확인할 수 있을 것입니다. 삼가 바라건대 체념하소서."

하니, 세손이 이르기를,

"체념하겠다."

하였다.

○ 같은 날 소대에서 "2년 봄 정월"부터 "선비(鮮卑)가 유주(幽州)를 침범하였다."까지 진강하였다.

내가 아뢰기를,

"나라가 망하려고 하면 반드시 금제(禁制)가 많다[33]는 말이 참으로 명언입니다. 말세에는 법으로 간악(奸惡)을 금할 수 없다는 것을 모르고 혹시 법에 주비(周備)되지 못한 것이 있는가 염려하여 번번이 경장(更張)을 일삼아 조변석개하는 것이 거의 화살을 따라서 과녁을 세우는 것과 같습니다. 한 고조가 가혹한 법을 시행한 진(秦)나라의 뒤를 이어서 일체의 법을 없애고 약법삼장(約法三章)만을 두었으니, 이것이 얼마나 큰 도량입니까."

하니, 세손이 이르기를,

33 나라가……많다 : 《춘추좌씨전》 소공(昭公) 6년에 나오는 숙향(叔向)의 말이다.

"그렇다."

하였다. 물러나려고 할 때에 협시(夾侍)에게 명하여 설화지(雪花紙) 16폭을 가져오게 하여 나에게 주면서 이르기를,

"병풍을 만들려고 하니 8폭마다 고문(古文) 중의 격언 각 1편을 써서 올리는 것이 좋겠다."

하였다.

8월 20일 주강[34]에서 "제 선왕(齊宣王)이 맹자를 뵈었는데"부터 "군주(君主)의 욕심을 저지한 것은 군주를 사랑한 것입니다."까지 진강하였다.

내가 아뢰기를,

"'있습니다. 사람들은 이것을 얻지 못하면 그 윗사람을 비난합니다.〔有人不得則非其上〕'에서 '유(有)' 자의 아래와 '인(人)' 자 위에 모름지기 약간의 말뜻을 첨가해서 본 뒤에야 뜻이 통합니다. 이 '유' 자는 윗글의 '현자도 이런 즐거움이 있습니까?〔賢者亦有此樂〕'의 '유' 자를 긴밀하게 받아서 현자도 이런 즐거움이 있다고 말한 것입니다. 그리고 현자만 이런 즐거움이 있는 것이 아니라 사람마다 모두 이런 즐거움을 갖고자 한다는 뜻에 이르러서는, 의당 사람들이 이것을 얻지 못하면 그 윗사람을 비난한다는 말 속에서 '근심하기를 천하로써 하고 즐거워하기를 천하로써 한다.'는 것이 백성이 임금의 근심을 근심하고 임금의 즐거움을 즐거워하기를 바랄 것이 아니라 임금이 백성의 근심을 근심하고 백성의 즐거움을 즐거워해야 한다는 뜻으

34 주강(晝講) : 대본에는 '畫講'으로 되어 있다. 문맥에 근거하여 '畫'를 '晝'로 바로잡아 번역하였다.

로 보아야 합니다. 윗사람이 백성의 근심을 근심하고 백성의 즐거움을 즐거워하면 백성 또한 자연히 윗사람의 근심을 근심하고 윗사람의 즐거움을 즐거워하는 것은 감응의 이치가 그러합니다. 근심과 즐거움을 자기 한 몸으로 하지 않고 천하로써 하니 이것이 얼마나 광대한 마음입니까. '백성은 나의 동포이다.〔民吾同胞〕'라는 것은 천리가 본래 이와 같은 것입니다. 더구나 군사(君師)의 지위에 있는 자는 말할 것이 있겠습니까. 삼가 바라건대 체념하소서."

하니, 세손이 이르기를,

"체념하겠다."

하였다. 내가 아뢰기를,

"'군주의 욕심을 저지한 것이 무슨 잘못이겠는가.〔畜君何尤〕'라는 네 글자가 참으로 보기 좋으니, 자기 군주의 욕심을 저지한 것은 바로 임금을 사랑하는 마음에서 나왔으므로 허물할 일이 아닙니다. 그런데도 매번 당시 군주들이 허물하였기 때문에 '군주의 욕심을 저지한 것이 무슨 잘못이겠는가.'라고 한 것입니다. 후세에 선치(善治)가 없는 것은 바로 신하가 임금의 욕심을 저지하는 것을 좋아하지 않아서입니다. 충신의 뜻으로 말한다면, 임금에게 선이 있으면 신하가 찬양하기를 기다리지 않아도 참으로 이미 선한 것이고, 선하지 않으면 반드시 저지하기를 기다린 뒤에야 선에 들어갈 수 있다고 여기는 것이니, 이것이 바로 고심하는 부분입니다. 그런데 임금 된 자는 자기의 말을 따르는 자를 좋아하고 자기의 욕심을 저지하는 자를 미워하니 참으로 한탄스럽습니다. 이 점을 경계하지 않아서는 안 됩니다."

하니, 세손이 이르기를,

"그렇다."
하였다.

8월 22일 소대에서 "2년 봄에 역병이 대대적으로 창궐하였다."부터 "강하게 청하고 나서야 그쳤다."까지 진강하였다.

내가 아뢰기를,

"그 충(忠)을 알고서도 등용하지 못했다고 하였는데, 이 일이 가장 답답합니다. 대저 모르고 하는 자는 만약 그것을 아는 때에는 곧 고칠 수 있는 방도가 있지만, 알고서 하는 자는 원래 고칠 수 있는 때가 없으니, 이 점을 경계하지 않아서는 안 됩니다."

하니, 세손이 이르기를,

"그렇다."

하였다. 내가 아뢰기를,

"지난번 서연에서 진강한 내용 중에 환제(桓帝)의 질문은 어떻습니까? 군신간의 문답이 모두 우스우니, 환제의 덕을 요 임금에 견준 말은 그 뜻이 풍자하려는 데에서 나왔으나 그것이 온당한지는 참으로 모르겠습니다. 옛사람들이 그 임금을 격려하려고 하면서 꺼리지 않고 직언을 하여 그 임금을 혼암한 임금에 견주었으니, 주창(周昌)이 한 고조(漢高祖)를 걸주(桀紂)에 견주었고,[35] 유의(劉毅)가 진

35 주창(周昌)이……견주었고 : 주창은 한나라 패읍(沛邑) 사람으로, 고조를 따라 진(秦)을 격파하고 또 항우(項羽)를 치는 데 공이 있어 분음후(汾陰侯)에 봉해졌다. 본래 말을 더듬었으나 바른말을 잘했다. 주창이 고조에게 아뢸 일이 있어 궐에 갔다가 고조가 척희(戚姬)를 안고 있는 것을 보고 뒤돌아 나오자 고조가 뒤쫓아 와 주창을 잡고서 "나는 어떤 임금인가?"라고 물으니, 주창이 "폐하는 걸주와 같은 임금입니다."라

무제(晉武帝)를 환제와 영제(靈帝)에 견주었는데도[36] 그 임금들이 자기의 심기를 거슬렀다고 생각지 않았으니 어찌 어질지 않겠습니까. 진 무제가 환제와 영제에 견준 말을 듣고서 '어찌 여기에 그치는가.'라고 하자 유의가 도리어 또 그만 못하다고 말했는데, 진 무제가 말하기를 '짐은 직언하는 신하가 있으니 이 점이 그들보다 낫다.'라고 하였으니, 군신이 모두 어질다고 할 만합니다. 만약 걸주라면 비록 요순에 견주더라도 무슨 이익이 있겠으며, 만약 요순[37]이라면 비록 걸주에 견주더라도 무슨 손해가 있겠습니까. 그런데 임금들이 모두 근거 없는 아첨을 좋아하고 비판하는 말을 싫어하니, 이것이 정치가 옛날만 못한 이유입니다. 신이 듣건대, 인조조(仁祖朝)에 고 참의 안방준(安邦俊)이 봉사(封事)를 올렸는데 그 글에 '전하께서는 폐모(廢母) 한 가지 일 외에는 혼조(昏朝)보다 나은 것이 없습니다. 혼조가 잃었기 때문에 전하가 얻은 것이니, 전하가 잃어서 다른 사람이 얻게 하지 마소서.'라는 내용이 있었으니, 하기 어려운

고 대답하였다.《漢書 周昌傳》

36 유의(劉毅)가……견주었는데도 : 유의는 자가 중옹(仲雍)으로 진(晉)나라 때의 직신(直臣)이다. 무제가 유의에게 자신을 한(漢)나라의 어느 임금에게 견줄지 묻자, 유의가 "환제와 영제에게 견줄 만합니다." 하였다. 무제가 자신은 천하를 통일하였는데 환제나 영제에게 견주는 것은 너무한 것이 아니냐고 하자, 유의가 대답하기를 "한나라의 환제와 영제는 벼슬을 팔았지만 그 수입이 국고로 들어갔는데, 폐하께서 벼슬을 판 돈은 사사로운 창고로 들어갑니다."라고 하였다. 무제가 크게 웃으며 "환제와 영제의 시대에는 이러한 직언을 듣지 못했는데, 지금은 직신이 있기 때문에 그때와는 다르다."라고 하였다. 유의가 죽자 무제는 명신을 잃었다고 탄식하였다.《晉書 劉毅列傳》

37 요순 : 대본에는 '堯舞'로 되어 있다. 문맥에 근거하여 '舞'를 '舜'으로 바로잡아 번역하였다.

말이라고 할 만합니다. 그런데도 이 때문에 죄를 얻었다는 말을 듣지 못했으니 참으로 후세에 법이 될 만합니다."

하니, 세손이 이르기를,

"그렇다."

하고, 또 이르기를,

"조포(趙苞)의 일[38]에 대해 하번(下番)의 뜻은 어떠한가?"

하자, 내가 아뢰기를,

"정자(程子)의 말[39]은 공과 사의 경중을 잰 것으로 의리가 정밀합니다. '자신이 가서 항복하면 된다.'라는 말은, 토지와 인민을 가지고 가서 항복하지 않고 자기 몸만을 빼내어 가서 항복한다는 말입니다. 조포가 결국 자살한 것으로 보면 그 잘못은 단지 이치를 가리는 것이

38 조포(趙苞)의 일 : 조포(?~178)는 후한의 장수로 자는 위호(威豪)이다. 요서 태수(遼西太守)로 있을 때 선비족(鮮卑族)이 1만 군사로 침략하여 왔는데, 조포가 2만 병사로 대치하자 선비족이 조포의 어머니와 처자를 납치하여 인질로 삼아 위협하였다. 조포가 어머니에게 "예전에는 어머니의 아들이었으나 지금은 황제의 신하이니 사사로운 정 때문에 충의를 훼손할 수 없습니다."라며 울먹이자, 어머니가 오히려 자신을 위해 충절을 버리지 말라고 면려하였다. 이에 선비족을 대파하고 나서 조포는 어머니와 처자의 시신을 수습하여 고향으로 돌아와 장례를 치렀다. 그리고 "국록을 먹으면서 난을 피하는 것은 충이 아니고, 어머니를 죽여서 의를 온전히 하는 것은 효가 아니다. 이와 같은데 무슨 면목으로 천하에 서겠는가."라고 하고는 피를 토하고 죽었다. 《後漢書 獨行列傳 趙苞》

39 정자(程子)의 말 : 조포의 일에 대해 정이(程頤)가 평하기를 "임금의 성(城)을 가지고 적에게 항복하여 어머니를 살리는 것은 참으로 옳지 않다. 그러나 또한 마땅히 어머니를 살릴 방도를 강구해야 한다. 어찌 어머니를 돌아보지 않고서 곧바로 싸울 수 있단 말인가. 정 부득이하다면 자기 몸만 빼내어 가서 항복하면 될 것이다."라고 한 말을 가리킨다. 《大事記續編 卷18》

정밀하지 못한 데에 있습니다. 그러나 모자간의 천륜은 어찌할 것입니까. 어머니를 살릴 방도를 생각지 않고 대뜸 나아가서 힘써 싸울 수 있겠습니까. 신은 조포의 일은 매우 잘못된 것이라고 생각합니다."

하니, 세손이 이르기를,

"아뢴 말이 참으로 옳다."

하였다.

8월 24일 소대에서 "필규(畢圭)를 만들었다."부터 "즉시 모두 항복하였다."까지 진강하였다.

내가 아뢰기를,

"문왕(文王)의 유(囿) 운운한 것[40]은 참으로 이른바 경훈(經訓)을 견강부회하여 간사한 말을 꾸민 것입니다. 예로부터 소인들이 모두 임금을 악으로 인도하려고 마음먹는 것은 다른 이유가 아닙니다. 임금이 만약 정도에 마음을 두면 그들이 틈을 탈 방도가 없기 때문입니다. 그렇기 때문에 반드시 온갖 계책으로 종용하여 사악한 쪽으로 인도하고, 오직 그 임금이 하루아침에 선을 하면 그들이 수족을 둘 곳이 없게 될까 두려워하니, 소인의 정태(情態)는 참으로 일찍 변별하여 엄하게 배척하지 않아서는 안 됩니다."

40 문왕(文王)의……것 : 후한 효령제(後漢孝靈帝)가 필규원(畢圭苑)과 영곤원(靈昆苑)을 만들려고 하자 사도(司徒) 양사(楊賜)가 반대하였다. 시중(侍中) 임지(任芝)와 악송(樂松)에게 묻자 대답하기를 "옛날에 문왕의 유는 100리였는데 사람들이 작다고 하였고, 제 선왕의 유는 5리였는데 사람들이 크다고 하였습니다. 지금 백성들과 함께하신다면 정사에 해가 없을 것입니다." 하니, 효령제가 기뻐하여 마침내 필규원과 영곤원을 만들었던 일을 가리킨다. 《資治通鑑 卷57 漢紀49 光和3年》

하니, 세손이 이르기를,

"그렇다."

하였다. 내가 아뢰기를,

"'천하의 재물은 음양에서 생겨나 폐하에게 돌아가지 않는 것이 없으니, 어찌 공사(公私)가 있겠습니까.'[41]라고 한 말이 참으로 격언입니다. 대저 천하의 일 중에 사사롭게 되기는 쉽고 공변되기는 어려우며 독차지하기는 쉽고 고르게 분배하기는 어려운 것으로 재물만 한 것이 없습니다. 그러므로 《대학》의 평천하장(平天下章)에서 전적으로 재용(財用)을 가지고 말한 것은 바로 이 때문입니다. 임금이 내탕고(內帑庫)를 설치한 것은 환관과 궁첩과 척리(戚里)에게 사적인 은혜를 베풀 재물을 마련하기 위해서일 뿐입니다. 옛날의 명철한 임금은 모두 내탕고의 재물을 풀어서 국가의 경비에 보탰으니, 이 일이 참으로 본받을 만합니다."

하니, 세손이 이르기를,

"그렇다."

하였다. 내가 아뢰기를,

"'혹유조용(或有詔用)' 네 글자 또한 주목해서 보아야 합니다. 당나라 때에 '난대(鸞臺)와 봉각(鳳閣)을 거치지 않았는데 어찌 칙(勅)이라고 이름하는가.'[42]라는 말이 있었고, 송나라의 신하 또한 대내(大內)

41 천하의……있겠습니까 : 효령황제가 사적으로 재물 축적하는 것을 좋아하여 천하의 진기한 재화를 거두어들이자 중상시(中常侍) 여강(呂强)이 상소하여 한 말인데, 결국은 효령제가 듣지 않았다. 《資治通鑑 卷58 漢紀50 光和4年》

42 난대(鸞臺)와……이름하는가 : 난대는 문하성(門下省)의 별칭이고, 봉각은 중서성(中書省)의 별칭이다. 당나라 측천무후(則天武后) 때 유의지(劉褘之)가 측천무후의

에서 내려온 명을 봉환(封還)한 일이 많았습니다. 임금이 사람을 등용하는 데에는 원래 공론이 있고 유사(有司)가 있으니, 공론을 따르지 않고 유사를 경유하지 않고 등용하는 것은 모두 사의(私意)이고 바르지 않은 방법입니다."

하니, 세손이 이르기를,

"그렇다."

하였다. 보덕 남현로(南玄老)가 아뢰기를,

"부질없이 명망 있는 지방관만 처벌한 데에서[43] 기강이 먼저 무너진 것을 볼 수 있으니, 이렇게 하고서 나라가 어찌 망하지 않을 수 있겠습니까."

하자, 내가 아뢰기를,

"상번이 진달한 말이 참으로 옳습니다. 그러나 기강이 무너지고 무너지지 않는 것은 또 하루 만에 되는 것이 아닙니다. 기강이란, 호연지기(浩然之氣)가 의(義)를 모아서 생기는 것이지 갑자기 하나의 의를 행했다고 해서 얻어지는 것이 아닌 것과 같습니다. 반드시 조정의 거조(擧措)가 합당함을 얻고 형벌과 상이 지나치지 않아서 사람들이

미움을 받았는데, 어떤 사람이 유의지를 무고하자 측천무후가 숙주 사사(肅州刺史) 왕본립(王本立)에게 추국(推鞫)하게 하였다. 이에 유의지가 "봉각과 난대를 거치지 않았는데 어찌 칙이라고 하는가."라고 하였다가 결국은 사사(賜死)되었다.《舊唐書 劉禕之列傳》

43 부질없이……데에서 : 광화(光和) 5년에 효령황제가 공경들에게 조서를 내려 지방관 가운데 백성들에게 해를 끼치는 자를 적발해서 올리라고 하였다. 이때 태위(太尉) 허역(許馘)과 사공(司空) 장제(張濟)가 내관(內官)들에게 뇌물을 받고서 먼 변방의 작은 군(郡)에서 정치를 잘하여 치적이 있고 백성들을 교화한 지방관들만 처벌한 일을 가리킨다.《資治通鑑 卷58 漢紀50 光和5年》

기쁜 마음으로 복종한 뒤에야 기강이 비로소 설 수 있는 것이지 엄한 형벌과 준엄한 법으로 갑자기 붙들어 세운다고 해서 세워지는 것이 아닙니다."

하니, 세손이 이르기를,

"그렇다."

하였다.

8월 25일 소대에서 "8월에 400자의 관(觀)을 세웠다."부터 "체포하여 옥중에서 죽었다."까지 진강하였다.

내가 아뢰기를,

"'가는 길을 멈추고 총마(驄馬) 탄 어사(御史)를 피하라.'[44]라고 하였으니, 비록 이와 같은 때에도 이처럼 사람들에게 꺼림을 받았으니 환전(桓典) 또한 비상한 사람이라고 할 만합니다. 당나라 유공작(柳公綽)이 경조 윤(京兆尹)이 되어 신책군(神策軍)의 장수를 장살(杖殺)하였는데, 헌종(憲宗)이 노하여 꾸짖어도 유공작이 굽히지 않자 헌종이 주위의 신하들에게 말하기를 '너희들은 이 사람을 주의하라. 나 역시 두렵다.'라고 하였습니다.[45] 임금으로 하여금 두려워하게

44 가는……피하라 : 동한(東漢)의 환전(桓典)이 시어사(侍御史)에 임명되자 환관들이 두려워하였다. 그가 항상 총마를 타고 다녔으므로 경사(京師) 사람들이 "가는 길을 멈추고 총마 탄 어사를 피하라."라고 말한 고사를 인용한 것이다. 《後漢書 桓榮列傳 桓典》

45 당나라……하였습니다 : 유공작이 경조 윤이 되고서 처음 일을 하기 위해 경조부(京兆府)로 가는데 신책군의 소장(小將)이 자신의 말을 세차게 몰아서 유공작의 선봉과 부딪쳤다. 이에 유공작이 말을 멈추고서 그를 장살하였다. 다음 날 입대(入對)하니,

하고 주위 신하들을 신칙하게까지 하였으니 그 풍채를 상상할 수 있습니다. 이 얼마나 성대한 시대의 일입니까. 백성의 위에 있는 자는 의당 이런 사람을 부식(扶植)하는 마음을 가져야 합니다."

하니, 세손이 이르기를,

"그렇다."

하였다. 내가 아뢰기를,

"신이 지난번에 시율(詩律)의 일로 경계의 말씀을 진달하였는데 단지 '유의하겠다.'라는 대답만 들었으니 답답한 마음을 금할 수 없었습니다. 대체로 말은 간묵(簡默)한 것이 참으로 좋지만 이런 경계의 말씀을 진달한 데 대해서는 명백한 답을 내린 뒤에야 상하의 정의(情意)가 비로소 유통됩니다. 신의 본의 또한 일절 영구히 끊으라고 청한 것이 아닙니다. 단지 빠져드는 데에 이르지 마시게 하려고 하였을 뿐입니다. 저하께서 이를테면 '내가 과연 좋아하지만 경계하는 말이 이와 같으니 앞으로는 절제하겠다.'라고 답하시거나, 그렇지 않으면 '경계하는 말이 이와 같기는 하지만 한때 마음을 붙이는 것이 어찌 해로운 데에 이르겠는가.'라고 답하시거나, 또 그렇지 않으면 '내가 좋아한 일이 없는데 궁관이 잘못 들은 듯하다.'라고 답하셨어

헌종이 몹시 노하여 멋대로 소장을 죽인 것을 꾸짖었다. 유공작이 "폐하께서 신을 경조윤으로 삼으셨는데 경조는 도성의 사표(師表)입니다. 그런데 지금 업무를 보는 초기에 소장이 감히 당돌하게 행동하였으니, 이것은 폐하의 조명(詔命)을 경시한 것이고 신만 경시한 것이 아닙니다. 신은 무례한 사람을 매질해야 한다는 것만 알았지 그가 신책군의 장수라는 것은 몰랐습니다."라고 하니, 헌종이 그를 죄주지 않고, 그가 물러난 뒤에 좌우 신하들에게 "너희들은 반드시 이 사람을 주의해야 한다. 나 역시 두렵다."라고 하였다. 《資治通鑑 卷239 唐紀55 元和11年》

야 합니다. 이 세 가지 중에서 사실에 근거하여 답을 하셨다면 신의 마음이 시원했다고 할 수 있을 것입니다. 그런데 지금 단지 유념하겠다고만 하교하셨으니, 신이 진달한 말이 저하의 마음에 차지 않아서 우선 이렇게 가탁하신 것인지, 아니면 신의 말이 과연 시원스럽게 저하의 마음에 합당한 것인지 모르겠습니다. 대답하는 말씀을 듣기를 원합니다."

하니, 세손이 이르기를,

"이 일은 전날에는 실제로 좋아한 바가 없지 않아서 자주 시를 지었으나 또한 한때의 일에 불과하였고, 근자에는 흥이 다해서 그다지 의미가 없음을 스스로 깨달았기 때문에 별로 손을 댄 일이 없다."

하자, 내가 아뢰기를,

"지금 대답하신 말씀을 들으니 종전에 답답했던 신의 마음이 깨끗이 풀렸습니다."

하고, 또 아뢰기를,

"신이 감히 묻건대 저하께서 평소 학문하실 때에 실제로 말할 만한 입지(立志)가 있습니까? 반드시 요순(堯舜) 같은 임금이 되겠다고 뜻을 세웠습니까, 아니면 이와 같이 될 수 없다고 생각하십니까?"

하니, 세손이 이르기를,

"성현의 사업이라고 해도 어찌 하고 싶은 뜻이 없겠는가. 그러나 끝내 범범해서 뜻을 세웠다고 말할 수 없다."

하자, 내가 아뢰기를,

"말이 실상을 지나치고 행동이 미치지 못하는 것이 학자의 가장 큰 병통이 됩니다. 저하의 말씀은 실로 진심에서 나온 것이니 허황하게 큰소리만 치는 자에 비하면 도리어 낫습니다. 대체로 한때 좋은 생각이 있다가 곧바로 소멸되는 것은 이른바 입지가 아닙니다. 모름지기 우뚝하게 뜻을 세워서 다른 곳으로 옮겨 가지 않고 오래되어도 흔들리지 않은 뒤에야 비로소 입지라고 말할 수 있습니다. 학문이란 별다른 일이 아니라 단지 매사에 옳음을 구하는 것일 뿐입니다. 반드시 먼저 그 뜻을 세워서 추향(趨向)을 정한 뒤에 의리를 강명(講明)하여 일의 시비를 비춰 보아 정밀히 가려내고, 가려낸 뒤에 또 반드시 그 옳은 것을 행하고 그 그른 것을 제거하는 것일 뿐입니다. 함양(涵養), 조존(操存), 성찰(省察), 천리(踐履) 모두 하나도 빠뜨려서는 안 되며, 신독(愼獨)이 절실하고 중요한 공부로서 천덕(天德)과 왕도(王道)도 그 요체는 단지 신독에 달려 있습니다. 《대학》에 이른바 '한가히 있을 때에 불선(不善)을 행하다가 군자를 본 뒤에 그 불선을 가린다.'라는 말이 얼핏 보면 거친 말 같지만 세밀히 연구해 보면 이것을 범하기가 매우 쉽습니다. 그리고 신이 몸소 경험한 바로는 외우(畏友)를 대할 때에는 마음이 저도 모르게 숙연히 경각심을 일으키지만 평상시에는 그때만 못합니다. 모름지기 말과 행동이 부합하고 안과 밖이 일치한 뒤에야 비로소 여기에서 면할 수 있습니다. 사마 온공(司馬溫公)이 '평생 한 일 중에 남에게 말할 수 없는 것이 없다.'라고 한 말이 바로 제목으로 삼아서 스스로 점검하기에 좋습니다. 반고(班固)가 한나라 원제(元帝)의 찬(贊)을 지을 때에 서화(書畫)를 잘하고 음률에 정밀하며 소(簫)를 불고 작곡(作曲)한 일들을 모두 말하고서 시중(侍中)을 지낸 외조부 형제를 끌어대서 증거로 삼았고, 성제(成帝)의 찬을 지을 때에 조회에 임하여 위의(威儀)가 신(神)과 같았으나 안으로는 주색에 빠졌다고 하면서 고모인 첩여(婕妤)[46]를 끌어대서 증거로 삼았습니다. 송(宋)나라 유자(儒者)는 이 내용을 끌어대서 그 임금을 경계하면서 '제왕이 궁중에서 행하는 일은 결국 사람들이 모를 이치가 없습니다. 반고가 반드시 직접 본 사람을 끌어대서 증거로 삼은 것은 사람들이 믿지 않을까 염려해서였습니다.'라고 하였으니, 송나라 유자의 이 말은 참으로 경계하고 반성하는 데에 도움이 된다고 할 수 있습니다. 신이 전에 기거와 동정을 모두 경연관으로 하여금 알게 해야 한다는 정자(程子)의 말을 아뢴 적이 있는데, 신들이 강관으로 있으면서 입대(入對)하는 몇 시진 외에는 저하께서 자내(自內)에서 하시는 일에 대해 막연히 알 길이 없습니다. 설사 해서는 안 되는 일에 뜻을 두시더라도 신들이 직숙하는 곳과는 천 리나 멀리 떨어진 것과 같으니 무슨 수로 듣고 알아서 규간(規諫)하겠습니까. 이것이 가장 답답합니다. 신이 감히 여쭙건대 저하께서 근일 한가할 때 무슨 책을 보시는지 듣고 싶습니다."

하니, 세손이 이르기를,

"《격몽요결(擊蒙要訣)》과 《경연일기(經筵日記)》를 즐겨 보고 있다."

하자, 내가 아뢰기를,

"좋습니다. 감계(鑑戒)하는 데에는 자신에게 절실한 일이 먼 일보다 낫고, 우리나라의 일이 전대의 일보다 낫습니다. 《경연일기》는 사실과 의리가 구비되어 있으니 익숙히 보신다면 크게 유익할 것입니다."

46 첩여(婕妤) : 한나라 성제의 총애를 받았던 반첩여(班婕妤)를 말한다. 반황(班況)의 딸로, 어진 덕을 지녔으며 시가(詩歌)를 잘하였다. 처음에는 성제에게 총애를 받았으나, 뒤에 조비연(趙飛燕)에게 총애를 빼앗기고 나서는 장신전(長信殿)에서 태후를 시봉(侍奉)하며 자신의 처지를 가탁한 〈원가행(怨歌行)〉을 지었다. 《漢書 孝成班婕妤傳》

하였다.

8월 26일 주강에서 "추(鄒)나라와 노(魯)나라가 싸웠다."부터 "어떻게 나[47]로 하여금 만나지 못하게 할 수 있겠는가."까지 진강하였다.

내가 아뢰기를,

"'지금에야 되갚을 수 있게 되었다.'[48]라는 것은 이치가 참으로 이와 같습니다. 임금이 백성을 사랑하지 않고서 백성으로 하여금 임금을 사랑하게 하려고 하니, 스스로 돌이켜 보기 어려운 것이 참으로 심합니다. 덕을 진전시키는 방도로는 모든 일을 스스로 돌이켜 보는 것보다 좋은 방법이 없으니, 이것이 가장 유의할 곳입니다. 그러나 이것은 맹자가 추나라 임금에게 한 말이기 때문에 이렇게 말한 것입니다. 만약 추나라 백성에게 말했다면 아버지가 사랑해 주지 않더라도 자식은 효도하지 않아서는 안 되는 도리로 말했을 것입니다. 예(禮)에 다른 사람의 아버지와 말할 때에는 자애를 말하고, 다른 사람의 아들과 말할 때에는 효도를 말한다고 하였는데 의리가 본래 이와 같습니다. 맹자가 '신하가 임금 보기를 원수처럼 한다.'라고 한 말 또한

47 나 : 대본에는 '子'로 되어 있다. 《맹자》 〈양혜왕 하(梁惠王下)〉에 근거하여 '予'로 바로잡아 번역하였다.

48 지금에야……되었다 : 추나라가 노나라와 싸울 때 추나라 유사(有司)들이 33명이나 죽었는데도 백성들이 질시(疾視)하면서 구해 주지 않았다. 그러자 추나라 목공(穆公)이 맹자에게 어떻게 하면 좋을지 물었다. 이에 맹자가, 지난날 흉년이 들어 노약자는 굶어 죽고 장정들은 사방으로 흩어질 때에 임금의 창고가 가득 차 있었는데도 임금에게 아뢰는 유사가 아무도 없었으므로 지금 백성들이 되갚는 것이라고 대답하였다. 《孟子 梁惠王下》

임금을 대해서 말하였기 때문에 이렇게 말한 것입니다. 황조(皇朝)의 고황제(高皇帝)가 맹자를 출향(黜享)하려고 하자 전당(錢唐)이 옷깃을 젖히고 화살을 맞은 일[49]이 곧 이 일입니다."

하니, 세손이 이르기를,

"그렇다."

하였다. 내가 아뢰기를,

"'성공하는 것으로 말하면 하늘에 달려 있다.'라는 말은 단지 자기가 해야 할 일을 할 뿐이고 하늘에 달려 있는 것은 기필하지 않는다는 뜻이니, 이것이 바로 군자의 마음입니다. 만약 효과를 구하는 마음이 있다면 이는 의도가 있어서 하는 것입니다. 장남헌(張南軒)이 말하기를 '의도가 없이 하는 것은 의(義)이고, 의도가 있어서 하는 것은 이(利)이다.'라고 하였는데, 전인(前人)이 밝혀내지 못한 것을 밝혀냈다고 주자(朱子)가 자주 칭찬하였습니다. 정자(程子)가 말하기를 '명성을 위한 것과 이익을 위한 것이 청탁(淸濁)은 비록 다르지만 이익을 탐하는 마음이 되는 것은 마찬가지이다.'라고 하였습니다. 대체로 의를 가탁하는 부류와 명성을 좋아하는 사람은 큰 근본이 참으로 이미 잘못되었습니다. 그러나 이런 사람이 구차스럽고 어려

49 황조(皇朝)의……일 : 명나라 태조(太祖)가 《맹자》를 보다가 〈이루 하(離婁下)〉에 "임금이 신하 보기를 토개(土芥)처럼 하면 신하는 임금 보기를 원수처럼 한다."라고 한 대목을 보고는 신자(臣子)로서 할 말이 아니라고 하여 맹자를 문묘(文廟)에서 출향하게 하고, 이에 대해 간하는 자는 대불경(大不敬)으로 논죄하겠다고 하였다. 그러자 전당이 반대하는 상소를 올려서 "신이 맹가(孟軻)를 위해서 죽는다면 죽더라도 영광스러울 것입니다."라고 하였다. 이에 태조가 그를 처벌하지 않고 맹자를 다시 배향하게 한 일을 말한다. 《明史 錢唐列傳》

운 일을 능히 해내니 범상하여 일컬을 만한 것이 없는 사람에 비하면, 감히 여쭙건대 저하께서는 누가 낫다고 생각하십니까?"

하니, 세손이 이르기를,

"심술(心術)로 말하면 범상한 사람이 도리어 낫다."

하자, 내가 아뢰기를,

"저하의 말씀이 참으로 옳습니다. 그러나 옛사람이 죽의 말의 뼈를 산 뜻으로 말하면, 명성을 좋아하고 의를 가탁하는 자라도 윗사람이 장려하여 등용한다면 사람들이 반드시 고무되어 '겉으로 선을 하는 자도 이와 같은데 하물며 참으로 선을 하는 자는 어떻겠는가.'라고 하여 앞다투어 선을 하는 것을 권할 것입니다. 제갈량(諸葛亮)이 허명(虛名)만 있는 선비를 기용하여 인심을 수습한 것 또한 뜻이 있어서입니다."

하니, 세손이 이르기를,

"격려하고 권면하는 도리로 말하면 과연 그러하다."

하였다. 내가 아뢰기를,

"옛사람이 말하기를 '명성을 피하면 선을 할 길이 없다.'[50]라고 하였고, 또 말하기를 '말세의 선비는 오직 그가 명성을 좋아하지 않을까 두렵다.'[51]라고 하였는데, 이 말 또한 모두 뜻이 있습니다."

50 명성을……없다 : 송(宋)나라 철종(哲宗) 때에 상서우복야(尙書右僕射)를 지낸 범순인(范純仁)의 말이다. 어떤 사람이 그에게 명성을 가까이한다고 하자, 탄식하며 말하기를 "사람이 만약 명성을 좋아한다는 혐의를 피한다면 선을 할 길이 없을 것이다." 라고 하였다. 《宋名臣言行錄 後集 卷11》

51 말세의……두렵다 : 남송 이종(南宋理宗) 때 관료인 진훈(陳塤)의 말이다. 외숙부인 사미원(史彌遠)이 그에게 명성을 좋아하는지 묻자, 대답하기를 "명성을 좋아하는

하니, 세손이 이르기를,

"그렇다."

하였다. 내가 아뢰기를,

"태왕(太王)이 빈(邠)을 떠난 일[52]로 말하면, 이는 비어 있는 땅으로서 이곳에서 저곳으로 옮기나 저곳에서 이곳으로 옮기나 모두 어려울 것도 없고 해로울 것도 없어서 후세에 당 명황(唐明皇)이 촉(蜀)으로 파천(播遷)한 것[53]과는 크게 다릅니다. 그러나 맹자는 단지 '두 가지 중에서 택하십시오.'[54]라고 하였습니다. 감히 여쭙건대 두 가지 중에서 어느 것이 낫습니까?"

하니, 세손이 이르기를,

것은 맹자가 취하지 않은 것입니다. 삼대(三代) 위의 시대에서 선비를 구한다면 그가 명성을 좋아할까 두렵고, 삼대 아래의 시대에서 선비를 구한다면 그가 명성을 좋아하지 않을까 두렵습니다."라고 하였다. 《宋史 陳塤列傳》

52 태왕(太王)이……일 : 주(周)나라 문왕(文王)의 조부인 태왕이 원래 빈에 거주하고 있었는데, 적인(狄人)이 침입하였다. 태왕이 이들에게 짐승 가죽과 비단, 개와 말, 주옥(珠玉)을 주면서 달래려고 노력했으나 화를 면할 수 없게 되자 결국 빈을 떠나 기산(岐山) 아래로 옮겼다. 《孟子 梁惠王下》

53 당 명황(唐明皇)이……것 : 당 명황은 당나라 현종(玄宗)을 가리킨다. 당 현종 천보(天寶) 14년(755) 11월에 안녹산(安祿山)이 어양(漁陽)에서 20만 대군으로 반란을 일으켜 12월에 수도를 함락하자, 현종이 난을 피해 서촉(西蜀)으로 몽진한 일을 가리킨다. 《新唐書 肅宗本紀》

54 두……택하십시오 : 등 문공(滕文公)이 맹자에게 등나라는 작은 나라이기 때문에 대국(大國)을 아무리 잘 섬겨도 화를 면할 수 없으니 어떻게 하면 좋을지 물었다. 이에 맹자가 주나라 태왕이 빈에서 기산 아래로 옮겼듯이 나라를 버리고 떠나든지 아니면 조상 대대로 전해 내려온 나라이므로 목숨을 바쳐서 지키고 떠나지 말든지 둘 중에 하나를 택하라고 한 말을 가리킨다. 《孟子 梁惠王下》

"목숨을 바치고 떠나지 않는 것이 낫다."

하자, 내가 아뢰기를,

"저하의 말씀이 참으로 옳습니다. 우리나라의 일로 말하면, 임진왜란과 병자호란 때의 일이 모두 빈(邠)을 떠나서 온전하게 된 경우입니다. 그러나 이것은 요행히 그렇게 된 것입니다. 임진왜란 때에 어가가 용만(龍灣)에 도착한 뒤에 조선을 명나라에 편입시키자는 논의가 있었는데 그 주장을 한 자와 그 주장을 배척하고 힘써 간쟁한 자들이 모두 당시의 명신(名臣)들입니다. 어느 주장이 옳고 어느 주장이 그른지 모르겠습니다."

하니, 세손이 이르기를,

"요하(遼河)를 건너지 말자는 주장이 옳다."

하였다. 내가 아뢰기를,

"집주에 '무모하다고 할 만하다.'[55]라고 한 말이 참으로 좋습니다. 대체로 성현이 일을 논할 때에 오직 의리를 기준으로 하지 상황에 따라서 융통성을 부리는 말을 한 적이 없으니, 왕도(王道)에 대한 내용 하나하나가 이와 같습니다. 패도(霸道)의 경우는 그렇지 않아서 다급한 경우에 이르면 의리를 버리고 이해를 따집니다."

하니, 세손이 이르기를,

"그렇다."

55 무모하다고 할 만하다 : 맹자가 등 문공에게 나라를 버리고 떠나든지 목숨을 바쳐서 지키든지 둘 중에 하나를 택하라고 한 말에 대해 집주에서 양시(楊時)가 논하기를 "세속적인 기준으로 보면 무모하다고 할 수 있다. 그러나 이치로 볼 때 할 수 있는 것은 이와 같이 하는 데에 불과하니, 이것을 버리면 반드시 소진(蘇秦)이나 장의(張儀)처럼 하게 될 것이다."라고 한 말을 가리킨다. 《孟子 梁惠王下》

하였다. 내가 아뢰기를,

"'노(魯)나라 임금을 만나지 못한 것은 천명(天命)이다.'[56]라고 하여 천명으로 단정하였는데, 맹자 입장에서는 이렇게 말할 수 있지만 노 평공(魯平公) 입장에서는 이렇게 말할 수 없습니다. 그 이유는 임금은 명(命)을 만들어 내기 때문에 명이라고 말해서는 안 됩니다. 말세의 세상이라도 세운(世運)을 만회하고 난리를 평정하여 질서 있는 세상을 회복하는 것은 오직 임금의 노력에 달려 있으므로 천명이라고 핑계 대서는 안 됩니다."

하니, 세손이 이르기를,

"그렇다."

하였다.

○ 같은 날 소대에서 "여름 4월"부터 "미적(米賊)이라고 이른다."까지 진강하였다.

내가 아뢰기를,

"좌풍(左豐)이 노식(盧植)을 참소하였는데,[57] 이런 경우에 그들의

56 노(魯)나라……천명(天命)이다 : 맹자의 제자 악정자(樂正子)의 주선으로 노 평공(魯平公)이 맹자를 만나러 가려고 했는데, 평공의 근시(近侍) 장창(臧倉)의 반대로 평공이 맹자 만나러 가는 것을 포기하였다. 악정자가 이 사실을 맹자에게 전하자 맹자가 말하기를 "길을 가는 것은 누가 시켜서일 수 있고 가다가 멈추는 것은 누가 저지해서일 수 있지만 가고 멈추는 것은 남이 시킬 수 있는 것이 아니다. 내가 노나라 임금을 만나지 못한 것은 천명이다. 장씨의 아들이 어찌 나로 하여금 노나라 임금을 만나지 못하게 할 수 있겠는가."라고 한 것을 가리킨다. 《孟子 梁惠王下》

57 좌풍(左豐)이 노식(盧植)을 참소하였는데 : 후한 영제(後漢靈帝) 때 황건적(黃巾賊)의 난이 일어났다. 이때 노식이 장각(張角)을 쳐서 거의 격파하게 되었는데, 환관 좌풍이 군대를 시찰하러 왔다가 노식에게 뇌물을 요구하였으나 노식이 뇌물을 주지

술수에 빠지기 쉽습니다. 신이 지난번에 협시(夾侍)가 휴가에서 돌아온 뒤에 연로에서 접대받은 일을 아뢰었는데, 신이 물러나서 다시 생각해 보니, 당초에 이런 말로 그에게 묻지 않았다면 속지 않았을 것입니다."

하니, 세손이 이르기를,

"나의 뜻 또한 바로 이와 같았는데 미처 말하지 못하였다. 하번이 아뢴 말이 참으로 옳다."

하였다.

8월 27일 소대에서 "8월에 황보숭(皇甫嵩)을 보냈다."부터 "한양(漢陽)에 송환하였다."까지 진강하였다.

상번이 아뢰기를,

"좌창(左昌)이 개훈(蓋勳)의 간언에 노한 것[58]으로 보면 여기에서도 간언을 받아들이기 어려움을 볼 수 있습니다."

하자, 내가 아뢰기를,

"관장(官長)과 요속(僚屬) 사이에도 간언을 받아들이기 어려운 것이

잃자 돌아가 황제에게 "적을 격파하기가 쉬운 상황인데, 노 중랑(盧中郞)이 보루를 굳게 지키고 군사들을 휴식시키며 천자가 토벌하기를 기다리고 있습니다."라고 하였다. 황제가 노하여 노식을 체포하고 대신 황보숭(皇甫嵩)에게 장각을 토벌하게 한 일을 가리킨다.《通鑑節要 卷21 後漢紀 孝靈皇帝》

58 좌창(左昌)이……것 : 후한 영제(後漢靈帝) 때에 북쪽의 강호(羌胡)와 변장(邊章) 등이 농우(隴右)를 침범하자 자사(刺史) 좌창이 이 틈을 이용해 곡식 수만 섬을 절취(竊取)하려고 하였다. 개훈이 하지 못하도록 간언하자 좌창이 노하여 개훈에게 아양(阿陽)에 따로 주둔하여 적의 예봉을 막게 해서 군대의 일로 인하여 죄를 주려고 한 일을 가리킨다.《後漢書 蓋勳列傳》

오히려 이와 같은데, 하물며 신하가 임금에게 간언하는 경우이겠습니까. 간언을 올리는 것으로 말하면, 신분이 대등한 사람 사이에도 그 과실을 지적하기 어려운데 하물며 지극히 존엄한 분에 대해서는 말할 것이 있겠습니까. 간언을 받아들이는 것으로 말하면, 신분이 대등한 사람 사이에도 규계하는 말을 들으면 노여워하지 않기 어려운데 하물며 지극히 존엄한[59] 지위에 앉아 신하들을 내려다보는 분은 말할 것이 있겠습니까. 당 헌종(唐憲宗)이 간언을 수용하는 것이 태종에 버금갑니다. 백거이(白居易)가 한림학사(翰林學士)로 있으면서 일로 인하여 어전에서 강력하게 간쟁하면서 곧바로 '폐하께서 잘못하셨다.'라고 하였는데, 헌종이 처음에는 심하게 노하여 '소신(小臣)이 어떻게 무례할 수 있는가.'라고 하면서 마침내 한림원에서 내보내라고 명하였습니다. 그러나 이강(李絳)이 설득하자 명을 환수하라고 하고 우대하였습니다.[60] 헌종이 이강의 말에 대해서 받아들이지 않는 것이 없었고, 사서(史書)에 이강이 어전에서 간쟁하여 머리와 얼굴이 모두 붉어지는 지경에 이르렀는데도 황제가 노하지 않았다고 하였으니, 헌종 같은 사람 또한 만나기가 쉽지 않다고 할 수 있습니다."

59 존엄한 : 대본에는 '尊難'으로 되어 있다. 문맥에 근거하여 '難'을 '嚴'으로 바로잡아 번역하였다.

60 백거이(白居易)가……우대하였습니다 : 이강은 강직한 성품과 거침없는 직언으로 당나라 헌종의 총애를 받았다. 이 내용은 헌종 5년(810)의 일인데, 《자치통감》에는 백거이를 한림원에서 내보내라고 명한 것이 아니라 이강을 은밀히 불러 대화하는 가운데 나온 말이고, 이강의 간언으로 인하여 내보내라는 명을 내리지 않고 백거이를 우대한 것으로 되어 있다. 《資治通鑑 卷238 唐紀54 元和5年》

하니, 세손이 이르기를,

"참으로 그렇다."

하였다.

8월 30일 주강에서 "공손추(公孫丑)가 묻기를"부터 "오직 지금만이 그러할 것이다."까지 진강하였다.

내가 아뢰기를,

"증서(曾西)가 어질다는 말은 듣지 못했지만 그도 관중(管仲)과 비교하는 것을 수치로 여겼으니,[61] 제왕의 학문은 특히나 왕도(王道)와 패도(霸道)를 분별하는 것을 우선으로 삼아야 합니다."

하니, 세손이 이르기를,

"그렇다."

하였다. 내가 아뢰기를,

"공자와 맹자가 관중에 대해 칭찬하고 폄하하기를 다르게 한 것은 모두 시기에 따라서 폐단을 구제하기 위해서였으니, '때에 따라 알맞게 한다.〔時措之宜〕'라는 것입니다. 정치를 하는 도리 또한 그러합니다. 한 고조(漢高祖)의 약법삼장(約法三章)은 진(秦)나라 말기의 가

61 증서(曾西)가……여겼으니 : 증서는 증자(曾子)의 손자이다. 어떤 사람이 증서에게 묻기를 "그대를 자로(子路)와 비교하면 누가 더 어진가?" 하니, 증서가 불안해하면서 말하기를 "자로는 우리 선자(先子)께서 두려워하신 분이다." 하였다. "그렇다면 그대를 관중과 비교하면 누가 더 어진가?" 하니, 증서가 불쾌해하면서 말하기를 "네가 어찌 나를 관중에게 비교하는가. 관중은 군주의 신임을 그렇게 독차지하였으며, 국정을 시행하기를 그렇게 오래 하였는데도 공렬(功烈)이 저렇게 낮으니, 네가 어찌 나를 이 사람에게 비교하는가." 하였다. 《孟子 公孫丑上》

혹한 법을 구제한 것이고, 광무제(光武帝)가 명절(名節)을 숭상하고 장려한 것은 서한(西漢)의 나약한 풍조를 구제하려는 것이었으니, 모두 때에 따라서 폐단을 구제하는 정치입니다. 역대로 전 왕조를 계승할 때에 이런 치우침과 폐단을 구제하는 정치를 바로 주목해서 보아야 합니다."

하니, 세손이 이르기를,

"그렇다."

하였다. 내가 아뢰기를,

"왕도와 패도의 구분에 대해 저하께서 일찍이 명백하게 간파하셨는지 모르겠습니다. 감히 여쭙니다. 어떻게 하는 것이 왕도이고, 어떻게 하는 것이 패도입니까? 신은 듣기를 원합니다."

하니, 세손이 이르기를,

"하늘의 정도를 한결같이 따르는 것이 왕도이고, 거기에 사사로운 뜻을 섞는 것이 패도이다. 이렇게 인식하는 것이 옳은가?"

하자, 내가 아뢰기를,

"저하의 말씀이 과연 옳습니다. 제갈량이 말한 '성패와 유불리는 신이 미리 알 수 있는 것이 아닙니다.'[62]라는 것이 왕도에 가깝습니다."

하니, 세손이 이르기를,

"동중서(董仲舒)가 말한 '의로운 일을 바르게 하고 그 이익을 꾀하지

62 성패와……아닙니다 : 제갈량이 후주(後主) 유선(劉禪)에게 올린 〈후출사표(後出師表)〉에 "모든 일이 이와 같아서 미리 예측하기 어렵습니다. 신은 온 마음과 힘을 다 쏟아서 죽은 뒤에야 그칠 것이고, 성패와 유불리는 신의 지혜로 미리 알 수 있는 것이 아닙니다."라고 한 내용을 가리킨다. 《古文眞寶 後集 卷1》

않으며, 그 도를 밝히고 그 공을 꾀하지 않는다.'[63]라는 것이 곧 왕도 이다."

하였다. 내가 아뢰기를,

"삼대(三代) 이후로 왕도를 강명(講明)하지 않은 지 오래되었습니다. 우리 효종대왕께서 산림의 선비와 선정신 송시열(宋時烈)·송준길(宋浚吉)을 초치하여 심복(心腹)의 일을 맡긴 것은 온 나라 사람들이 들었는데, 그들이 제시한 다스리는 도는 '천리를 밝히고 인심을 바르게 한다.〔明天理 正人心〕'라는 여섯 글자에 불과합니다. 효묘(孝廟)께서 일찍이 선정에게 말씀하기를 '내가 이 여섯 글자로 정치를 할 것이니 경 또한 이 여섯 글자를 자기의 임무로 삼으라.'라고 하였으니, 왕의 말씀이 성대합니다. 진실로 순수하게 한결같이 왕도를 따른다면 비록 하늘이 더 오래 살도록 해 주지 않아서 정치가 완성되지 않을지라도 남겨진 풍교(風敎)와 공렬이 백대 후의 사람을 흥기시키기에 충분합니다. 옛사람이 말하기를 '요순을 본받고 싶거든 조종(祖宗)을 본받아야 한다.'라고 하였습니다. 삼가 바라건대 항상 이 여섯 자를 체념(體念)하여 실천하소서."

63 의로운……않는다 : 한 무제(漢武帝) 때 동중서가 강도역왕(江都易王)의 재상이 되었는데, 역왕이 "월왕(越王) 구천(句踐)이 대부 설용(泄庸), 종(種), 여(蠡)와 오(吳)나라를 치려고 도모하여 마침내 오나라를 멸망시켰다. 공자가 은(殷)나라에 세 명의 인자(仁者)가 있다고 하였는데, 과인 또한 월나라에 세 명의 인자가 있다고 생각한다." 하니, 동중서가 "월나라에는 한 사람의 인자도 없습니다. 인자란 의로운 일을 바르게 하고 그 이익을 꾀하지 않으며, 그 도를 밝히고 그 공을 꾀하지 않습니다. 이 때문에 중니(仲尼)의 문하에서는 5척의 동자도 오패(五伯)를 말하지 않으니, 거짓과 힘을 앞세우고 인의(仁義)를 뒤로 했기 때문입니다."라고 한 말을 가리킨다. 《漢書 董仲舒傳》

하니, 세손이 이르기를,

"의당 체념하겠다."

하고, 또 이르기를,

"하번이 써서 진달한 고사(故事)는 말이 매우 좋다."

하였다. 내가 아뢰기를,

"임금이 안일하려고 하는 한 생각이 겨우 싹트기만 해도 결국에 나라를 망하게 하고 집안을 망치는 것이 모두 여기에서 근원하니 참으로 두려운 일입니다. 〈억(抑)〉 시로 말하면 위 무공(衛武公)이 노력한 것이 또한 치밀합니다. '네가 군자를 벗하는 것을 보건대〔視爾友君子〕'라는 한 장(章)[64]이 더욱 좋습니다. 외면에 드러나는, 사람들이 함께 보는 장소에서는 사람의 정리상 자기의 용모와 거동을 꾸미지 않는 사람이 없지만 남들이 보지 못하는 곳에서는 매번 소홀해지기 쉽기 때문에 그 말이 이와 같습니다. 이런 곳 또한 체념해서 노력해야 합니다."

하니, 세손이 이르기를,

"의당 체념하겠다."

하였다. 내가 아뢰기를,

64 네가……장(章) : 〈억〉은 위 무공이 자신을 경계하기 위해서 지은 시이다. 총 12장으로 구성되어 있는데 제7장에 "네가 군자와 벗하는 것을 보건대, 네 얼굴을 온화하고 부드럽게 하여, 허물이 있지 않은가 하는구나. 네가 방에 있을 때를 보건대, 어두운 옥루에서도 부끄럽지 않게 하는구나. 드러나지 않는다고 해서 나를 보는 사람이 없다고 말하지 말라. 신이 강림하는 것을 헤아릴 수 없는데, 하물며 싫어할 수 있겠는가.〔視爾友君子, 輯柔爾顔, 不遐有愆. 相在爾室, 尙不愧于屋漏. 無曰不顯, 莫予云覯. 神之格思, 不可度思, 矧可射思!〕"라는 내용이 있다. 《詩經 大雅 抑》

"이틀간 서연을 정지한 것이 저하의 건강이 미령하셨기 때문이라는 것을 잘 알고 있습니다. 그러나 만약 때때로 현기증이 있어서 강독에 방해가 될 뿐이라면 조금 차도가 있는 틈을 타서 특별히 궁관(宮官)을 불러 책을 읽게 하거나 역대의 치란과 민간의 고충을 진술하게 해서 듣거나 한가할 때에 보신 책을 논란하거나 모두 불가할 것이 없습니다. 오직 하루 두 번의 서연이 신들이 저하를 뵙는 길이므로 서연을 정지한 날에는 저하께서 안에 계실 때에 무슨 책을 보시는지 무슨 일을 하시는지 모두 알 길이 없습니다. 비록 저하의 덕에 해가 되는 때가 있을지라도 알 길이 없어, 지척에 있는 직숙하는 곳이 천 리만큼 멀게 느껴지니 어찌 답답하지 않겠습니까. 촌음을 아껴야 하는 이때에 서연의 과강(課講)에 간단이 있는 것이 어찌 답답하지 않겠습니까마는 신은 오히려 이런 것은 여사라고 생각합니다. 환관과 궁첩을 대하는 때가 궁료를 대하는 때보다 많은 것이 가장 걱정됩니다."

하니, 세손이 이르기를,

"이틀 동안 두통이 있어서 머리를 빗고 세수를 하지 못했기 때문에 소견할 수 없었다."

하였다.

○ 같은 날 소대에서 "주준(朱儁)[65]이 남양(南陽)을 치다."부터 "궁궐 수리할 돈을 거두는 일을 잠시 중단하였다."[66]까지 진강하였다.[67]

65 주준(朱儁) : 대본에는 '朱雋'으로 되어 있다. 《자치통감강목(資治通鑑綱目)》 권12하 중평(中平) 1년에 근거하여 '雋'을 '儁'으로 바로잡아 번역하였다.

66 궁궐……중단하였다 : 후한 영제(後漢靈帝) 중평(中平) 2년(185) 2월에 남궁(南

내가 아뢰기를,

"내행(內倖)[68]이 육강(陸康)을 죽이려고 하여, 망국(亡國)을 끌어다가 성명(聖明)에 빗댄 것은 대불경(大不敬)이라고 하였습니다. 이것이 바로 먼 옛날부터 소인배들이 정인(正人)을 해치고 죽이는 구실입니다. 임금이 만약 이와 같이 꼬투리를 잡는다면 간언을 올리는 신하 중에 어찌 한 사람이라도 살 수 있는 자가 있겠습니까. 대저 신하가 임금에게 간언을 올리는 경우는 모두 임금의 과실을 규간(規諫)하여 임금이 허물을 고치고 선을 따르게 하기 위해서입니다. 만약 이것을 비방한다고 하여 불경의 형률을 씌운다면 누가 죽음에서 면할 수 있겠습니까. 순(舜) 임금 같은 성인에게도 우(禹)가 단주(丹朱)처럼 하지 말라고 경계하였고,[69] 성왕(成王) 같은 어진 분에게도 주공(周公)이 상(商)나라 수(受)처럼 하지 말라고 경계하였습니

宮)의 운대(雲臺)가 불에 탔다. 이때 천하의 모든 전(田)에 10전(錢)씩을 부과하고 주군(州郡)의 재목(材木)과 문석(文石)을 징발하였는데, 관부에서 받아들이는 과정에 온갖 폐단이 난무하여 몇 해가 지나도 궁궐을 수리하지 못하였다. 이에 거록 태수(鉅鹿太守) 사마직(司馬直)이 상서(上書)하여 극언(極言)을 하고 독약을 먹고 자결하였다. 상서가 영제에게 올라가자 영제가 궁궐을 수리할 돈을 거두는 일을 잠시 중단하였다. 《資治通鑑綱目 卷12下 中平2年》

67 진강하였다 : 대본에는 없다. 본서의 다른 용례에 근거하여 '進講'을 보충하여 번역하였다.

68 내행(內倖) : 황제의 총애를 받는 희첩(姬妾)을 가리키는 말인데, 누구를 가리키는지는 알 수 없다.

69 순(舜)……경계하였고 : 우가 순 임금에게 경계하기를 "단주처럼 오만하지 마소서. 그는 태만하게 놀기를 좋아하며 오만하고 포악한 짓 저지르기를 밤낮없이 쉬지 않고 하며, 물이 없는 육지에서 배를 끌고 다니며 소인배들과 어울려 집에서 음란한 짓을 하여 그 세(世)를 끊었습니다."라고 한 내용을 가리킨다. 《書經 益稷》

다.[70] 주창(周昌)은 한 고조(漢高祖)를 걸주(桀紂)에 견주고[71] 유의(劉毅)는 진 무제(晉武帝)를 환제(桓帝)와 영제(靈帝)에 견주었지만[72] 어찌 이것 때문에 그 임금의 어짊이 손상된 적이 있습니까. 요순을 걸주에 견주더라도 요순에게 조금도 손실이 없고, 걸주를 요순에 견주더라도 걸주에게 조금도 이익이 없습니다. 소인들은 걸핏하면 말하는 자가 옛일을 끌어대서 현재를 증명한 말을 가지고 죄안(罪案)을 날조하니, 임금 된 자는 그 정상과 실태를 살피지 않아서는 안 됩니다."

하니, 세손이 이르기를,

"그렇다."

하였다. 내가 아뢰기를,

"영제가 조서를 내려 주군(州郡)의 재목과 문석(文石)을 징발하게 하였는데, 참으로 이는 나라를 망하게 하는 일입니다. 이런 징수가 아니더라도 대체로 국가에서 부득이한 일이 있어 하나의 작은 물건을 지방에 부과하면 백성들이 면임(面任)에게 납부하고, 면임이 하리(下吏)에게 납부하며, 주군에서 감영(監營)에 납부하고, 감영에서 경사(京司)에 납부하게 되는데, 차차로 수납할 때에 온갖 폐단이

70 성왕(成王)……경계하였습니다 : 주공이 성왕에게 경계하기를 "한가히 여겨 '오늘에만 탐락한다.'라고 말씀하지 마소서. 이는 백성들이 본받을 바가 아니며, 하늘이 순하게 여기는 바가 아닙니다. 세상 사람들이 임금의 잘못을 크게 본받을 것이니, 은왕(殷王) 수(受)가 어지러웠던 것과 같이 해서 주덕(酒德)에 빠지지 마소서."라고 한 내용을 가리킨다. 《書經 無逸》

71 주창(周昌)은……견주고 : 334쪽 주35 참조.

72 유의(劉毅)는……견주었지만 : 335쪽 주36 참조.

생겨나고 뇌물이 공공연히 행해집니다. 국가에서 쓰는 것은 털끝만큼의 작은 양에 불과한데 백성들이 받는 폐단은 산만큼 무거울 뿐만이 아닙니다."

하니, 세손이 이르기를,

"참으로 그렇다."

하였다. 내가 아뢰기를,

"역대로 환관들의 화가 없는 때가 없었지만 오직 우리나라만은 국법이 매우 발라서 환관들에게 애당초 관직을 제수하는 것을 허락하지 않았습니다. 또 정신(廷臣)들과 교제하는 것을 허락하지 않았기 때문에 우리나라가 몇백 년 동안 환관의 화에서 면할 수 있었습니다. 박상검(朴尙儉)과 문유도(文有道)의 일[73]은 마침 국운이 불행한 때를 만난 것입니다."

하니, 세손이 이르기를,

73 박상검(朴尙儉)과 문유도(文有道)의 일 : 1721년(경종1) 12월에 발생한 세제 시해를 모의한 사건을 가리킨다. 박상검은 경종 때의 환관으로, 어렸을 때 이웃집에 살고 있던 심익창(沈益昌)에게 수학하였는데, 마침 김일경(金一鏡)과 원휘(元徽)가 차례로 영변 부사(寧邊府使)로 부임해 심익창의 집에 자주 드나들자, 이들과 친교를 맺게 되었다. 김일경을 필두로 한 소론 측은 연잉군(延礽君)이 왕세제로 책봉되는 것을 저지하려 하였으나 실패하자, 박상검을 이용하여 경종과 왕세제 사이의 불화를 조성하고 왕세제를 제거하려 하였다. 이에 왕세제가 이들의 독수(毒手)를 피하기 위해 사위(辭位)할 뜻을 표명하였다. 이 사건의 주모자로 환관 박상검과 문유도가 하옥되었고, 나인 석렬(石烈)과 필정(必貞)이 죄안에 올랐다. 석렬은 잡히기 전에 자결하고 필정은 하옥된 뒤 바로 자결하였으며, 문유도는 1722년 1월 4일 4차 형신 끝에 죽고 박상검은 1월 6일에 복주되었다. 《景宗實錄 1年 12月 22日 · 23日 · 24日 · 25日, 2年 1月 4日 · 6日》《英祖實錄 1年 4月 7日》《承政院日記 英祖 1年 4月 7日, 16日》

"그렇다. 그때에 난을 일으킨 환시(宦寺)가 이 두 사람뿐인가? 궁녀는 누구인가?"

하자, 내가 아뢰기를,

"궁녀는 석렬(石烈)과 필정(必貞)입니다. 박상검과 문유도 외에 또 손형좌(孫荊佐)가 있습니다. 을사년(1725, 영조1) 초에 국문을 받은 심익창(沈益昌), 심정옥(沈廷玉), 원휘(元徽), 심단(沈檀), 이삼(李森)이 모두 그 옥사에 관련된 자들입니다."

하였다. 세손이 이르기를,

"소열(昭烈)을 고조나 광무제와 비교하면 우열이 어떠하며, 제갈량을 고조나 광무제 때의 명신(名臣)들과 비교하면 우열이 또한 어떠한가?"

하자, 내가 아뢰기를,

"소열은 재략(才略)으로 말하면 참으로 고조에 미치지 못하고 광무제에 비교해도 미치지 못하지만, 타고난 자질과 공부로 말하면 그들보다 나은 듯합니다. 소열이 유종(劉琮)을 취하지 않은 것[74]은 '한 가지 일이라도 불의(不義)를 행하여 천하를 얻을지라도 하지 않겠다.'라는 뜻[75]에 가깝고, 또 임종 때에 '선(善)이 작다고 해서 하지

74 소열이……것 : 유비(劉備)가 형주(荊州)의 유표(劉表)에게 의탁하고 있었는데, 유표가 죽고 유표의 아들 유종이 형주를 계승하였다. 이때 조조(曹操)가 공격해 온다는 소식을 듣고 형주를 떠나 양양(襄陽)을 지날 때에 제갈량이 유비에게 유종을 쳐서 형주를 차지하라고 권하자, 유비가 차마 하지 못한다고 하였다. 그런데 얼마 지나지 않아 유종이 형주를 조조에게 바치고 항복하였다. 《三國志 蜀書2 先主備傳》

75 한……뜻 : 맹자의 제자 공손추(公孫丑)가 백이(伯夷)와 이윤(伊尹)과 공자의 공통점에 대해서 묻자 맹자가 대답하기를 "100리 되는 땅을 얻어서 임금이 되면 모두

않지 말고, 악(惡)이 작다고 해도 하지 말라.'[76]라는 말로 후주(後主)를 경계한 것과 '사자(嗣子)가 만약 보필할 만하지 않거든 그대가 스스로 나라를 취하라.'[77]라고 공명(孔明)에게 말한 것으로 보면 그의 타고난 자질이 도에 가깝고 공부가 정밀한 것을 대략 볼 수 있습니다. 공명은 재략 외에도 그의 학식과 지조와 절개는 양한(兩漢)의 명신 중에 비슷한 사람이 없습니다. 대저 소열과 공명의 출처(出處)와 제우(際遇)는 거의 삼대 이후로 처음 있는 일이고, 뜻을 세운 것이 분명하고 명분과 의리가 매우 발라서 풍성(風聲)이 미치는 곳에서는 백대 후의 사람도 흥기시킬 만합니다."

하니, 세손이 이르기를,

"소열을 문제(文帝)와 견주면 어떠한가?"

하자, 내가 아뢰기를,

"문제는 어진 군주이기는 하지만 수문(守文)한 군주입니다."

하니, 세손이 이르기를,

제후들에게 조회받고 천하를 소유할 수 있거니와, 한 가지 일이라도 불의(不義)를 행하며, 한 사람이라도 죄 없는 이를 죽이고 천하를 얻는 것은 모두 하지 않을 것이니, 이것은 같은 점이다."라고 한 말을 인용한 것이다. 《孟子 公孫丑上》

76 선(善)이……말라 : 유비가 임종 때에 후주(後主) 유선(劉禪)에게 한 말로, 《제갈충무서(諸葛忠武書)》 권3에 실려 있는 내용이다.

77 사자(嗣子)가……취하라 : 유비가 임종 때에 제갈량에게 유언하기를 "그대의 재능이 조비(曹丕)보다 열 배는 나으니 반드시 나라를 안정시키고 대업을 이룰 수 있을 것이다. 만약 사자가 보필할 만하거든 보필하고, 그의 재능이 부족하거든 그대가 스스로 나라를 취하라."라고 하자, 제갈량이 눈물을 흘리며 "신이 감히 고굉(股肱)의 힘을 다하고 충정(忠貞)의 절의를 바치고 이어 죽음으로 보필하겠습니다."라고 한 일을 가리킨다. 《三國志 蜀書5 諸葛亮傳》

"선제(宣帝) 또한 어진 군주이다."

하자, 내가 아뢰기를,

"선제의 다스리는 법이 지극히 좋습니다. 재상을 가릴 때에 반드시 순량(循良)한 목수(牧守) 중에서 일이 모두 확실한 사람을 선발하고 허명(虛名)을 따르지 않았기 때문에 효과를 본 것이 매우 빨랐습니다."

하니, 세손이 이르기를,

"선제의 공업이 원제(元帝) 때부터 쇠하기 시작하였다. 반고(班固)가 지은 원제와 성제(成帝) 두 황제의 찬(贊)[78]을 하번이 일찍이 진달한 적이 있다."

하였다. 내가 아뢰기를,

"두 황제가 궁중에서 한 일에 대해 두 황제는 사람들이 필시 모를 것이라고 생각하겠지만 사람들이 모두 알 뿐만 아니라 또 책에 써서 후세 사람들에게 보이고, 또 당시에 직접 본 사람을 증인으로 삼았으니, 무릇 자기가 하고서 남들이 모르기를 바라는 것은 착각이라고 말할 수 있습니다."

하니, 세손이 이르기를,

"그렇다."

하였다. 내가 아뢰기를,

"말하는 자들이 매번 문제와 선제는 패도를 섞어서 나라가 다스려졌고, 원제와 성제는 유술(儒術)을 좋아해서 왕업이 쇠퇴해졌다고 하

78 반고(班固)가……찬(贊) : 반고가 《한서(漢書)》를 지으면서 각 왕의 본기 끝에 쓴, 각 왕을 평한 내용이다.

여 유술을 비난하는 구실로 삼습니다. 그러나 원제가 쓴 유술은 참된 유술이 아닙니다. 광형(匡衡),[79] 위현성(韋玄成),[80] 두흠(杜欽),[81] 곡영(谷永)[82]의 무리는 모두 아첨하고 유약하여 기절(氣節)이 없는 사람들입니다. 한나라 왕업이 쇠퇴한 것은 사용한 것이 참된 유술이 아니었기 때문이지 유술의 죄가 아닙니다."

하니, 세손이 이르기를,

"그렇다."

하였다. 내가 아뢰기를,

"성제가 조정에 임하여 자신을 잘 수식하였지만 안으로 주색에 빠졌으니, 밖에 꾸민 용모는 모두 거짓입니다. 대체로 가식으로 하는

79 광형(匡衡) : 한나라 때 사람으로 자는 치규(稚圭)이다. 경의(經義)에 두루 통하였으며, 특히 시(詩)의 강설에 뛰어났다. 전한(前漢)의 선제(宣帝), 원제(元帝), 성제(成帝) 때에 벼슬하여 승상(丞相)에까지 오르고, 낙안후(樂安侯)에 봉해졌다. 《漢書 匡衡傳》

80 위현성(韋玄成) : 한나라 때 사람으로, 자는 소옹(少翁), 시호는 공(共)이다. 조부 위맹(韋孟), 부친 위현(韋賢)과 함께 3대가 경학(經學)에 밝았고, 원제 때에 승상에까지 올랐다. 《漢書 韋賢傳》

81 두흠(杜欽) : 자는 자하(子夏)이고, 두주(杜周)의 손자이다. 벼슬에 뜻이 없었고, 외척으로서 실권자였던 대장군 왕봉(王鳳)의 막하로 들어가 왕봉을 보좌하였다. 한 성제(漢成帝)가 백호전(白虎殿)에서 직언하는 선비를 뽑을 때 두흠이 천하 만물을 공평히 사랑하는 것이 정치의 요체임을 논하는 대책을 올렸다. 《漢書 杜周傳》

82 곡영(谷永) : 한나라 성제 때 사람으로, 자는 자운(子雲)이고, 장안(長安) 사람이다. 글씨와 문장에 능했고, 《주역》에 정통했다. 벼슬은 대사농(大司農)에 이르렀다. 40여 차례 상소를 올려 천자의 허물을 과감하게 지적했으나 권신(權臣)의 과실은 언급한 적이 없었으며, 오히려 당시의 권신인 왕봉 등 일파에게 아부함으로써 영달을 추구하였다. 《漢書 谷永傳》

일은 오래갈 수 없고, 오래되면 반드시 탄로 나고야 마니 이 점을 경계하지 않아서는 안 됩니다. 위의(威儀)를 거짓으로 꾸미는 것은 의당 경계해야 하지만 요컨대 위의의 예절 또한 방과(放過)해서는 안 됩니다. 더구나 임금의 지위에 있는 사람은 사람들이 우러러보는 대상이므로 더욱 삼가지 않아서는 안 됩니다. 위의는 참으로 덕의 부절(符節)로서 외면을 제어하는 것이고 또한 내면을 기르는 것입니다. 안과 밖을 의당 함께 길러야지, 나의 덕이 아직 닦이지 않았다고 해서 위의를 갖출 때에 스스로 점검하지 않아서는 안 됩니다. 〈옥조(玉藻)〉의 구용(九容)[83]을 항상 유념하시는 것이 좋습니다."

하니, 세손이 이르기를,

"마땅히 체념하겠다."

하였다.

9월 3일 소대에서 "흑산적(黑山賊)"부터 "하간(河間)에 집을 지었다."까지 진강하였다.

내가 아뢰기를,

"보모(保母)가 '최 사도(崔司徒)[84]는 명사(名士)이다.'라고 말한 것

83 구용(九容) : 군자가 지녀야 할 아홉 가지 몸가짐으로, 걸음은 무게가 있고〔足容重〕, 손놀림은 공손하며〔手容恭〕, 눈길은 단정하고〔目容端〕, 입은 다물며〔口容止〕, 말소리는 고요하고〔聲容靜〕, 머리 모양은 곧으며〔頭容直〕, 기상은 엄숙하고〔氣容肅〕, 서 있는 모양은 덕이 있으며〔立容德〕, 얼굴빛은 장엄해야 한다〔色容莊〕는 것이다. 《禮記 玉藻》

84 최 사도(崔司徒) : 후한(後漢) 때 사람 최렬(崔烈)이다. 영제(靈帝) 때에 홍도문(鴻都門)을 열고 공공연히 매관매직을 하였는데, 이때 최렬이 유모를 통해 500만 전

은 그가 돈으로 벼슬을 얻었기 때문이 아니겠습니까. 참으로 우스운 일입니다. 보모의 천거로 벼슬을 얻은 것을 돈으로 벼슬을 얻은 것에 견주면 무슨 우열이 있겠습니까. 이뿐만이 아닙니다. 무릇 사대부가 그릇된 경로를 통해서 벼슬을 얻은 것과 아첨하여 벼슬을 얻은 것 또한 돈으로 벼슬을 얻은 것보다 무엇이 낫겠습니까. 이런 부분은 깊이 살펴야 합니다."

하니, 세손이 이르기를,

"그렇다."

하였다. 내가 아뢰기를,

"최렬(崔烈)이 명망 있는 집안 사람인데도 돈으로 벼슬을 얻었으니, 여기에서 풍속이 사람을 바꾸는 것을 볼 수 있습니다. 풍속이 깨끗한지 더러운지는 전적으로 임금이 어떻게 인도하느냐에 매여 있습니다. 대저 세상에 상지(上智)와 하우(下愚)는 1000명이나 100명 중에 한 사람뿐이고 그 나머지는 모두 중인(中人)입니다. 중인이 선을 향할지 악을 향할지는 오직 인도하는 데에 달려 있습니다. 예를 들어 봉덕이(封德彝)[85]와 배구(裴矩)[86]가 수(隋)나라에 아첨하다가 당

(錢)을 내고 사도(司徒)에 올랐다. 이로 인해 명예가 실추되었고, 스스로도 불안해하였다. 뒤에 호분 장군(虎賁將軍)으로 있던 아들 최균(崔鈞)에게 자신이 삼공(三公)에 오른 데 대한 여론을 묻자, 최균이 "아버지께서는 젊어서부터 영민하다는 평판이 있었고 구경(九卿)과 군수를 지냈기 때문에 사람들이 삼공이 되리라 여기고 있습니다. 하지만 지금 삼공에 오른 것에 대해서는 실망하고 있습니다."라고 하였다. 최렬이 까닭을 묻자 "사람들이 구리 냄새를 싫어하기 때문입니다." 하였다. 《後漢書 崔駰列傳》

85 봉덕이(封德彝) : 당(唐)나라 사람 봉륜(封倫)으로, 덕이는 그의 자이다. 처음에 수 양제(隋煬帝)를 섬겼다가 후에 당 고조(唐高祖)에게 귀화하였는데, 수나라에서는 간신이었으나 당나라에서는 충신이 되었다고 한다. 《新唐書 封倫列傳》

(唐)나라에 충성하였으니, 임금 된 자가 인도하는 방법에 참으로 신중하지 않아서는 안 된다는 것을 볼 수 있습니다. 임금이 아첨을 좋아하여 아첨이 출세하는 방법이 되면 조금이나마 자기의 지조를 지키려고 하는 아랫사람도 뜻을 굽히고 아첨하지 않는 자가 없게 됩니다. 임금이 곧음을 좋아하여 곧음이 임금과 지우(知遇)를 맺는 방법이 되면 평범한 아랫사람도 힘을 다해 정직하려고 하지 않는 자가 없게 되니, 그 효과와 폐해가 실로 어떻겠습니까."

하니, 세손이 이르기를,

"그렇다."

하였다. 내가 아뢰기를,

"유도(劉陶)가 말한 '일식과 월식이 성상의 몸에 손상을 끼치지 않는다.'[87]라는 것은 지극히 강직한 말이고, '눈으로 명조(鳴條)의 일을

86 배구(裴矩) : 수(隋)나라 사람으로, 자는 홍대(弘大)이다. 경사(經史)를 두루 섭렵하였고 일을 처리하는 재간도 있었으며, 양제(煬帝) 때는 서역(西域)을 경략(經略)하여 토욕혼(吐谷渾)을 격파하는 등 공적을 세웠다. 그런데 뒤에 가서 양제가 정치를 어지럽히고 사치를 일삼자, 충언으로 바로잡으려 하지 않고 구차하게 아첨하여 양제의 비위를 맞추었다. 양제가 우문화급(宇文化及)에게 피살되자 우문화급에게 영합하여 상서우복야(尙書右僕射)가 되었고, 우문화급이 패망하자 또 두건덕(竇建德)을 섬겼으며, 뒤에는 당나라에 항복하여 태종을 섬겼다. 《隋書 裴矩列傳》

87 일식과……않는다 : 후한 영제(後漢靈帝) 때에 대장군 양기(梁冀)가 전권을 휘두르고 연이어 흉년이 들고 재이(災異)가 자주 나타나자 당시 태학생(太學生)이던 유도가 상소를 올렸는데 그 내용 중에 "눈으로 명조의 일을 보지 않고, 귀로 단거(檀車)의 소리를 듣지 않으며, 천재(天災)가 있어도 성상의 피부에 통증이 있지 않고, 지진과 일식·월식이 일어나도 성상의 몸에 손상을 끼치지 않기 때문에 삼광(三光)이 잘못되는 것을 무시하고 상천(上天)의 노여움을 경시합니다."라고 한 말을 가리킨다. 《後漢書 劉陶列傳》

보지 않는다.'라는 말에 이르러서는 곧바로 걸주(桀紂)에 견준 것이니 하기 어려운 말이라고 할 수 있습니다. 천하에 간관(諫官)을 죽이는 것보다 큰 악이 없으니, 동한(東漢)은 영제(靈帝)가 유도를 죽인 날[88]에 이미 망한 것입니다."

하니, 세손이 이르기를,

"그렇다."

하였다.

9월 10일 주강에서 "맹자가 이르기를, 천시(天時)"부터 "관중(管仲)의 지위가 아닌 사람은 말할 것이 있겠는가."까지 진강하였다.

상번이 아뢰기를,

"대순(大舜)이 이보다 위대한 점이 있다고 했는데, 대순이 위대한 점이 있는 까닭은 무엇 때문입니까?"

하니, 세손이 이르기를,

"천하의 선(善)을 공적인 것으로 여기고 남과 나의 구별이 없었기 때문이다."

하자, 내가 아뢰기를,

88 영제(靈帝)가……날 : 유도가 간의대부(諫議大夫)로 있을 때에 사방에서 도적이 일어나고 천하가 어지러운 것을 근심하여 8조목의 상소를 올렸는데, 그 원인이 환관으로 인하여 발생한 것이라고 하였다. 이에 환관들이 다급해져서 유도가 적도들과 내통했다고 참소하였다. 영제가 환관들의 말을 듣고 유도를 하옥시키자 유도가 기가 막혀서 죽었다. 그런데 영제가 유도를 죽였다고 한 것은 영제가 유도의 충언을 듣지 않고 환관의 말을 듣고 유도를 하옥시켰기 때문에 영제가 유도를 죽였다고 한 것이다.《後漢書 劉陶列傳》

"저하의 말씀이 참으로 옳습니다. 자로(子路)가 자신의 허물을 듣고서 기뻐한 것은 참으로 수준이 낮은 것이고, 우(禹)가 선한 말을 들으면 절한 것도 자취에 얽매인 것입니다. 순이 자신의 생각을 버리고 남의 좋은 의견을 따르고 남과 나를 구분하지 않고서 오직 선을 취한 것을 보면 이것이 어떤 마음입니까. 대저 이 이치란 원래 공공(公共)의 물건인데, 형기(形氣)는 나만 혼자 얻은 것이기 때문에 한번 형기에 떨어지면 남과 내가 곧 간격이 있게 되니 이것이 바로 자기를 사사로이 여기기 쉬운 이유입니다. 성인은 그렇지 않아서 형기의 상면(上面)에 나아가 이 이치가 원래 공공의 물건이라 애당초 남과 나의 구별이 없다는 것을 보았기 때문에 능히 선을 남과 함께하고 남과 내가 구분되는 것에 구애받지 않는 것입니다. 그러나 학자가 공부하는 순서로 말하면 상번이 말한 공부는 반드시 자신의 허물 듣기를 좋아하는 것에서부터 시작하는 것이 참으로 절실하고 긴요합니다. 저하께서 일찍이 체험하셨는지 모르겠습니다. 그리고 소소한 과실에 대해 완곡한 말로 규간(規諫)하면 노하지 않고 기뻐하는 것은 그래도 심히 어려운 정도는 아닙니다. 그러나 대단히 큰 과실이거나 혹은 사람들이 알기를 바라지 않는 일에 대해 박절한 말로 강직하게 면전에서 지적하면 이 경우에 노하지 않고 기뻐하기는 지극히 어렵습니다. 저하께서는 이런 일을 당하더라도 노하지 않고 기뻐하실 수 있겠습니까?"

하니, 세손이 이르기를,

"어찌 노하는 데에 이르겠는가."

하고, 이어 또 이르기를,

"설령 잠깐 동안은 받아들이기 어려운 뜻이 있을지라도 이것으로 인하여 그 사람을 미워하는 뜻은 없을 것이다.”

하였다. 내가 아뢰기를,

“아래 조항에 말씀하신 뜻에서 실제의 뜻을 헤아려 알 수 있으니 매우매우 좋습니다. 신처럼 학식이 얕은 사람이 어찌 감히 이런 논의에 낄 수 있겠습니까. 그러나 만약 이런 말을 들으면 갑자기 들었을 때에 불쾌한 기분이 없지 않겠지만 잠깐 사이에 돌이켜 생각하여 이 말이 기뻐할 일이지 노할 일이 아니라는 것을 깨달으면 처음에 불쾌했던 기분이 저도 모르게 풀릴 것입니다. 처음에 불쾌했던 기분이 자기 마음을 주장하는 것에 휘둘리지 않고 곧바로 그것이 기뻐할 일이지 노할 일이 아니라는 것을 깨닫는 것이 바로 생사의 관건입니다. 입에 쓰고 귀에 거슬려서 도저히 견디기 어려운 말에 대해 능히 모두 의리로 헤아려서 그것이 기뻐할 일이지 노할 일이 아니라는 것을 깨닫는다면 선(善)을 이루 다 쓸 수 없을 것입니다.”

하였다. 빈객(賓客)이 아뢰기를,

“임금이 간언을 잘 받아들이지 못하는 것은 그 잘못이 모두 스스로 높다고 여기고 스스로 현명하다고 여기기 때문입니다.”

하자, 내가 아뢰기를,

“스스로 현명하다고 여기는 것은 스스로 높다고 여기는 데에서 기인합니다. 임금이 숭고한 지위에 있으면서 천하에 감히 자기에게 대항할 자가 없다고 여기기 때문에 마침내 스스로 높이는 마음이 있게 됩니다. 신하들이 그 뜻에 순하면 이로움이 있고 그 뜻에 거슬리면 해로움이 있는 것을 보고 마침내 감히 그 잘못을 한마디도 지적하지 못하고 오직 칭송만 아름답게 하게 됩니다. 이렇게 되면 위에 있는 사람은 신하들이 아름답게 칭송하는 말만 있고 잘못을 지적하는 말이 없는 것을 보고는 마침내 자기가 이미 현명하다고 여겨서 다른 사람의 말을 들으려고 하지 않습니다. 결국은 나라를 망치고 집안을 망치는 것이 모두 여기에서 근원하니, 이런 사정을 밝게 살피고 통렬히 경계해야 합니다."

하니, 세손이 이르기를,

"그렇다."

하였다. 내가 아뢰기를,

"간쟁하는 신하를 사람들이 비방하려고 할 적에 번번이 '자기의 명성을 구하려고 임금의 과실을 드러낸다.'라고 말하고, 임금 또한 때때로 이 말에 현혹됩니다. 대저 임금이 간언을 받아들여서 허물을 고치면 아름다운 명성이 임금에게 돌아가고 허물이 저절로 소멸되고 선이 더욱 드러납니다. 신하가 임금을 사랑하는 것은 타고난 천성에 뿌리를 두는데 어찌 자기의 명성을 구하고 임금의 허물을 드러내려는 뜻이 있겠습니까. 가령 어떤 형편없는 사람이 참으로 이런 뜻이 있더라도 위에 있는 임금이 말을 듣는 도리로 말하면, 단지 그가 말한 것이 나에게 유익한 점이 있으면 곧 따를 뿐 더 이상 말한 자의 본의가 어떠한지는 따질 필요가 없습니다. 이렇게 한 뒤에야 간언을 받아들이는 도리를 다하는 것입니다. 그리고 임금이 실제로 불선한 뜻을 가진 적이 없는데 말하는 자가 임금의 뜻을 모르고서 지나치게 우려하는 말을 하면 자기를 알아주지 않는다고 여겨서 노하는 경우가 많습니다. 허물이 있으면 고치고 허물이 없으면 더욱 노력하는 것이 모두 나에게 유익함이 될 뿐이니 저 사람이 내 뜻을 알지 못하는 것이 나에게 무슨 손해가 있겠습니까. 임금이 사람을 살리고 죽일 수 있는 권한을 가지고 위에 있으므로 임금의 뜻에 순하면 복을 받고 거슬리면 화를 받는다는 것을 분명히 알면서도 진언(進言)하는 것이니 그 형세가 어찌 지극히 어렵지 않겠으며, 그 심정이 어찌 슬프지 않겠습니까. 만약 위에 있는 사람이 한결같은 뜻으로 너그럽게 수용하지 않으면 진언하기가 참으로 어렵습니다."

하니, 세손이 이르기를,

"그렇다."

하였다. 상번이 아뢰기를,

"'부득이하여 경추씨(景丑氏)에게 가서 유숙(留宿)하셨다.'[89]에서 '부득이(不得已)' 세 글자는 매번 잘못 보기 쉽습니다."

하자, 내가 아뢰기를,

"만약 맹중자(孟仲子)가 사자(使者)에게 대답한 말이 없었다면 단지 동곽씨(東郭氏)에게 조문 간 것으로 이미 병을 핑계 댄 본의를 볼 수 있으므로 여기에서 그칠 수 있었습니다. 그런데 맹중자가 맹자의 뜻을 이해하지 못하고 둘러대는 말로 사자에게 대답하였으니, 병을 핑계 댄 본의를 한번 말하지 않으면 맹중자의 말이 사실로 오해될 소지가 있으므로 부득이 경추씨의 집에 가서 본의를 설파하여 임금

89 부득이하여……유숙(留宿)하셨다 : 맹자가 제(齊)나라 왕에게 조회 가려고 하였는데, 그때 제나라 왕이 자기가 맹자에게 가려고 했는데 마침 감기에 걸려서 갈 수 없으니 맹자에게 오라고 하였다. 그러자 맹자가 자기도 마침 병이 있어서 가지 못하겠다고 하였다. 다음 날 맹자가 조문 나간 사이에 왕이 사람을 보내 병문안하고 어의(御醫)를 보내오자, 맹자의 종형제인 맹중자(孟仲子)가 왕의 사자에게 맹자가 병이 나아서 왕에게 갔다고 둘러대고는 맹자에게 사람을 보내 집으로 오지 말고 왕에게 가라고 전하였다. 이에 맹자가 부득이하여 제나라 대부(大夫)인 경추씨에게 가서 묵으면서 경추씨와 대화하는 가운데 자기가 제나라 왕에게 가지 않은 이유를 설명하여 제나라 왕에게 전달되게 하였다. 《孟子 公孫丑下》

에게 전해지게 하려고 한 것입니다."

하니, 세손이 이르기를,

"그렇다."

하였다. 또 세손이 이르기를,

"'본디 조회를 가려다가 왕명을 듣고 마침내 가지 않았다.'라고 하였는데, 이는 맹자와 수작한 것을 통해서 맹자의 말로 인해서 안 것인가, 아니면 조문 나간 일을 들었을[90] 때에 이미 병을 핑계 댄 뜻을 헤아려 안 것인가?"

하니, 내가 아뢰기를,

"이 장에 실린 내용 외에 병을 핑계 댄 전말을 먼저 말하지 않았다는 것을 어찌 알겠습니까."

하고, 또 아뢰기를,

"상대가 그 부(富)를 내세우면 나는 나의 인(仁)으로 대응하고, 상대가 그 작(爵)을 내세우면 나는 나의 의(義)로 대응한다는 네 구로 말하면, 이때에는 군신(君臣)의 구분이 정해지지 않았기 때문에 이와 같이 말한 것입니다. 그러나 위에 있는 사람은 이 뜻을 알아야 합니다. 나의 부귀가 현자의 도덕과 대항할 수 없다는 것을 안 뒤에야 현자를 높이는 도리를 다할 수 있습니다."

하니, 세손이 이르기를,

"그렇다."

하였다. 내가 아뢰기를,

90 들었을 : 대본에는 '問'으로 되어 있다. 문맥에 근거하여 '聞'으로 바로잡아 번역하였다.

"빈사(賓師)는 부지런히 일하고 임금의 뜻을 받들어 순종하는 것을 공손함으로 여기지 않습니다. 빈사만 이렇게 해야 하는 것이 아니라 대체로 신하가 임금을 섬기는 도리가 모두 이와 같아야 합니다. 이 도리를 윗사람이 된 자는 참으로 정밀히 살펴야 합니다."

하니, 세손이 이르기를,

"그렇다."

하였다.

9월 12일 주강에서 "맹자가 제나라로부터"에서 "무엇 때문에 권하였겠는가."까지 진강하였다.

내가 아뢰기를,

"'천하를 위해서 어버이에게 검소하게 하지 않는다.'라는 한 구는 조금 이해하기 어려운 듯합니다. 대체로 재물은 천하의 공공(公共)의 물건입니다. 자기가 만약 어버이를 후하게 장사 지내면 곧 천하의 재물을 소비하는 것이 되니, 천하 사람이 모두 후하게 장사 지내기를 기다린 뒤에야 비로소 천하의 재물을 소비함이 되는 것이 아닙니다. 천하를 위해서 어버이에게 검소하게 하지 않는다는 것은 천하를 위해서 이 비용을 아껴서 그 어버이에게 박하게 하지 않는다는 뜻입니다."

하니, 세손이 이르기를,

"분명한 듯하다."

하였다. 내가 아뢰기를,

"신이 전일에 써서 올린 병풍 글씨인 〈무일(無逸)〉과 〈억(抑)〉의 경계 두 편에 대해 삼가 늘 마음속에 잊히지 않는 생각이 있으니 다시 진달하겠습니다. 무일로 말하면 일(逸)은 음란한 소리나 여색과 절제 없이 노는 것만이 아닙니다. 마음속에 단지 일호(一毫)라도 스스로 편리하기를 구하거나 바라는 마음만 있어도 이것이 곧 일(逸)입니다. 이 마음이 한번 싹트면 정령(政令)에 해를 끼치는 것을 스스로 가릴 수 없으니, 음란한 소리와 여색에 빠지고 무절제하게 놀기를 좋아한 뒤에야 일(逸)이 되는 것이 아닙니다. 주공(周公)이 마침내 무일로 어린 왕이 즉위한 초기에 경계하고 끝에 가서 또 왕위를 누린 연수의 길고 짧음으로 말하였으니, 그 고심을 볼 수 있습니다.

〈억〉 시로 말하면, 안으로는 신독(愼獨)의 공부가 있고 밖으로는 위의(威儀)를 절제하여 스스로 점검하지 않는 때가 없으니, 위 무공(衛武公)의 학문은 참으로 세밀합니다. 혼자 있을 때를 삼가는 것이 가장 긴요한 대목이니, 남들은 알지 못하고 자기만 홀로 아는 자리이므로 다른 사람이 일깨우고 경계해 주는 힘이 미칠 수 있는 것이 아니고 오직 스스로 깨닫고 스스로 힘쓰는 데에 달려 있습니다. 군자는 자기만 홀로 알기 때문에 더욱 마음을 쓰고, 소인은 남들이 알지 못하기 때문에 더욱 소홀히 하니, 이것이 성인(聖人)과 광인(狂人)이 나뉘는 분기점입니다. 위의는 덕의 부절(符節)입니다. 안팎으로 서로 기르는 도리이니 바로 잠시도 방과해서는 안 됩니다. 의관을 바르게 하고 시선을 높게 하는 것과 구용(九容)에 대한 설은 신이 전에 이미 여러 번 진달하였습니다.

저하께서 서연에 임하여 신들을 대할 때에 위의가 참으로 완전히 좋지만은 않은 때가 있습니다. 저하의 학문이 비록 숙성하다고 하지만 갑자기 덕을 완성한 사람의 일을 요구할 수 없기 때문에 감히 일마다 경계할 수는 없지만 또한 마음을 더 써서 지극히 삼가지 않아서는 안 됩니다. 만약 한가히 지낼 때에 게으르다가 서연에 임해서는 장엄한 몸가짐을 한다면 이는 성실한 도리에 흠이 있는 것이므로 참으로 기뻐할 일이 아닙니다. 그러나 서연에 임할 때에 완전히 좋지만은 않은 것이 이와 같은데 한가히 지낼 때에 만약 이보다 심하다면 이는 염려하지 않아서는 안 됩니다. 비록 한가히 지낼 때라도 환관과 궁첩들이 보고 있으므로 또한 위의를 풀어놓아서는 안 됩니다. 모든 동작하거나 걷거나 말할 때에 모두 하나하나 성찰하여 혹시라도 방과하지 말아야 합니다. 그러나 모든 일은 얽매여서 하면 오래가지 못합니다. 신 또한 감히 하루아침에 모두 법도에 맞게 하시기를 바라는 것이 아닙니다. 그중에 너무 심한 것을 먼저 제거하고 점차 공부를 하면 힘을 쓰기가 쉽습니다. 삼가 바라건대 체념하소서."

하니, 세손이 이르기를,

"아뢴 말이 매우 좋으니 각별히 체념하겠다."

하였다.

○ 같은 날 소대에서 "9월 원소(袁紹)"부터 "그 기병(起兵)을 승낙하였다."까지 진강하였다.

내가 아뢰기를,

"원외(袁隗)는 4대에 걸쳐 5명의 공(公)을 배출한 집안[91]의 사람으로서 인망(人望)이 쏠려 있었는데 동탁(董卓)이 내세운, 황제를 폐립(廢立)하는 의론[92]에 대해 그 의론대로 회답하였으니, 이는 전적으

91 4대에……집안 : 동한(東漢) 때 사도(司徒)를 지낸 원안(袁安)의 집안을 말한다. 그의 아들 원창(袁敞), 원창의 아들 원탕(袁湯), 원탕의 아들 원봉(袁逢), 원봉의 아우 원외가 모두 높은 벼슬을 하여, 오공(五公)의 집안이라 일컬어졌다. 《後漢書 袁安列傳》

92 동탁(董卓)이……의론 : 동탁은 후한(後漢) 때의 사람으로, 영제(靈帝) 때 전장군(前將軍)에 제수되었는데, 영제가 죽고 소제(少帝)가 즉위하여 사공(司空)에 올랐

로 죽음을 면하려는 계책에서 나온 것입니다. 결국은 원소의 종족으로서 온 집안이 죽음을 당했으니 과연 무슨 이득이 있습니까. 이익을 좇고 해를 피하려는 무리가 이것을 보면 경계할 줄을 알 것입니다."

하니, 세손이 이르기를,

"그렇다."

하였다. 내가 아뢰기를,

"채옹(蔡邕)이 동탁에게 벼슬한 것[93]과 양웅(揚雄)이 왕망(王莽)에게 벼슬한 것[94]이 매우 비슷한데 모두 죽음을 두려워한 데서 나온 행동입니다. 나라가 나라답고 사람이 사람다운 것은 염치가 있기 때문입니다. 사람이 염치가 없으면 하지 않는 일이 없게 됩니다. 위에 있는 사람은 염치를 배양하는 도리에 일찍 마음을 쓴 뒤에야 급한 일이 생겼을 때에 그 힘을 얻을 수 있습니다. 장남헌(張南軒 장식(張栻))이 '절의(節義)를 위해 죽는 선비는 면전에서 감히 간언하는 사람 가운데에서 구해야 한다.'라고 한 말이 참으로 명언입니다. 지난 서연 때 진강한 내용 가운데 '궁궐에 들어간 것으로 인하여

다. 이때 동탁이 소제를 폐위하고 헌제(獻帝)를 옹립하여 전권을 잡으려고 하면서 자신이 옛날 이윤(伊尹)이나 곽광(霍光) 같은 역할을 하겠다고 한 것이다.《資治通鑑綱目 卷12下 中平6年》

93 채옹(蔡邕)이……것 : 채옹은 동한(東漢) 사람으로, 자는 백개(伯喈)이다. 동탁 때에 고양향후(高陽鄉侯)에 봉해졌다가 동탁이 실패하자 옥중에서 죽었다.《後漢書 蔡邕列傳》

94 양웅(揚雄)이……것 : 양웅은 전한 말기의 학자이며 문인으로, 자는 자운(子雲)이다. 박학다식하고 뛰어난 문장가였으나 왕망의 신(新)나라 때에 왕망을 찬미하는 글을 지어 후대에 많은 비판을 받았다. 그가 왕망에게 벼슬한 내용은《한서(漢書)》〈양웅전(揚雄傳)〉에 실려 있다.

부귀를 이룬'[95] 부류는 당장에 단지 부귀가 탐할 만하다는 것만 알고 염치가 무엇인지는 알지 못합니다. 그리고 그 몸을 한번 더럽히면 다시는 성덕(盛德)의 일을 할 수 없다고 자처하기 때문에 더욱 방자하고 꺼리는 것이 없습니다."

하니, 세손이 이르기를,

"그렇다."

하였다. 또 세손이 이르기를,

"채옹이 명제(明帝)가 능에 성묘한 일을 잘못이 아니라고 한 말에 대해 호씨(胡氏)가 지적한 것은 옳다. 가령 군국(郡國)의 계책으로 말한다면 관리가 능에 올라가서 일을 아뢰는 것이 어찌 부질없는 짓이 아니겠는가."

하자, 내가 아뢰기를,

"저하의 말씀이 옳습니다. 공자는 살아 계실 때 봉양하고, 돌아가시면 장사 지내고 제사 지낼 때에 예를 어기지 않는 것을 효(孝)라고 하였습니다. 대체로 도리로 어버이를 섬겨야 비로소 효가 됩니다. 예를 어기는 것과 예를 넘는 일에 이르러서는 옳지 않은 도리로 그 어버이를 대하는 것이니 이것이 어찌 효가 되겠습니까."

하니, 세손이 이르기를,

95 궁궐에……이룬 : 후한 소제(後漢少帝) 때 영제(靈帝)의 후(后)인 하 태후(何太后)의 이복동생 하진(何進)이 원소(袁紹) 등과 모의하여 환관들을 제거하려고 했는데, 이때 하진의 동생 하묘(何苗)가 하진에게 한 말을 인용한 것이다. 즉 하진과 하묘가 고향인 남양(南陽)에서 빈천하게 살다가 이모제(異母弟)인 하 태후가 궁궐에 들어가 환관들의 도움을 받아 영제의 후가 됨으로 인하여 부귀영달하게 되었으므로 지금 환관들을 제거하지 말라고 하면서 한 말이다. 《後漢書 何進列傳》

"그렇다. 혹자는 이미 주자(朱子)를 거친 뒤이므로 다시 묘제(墓祭)를 그르다고 해서는 안 된다고 하는데 이 말은 어떠한가?"

하자, 내가 아뢰기를,

"그 말이 참으로 옳습니다. 그러나 의리로 미루어 보면, 사람이 죽으면 혼은 위로 올라가고 백(魄)은 아래로 내려가므로 체백(體魄)은 땅에 들어가서 끝내는 없어지지만 혼은 가지 않는 곳이 없기 때문에 신을 신주에 깃들게 하여 제사 지내는 것입니다. 그렇기 때문에 옛사람이 사당을 중시하고 묘를 중시하지 않았습니다. 《의례(儀禮)》에는 묘제가 없는데 후세에 인정(人情)으로 인하여 만들었고 주자가 《가례(家禮)》에 실었지만 장남헌이 묘에 제사 지내는 것은 부당하다고 한 의론이 옳습니다. 고례(古禮)에는 사시제(四時祭)만 있고 기제(忌祭)는 없었으니, 기제 또한 묘제와 같습니다."

하였다.

9월 17일 주강에서 "등 문공(滕文公)이 나라 다스리는 것을 묻자"부터 "이것이 왕자(王者)의 스승이 되는 것입니다."까지 진강하였다.

상번이 아뢰기를,

"인(仁)을 하면 부자가 되지 못하고 부자가 되는 일을 하면 인하지 못하다는 설은 가장 생각해야 할 대목입니다. 임금이 세금을 많이 거두려는 뜻이 있으면 은택이 백성에게 미칠 수 없습니다."

하자, 내가 아뢰기를,

"세금을 많이 거두는 폐해는 결국 나라를 망하게 하는 데에 이르고 맙니다. 명목상으로는 백성에게 곧바로 취하지 않는다고 해도 암중에 백성의 이익을 빼앗아서 국가의 일이 하나도 병들지 않는 것이 없게 하고, 백성의 고혈이 암중에 고갈되게 하는 것으로는 이익을 도모하는 것보다 심한 것이 없습니다. 왕안석(王安石)이 세금을 더 거두지 않아도 국가의 재용(財用)을 넉넉하게 할 수 있다고 한 설은 참으로 자기 귀를 막고서 방울을 훔치는 방법입니다. 온공(溫公 사마광(司馬光))이 '천하의 재물은 단지 이 수량뿐이니, 백성에게 있지 않으면 관부에 있다. 비유하면 봄에 장마가 지면 여름에 가뭄이 드는 것과 같다.[96]'라고 한 말이 참으로 명언입니다. 지금 돈 한 가지 일을 가지고 말한다면, 온 나라에 있는 돈을 통계하면 본래 얼마라는 정해진 수량이 있습니다. 이 원수(元數) 중에서 국가에서 가지고 있는 수량이 전에 비해 1푼(分)이 늘면 백성에게 있는 수량이 전에 비해 1푼이 줄어드는 것이니, 이것이 어찌 알기 어려운 일이겠습니까. 그런데 백성에게 세금을 많이 거두는 신하가 세금을 더 거두지 않고도 국가의 재용을 넉넉하게 하려고 한다는 설은 온 세상의 이목을 모두 속이는 것입니다. 국가가 민심을 잃는 것으로 말하면, 세금을 많이 거두고 이익을 도모하는[97] 폐해보다 큰 것이 없습니다."

하니, 세손이 이르기를,

"그렇다."

하였다. 내가 아뢰기를,

"정전법(井田法)을 후세에도 다시 행할 수 있겠습니까? 저하의 견해

96 비유하면……같다 : 《자치통감 후편(資治通鑑後編)》 권76에는 "여름에 장마가 지면 가을에 가뭄이 드는 것과 같다.〔譬如雨澤夏澇則秋旱〕"라고 되어 있는데, 인용하는 과정에서 몽오가 착각한 것으로 보인다.

97 이익을 도모하는 : 대본에는 '料理'로 되어 있다. 문맥에 근거하여 '理'를 '利'로 바로잡아 번역하였다.

를 듣고 싶습니다."

하니, 세손이 이르기를,

"갑자기 행하기는 어려울 듯하다."

하자, 내가 아뢰기를,

"옛사람이 이 일을 논할 때에 어떤 사람은 정전법을 회복하지 못하면 선왕의 정치를 회복할 수 없다고 하고, 어떤 사람은 옛날과 지금은 시대적 상황이 다르므로 정전법은 결국 회복할 수 없다고 합니다. 신의 어리석은 생각에는, 정전법은 참으로 갑자기 회복하기는 어렵지만 한민명전법(限民名田法)[98]은 곧 정전법의 뜻이 남아 있는 제도로서 한나라와 당나라 때에도 한두 차례 시험하다가 중단되었는데, 이 법이라면 신은 지금이라도 행할 수 있다고 생각합니다."

하니, 세손이 이르기를,

"그럴 것 같다."

하였다. 내가 아뢰기를,

"정전제가 폐지되면서부터 빈부가 고르지 않은 것이 원래 한계가 없었습니다. 오늘날의 상황으로 말하면, 팔도의 전답이 모두 부호(富豪)한 집으로 들어가서 한 집이 천 집이나 만 집이 받는 땅을 점유하기도 하니, 이런 상황에서 백성이 어떻게 살겠습니까. 하늘이

98 한민명전법(限民名田法) : 진(秦)나라 때 정전법을 폐지하고 상앙(商鞅)의 법을 사용하여 백성들이 토지를 매매할 수 있게 하자 부자는 천맥(阡陌)으로 경계를 이룰 만큼 넓은 토지를 소유하고 가난한 사람은 송곳 꽂을 땅도 없게 되는 문제가 발생하였다. 이 문제를 해결하기 위해서 동중서가 주장한 토지 제도로, 백성 한 사람이 점유하는 토지의 상한선을 정함으로써 토지 겸병(土地兼幷)의 폐단을 막으려는 데에 목적이 있었다.《漢書 食貨志4》

임금을 세운 것은 이 백성을 기르게 하기 위해서입니다. 임금이 보면 똑같이 나의 적자(赤子)인데 빈부가 이렇게나 현격하게 차이 나는 지경에 이르렀으니, 어찌 어진 사람이 측은히 여겨 유념할 대목이 아니겠습니까."

하니, 세손이 이르기를,

"그렇다."

하였다. 상번이 아뢰기를,

"도(道)는 하나일 뿐입니다. 위에서는 성(性)으로 말하였고 여기에서는 도로 말하였는데, 성과 도가 차이가 있습니까?"

하니, 세손이 이르기를,

"하늘이 명한 것을 성이라고 하고, 성을 따르는 것을 도라고 하니, 성과 도는 관점에 따라 다르게 말한 것뿐이지 어찌 다름이 있겠는가."

하자, 내가 아뢰기를,

"여기에서는 마땅히 행해야 할 것을 가지고 말했기 때문에 성을 말하지 않고 도를 말한 것입니다. 그러나 그 성이 본래 하나이기 때문에 도 또한 하나입니다. 대저 성(性), 명(命), 이(理), 도(道), 심(心), 정(情) 등 허다한 명목에 대해 모두 같은 것 속에서 다른 것을 보고 다른 것 속에서 같은 것을 보아야 합니다. 한갓 이런 명목을 변석(辨析)하기만 하고 행동이 미치지 못하면 참으로 매우 수치스러운 일입니다. 이런 명리(名理)의 큰 제목 또한 대강 안 뒤에야 비로소 도에 대해 흠모하고 바라는 것이 있게 됩니다. 《근사록(近思錄)》은 모두 초학자에게 긴요한 공부인데 책 맨 앞에 〈태극도설(太極圖說)〉을 배치한 것 또한 이 뜻입니다."

하니, 세손이 이르기를,

"그렇다."

하였다. 내가 아뢰기를,

"'저 사람도 장부(丈夫)이고 나도 장부이다.'와 '순(舜)은 어떤 사람이며 나는 어떤 사람인가.'[99]라는 말은 한번 그것을 생각할 때마다 저도 모르게 사람을 격앙하게 합니다. 이런 말을 항상 마음속에 두고 잊지 않는다면 뜻을 세우고 공부하는 데에 도움이 있을 것입니다."

하니, 세손이 이르기를,

"마땅히 체념하겠다."

하였다. 내가 아뢰기를,

"'우리 선군(先君)도 행하지 않으셨다.'라는 말과 '상례(喪禮)와 제례(祭禮)는 선조를 따른다.'라는 말[100]은 가장 깊이 생각해 보아야 합니다. 무릇 일이 이치에 크게 해로운 것이라면 선대(先代)가 행한 것을 하루아침에 단연히 개혁하더라도 의리에 참으로 의심할 것이 없지만, 소소하게 이치에 해로운 일은 한꺼번에 고치는 것이 옳겠습니까, 아니면 우선 그대로 두는 것이 옳겠습니까?"

하니, 세손이 이르기를,

99 저……사람인가 : 등 문공이 세자 시절에 맹자를 방문하자 맹자가 그를 격려하기 위해서 한 말이다. 《孟子集註 滕文公上》

100 우리……말 : 등 정공(滕定公)이 죽자 세자인 문공(文公)이 맹자에게 물어서 삼년상을 치르기로 결정하자 노신(老臣)과 백관들이 모두 반대하면서 "우리의 종주국인 노(魯)나라 선군(先君)께서도 이것을 행하지 않으셨고, 우리 선군께서도 행하지 않으셨으니, 그대의 대에 이르러 이것을 뒤집는 것은 불가합니다. 또 옛 기록에 이르기를 '상례와 제례는 선조를 따른다.' 하였으니, 이것은 우리들이 전수받은 바가 있기 때문입니다."라고 한 내용을 가리킨다. 《孟子集註 滕文公上》

"'3년을 고침이 없다.'[101]라는 말은 무슨 말인가?"

하자, 내가 아뢰기를,

"《논어》의 주(註)로 보면 고쳐도 되고 고치지 않아도 되는 경우를 말한 것이지 고치지 않아서는 안 되는 경우는 이 예에 해당되지 않습니다."

하니, 세손이 이르기를,

"이치에 해로운 것이라면 어찌 고치지 않을 수 있겠는가."

하자, 내가 아뢰기를,

"이치에 해로운 것은 작더라도 고치지 않아서는 안 되지만 일이 이치를 해치는 데에 이르지 않는 것은 고칠 필요가 없습니다. 정자(程子)가 말하기를 '일이 의리에 해로움이 없으면 시속을 따르더라도 괜찮다.'라고 하였으니, 시속을 따르는 것도 그러한데 하물며 선조를 따르는 것이야 말할 것이 있겠습니까. 대체로 고치는 것은 매우 어려운 일입니다. 선조를 따르는 일이 아니더라도 한결같이 경장(更張)을 위주로 하면 이 또한 폐단이 있습니다. 변통을 주장하는 자는 마땅히 지켜야 하는 옛 법이라도 매번 모두 어지럽게 고치려고 하고, 옛것을 따르기를 주장하는 자는 이치에 해로운 일이라도 신중히 지키려고 합니다. 이 두 가지는 모두 융통성이 없는 것입니다. 변통하는 것과 옛것을 따르는 것 사이에서 중도를 잡아서 한쪽에 치우치는 폐단이

101 3년을 고침이 없다 : 공자(孔子)가 말하기를 "아버지가 살아 계실 때에는 그의 뜻을 관찰하고 아버지가 돌아가신 뒤에는 그의 행동을 관찰하는 것이니, 3년 동안 아버지의 도(道)를 고치지 말아야 효(孝)라 이를 수 있다."라고 한 내용을 가리킨다. 《論語 學而》

있게 해서는 안 됩니다."

하니, 세손이 이르기를,

"그렇다. 고치지 않아서는 안 되는 일은 어찌 변통하는 것을 어렵게 여겨 고치지 않을 수 있겠는가."

하자, 내가 아뢰기를,

"변통 한 가지 일 또한 쉽게 말해서는 안 됩니다. 고쳐서 이익이 백배가 되지 않으면 법을 고치지 않아야 하니, 고치는 것이 옛것을 그대로 지키는 것보다 낫다는 것을 또 어떻게 보장하겠습니까."

하니, 세손이 이르기를,

"이것은 참으로 그러하다."

하였다.

○ 같은 날 소대에서 "2년 봄 정월"부터 "마침내 자살하였다."까지 진강하였다.

내가 아뢰기를,

"조조(曹操)가 '나는 혼자 서쪽으로 향하겠다.'라고 한 말[102]은 그의 기지(機智)가 영민하여 일의 정황을 잘 헤아린 대목입니다. 제장(諸

102 조조(曹操)가……말 : 헌제(獻帝) 초평(初平) 2년(191)에 관동(關東)의 제장(諸將)들이 임금이 어려서 동탁(董卓)에게 협박을 당한다는 이유로 유주 목사(幽州牧使) 유우(劉虞)를 추대하려고 하자, 조조가 "우리들이 거병했을 때에 원근에서 호응한 것은 의(義)로 움직였기 때문이다. 지금 어린 임금이 미약하여 간신에게 협박당하고 있지만 창읍왕(昌邑王)이 나라를 망친 것과 같은 잘못이 없는데 하루아침에 바꾼다면 천하에 누가 편안히 여기겠는가. 그대들은 북면을 하라. 나는 혼자서 서쪽을 향하겠다."라고 하였다. 북쪽은 유우가 있는 유주(幽州)를 가리키고 서쪽은 헌제가 있는 장안(長安)을 가리키기 때문에 그렇게 말하여 자기는 유우를 새 임금으로 추대하는 일에 동의하지 않겠다는 뜻을 밝힌 것이다. 《資治通鑑綱目 卷12下 初平2年》

將)들이 각자 자신과 자기 가문을 위한 계책으로 모두 서로 관망하고 있었는데, 조조는 그중에 가장 영리하여 왕실에 기대서 자신의 입지를 무겁게 하는 것이 인심을 복종시키고 제장들을 억누를 수 있는 가장 좋은 방법이라는 것을 엿보았기 때문에 안으로는 한나라를 찬탈할 마음을 품고 있었지만 밖으로는 이런 말을 할 수 있었던 것입니다."

하니, 세손이 이르기를,

"그렇다."

하였다. 내가 아뢰기를,

"유우(劉虞)가 참람한 칭호를 거절할 때에 말뜻이 엄정하였습니다.[103] 소열황제(昭烈皇帝) 외에 이때의 여러 장수 중에서 오직 유우만이 시종일관 신하의 지조를 잃지 않았으니 참으로 가상합니다. 이때 제장들이 처음 기병할 때에는 모두 적신(賊臣)을 토벌하고 왕실을 맑게 하는 것을 명분으로 삼았지만, 이때의 형세를 헤아려 보면 한나라 왕실은 이미 부흥할 가망이 없고 천하는 어지러워 어떻게 귀결될지 알 수 없는 상황이었기 때문에 모두 속으로 관망하는 마음을 품고서 먼저 병탄을 일삼고 더 이상 왕실을 염두에 두지 않았습니

103 유우(劉虞)가……엄정하였습니다 : 후한 헌제 때에 천자가 피란 가고 각처에서 군웅이 봉기할 때에 기주 자사(冀州刺史) 한복(韓馥), 발해 태수(渤海太守) 원소(袁紹) 및 산동(山東)의 제장들이 의논하여 유우를 천자로 추대하기로 하고 사람을 보내 유우에게 수락할 것을 청하자, 유우가 화를 내며 꾸짖기를 "지금 천하가 어지러워 주상이 몽진(蒙塵)하셨다. 우리는 큰 은혜를 입고도 나라의 치욕을 씻지 못하고 있으니, 제군들은 각각 주군(州郡)을 지키며 함께 힘을 다해서 왕실을 위해 마음을 다 쏟아야 하는데 도리어 역모를 꾸며서 서로를 그르치는가." 하고 강하게 거절하였다.《資治通鑑綱目 卷12下 初平2年》

다. 그러나 이때에는 청의(淸議)가 아직 없어지지 않고 명분과 의리가 지엄했기 때문에 남보다 먼저 행동으로 옮겨 앞장서서 한나라를 차지하려는 계책을 감히 내지는 못했지만 그들의 마음속에는 신하의 도리를 지키겠다는 생각이 거의 없었습니다. 유우 같은 사람은 어찌 참으로 어진 사람이 아니겠습니까."

하니, 세손이 이르기를,

"그렇다."

하였다. 내가 아뢰기를,

"유우가 절약하고 검소한 생활을 하여 재정을 넉넉하게 한 것은 참으로 본받을 만한 일입니다. 유우가 부임하기 전이나 부임한 뒤에나 같은 유주(幽州)인데, 전에는 이웃 고을의 세금 2억(億)을 가져다 쓰는데도 부족하였고, 이제는 피난민 100만여 명이 더해졌는데도 여유가 있게 되었으니, 절약하고 검소하게 한 효과가 실로 어떠합니까. 재물을 관리하는 법은 오직 절약하고 검소하게 하는 것이 재정을 넉넉하게 하는 방법이고, 세금을 많이 거두는 것이 재정을 넉넉하게 하는 방법이 아닙니다."

하니, 세손이 이르기를,

"그렇다."

하였다. 내가 아뢰기를,

"채옹(蔡邕)이 효화제(孝和帝) 이하의 묘호(廟號)를 빼낸 것[104]이 반

104 채옹(蔡邕)이……것 : 후한 말의 학자 채옹이 헌제에게 상의(上議)하면서, 한나라의 종묘 제도가 고례(古禮)인 칠묘(七廟)의 제도를 따르지 않고 왕마다 묘(廟)를 하나씩 세워서 예법에 어긋나므로 바로잡아야 한다고 건의하였다. 숙종 효장황제(肅宗

드시 조종(祖宗)을 폄하하고 동탁(董卓)에게 영합하려는 뜻에서 나온 것은 아니지만 이 시기가 어찌 이런 의절(儀節)을 논할 때이겠습까. 알맞은 때가 아니라고 할 수 있습니다. 그리고 예(禮)에 '제사를 지냈으면 감히 제사를 폐하지 못한다.'라는 예문(禮文)이 있으니, 묘호가 의당 빼내야 할 대상이라고 하더라도 오히려 다시 헤아려야 합니다. 동한(東漢) 말엽의 왕들이 모두 지손(支孫)으로 왕통을 계승하였기 때문에 조종을 높이 섬기는 예에는 모두 극진하지 못한 점이 있었습니다."

하니, 세손이 이르기를,

"다른 사람의 후사가 된 자는 그 자식이 된 것이니, 방계의 지손으로서 왕통을 계승한 군주가 선조를 직계 혈속(血屬)만 못하게 여기는 것은 모두 잘못이다."

하였다. 세손이 이르기를,

"구방심(求放心)과 부동심(不動心)은 다른가?"

하니, 내가 아뢰기를,

"말을 한 동기가 같지 않습니다."

하였다. 세손이 이르기를,

"구방심의 공부는 어떻게 하는가?"

하니, 내가 아뢰기를,

"이 마음을 잃었다고 깨닫자마자 곧 이 마음이 보존되는 것이니,

孝章皇帝) 아래로 효화제부터 종묘에서 묘호를 빼내고 5년에 두 번 은제(殷祭)를 지내서 태조의 사당에서 합식(合食)하게 하자고 주장하여, 그 의견이 받아들여졌다. 《歷代名臣奏議 卷14 郊廟》

단지 이 마음을 보존하여 잃지 않게만 할 뿐입니다. 이것은 맹렬히 힘을 쓸 곳이 아니라 단지 공경히 지키기만 해야 합니다. 대저 사람의 마음은 잡고 놓는 것이 무상하여, 스스로 깨닫지 못하는 것이 늘 근심이니, 깨닫기만 하면 곧 보존됩니다. 깨닫는 때가 많으면 이것이 곧 보존되는 때가 많은 것이니 이것으로 점검하는 것이 핵심이 되는 방법입니다."

하였다. 상번이 아뢰기를,

"저하께서는 요순(堯舜)의 정치를 반드시 회복할 수 있다고 여기십니까?"

하니, 세손이 이르기를,

"감히 능히 할 수 있다고 말하지는 못하지만 또한 어찌 이런 뜻이 없다고 할 수 있겠는가."

하자, 내가 아뢰기를,

"우선은 정치를 가지고 말할 필요가 없습니다. 단지 성현의 경지를 배워서 도달할 수 있다고 마음먹으면 정치는 그 안에 들어 있습니다. 먼저 이 마음을 분명히 세워서 다른 일에 흔들리거나 빼앗기지 않은 뒤에야 지(知)와 행(行)의 공부를 비로소 함께 행할 수 있는데, 안 뒤에 행할 수 있으므로 지가 참으로 행보다 앞섭니다. 그러나 알고도 행하지 않으면 안다는 것이 무슨 의미가 있겠습니까. 도로에 비유하면, 먼저 여기에서 저기에 이르는[105] 길을 안 뒤에 직접 가서 실제로 그곳을 밟아야 합니다. 단지 그 길만 알고 직접 그곳에 가 본 적이

105 이르는 : 대본에는 '知'로 되어 있다. 문맥에 근거하여 '至'으로 바로잡아 번역하였다.

없다면 모르는 사람과 무엇이 다르겠습니까. 그러나 학문의 도(道)는 반드시 정성을 근본으로 합니다. 만약 성심(誠心)이 없으면 이른바 '뜻을 세우는 것'과 이른바 '아는 것과 행하는 것'이 모두 허울뿐인 구호에 그치게 되니, 이것이 '충(忠)과 신(信)을 위주로 하라.'[106]라는 말씀이 있게 된 이유입니다. 뜻을 세우는 것이 가장 처음에 할 일이니, 신이 입지(立志)의 도에 대해 말씀드리겠습니다. 한때에 감격하고 분발한 뜻은 시들기 쉽습니다. 사람이 밤과 아침의 청명한 때와 좋은 책을 읽고 좋은 말을 들을 때에 좋은 생각이 발현되지 않는 것은 아니지만 금방 발현되었다가 금방 사라져서 전혀 일을 해내지 못하니, 이것을 믿고서 '나의 뜻이 이미 확립되었다.'라고 할 수 없습니다. 좋은 생각이 발현되었을 때에 그것을 붙잡아 확립해서 그 생각이 항상 존재하여 스러지지 않게 해야 하고, 또 반드시 실제로 공부를 하여 단단히 붙잡아 성취한 뒤에야 비로소 유익합니다. 삼가 바라건대 체념하소서."

하니, 세손이 이르기를,

"체념하겠다."

하였다. 세손이 이르기를,

"《자치통감강목》을 연일 진강하고 있지만 분량이 매우 많아서 아직 10분의 2, 3도 진강하지 못하여 언제 끝날지 알 수가 없다."

하자, 내가 아뢰기를,

106 충(忠)과……하라 : 공자가 군자(君子)의 자세에 대해 말하면서, 군자는 몸가짐은 후중(厚重)하게 하고, 마음가짐은 충과 신을 위주로 하며, 자기보다 나은 사람을 사귀고, 잘못이 있으면 고치기를 꺼리지 말라고 하였다. 《論語 學而》

"먼저 서두르는 마음을 품어서 빨리 끝나기를 바랄 필요가 없습니다. 모든 일은 쉬지 않고 노력하는 것보다 좋은 게 없으니, 처음에는 눈앞에 보이는 효과를 느끼지 못하지만 오랫동안 하다 보면 효과가 절로 나타납니다. 《자치통감강목》은 분량이 많기는 하지만 날마다 4, 5판(板)을 강(講)하여 멈추지 않고 하면 1년은 360일이므로 1000여 판을 강할 수 있을 것이니 오래지 않아 공부를 마치지 않겠습니까. 빨리 하려는 마음을 내지 말고 일과(日課)를 폐하지 않는 것이 좋습니다."

하니, 세손이 이르기를,

"아뢴 말이 좋다."

하였다.

9월 19일 주강에서 "신농씨(神農氏)의 말을 하는 자"부터 "어느 겨를에 농사를 짓겠는가."[107]까지 진강하였다.

내가 아뢰기를,

"'남에게 다스림을 받는 자는 남을 먹여 주고, 남을 다스리는 자는 남에게 받아먹는다.'[108]라고 하였으니, 이 의리를 세밀히 연구해 봐야 합니다. 정자(程子)가 '농부가 농사지은 곡식을 먹고, 직녀(織女)가 짠 베로 옷을 지어 입고, 갑사(甲士)가 밖에서 국경을 지켜 준

107 신농씨(神農氏)의……짓겠는가 : 《맹자》 〈등문공 상(滕文公上)〉에 나오는 내용이다.

108 남에게 다스림을……받아먹는다 : 맹자가 진상(陳相)의 논리에 대해 반박하면서 제시한 논리이다. 《孟子集註 滕文公上》

덕분에 환해(患害)를 면하고 사는데 사람들에게 공덕(功德)과 은택을 입히지 못한다면 이는 천지간의 좀벌레 한 마리에 불과하다.'[109]라고 하였으니, 필부(匹夫)가 뜻을 세우는 것도 이와 같아야 하는데 하물며 존귀한 제왕은 말할 것이 있겠습니까. 만민이 농사짓고 베를 짜서 윗사람을 봉양하고, 갑사가 국경을 지켜서 윗사람을 보위하는 것은 하늘이 임금을 세워서 이 백성들을 다스리고 편안하게 하도록 했기 때문입니다. 그런데 임금이 백성을 가르치고 기르는 도리를 다하지 못하여 이 백성들로 하여금 삶을 영위하지 못하게 한다면 참으로 이미 하늘이 이 백성들을 위해서 임금을 세운 본의를 저버린 것입니다. 그리고 보답하는 도리로 말하더라도 이 백성들이 농사지은 곡식을 먹고 이 백성들이 짠 베로 옷을 지어 입으니 의당 부끄러운 기색이 있어야 합니다. 이것은 남에게 품삯을 받고서 그 일을 게을리하고, 시장에서 물건을 사고서 값을 지불하지 않는 것과 무엇이 다르겠습니까. 오늘날 관장(官長)들로 말하면 백성들을 위해서 관직을 만든 뜻을 아는 자가 적습니다. 백성들이 자기를 봉양하는 것이 당연한 일인 줄만 알고, 백성들이 자기를 봉양하는 것이 자기가 백성을 잘 기르기 때문이라는 점을 생각하지 않습니다. 더구나 임금은 억조창생의 위에 임하는데 백성들이 자기를 봉양하는 것은 당연시하고 백성이 자기를 봉양하는 이유는 돌이켜 생각하지 않고, 심하면 또 이 백성들의 힘을 모두 갈취하여 자기 한 몸의 욕심을 채우니, 이것이 나라가 어지러워지고 망하는 일이 이어지는 이유입니다. 위

109 농부가……불과하다 : 정이(程頤)가 한 말인데, 몽오가 내용을 축약하고 약간 변형해서 인용하였다. 《二程遺書 卷17》

에 있는 사람은 항상 백성들이 이미 이것으로 나를 섬겼으니 나 또한 이것으로 백성에게 보답하는 도리를 생각한다면 좋을 것입니다."

하니, 세손이 이르기를,

"아뢴 말이 좋다."

하였다. 계방(桂坊)이 아뢰기를,

"'여민(厲民)', '여도야(厲陶冶)', '여농부(厲農夫)' 등의 '여(厲)' 자를 완미해야 합니다."

하자, 내가 아뢰기를,

"곡식으로 기물을 바꾸는 것은 단지 물건으로 물건을 바꾸는 것인데 바꿀 때에 작은 흠만 있어도 오히려 '해친다'라고 말합니다. 하물며 임금이 백성으로 하여금 자기를 봉양하게만 하고서 백성을 기르는 도리를 생각하지 않는다면 어찌 백성을 해치는 것이 되지 않겠습니까."

하니, 세손이 이르기를,

"그렇다."

하였다. 내가 아뢰기를,

"'혹로심(或勞心)'에서 '식어인(食於人)'까지는 도합 6구인데 집주(集註)에서 '식어인'을 풀이한 말 아래에 '이 4구는 모두 고어(古語)이다.'라고 하였습니다. 6구라고 하지 않고 4구라고 한 이유를 잘 모르겠습니다.[110] 언해(諺解)에서 풀이한 것은 고어를 '치어인(治於

110 혹로심(或勞心)에서……모르겠습니다 : 경문(經文)의 "或勞心, 或勞力, 勞心者治人, 勞力者治於人, 治於人者食人, 治人者食於人."이라는 6구에서 어디까지가 고어(古語)의 인용문인지에 대한 논란이다. 주자가 집주에서 "治於人者, 見治於人也. 食人

人)'까지 한정하였는데,[111] 집주의 뜻과는 다른 것 같습니다."

하니, 세손이 이르기를,

"실로 그러하다. 그러나 '어떤 사람은 마음을 수고롭게 하고 어떤 사람은 힘을 수고롭게 하는데, 마음을 수고롭게 하는 자는 남을 다스리고 힘을 수고롭게 하는 자는 남에게 다스림을 받는다.'까지를 고어로 삼고, '남에게 다스림을 받는 자는 남을 먹여 주고, 남을 다스리는 자는 남에게 받아먹는다.'를 맹자가 고어를 다시 풀이한 말로 삼은 언해가 좋은 듯하다."

하였다.

9월 20일 주강에서 "요(堯)는 순(舜)을 얻지 못하는 것으로"부터 "어떻게 나라를 다스릴 수 있겠는가."까지 진강하였다.

내가 아뢰기를,

"요순은 적임자를 얻지 못하는 것을 자기의 근심으로 삼고, 농부는 100묘(畝)가 다스려지지 않는 것을 자기의 근심으로 삼습니다. 저하께서 자신의 근심으로 삼아야 할 것이 또한 있습니다. 안에 들어가서

者, 出賦稅以給公上也. 食於人者, 見食於人也. 此四句皆古語而孟子引之也."라고 하였는데, 경문으로 보면 '食於人'까지는 총 6구이므로 '此四句'라고 하지 않고 '此六句'라고 해야 한다. '四句'라고 하려면 '治於人' 뒤에 '此四句'라는 주석이 들어가야 하는데, '食於人' 뒤에 '此四句'라고 하였기 때문에 주자가 어디까지를 고어로 본 것인지 불분명하다는 말이다. 《孟子集註 滕文公上》

111 언해(諺解)에서……한정하였는데 : 언해에서는 "或 心을 勞ᄒᆞ며 或 力을 勞하ᄂᆞ니 心을 勞ᄒᆞᄂᆞᆫ 者는 人을 治ᄒᆞ고 力을 勞ᄒᆞᄂᆞᆫ 者ᄂᆞᆫ 人의게 治ᄒᆞㅣ인다ᄒᆞ니"라고 하여, '治於人'까지를 고어의 인용문으로 보았다. 《孟子集註 滕文公上》

문후(問候)하고 밖에 나와서 강학(講學)하는 데에 조금이라도 미진한 점이 있을까 염려되니, 이것이 저하께서 자신의 근심으로 삼아야 할 부분입니다. 삼가 바라건대 체념하소서."

하니, 세손이 이르기를,

"체념하겠다."

하였다. 내가 아뢰기를,

"유약(有若)이 성인과 비슷하다고 해서 공자를 섬기던 예로 섬기려고 한 일[112]은 저속하고 무모한 것 같지만 요컨대 유약에게 필시 성인과 흡사한 점이 있어서 그랬을 것입니다. 《논어》에 실린 유자의 말은 하나하나 진실하고 혼후(渾厚)하여 질(質)을 숭상하고 근본에 힘쓰는 뜻이 있습니다. 예를 들어 효제(孝悌)를 인(仁)을 행하는 근본으로 여긴 것[113]은 매우 좋습니다. 효는 백행의 근원이니, 사람이 만약 어버이를 섬기는 도리에 털끝만큼이라도 흠이 있다면 그 나머지 행실은 모든 선(善)이 다 갖추어져 있더라도 모두 볼 것이 없습니다."

하니, 세손이 이르기를,

112 유약(有若)이……일 : 유약은 공자의 제자로, 자는 자유(子有)이다. 유자(有子)로도 일컬어진다. 공자가 돌아가신 뒤에 자하(子夏), 자장(子張), 자유(子游)가 유약이 성인과 비슷하다고 해서 공자를 섬기던 예로 섬기려고 하면서 증자(曾子)에게 강요하자 증자가 반대하였다. 유약이 공자와 비슷한 점에 대해 주희(朱熹)는 유약의 언행과 기상(氣象)에 비슷한 점이 있다고 하면서 《예기》를 인용하여 유약의 말이 공자와 비슷한 점을 예로 들었다. 《孟子集註 滕文公上》

113 효제(孝悌)를……것 : 유약이 효제를 강조하면서 "군자는 근본에 힘쓰니, 근본이 확립되면 도(道)는 저절로 생기게 된다. 효제는 인을 행하는 근본일 것이다."라고 한 말을 가리킨다. 《論語 學而》

"그렇다."

하였다. 내가 아뢰기를,

"'깊은 골짜기에서 나와 높은 나무로 옮겨 간다.'[114]라는 말은 맹자가 단장취의(斷章取義)한 대목이고, '창랑(滄浪)의 물이 맑으면 갓끈을 씻고, 창랑의 물이 흐리면 발을 씻으리라.'라는 노래는 원래 어린아이가 일상적으로 하는 말입니다. 성현의 가슴속은 온통 도리(道理)로 가득 차 있기 때문에 이런 속어의 경우에도 들으면 바로 도리를 찾아냅니다. 이처럼 전환하여 뜻을 취하면 의리가 절로 무궁해집니다. 그리고 한 생각이 나올 때에 마음속에서 공(公)과 사(私)가 싸워서 결국 의(義)가 욕심을 이기면 이것이 곧 깊은 골짜기에서 나와 높은 나무로 옮겨 가는 뜻과 기상이고, 욕심이 의를 이기면 이것이 곧 높은 나무에서 내려와 깊은 골짜기로 들어가는 뜻과 기상입니다. 삼가 바라건대 이런 뜻과 기상을 깊이 살펴서 욕심을 극복하여 다스리도록 노력하소서. 옛사람이 '극기(克己)란 성품이 치우쳐서 극복하기 어려운 곳에서부터 극복해 나가야 한다.'[115]라고 한 것은 참으로 공부를 하는 핵심을 파악한 말입니다."

하니, 세손이 이르기를,

114 깊은……간다 : 《시경》의 내용 일부를 맹자가 인용한 것이다. 원래는 새가 깊은 골짜기에서 나와 높은 나무로 올라가 울어서 벗을 찾는다는 내용인데, 맹자는 중국의 문화를 높은 나무에 비유하고, 만이(蠻夷)인 허행(許行)을 깊은 골짜기에 비유하여, 진상(陳相)이 중국 문화를 버리고 만이의 문화를 추종한 것을 비유적으로 나무랐다. 《孟子集註 滕文公上》《詩經 小雅 伐木》

115 극기(克己)란……한다 : '극기복례(克己復禮)'의 '극기'에 대한 사양좌(謝良佐)의 설명이다. 《論語集註 顔淵》

"그렇다."

하였다. 내가 아뢰기를,

"'서로 이끌고 거짓을 할 것이다.〔相率而爲僞〕'에서 이 '위(僞)' 자는 윗글의 '사물의 실정〔物之情〕'의 '정(情)' 자와 상대적으로 쓴 말입니다. '진(眞)' 자와 상대 개념으로 '위' 자를 쓴 것이 아니라 '정' 자와 상대 개념으로 '위' 자를 쓴 것이니, 여기에서 사람의 정(情)은 본래 거짓이 없기에, 거짓은 사람의 본정(本情)이 아니라는 것을 알 수 있습니다. 만약 털끝만큼이라도 거짓이 있으면 어떻게 천하를 다스리겠습니까. 오직 진실하여야 상대를 감동시킬 수 있으니, 거짓은 남을 감동시킬 수 없습니다. 백성이 지극히 어리석지만 실제로는 지극히 신령스럽습니다. 윗사람이 정령(政令)을 펼 때에 털끝만큼이라도 진실하지 않은 점이 있으면 곧바로 알아차리니, 참으로 소리나 웃는 모습으로 감동시킬 수 있는 것이 아닙니다. 대체로 의리에는 정밀한 것과 거친 것이 있습니다. 거짓의 거친 것으로 말하면, 가령 근거 없는 말을 지어서 남을 속이는 거짓은 참으로 형편없는 소인이 아니라면 어찌 이런 일이 있는 데에 이르겠습니까. 그러나 거짓의 정밀한 것으로 말하면 표리(表裏)의 사이에 털끝만큼이라도 같지 않은 점이 있으면 이것이 곧 거짓입니다. 비록 선(善)이 되는 일이라도 만약 털끝만큼이라도 남들이 좋게 말해 주기를 바라는 뜻이 있으면 이것이 곧 거짓입니다. 이것으로 말하면 거짓이 없기가 어찌 쉬운 일이겠습니까. 정밀히 살피고 통렬히 경계해야 합니다. 백성을 사랑하고 간언을 용납하는 등의 미덕으로 말하더라도 진실과 거짓의 구분을 또한 정밀히 살피지 않아서는 안 됩니다. 저하께서 일찍이 당 태종(唐太宗)이 메뚜기를 삼킨 일[116]에 대해 옳지 않다고 하셨다는 말을 들었습니다. 신은 그 말을 듣고 기뻐하였습니다. 메뚜기를 삼킨 일과 죄수를 놓아준 일[117]은 매우 못마땅한 마음이 듭니다. 죄수들이 자발적으로 돌아온 것에 대해서는 구양수(歐陽脩)가 '죄수들이 돌아가면 반드시 사면되리라는 것을 알고서 스스로 돌아간 것이다.' 라고 한 말이 참으로 맞습니다. 그리고 메뚜기의 재해가 발생하지 않았다고 한 말은, 신의 생각에 이는 필시 당시의 사관(史官)이 거짓으로 쓴 것입니다. 마음속에 털끝만큼이라도 거짓이 있으면 사람도 감동시킬 수 없는데 하물며 하늘을 감동시킬 수 있겠습니까."

하니, 세손이 이르기를,

"메뚜기를 삼킨 일은 암만해도 인정(人情)에 가깝지 않다는 생각이 든다. 메뚜기를 삼키고 죄수를 놓아준 두 가지 일은 모두 문제가 있는 듯하다."

하자, 내가 아뢰기를,

116 당 태종(唐太宗)이……일 : 《자치통감》 권192 〈당기(唐紀) 8〉 정관(貞觀) 2년(628)에 "기내(畿內)에 메뚜기가 극성을 부렸는데, 당 태종이 금원(禁苑)에 들어가서 메뚜기를 보고는 몇 마리 잡아서 축원하기를 '백성들은 곡식을 목숨으로 여긴다. 너희들은 그것을 먹느니 차라리 나의 폐(肺)와 장(腸)을 먹으라.' 하고는 삼키려고 하였다. 좌우에서 간언하기를 '나쁜 물건이 혹 질병을 일으킬 수도 있습니다.' 하니, 태종은 '짐이 백성을 위하여 대신 재앙을 받으려는 것인데 어찌 병을 피하겠는가.' 하고는 삼켜 버렸다. 이해에 메뚜기 재해가 발생하지 않았다."라고 하였다.

117 죄수를 놓아준 일 : 당 태종 정관(貞觀) 6년(632) 겨울에 태종이 사형수들을 불쌍히 여기는 마음에 그들을 놓아주어 집으로 돌려보내면서 내년 가을에 와서 사형을 받도록 하였는데, 이듬해 9월이 되자 지난해에 놓아주었던 천하의 사형수 390명이 한 명도 달아나거나 숨지 않고 자발적으로 출두하니, 태종이 모두 사면해 주었다. 《資治通鑑 卷194 唐紀10 貞觀6年, 7年》

"인정에 가깝지 않다는 말씀이 매우 좋습니다. 메뚜기 한 마리를 삼켰는데 천하의 메뚜기가 모두 제거되었으니, 만약 본래 이런 이치가 있다면 삼켜도 괜찮겠지만 이런 이치가 없는데 삼켰으니 이것은 무슨 생각이겠습니까. 죄수를 놓아준 일로 말하자면, 죄수들이 돌아가면 반드시 사면될 줄을 알고 돌아갔으니, 이것은 죄수들이 태종의 술수에 빠진 것이 아니라 바로 태종이 죄수들의 술수에 빠진 것입니다. 사사로운 지혜나 작은 지혜로 아랫사람을 거느리면 아랫사람 또한 이것으로 대응합니다. 아랫사람이 나의 속내를 헤아린다면 이것은 나의 술수가 이미 다른 사람에게 간파당한 것입니다. 오직 진실로써 아랫사람에게 임한 뒤에야 아랫사람이 비로소 심복(心服)하게 됩니다. 태종이 평생 동안 한 행사(行事)가 대부분 거짓으로 꾸민 것이었으니, 이것은 참으로 경계해야 합니다. 간언을 용납한 한 가지 일은 실로 남보다 훨씬 뛰어난 부분입니다. 태종의 뜻이 비록 억지로 꾸민 데에서 나왔다고 하더라도 후세 임금이 본보기로 삼는 도리로 말한다면 그 마음의 동기를 따지지 말고 우선은 그 좋은 부분을 배워야 합니다."

하니, 세손이 이르기를,

"그렇다."

하였다.

9월 21일 소대에서 "이각(李傕)과 곽사(郭汜)"부터 "종호(鍾皓)의 증손이다."까지 진강하였다.

내가 아뢰기를,

"왕윤(王允)[118]이 교만 때문에 화(禍)를 입은 것은 참으로 경계할 만한 일입니다. 윗사람이 교만한 마음을 가지고 있으면 아랫사람의 말이 들어갈 수 없습니다. '임금이 어려서 나만을 믿고 있다.'라는 말[119]은 사람으로 하여금 측은한 마음이 들게 합니다. '힘을 다해서[120] 관동(關東)의 제공(諸公)들에게 해명하고 부지런히 국가를 염려하겠다.'라는 말[121]에서는 죽어도 나라를 잊지 않는 뜻을 더욱 볼 수 있습니다."

하니, 세손이 이르기를,

"그렇다."

하였다. 내가 아뢰기를,

"한가히 지낼 때에 보시는 책이 무엇인지 신이 매번 듣고 싶습니다. 자신에게 절실하고 유익하기로는 《근사록(近思錄)》과 《주서절요(朱書節要)》만 한 책이 없습니다. 설경헌(薛敬軒)[122]이 지은 《독서

118 왕윤(王允) : 후한 영제(靈帝)와 헌제(獻帝) 때 인물로, 자는 자사(子師)이고, 태원(太原) 사람이다. 벼슬은 사도(司徒)에까지 이르렀고, 동탁(董卓)에 의해 온후(溫侯)에 봉해졌다. 초평(初平) 3년(192)에 동탁의 장수 여포(呂布)를 끌어들여 동탁을 주살하였다. 후에 동탁의 부곡장(部曲將) 이각에게 살해되었다. 《後漢書 王允列傳》

119 임금이……말 : 동탁이 죽은 뒤에 동탁의 부하인 이각과 곽사 등이 궁궐에 난입하였는데, 여포가 싸우다가 이기지 못하고 달아나면서 왕윤에게 함께 달아나자고 하자 왕윤이 여포에게 한 말이다. 이때 헌제는 11세였기 때문에 임금이 어리다고 한 것이다. 《資治通鑑綱目 卷12下 初平3年》

120 힘을 다해서 : 대본에는 '爲我'로 되어 있다. 《자치통감》 권56 〈한기 48〉 초평 3년에 근거하여 '努力'으로 바로잡아 번역하였다.

121 힘을……말 : 왕윤이 여포에게 한 말이다. 위의 주119 참조.

122 설경헌(薛敬軒) : 명나라 초기의 문신이자 성리학자인 설선(薛瑄, 1389~1464)으로, 자는 덕온(德溫), 호는 경헌, 시호는 문청(文淸)이다. 평생 독실하게 주희(朱熹)의 학문을 연구하여 명대 성리학의 종장(宗匠)으로 일컬어진다. 저서로 《독서록》, 《설

록(讀書錄)》은 내용이 질박하고 진실하여 맛이 있고, 모두가 자신이 경험한 뒤에 한 말이기 때문에 읽어 보면 사람을 매우 일깨우는 대목이 있습니다. 원래 책의 분량이 매우 적고 또 그중에 중요한 말을 뽑아서 요약한 책자가 있는데 분량이 수십 판(板)에 불과합니다. 수시로 펴서 보시면 깨우치고 성찰하는 데 도움이 있을 듯합니다."

하니, 세손이 이르기를,

"들이라."

하였다.

기축년(1769, 영조45) 2월 12일에 겸문학(兼文學)으로 주강에 입대(入對)하였다. 세손이 이르기를,

"강관은 《대학》을 가지고 입대하되, 존현각(尊賢閣)으로 입대하라."

하였다. 세손이 이르기를,

"조연(朝筵)에서 《대학》의 서문을 강하였는데, 시좌할 시간이 박두하여 바빠서 문의(文義)를 토론할 겨를이 없었기 때문에 다시 가지고 들어오라고 한 것이다."

하였다. 내가 아뢰기를,

"《대학》은 체(體)와 용(用)이 모두 갖추어진 책이고, 서문에 의리를 상세히 미루어 논한 부분은 매우 좋습니다. '군사(君師)' 두 글자를 상세히 연구해야 합니다. 황천(皇天)이 임금을 세우고 스승을 세운 본의는, 백성들이 그들의 삶을 스스로 이룰 수 없기 때문에 길러 준 뒤에야 비로소 그들의 삶을 이룰 수 있고, 백성들이 그들의 성

문청집(薛文清集)》 등이 있다.

(性)을 스스로 이룰 수 없기 때문에 가르친 뒤에야 비로소 그들의 성을 이룰 수 있습니다. 길러 주는 역할일 경우에 군(君)이라고 하고, 가르치는 역할일 경우에 사(師)라고 합니다. 삼대(三代) 이후로 사도(師道)는 없어졌고, 군도(君道)로 말하더라도 다소 지극하지 못한 점이 있습니다. 군도와 사도가 모두 극진한 뒤에야 비로소 임금이라고 말할 수 있습니다."

하니, 세손이 이르기를,

"그렇다."

하였다. 또 세손이 이르기를,

"'인의예지(仁義禮智)의 성(性)'에서 '인의예지'는 '성'에 들어 있는 '물(物)'인가?"

하자, 내가 아뢰기를,

"'성'은 곧 태극(太極) 전체로서 순수하고 지선(至善)한 '물'입니다. 이것은 참으로 만선(萬善)의 근저이고 또한 한 가지의 선(善)으로 명명할 수 없습니다. 네 가지 덕(德)의 명칭을 명명한 것은 또한 지류를 따라 근원으로 거슬러 올라간 것이니, 사람이 측은지심(惻隱之心)이 나오는 것을 보고 그 근원을 미루어 찾아가서 측은지심이 인(仁)에서 연유한다는 것을 안 것입니다. 수오지심(羞惡之心) 등 나머지 3단(端)이 모두 그러합니다. 이것으로 보면 인의예지는 '성'을 분할한 명목입니다. 합하여 말하면 하나의 태극이고, 나누어 말하면 인의예지입니다. 이렇게 보면 인의예지를 '성'에 들어 있는 '물'이라고 해도 참으로 묘사하는 데 병통이 되지는 않습니다. 그러나 만약 성이 하나의 물이고 사덕(四德)이 따로 성에 들어 있는 물이라고 인식한다면 나누어서 둘로 만드는 병통이 있게 됩니다."

하였다. 하문하신 "이(理)·기(氣)의 선후(先後)와 기는 작위(作爲)가 있고 이는 형체가 없다."라는 설에 대해 내가 아뢰기를,

"천지 사이에 가득 찬 것이 모두 기(氣)이고, 이(理)는 그 소이연(所以然)입니다. 원래 기 밖에 따로 물(物)이 있어서 기와 상대적으로 존재하는 것이 아닙니다."

하였다. 강을 마쳤다. 세손이 이르기를,

"상번은 시강한 지가 지금 몇 달이나 되었는가?"

하자, 내가 대답하기를,

"어느덧 반년이 되었는데, 그간에 저하의 학문이 얼마나 성취되었는지 모르겠습니다. 진강한 책으로 말하면, 작년 가을에 시강할 때에 《맹자》를 강한 것이 4권에 이르렀는데 지금에야 비로소 한 질(帙)을 마쳤습니다. 처음에 과정을 정해 《대학》을 강할 때에는 지나치게 착실하지 못했다고 할 수 있습니다. 그간에 저하의 건강이 미령하신 날이 있었고 조정에 일이 있는 때가 있기는 하였지만 처음 예상한 것과는 매우 달랐습니다."

하니, 세손이 이르기를,

"실로 아뢴 말과 같다."

하였다. 내가 아뢰기를,

"신이 작년에 시강할 때 어리석은 충정을 다 기울였는데 모두 받아들여 주셨습니다. 신이 그동안 권면한 것은 사사로운 뜻을 제거하고 다른 사람의 말을 수용하고 위의(威儀)와 동작(動作)의 절도에 신중하시라는 것이었습니다. 대체로 사사로운 뜻을 제거하기가 가장 어렵습니다. 하나라도 다 제거되지 않은 것이 있으면 밖에 나타나는 증거를 숨길 수 없습니다. 그리고 한 사람의 총명은 한계가 있고

천하의 의리는 무궁합니다. 필부(匹夫)가 학문을 하는 데도 수신(修身)의 도(道)는 다른 사람에게 취해서 선(善)을 하는 것보다 큰 것이 없는데, 하물며 제왕가(帝王家)는 말할 것이 있겠습니까. 그리고 위의의 절도에 대해서는 신이 일찍이 점차적으로 노력하고 우선은 너무 심한 것을 제거하시라고 진달하였는데, 저하께서 필시 기억하고 계시리라 생각합니다. 신이 삼가 보건대, 저하께서 의리를 간파하신 부분이 모두 이미 뛰어나 글 뜻을 파악하는 데에 그칠 뿐만이 아니니, 이 또한 참으로 경탄을 금할 수 없습니다. 다만 신이 염려하는 것은 아는 것이 어려운 것이 아니라 행하는 것이 어려운 점이며, 실행에 옮길 때가 말로 할 때와 같지 않은 점입니다. 모든 사리에 관계된 것을 평상시에 참으로 이미 알고 있더라도 그것을 행할 때에는 도리어 그렇게 하지 못하니, 알고도 실천하지 못한다면 그 지식을 어디에 쓰겠습니까. 저하의 학문이 의리를 아는 면에서는 매우 좋아서 더 노력할 필요가 없습니다. 다만 몸소 실행하는 데에 더욱 마음을 쓰신다면 비로소 진선(盡善)이 될 것입니다."

하니, 세손이 이르기를,

"아뢴 말이 좋다. 의당 체념하겠다."

하였다.

○ 같은 날 야대(夜對)에서 "가을 7월에 승상 제갈량(諸葛亮)"부터 "관작과 토지를 삭탈하였다."까지 진강하였다.

세손이 이르기를,

"변 태후(卞太后)[123]는 현명한 사람이다. 외척(外戚)에게 엄격하였

123 변 태후(卞太后) : 삼국 시대 위(魏)나라 조조(曹操)의 부인으로, 문제(文帝)인

던 것은 우연히 그렇게 한 것이 전혀 아니다."

하자, 내가 아뢰기를,

"'금령을 범한 자가 있으면 한 등급 높은 벌을 내리겠다.'라는 말은 매우 식견이 있는 말입니다. 의리로 말하면 외척이든 다른 사람이든 죄가 있으면 똑같이 벌을 내리고 공이 있으면 똑같이 상을 내려야 합니다. 외척의 죄에 대해 다른 사람보다 형벌의 등급을 높이는 것이 언뜻 보면 의리상 공평하지 못한 것 같지만 외척은 사치하고 분에 넘쳐서 금령을 범하기가 다른 사람에 비해 형세상 훨씬 쉽습니다. 그런데 처벌할 때에 겨우 다른 사람과 같게 한다면 금지하는 방법이 될 수 없습니다. 모름지기 처벌할 때에 다른 사람에 비하여 등급을 높인 뒤에야 금지하는 방도가 비로소 다른 사람과 같게 됩니다. 그렇게 보면 한 등급을 높이는 것이 더 엄한 것이 아니라 공평한 것입니다."

하니, 세손이 이르기를,

"그렇다."

하였다. 또 세손이 이르기를,

"소열제(昭烈帝)가 제갈량에게 고명(顧命)을 내리면서 '그대가 직접 나라를 차지하라.'라고 한 말[124]을 상번은 어떻게 생각하는가?"

하자, 내가 대답하기를,

"어제 궁료(宮僚)들이 회동할 때에 얘기 도중에 강연에서 글 뜻을 아뢴 것에 대한 말이 나와서 이 말을 들었는데, 신의 뜻은 필선 홍용한(洪龍漢)의 견해와 다릅니다."

조비(曹丕)의 어머니이다.《三國志 魏書5 武宣卞皇后傳》

124 소열제(昭烈帝)가……말 : 362쪽 주77 참조.

하니, 세손이 이르기를,

"한번 말해 보라."

하자, 내가 대답하기를,

"신은 항상 이 말에 대해 소열제의 고심과 진정이 담긴 말이라고 생각하였습니다. 또 이 말은 다른 사람이 따를 수 없는 소열제의 탁월한 점이라고 생각하였습니다. 대체로 관천하(官天下)[125]의 고사로 논하면 이 말은 원래 크게 놀랍거나 조금이라도 이상한 말이 아닙니다. 단지 후세 사람들의 안목이 좁아서 간파하지 못한 것뿐입니다. 그리고 이때는 또 천하를 일통(一統)한 때나 아무 일이 없는 평상시와는 다릅니다. 소열제가 한쪽 구석인 촉(蜀) 땅을 차지하고서도 한(漢)나라의 도적을 제거하고 중원을 회복하려고 하였는데, 이때에 오직 제갈공명과 자신의 계략만을 믿고 있었습니다. 그런데 지금 중도에 죽는다면 아들의 재능이 큰일을 하기에 부족하다는 것을 잘 알고 있으므로 제갈공명이 있더라도 결코 자기가 살아 있을 때처럼 능력을 발휘하지 못하여 조만간 조비(曹丕)에게 병탄되리라는 것은 지혜로운 자가 아니라도 알 수 있었습니다. 따라서 감당하지 못하는 아들에게 넘겨주어 결국 도적에게 병탄되게 하는 것보다는 차라리 제갈공명에게 주어서 도적을 제거하고 한나라를 부흥시키려고 한 것입니다. 소열제의 이 말은 의리로 헤아려 보고 사정으로

125 관천하(官天下) : 천하를 공적인 것으로 간주한다는 뜻으로, 천하를 사적인 한 집안의 것으로 보는 가천하(家天下)와 상대적인 말이다. 《한서(漢書)》 〈개관요전(蓋寬饒傳)〉에 "오제는 관천하를 하였고 삼왕은 가천하를 하였으니, 가(家)는 천하를 자식에게 전하고 관(官)은 천하를 현자에게 전한다."라는 《한씨역전(韓氏易傳)》의 말을 인용한 데에서 유래하였다.

참작해 보면, 신은 여기에 의심할 만한 점이 있다는 것을 볼 수 없습니다."

하니, 세손이 이르기를,

"그렇다. 나의 견해 또한 이와 같다. 다른 강관들의 소견도 필선과 같지 않다."

하였다. 내가 아뢰기를,

"신이 작년에 시강할 때 《자치통감강목》의 강을 마칠 기약이 없다는 말씀을 들었기 때문에 신이 일과를 폐하지 않으면 하루에 4, 5판을 강하더라도 1년이면 1000여 판을 강할 수 있다고 아뢰었습니다. 지금 와서 보니 비로소 20권에 이르렀습니다. 만약 매번 이렇게 간단(間斷)이 있게 되면 참으로 마칠 기약이 없을 것입니다."

하니, 세손이 이르기를,

"참으로 그러하다."

하였다. 또 세손이 이르기를,

"지난겨울에 《고사답어(故事答語)》를 보았는가?"

하자, 내가 대답하기를,

"보았습니다."

하니, 세손이 이르기를,

"어떠한가? 논할 만한 점은 없던가?"

하자, 내가 대답하기를,

"의리와 글이 모두 좋아서 논할 만한 문제점은 없었습니다. 다만 글이 너무 번다한 흠이 있습니다. 대체로 사령(辭令)은 말이나 글을 막론하고 원래 간략하고 엄정한 것을 귀하게 여깁니다. 그러나 글뜻을 드러내고 도리를 강론할 때에는 속마음을 쏟아 내고 정(情)과 뜻을 통하게 하는 것이 중요하므로 간략하고 엄정함을 위주로 할 필요는 없지만 이 글은 분량이 너무 많은 것이 문제인 듯합니다. 그리고 글의 체제(體製)와 기축(機軸)이 매우 익숙하니, 일찍이 글을 짓는 공부에 힘을 쓴 것 같습니다. 신이 작년에 시율(詩律)을 좋아해서는 안 된다는 뜻으로 아뢴 적이 있습니다. 글은 시와 달리 날마다 쓰는 것으로서 버릴 수 없으니 전혀 익히지 않기는 어렵지만 이것 또한 지나치게 좋아하여 빠져드는 데에 이르면 이 또한 어찌 완물상지(玩物喪志)가 되지 않겠습니까. 저하께서 만약 한가한 때에 글을 익히려고 한다면 쓸데없는 글을 지을 필요가 없습니다. 무릇 경서(經書)를 읽고 사서(史書)를 읽을 때에 마음속에 시비(是非)와 득실(得失)에 대해 깨달은 점이 있거든 그때마다 글로 기록한다면 매우 유익해서 한가한 글을 짓는 데에 비할 수 없을 것입니다."

하니, 세손이 이르기를,

"내가 사론(史論)을 지은 것이 있는데, 그대에게 보이려고 한다."

하고, 협시(夾侍)를 시켜 큰 두루마리를 나에게 전해 주게 하였다. 내가 펴서 읽었다. 세손이 이르기를,

"가볍게 읽고 넘어가는 것이 좋겠다. 두루마리 안의 사론이 20편 가까이 되는데 대부분 동한(東漢)과 서한(西漢)의 일이다. 〈천자불여포의동론(天子不與布衣同論)〉, 〈자기당랑론(自起撞郎論)〉, 〈임조여신론(臨朝如神論)〉, 〈숙손통제예악론(叔孫通制禮樂論)〉, 〈삼고초려론(三顧草廬論)〉, 〈여어유수론(如魚有水論)〉 등의 제명은 기억해 둘 만하다. 그중에 〈이소종합대종론(以小宗合大宗論)〉이 있는데 한 선제(漢宣帝)가 도고(悼考)[126]를 추증한 잘못[127]과 애제(哀帝)가 정도(定陶)를 추숭한 잘못[128]을 낱낱이 논하였다. 큰 뜻은 황

실에 들어가 대통(大統)을 이은 뒤에는 의리상 다시 사친(私親)을 높여서 두 개의 왕통을 만드는 혐의를 범해서는 안 된다는 것이다. 공자가 맹의자(孟懿子)에게 답한 '살아 계실 때 섬기기를 예(禮)로써 하고, 돌아가시면 장사 지내기를 예로써 하고 제사 지내기를 예로써 하라.'라는 말을 인용하여, 예가 아닌 것으로 어버이를 섬기면 자기가 효라고 여기는 것이 곧 불효가 됨을 말하였다."

하였다. 여러 편을 모두 읽었다. 내가 일어났다 엎드려 아뢰기를,

"의리가 모두 지극히 좋습니다. 글을 가지고 말한다면 중간중간에 소소한 병통이 되는 곳이 있기는 하지만 대체적으로는 모두 좋고, 왕왕 뛰어나게 좋은 곳이 있으니, 저하께서 문장가들의 글에 상당히 뜻을 두신 듯합니다. 이것은 기뻐할 만하기는 하지만 또한 경계의 말씀을 드려야 할 대목입니다. 요컨대 식견이 고명하고 의리가 엄정하여 더 이상 유감이 없으니 신의 기쁜 마음 이루 말할 수 없습니다. 그동안 시강할 때에 저하의 학문이 성취되어 이미 고명한 경지에

126 도고(悼考) : 대본에는 '掉考'로 되어 있다. 《자치통감강목》 권5하 원강(元康) 1년에 근거하여 '掉'를 '悼'로 바로잡아 번역하였다.

127 한(漢)……잘못 : 한나라 선제가 자기의 생부(生父)인 도고(悼考)를 황고(皇考)라고 부르고 침묘(寢廟)를 세웠는데, 이에 대해 송(宋)나라 범진(范鎭)은 소종(小宗)을 대종(大宗)에 합쳤다고 비난하였다. 정자(程子)는 양자가 된 사람은 양부모를 부모라고 해야 하고 생부모는 백숙부모(伯叔父母)라고 해야 하는데, 선제가 생부를 황고라고 한 것은 윤상을 어지럽히고 예의를 잃은 처사라고 하였다. 《資治通鑑綱目 卷5下 元康1年》

128 애제(哀帝)가……잘못 : 애제는 성제(成帝)의 뒤를 이어 황제가 되었는데, 성제의 아들이 아니라 원제(元帝)의 서손(庶孫)으로서 정도공왕(定陶恭王)의 아들이다. 즉위한 뒤에 정도공왕을 공황(恭皇)으로 추숭하고, 생모인 정희(丁姬)를 공황후(恭皇后)으로 추숭한 일을 가리킨다. 《漢書 哀帝紀》

이르러서 의리의 큰 곳을 모두 아셨다는 것은 참으로 익히 알고 있었지만 지금 이 글을 보니 더욱 흠앙하는 마음 금할 수 없어 더 이상 말로 진달할 것이 없습니다. 다만 주연(晝筵)에서 아뢰었던 '아는 것이 어려운 것이 아니라 행하는 것이 어렵다.〔非知之艱 行之惟艱〕' 라는 여덟 글자를 말씀드리는 것 외에는 달리 진달할 말이 없습니다. 대체로 사람의 마음은 평상시에 사리를 알아서 스스로는 명백하다고 여기던 것들도 막상 일이 자기에게 닥치면 어긋나게 되는 것을 면하지 못합니다. 그리고 예를 들어 이 책을 동쪽에 두면 옳고 서쪽에 두면 그르다는 것을 평소에는 잘 알아서 스스로 십분 분명하다고 생각했더라도, 책을 들어서 두려고 할 때에 사사로운 뜻에 가려서 끌려가거나 일의 상황이 급박해진 때문이거나 형세가 부득이한 데에 내몰리거나 자기에게 절실한 이해(利害)에 마음이 움직여서 동쪽에 두지 못하고 도리어 서쪽에 두는 경우가 많습니다. 말할 때는 쉽지만 행할 때는 어려운 것이 대체로 이와 같습니다. 알면서도 행하지 못하고 말은 하지만 실행하지는 못하는 까닭은 위에서 진달한 몇 가지 이유가 있어서일 뿐입니다. 무릇 일을 처리할 때에 평소 내가 아는 것이 이미 명백한 것만을 믿지 말고 반드시 다시 엄격히 살피고 힘을 쓴 뒤에야 비로소 말을 실천하지 못하는 근심을 면할 수 있습니다."

하니, 세손이 이르기를,

"진달한 말이 매우 좋다. 체념하겠다."

하였다. 물러 나오니 밤이 이미 3경(更) 5점(點)이었다.

2월 22일 주강에서 《대학(大學)》 전(傳) 3장(章)을 진강하였다.

내가 아뢰기를,

"다섯 가지의 그침[129]에 대해 장구(章句)에서 '그 안에 담긴 정미한 뜻을 연구하여〔究其精微之蘊〕'라고 한 말은 바로 잘 살펴서 간파해야 합니다. 모든 사리에는 다 정밀한 것과 거친 것이 있어서 그 정밀하고 거친 것이 한 가지에 그치지 않습니다. '지어효(止於孝)'라는 한 가지 일로 말하면, 혼정신성(昏定晨省)하여 겨울에는 따뜻하게 해 드리고 여름에는 시원하게 해 드리는 것은 효의 거친 것입니다. 뜻을 봉양하고 허물이 있을 때에 간언하여 부모가 불선(不善)에 빠지지 않게 해야 비로소 효의 정밀한 것이 됩니다. 또 그 안에 들어가서 말하면, 허물이 있은 뒤에 간언하는 것은 정밀한 것 속에서 거친 것이고, 기미를 살펴서 주선하여 어버이의 허물이 드러나지 않고 암중에 없어지게 하는 것은 정밀한 것 속에서 정밀한 것입니다. 이른바 '의리는 무궁하여 한 겹을 벗겨 내면 또 한 겹이 있다.'라는 것이니, 이것을 미루어 보면 알 수 있습니다."

하니, 세손이 이르기를,

"그렇다."

하였다. 내가 아뢰기를,

"작년에 '경계하는 것이 여색(女色)에 있다.'라는 경계에 대해 진달하였을 때에 대답하신 말씀을 지금도 가슴속에 담고 있습니다. 그러

129 다섯 가지의 그침 : 《대학장구》 전(傳) 3장에서 주 문왕(周文王)에 대해 찬미하면서 "임금이 되어서는 인(仁)에 그치고, 신하가 되어서는 경(敬)에 그치고, 아들이 되어서는 효(孝)에 그치고, 아버지가 되어서는 자(慈)에 그치고, 나라 사람들과 사귈 때는 신(信)에 그쳤다."라고 한 말을 가리킨다.

나 저하의 건강이 미령한 때가 많고, 또 풍채와 살결로 논하면 바로 혈기가 왕성한 때인데, 늘 허약하고 마른 기색이 있고 밝고 윤택한 기색이 매우 부족합니다.[130] 벽기(癖氣)가 항상 많이 막혀 있기 때문이기는 하지만 아무리 생각해도 걱정됩니다. 전에 분수(分數)가 지나치게 과한 데에 이르지 않는다는 말씀을 듣기는 했지만 분수 또한 일괄적으로 논할 수 없습니다. 대체로 사람의 기품(氣稟)은 강약에 매우 많은 종류가 있습니다. 기품이 약한 자의 분수는 기품이 강한 자의 분수에 10분의 1, 2에도 미치지 못하지만 손상을 받는 것은 배나 됩니다. 저하의 기품은 매우 약하므로 분수가 심하게 과하지 않은 것을 믿고서 마음을 더 쓰지 않아서는 안 됩니다. 신은 매번 제왕가(帝王家)에서 병이 나지 않도록 조심하는 방도가 특히나 매우 어렵다고 생각하고 있습니다. 만약 자신의 몸을 보호하는 데에 뜻을 기울이지 않으면 건강을 잃기가 쉽습니다."

하니, 세손이 이르기를,

"각별히 체념하겠다."

하였다. 내가 아뢰기를,

"음식을 절제하고, 날것과 차가운 음식을 삼가는 도리 또한 유념하지 않아서는 안 됩니다."

하니, 세손이 이르기를,

"체념하겠다."

하였다. 내가 아뢰기를,

130 부족합니다 : 대본에는 '次'로 되어 있다. 문맥에 근거하여 '欠'으로 바로잡아 번역하였다.

"아는 것이 어려운 것이 아니라 행하는 것이 어렵다는 말은 신이 전에 여러 차례 진달하였습니다. 대저 '말은 행동을 돌아보고 행동은 말을 돌아보는 것'은 지극히 쉽지 않은 일입니다. 보통 사람의 경우 말은 항상 남음이 있는 데에서 잘못되고 행동은 항상 부족한 데에서 잘못됩니다. 그러므로 공자가 '행동에 부족함이 있으면 감히 노력하지 않을 수 없고, 말에 남음이 있으면 감히 다 하지 못한다.'[131]라고 한 말씀으로 보건대, 비록 성인이라도 말에 대해서는 곧바로 남음이 있는 것으로 단정하고 행동에 대해서는 곧바로 부족한 것으로 단정하였습니다. 하물며 성인 이하의 사람은 더욱 어찌 감히 그 남음이 있는 것을 힘을 다해 절제하여 그 부족한 것을 보완하지 않겠습니까. 저하께서는 의리의 큰 핵심이 되는 부분에 대해서 이미 탁월하게 이해하고 계십니다. 지난날 읽어 본 글로 말하자면 의리가 고명한 점에 대해서는 신이 흠앙하고 기뻐하지 않는 것이 아닙니다. 그러나 염려스러운 점은 행하는 것이 혹시라도 아는 것에 미치지 못할까 하는 것입니다. 모든 일에 대해 의리로 헤아려서 결정한 뒤에는 큰 이해가 눈앞에 있더라도 조금도 흔들리거나 마음을 빼앗기지 않고 내가 아는 것을 실행한 뒤에야 말과 행동이 서로 부합하지 않는 근심을 면할 수 있습니다. 평소에 이렇게 알고 있더라도 일에 임해서

131 행동에……못한다 : 공자가 군자의 덕이 네 가지가 있는데 그중에 하나도 능한 것이 없다고 하면서 "일반적인 덕을 행하고 일반적인 말을 삼가서 행동에 부족함이 있거든 감히 노력하지 않을 수 없고 말에 남음이 있거든 감히 다 하지 못하여, 말은 행동을 돌아보고 행동은 말을 돌아보아야 하니, 군자가 어찌 독실하지 않겠는가.〔庸德之行, 庸言之謹, 有所不足, 不敢不勉, 有餘, 不敢盡, 言顧行, 行顧言, 君子胡不慥慥爾?〕"라고 한 말을 가리킨다.《中庸章句 第13章》

도리어 혹시라도 흔들리거나 마음을 빼앗기면 말을 실천할 수 없습니다. 주자(朱子)는 선은 마땅히 좋아해야 하고 악은 마땅히 미워해야 한다는 것을 알면서도 또 이렇게 하지 않더라도 문제 될 것이 없다는 뜻이 있어서 마음속에서 나를 끌어당기는 것을 '자기(自欺)'라고 하였습니다."

하니, 세손이 이르기를,

"말은 행동을 돌아보고 행동은 말을 돌아본다는 말이 매우 좋다. 나 또한 이 일이 가장 어렵다는 것을 알아서 항상 스스로 반성하고 힘쓰려는 뜻이 있었기 때문에 일찍이 이것으로 이름을 지었다."

하였다. 내가 아뢰기를,

"신은 저하의 말씀을 잘 이해하지 못하겠습니다."

하니, 세손이 이르기를,

"도서(圖書) 중에 '고암(顧庵)'으로 이름을 지은 것이 있다."

하자, 내가 아뢰기를,

"이름을 지어 스스로 반성하는 뜻이 참으로 좋습니다. 그러나 반드시 매번 이름 지은 뜻을 돌아보고 생각한 뒤에야 비로소 실효가 있습니다. 만약 단지 이름만 지어 놓고 말면 이름을 지은 것 또한 무익합니다. '고(顧)' 자로 이름을 지은 뜻을 매번 돌아보고 생각하는 것이 좋습니다."

하니, 세손이 이르기를,

"아뢴 말이 좋다."

하였다. 내가 아뢰기를,

"사람은 매번 아는 것을 실천하지 못하는 것을 근심합니다. 저하께서는 일을 처리할 때에 평소 알던 대로 하지 못하는 것을 자각하는 일이 있습니까? 이처럼 스스로 점검해 보신 적이 있는지 모르겠습니다."

하니, 세손이 이르기를,

"나 또한 말을 실천하지 못하는 것을 자각하는 때가 있다."

하였다. 내가 아뢰기를,

"행동이 말을 돌아보지 못하는 것은 일상생활 속에서 또한 절로 면하기 어렵습니다. 이것은 보통 쉽게 있는 일인데, 때로 간혹 있는 것 또한 매우 쉽지 않습니다. 타고난 자질이 고명한 사람이 아니면 점검을 잘하지 못해서 있어도 자각하지 못할 때가 또한 많을 것입니다."

하니, 세손이 이르기를,

"점검을 잘하지 못한다는 말은 참으로 그러하다."

하였다. 세손이 이르기를,

"겸문학이 작년에 써서 올린 것은 이미 병풍으로 만들었다. 또 옛사람의 격언을 써서 벽에 붙여 두고 보고 반성할 거리로 삼으려고 하니 또 써서 올리도록 하라."

하였다.

2월 23일 주강에서 《대학》 전(傳) 4장과 5장을 진강하였다.

내가 아뢰기를,

"전 4장에 대해 본말장(本末章)을 별도로 하나의 전으로 만들어서는 안 된다고 의심하는 사람이 있습니다. 그러나 경문(經文)에서 삼강령(三綱領)을 먼저 나열하고 곧이어 '물건에는 본과 말이 있다.〔物有本末〕'로 맺었고, 팔조목(八條目)을 다음에 나열하고 곧이어 '수신을 근본으로 삼는다.〔修身爲本〕'와 '근본이 어지럽고서 끝이 다스려지는 경우〔本亂而末治〕'로 맺어 놓은 것으로 보건대 '본말'이 매우 중요함을 주장한 뜻을 알 수 있습니다. 주자가 이 장을 강(綱)과 목(目)의 사이에 확고하게 두어서 분명하게 본말을 해석하는 전(傳)으로 삼은 것은 참으로 탁월한 생각입니다."

하니, 세손이 이르기를,

"그렇다."

하였다. 내가 아뢰기를,

"'간상절취(間嘗竊取)'는 윗글의 '이금망의(而今亡矣)'의 아래에 이어져 합하여 한 편의 글이 되니, 규장각본(奎章閣本)이 이와 같습니다. '구본(舊本)' 한 단락은 본래 쌍행으로 된 주(註)였는데, 대전(大全)에 뒤섞어 큰 글씨로 만들어서 '망의(亡矣)'의 아래와 '간상(間嘗)'의 위에 끼워 넣어 상하의 문세(文勢)를 단절시킨 것은 잘못입니다."

하니, 세손이 이르기를,

"과연 그렇다."

하였다. 내가 아뢰기를,

"원래 음양의 온전한 덕을 타고난 성인이 아니라면 사람은 모두 기질이 치우쳐 있습니다. 저하의 기질이 치우친 부분에 대해 일찍이 스스로 점검해서 스스로 깨달은 것이 있는지 모르겠습니다."

하니, 세손이 이르기를,

"나의 기질은 강함으로 다스리는 면이 전적으로 부족하기 때문에 매번 이것을 스스로 노력하고 있다."

하였다. 내가 아뢰기를,

"미천한 신의 얕은 소견으로 말씀드리자면, 저하의 기질은 온유함으로 다스리는 데에 노력해야 할 것은 아니지만 또한 강함으로 다스리는 데에 전적으로 힘을 쓸 필요도 없습니다. 〈홍범(洪範)〉의 본문으로 보더라도 고명한 자는 온유함으로 다스리고 침잠되어 있는 자는 강함으로 다스리니, 강극(剛克) 두 글자가 병증에 대응하는 약이 되는지는 모르겠습니다. 강(剛) 자는 강(强) 자와 다릅니다. 강(强)은 저하께서 부족한 점인 듯합니다. 확고하게 힘이 있어서 시종여일(始終如一)한 것이 곧 강(强)입니다. 저하의 기질은 이 부분에 부족한 점이 있는 듯합니다. 증자(曾子)가 이르기를 '선비가 도량이 크고 뜻이 굳세지 않으면 안 되니, 책임이 무겁고 길이 멀기 때문이다.'라고 하였는데, 주자가 '강인(强忍)'으로 의(毅) 자를 풀이하였으니, 대체로 힘이 있고 오래 견딘다는 뜻입니다. 홍(弘)은 용납하지 못하는 것이 없고, 의(毅)는 시작이 있고 끝이 있는 것이니, '홍의' 두 글자를 모두 체인(體認)해야 합니다. 비록 선한 생각이 나왔더라도 한때의 감격하고 분발하는 뜻은 사라지기 쉽습니다. 반드시 확고해서 흔들리지 않은 뒤에야 비로소 성공할 수 있습니다. 신이 지난번에 '말은 행동을 돌아보고, 행동은 말을 돌아보아야 한다.〔言顧行 行顧言〕'라는 여섯 글자를 올린 적이 있습니다. 지금 또 '마침을 삼가기를 처음처럼 해야 한다.〔愼終如始〕'라는 네 글자를 올리니, 체념하시기 바랍니다."

하니, 세손이 이르기를,

"진달한 말이 좋다. 체념하겠다."

하였다. 내가 아뢰기를,

"기질을 변화시키는 것이 가장 어려운 일입니다. 성인(聖人)보다 한 등급이라도 아래인 사람은 모두 기질을 띠고 있게 됨을 면치 못합니다. 그러므로 공부하는 방법은 그 치우친 기질을 구제하는 것이 중요합니다. 저하께서도 항상 이 뜻을 인식하고 노력하는 바탕으로 삼으신다면 매우 좋겠습니다. 대체로 기질의 병통은 자기가 스스로 알고 있기 때문입니다. 책을 읽을 때에 성현의 격언(格言)이라도 그렇게 말한 이유가 각각 다릅니다. 반드시 자기의 병통에 가장 절실한 것을 가려서 마음을 기울여 깊이 연구하여 자기에게 돌이켜 체인한 뒤에야 비로소 효과가 있게 됩니다."

하니, 세손이 이르기를,

"체념하겠다."

하였다.

2월 26일. 고금의 격언 16칙(則)을 다 써서 올렸다.

1. 《서전(書傳)》. 묻기를 좋아하면 여유가 있고, 스스로 지혜를 쓰면 작아진다.[132]

2. 종말을 삼가되 시초에 하소서.[133]

3. 생각의 종(終)과 시(始)를 학문에 두면 자신도 깨닫지 못하는 사이에 덕(德)이 닦일 것입니다.[134]

4. 생각을 선(善)하게 하여 동(動)하시되 동함을 때에 맞게 하소서.[135]

5. 《중용》. 일반적인 덕(德)을 행하며 일반적인 말을 삼가서, 행동에 부족한 바가 있으면 감히 힘쓰지 않을 수 없으며 말에 남음이 있으면

132 묻기를……작아진다 : 《서경》 〈중훼지고(仲虺之誥)〉에 나오는 내용이다.

133 종말을……하소서 : 《서경》 〈태갑 하(太甲下)〉에 나오는 내용이다.

134 생각의……것입니다 : 《서경》 〈열명 하(說命下)〉에 나오는 내용이다.

135 생각을……하소서 : 《서경》 〈열명 중(說命中)〉에 나오는 내용이다.

감히 다 하지 못하여, 말은 행동을 돌아보며 행동은 말을 돌아보아야 하니, 군자가 어찌 독실하지 않겠는가.[136]

6. 《논어》. 군자가 후중(厚重)하지 않으면 위엄이 없으니, 그 학문도 견고하지 못하다.[137]

7. 정자(程子)의 설. 천덕(天德)이 있어야 왕도(王道)를 말할 수 있으니 그 요체는 단지 홀로 있을 때를 삼가는 데에 있다.[138]

8. 자기의 견해를 버리고 다른 사람의 견해를 따르는 것이 가장 어려운 일이다. '기(己)'란 내가 원래 가지고 있는 것으로, 비록 통렬히 버리더라도 자기의 견해를 지키는 것은 견고하고 남을 따르는 마음은 가벼울까 염려된다.[139]

9. 주자(朱子)의 설. 구용(九容)과 구사(九思)가 곧 함양(涵養)이다.[140]

10. 분노 징계하기를 산을 꺾듯이 하고, 욕심 막기를 골짜기를 메우듯이 하라.[141]

11. 만약 자기의 허물을 들으려고 한다면 그 내용의 허실(虛實)을

136 일반적인……않겠는가 : 《중용장구》 제13장에 나오는 내용이다.

137 군자가……못하다 : 《논어》 〈학이(學而)〉에 나오는 내용이다.

138 천덕(天德)이……있다 : 《논어》 〈자한(子罕)〉의 자재천상장(子在川上章)의 주석에 나오는 내용이다.

139 자기의……염려된다 : 《근사록(近思錄)》 권5에 나오는 명도(明道) 정호(程顥)의 말이다.

140 구용(九容)과……함양(涵養)이다 : 《인보유기(人譜類記)》 권 상에 나오는 내용이다.

141 분노……하라 : 《주자어류(朱子語類)》 권72에 나오는 내용이다.

따지지 말고 하나하나 모두 자기의 마음을 비우고 받아들여야 한다. 그렇게 하면 사람들이 모두 즐거운 마음으로 고하면서 실정을 숨기는 일이 없을 것이다.[142]

12. 설 문청공(薛文淸公)[143]의 말. 진실한 마음으로 분발하여 좋은 사람이 되고자 한다면 모든 구습(舊習)을 단절해야 한다.[144]

13. 말하지 않고 몸소 행하며, 드러내지 않고 몰래 수행해야 한다.[145]

14. 마음에는 터럭 하나만큼이라도 편향(偏向)이 있어서는 안 되니, 편향된 마음이 있으면 사람들이 반드시 들여다보고 알게 된다.[146]

15. 공부의 요체는 아침부터 밤까지 남녀, 음식, 의복, 동정(動靜), 어묵(語默)과 일에 응하고 사물을 접하는 사이에 있으니, 이것이 모두 천도(天道)에 부합한다면 도(道)가 여기에 있는 것이다.[147]

16. 사욕(私慾)은 크고 작은 것을 가릴 것 없이 깨닫는 즉시 극복해야 한다.[148]

142 만약……것이다 : 《회암집(晦庵集)》 권43 〈답진명중(答陳明仲)〉에 나오는 내용이다.

143 설 문청공(薛文淸公) : 명나라의 학자 설선(薛瑄, 1389~1464)을 말한다. 400쪽 주122 참조.

144 진실한……한다 : 《명유언행록(明儒言行錄)》 권2에 나오는 말이다.

145 말하지……한다 : 《명유언행록》 권2에 나오는 말이다.

146 마음에는……된다 : 《독서록》 권2에 나오는 설선의 말이다.

147 공부의……것이다 : 《명유학안(明儒學案)》 권1 〈하동학안(河東學案)〉에 나오는 말이다.

148 사욕(私慾)은……한다 : 《독서록》 권3에 나오는 설선의 말이다

경인년(1770, 영조46) 1월 5일 보덕(輔德)으로 소대(召對)에 나아가 〈진효무제기(晉孝武帝紀)〉 "겨울 10월에 진(秦)이 신하들을 모아"부터 "조서를 내려 허락하였다."까지 진강하였다.

내가 아뢰기를,

"부견(苻堅)[149]이 중론을 어기고 진(晉)나라를 치다가 결국 패망한 데에 이른 것은 후세에 경계 삼을 일이라고 할 만합니다. 대저 뭇사람의 마음은 어겨서는 안 되고, 공의(公議)는 막아서는 안 됩니다. 중론을 따르면 흥하고 중론을 어기면 망하는 것은 역대의 자취에 환히 드러나 있습니다. 임금은 높은 지위에 있으므로 두려워하는 것이 공의뿐입니다. 만약 공의를 어기고 자기 뜻을 마음대로 행하면 신민(臣民)의 입은 굴복시킬 수 있더라도 신민의 마음은 굴복시킬 수 없습니다. 한 시대는 억지로 굴복시킬 수 있더라도 후세는 굴복시킬 수 없습니다. 이 점은 경계로 삼아야 합니다. 정치를 한다는 것은 다른 도리가 없습니다. 단지 민심이 하고자 하는 바를 따르고 공의가 있는 곳을 따른다면 힘들이지 않아도 다스려집니다. 형벌과 상은 나라의 큰일입니다. 한 사람에게 형벌을 가하고 한 사람에게 상을 줄 때에도 모두 공의를 따른다면 정치를 할 수 있습니다. 그러나 위에 있는 사람의 마음속에 조금이라도 치우치거나 얽매인 것이 있으면 공의를 따르려고 하더라도 공의가 들어갈 수 없습니다. 대체로

149 부견(苻堅) : 오호십육국(五胡十六國) 중 전진(前秦)의 임금으로, 본디 저족(氐族)인데, 저족은 서남이(西南夷)에 속한다. 부견은 한족(漢族)인 왕맹(王猛)을 대장군으로 등용하고서 전적으로 믿어 주어 부국강병을 이룩하였다. 그러나 왕맹이 죽은 뒤에는 자신에 대해 과신하면서 동진(東晉)을 공격하다가 대패하고 곧바로 멸망하였다. 《晉書 苻堅 載記上》

일을 만났을 때에 모두 어디에도 매이지 않은 상태로 놓고 생각해야 합니다. 자기의 사심이 혹시라도 끼어들지 않게 하고, 선입견이 주가 되지 않게 하고서 시비(是非)를 한결같이 공의에 부친 뒤에야 다스리는 도가 비로소 이루어집니다."

하니, 세손이 이르기를,

"참으로 그러하다."

하였다. 내가 아뢰기를,

"나라가 흥하고 망하는 것은 현인을 등용하는지 버리는지에 달려 있다는 설과 진나라가 미약하지만 사안(謝安)[150]과 환충(桓冲)[151] 같은 사람들이 있으므로 도모해서는 안 된다는 설에서 현인이 이처럼 나라의 운명을 좌우하는 존재라는 것을 잘 볼 수 있습니다."

하니, 세손이 이르기를,

"회남왕(淮南王)이 반역을 하려고 하면서 급암(汲黯)을 꺼린 것[152] 또한 그러하다."

하였다. 내가 아뢰기를,

150 사안(謝安) : 동진(東晉)의 명신(名臣)으로, 자는 안석(安石)이다. 그는 당대에 풍류와 아량이 높기로 유명했으므로, 그가 조정의 부름에 응하지 않고 있을 적에 사람들이 말하기를 "안석이 나가려고 하지 않으니, 장차 이 창생들을 어찌한단 말인가."라고 했는데, 과연 뒤에 사안이 40세가 넘어서야 벼슬길에 나가서 정토대도독(征討大都督)이 되어 부견의 백만 대군을 격파하였다. 뒤에 벼슬이 태보(太保)에 이르고, 건창현공(建昌縣公)에 봉해졌다. 《晉書 謝安列傳》

151 환충(桓冲) : 동진의 무장이자 명신으로, 자는 유자(幼子)이다. 일찍이 형 환온(桓溫)을 따라 정벌에 나서 공을 세웠다. 벼슬은 형주 자사(荊州刺史)에 이르렀다. 《晉書 桓溫列傳》

152 회남왕(淮南王)이……것 : 315쪽 주14 참조.

"우리나라의 일로 말하더라도, 강홍립(姜弘立)이 오랑캐에게 항복한 뒤에 그들의 향도(嚮導)가 되어 우리나라를 치려고 무오년(1618, 광해군10)부터 틈을 엿보다가 계해년(1623)에 인묘(仁廟)가 반정(反正)하자 강홍립이 이것을 핑계 삼아 군대를 일으키려고 하였습니다. 그러다가 선정신 김장생(金長生)이 조정에 나왔다는 소식을 듣고는 '현인이 조정에 나왔으니 새 왕이 의거(義擧)했다는 것을 알 수 있다.'라고 하고 마침내 침입하려는 계획을 중지하였으니, 여기에서도 볼 수 있습니다."

하니, 세손이 이르기를,

"그렇다."

하였다. 세손이 또 이르기를,

"상번이 이번에 외읍의 수령이 되었다가 성은(聖恩)으로 도성에 머물게 되었다.[153] 우리가 작년에 언제 만났던가?"

하니, 내가 대답하기를,

"작년 봄 진연(進宴) 때에 올라와서 며칠 동안 서연(書筵)에 출입하였으니, 지금 이미 12개월이 되었습니다."

하였다. 세손이 이르기를,

"이번에는 오래 머무는가?"

하자, 내가 대답하기를,

153 상번이……되었다 : 몽오가 1769년(영조45) 12월에 장연 현감(長淵縣監)에 제수되었는데 하직할 때에 영조가 그의 목소리가 조부와 비슷하다는 것을 알고 외임으로 나가는 것을 애석하게 여겨 특별히 홍문관 수찬에 제수하였다가 이듬해 1월에 세자시강원 보덕에 제수한 일을 가리킨다.《英祖實錄 45年 12月 20日》《夢梧集 夢梧金公年譜 卷1》

"신의 사정이 모친 곁을 떠나 벼슬할 수 없는 상황인 점에 대해 전에 하문을 받고 여러 차례 진달하였으니, 실로 오래 머물 형편이 못 됩니다. 한 해 사이에 저하의 안색을 뵈니 전에 비해 훨씬 좋고 붉고 윤택한 기운이 제법 있으니 신의 마음 기쁘고 다행스럽기 그지없습니다. 여색을 경계하고 음식과 행동을 절제하는 것에 대해 모두 더욱 마음을 써서 삼가고 보호하시라는 뜻으로 전에 이미 누차 어리석은 충정을 아뢰었는데, 지금 저하의 안색이 조금 나아진 것을 보니 방과하지 않으셨다는 것을 짐작할 수 있습니다. 바라건대 더욱 삼가시어 조금 나아졌다고 해서 소홀히 하지 마소서."

하니, 세손이 이르기를,

"여색을 경계하는 것은 심히 어렵지는 않지만 모든 일에 유의해서 삼가겠다."

하였다.

1월 6일 주강에서 《중용(中庸)》 서문을 진강하였다.

내가 아뢰기를,

"인심(人心)과 도심(道心)은 두 개의 마음이 있는 것이 아니니, 이 대목을 잘 살펴서 간파해야 합니다. 예를 들어 먹고 싶은 것은 인심입니다. 먹고 싶은 마음으로 인하여 마침내 먹어서는 안 되는 음식을 먹는 것은 악(惡)으로 흐른 것입니다. 먹어서는 안 되는 음식이 아니더라도 만약 맛있는 것을 구하거나 배부르기를 구하는 마음이 있으면 이 또한 욕심으로 흐른 것입니다. 이것이 '위태롭다〔惟危〕'라고 한 이유입니다. '위(危)'라는 한 글자는 사람으로 하여금 경계하고 성찰하게 하는 말입니다. 먹고 싶은 마음이 있더라도 먹어서는 안 되는 음식을 만났을 때 먹어서는 안 되는 줄을 알아서 먹지 않는 것은 곧 수오지심(羞惡之心)입니다. 이것이 곧 인심이 도심의 제어를 받아서 인심으로부터 도심이 되는 것입니다. 서문에서 말한, 도심이 한 몸의 주제가 되고 인심이 그 명을 듣는다는 것이 바로 이와 같습니다."

하니, 세손이 이르기를,

"《주자어류(朱子語類)》에 인심을 인욕(人慾)이라고 한 것이 있는데, 이것은 확정되지 않은 의론인가?"

하자, 내가 아뢰기를,

"그렇습니다. 사서(四書)로 말하면 《논어》나 《맹자》는 단락마다 언행을 기록한 것이기 때문에 보기가 쉽고, 《중용》은 한 편이 시작과 끝이 있는 글이기 때문에 보기가 어렵습니다. 그리고 《대학》은 학문을 하는 공정(工程)을 논했기 때문에 보기가 쉽고, 《중용》은 도체(道體)를 논했기 때문에 더욱 보기가 어려우니, 분명하게 분석하고 깊이 체인(體認)해야 합니다."

하니, 세손이 이르기를,

"그렇다."

하였다. 내가 아뢰기를,

"이 서문으로 보더라도 삼대(三代) 이전에는 도통(道統)이 위에 있었고, 삼대 이후에는 도통이 아래에 있었습니다. 저하께서 만약 도통을 자임하는 뜻이 있으시다면 참으로 탁연(卓然)합니다. 그리고 도를 구하는[154] 방법은 반드시 유학을 존숭하는 것으로부터 시작합

154 구하는 : 대본에는 '朮'로 되어 있다. 문맥에 근거하여 '求'으로 바로잡아 번역하였다.

니다. 아래에 있는 도학(道學)하는 선비들을 모두 도통을 이은 사람이라고 여길 수는 없지만 도를 구하려고 한다면 이런 사람을 놓아두고 어디에서 구하겠습니다. 유학을 숭상하고 도를 중시하는 것은 곧 우리나라 열성조로부터 전해 내려오는 가법입니다."

하니, 세손이 이르기를,

"그렇다."

하였다. 내가 아뢰기를,

"'증씨지재전(曾氏之再傳)'이라는 대목으로 말씀드리면, 자사(子思)가 증자에게 직접 배웠는데 여기에서 '재전(再傳)'이라고 한 것은, 공자가 증자에게 전한 것을 일전(一傳)이라고 여기고, 증자가 자사에게 전한 것을 재전이라고 여긴 듯합니다."

하였는데, 빈객(賓客)은 다른 풀이를 하였다. 내가 아뢰기를,

"신들의 말이 어떻습니까?"

하니, 세손이 이르기를,

"상번의 말이 옳은 듯하다."

하고, 곧이어 세손이 이르기를,

"빈객의 말은 일설(一說)로 두는 것이 좋을 듯하다."

하였다. 내가 아뢰기를,

"소주(小註)에서 호씨(胡氏 호병문(胡炳文))가 '《대학》은 심(心)을 말하고 성(性)을 말하지 않았기 때문에 서문에서 성을 말하였고, 《중용》은 성을 말하고 심을 말하지 않았기 때문에 서문에서 심을 말하였다.'라고 하였는데, 《대학》에 대해서는 《춘방고사(春坊故事)》에 답을 내린 내용 중에서 간파하신 말씀을 신이 이미 보았습니다. 《중용》에 대한 저하의 뜻은 어떻습니까?"

하니, 저하께서 한참 생각하면서 즉시 답을 내리지 못하셨다. 내가 아뢰기를,

"대체로 의리는 천천히 연구해서 얻어야 하니, 조용히 생각한 뒤에 답하시는 것이 좋겠습니다."

하니, 세손이 이르기를,

"천천히 다시 생각하여 내일 서연 때 말하겠다."

하였다. 내가 아뢰기를,

"신이 삼가 《원중고사(院中故事)》에 대해 답하신 것을 보니 모두가 지극히 좋았습니다. 그중에 '명덕(明德)이 본심(本心)이 된다.'와 '격물(格物)은 치지(致知)와 하나의 일이 되고, 물격(物格)은 지지(知至)와 두 항(項)이 된다.'는 변석(辨釋) 및 '물리(物理)의 극처(極處)가 이르지 않음이 없다.'를 논한 세 조목은 더욱 탁연합니다. '물리의 극처가 이르지 않음이 없다.'라는 한 단락에 대해 예로부터 유현(儒賢)들이 어떤 사람은 '물(物)이 이른다.'라고 하고, 어떤 사람은 '심(心)이 이른다.'라고 하여 분분하게 다투었는데, 답하신 내용 중의 논변이 뛰어나고 정확합니다. 여항의 노사숙유(老師宿儒)라도 이 경지에 이르기가 쉽지 않으니, 신은 흠탄하는 마음 금할 수 없습니다. 다만 신의 어리석은 견해로는 한편으로 기쁜 가운데 또 한편으로는 근심스러운 마음이 있습니다. 대체로 사람이 행하는 것이 아는 것에 미치지 못하는 점이 매번 근심입니다. 저하의 학문이 고명한 것은 전에 이미 익숙히 알고 있지만 실천하는 공부가 혹시 부족함이 있을까 늘 염려스러웠습니다. 그렇기 때문에 '아는 것이 어려운 것이 아니라 행하는 것이 어렵다.'와 '말은 행동을 돌아보고 행동은 말을 돌아본다.' 등의 말을 그동안 진달하면서 거듭거듭 반복하는 것을

꺼리지 않았습니다. 지금 저하의 학문이 보고 이해하는 부분에서 점점 초절(超絶)해지는 것이 이와 같으니, 실천하는 공부에 착실히 힘을 쓰더라도 지(知)와 행(行)이 나란히 병진(竝進)될 이치가 결코 없습니다. 이것으로 미루어 보면 지(知) 부분만 치우치게 진전되는 것이 도리어 염려됩니다. 삼가 바라건대 다시 더 맹렬히 살피소서."

하니, 세손이 이르기를,

"진달한 말이 좋으니 체념하겠다."

하였다. 내가 아뢰기를,

"전에 배운 대목 가운데 《논어》의 '정기의관 존기첨시(正其衣冠 尊其瞻視)' 8자를 주자가 〈경재잠(敬齋箴)〉의 첫 구절에 실었습니다. 대체로 외면을 단속하는 것은 내면을 기르기 위해서입니다. 선유(先儒)가 이르기를 '다리를 쩍 벌리고 앉아서 마음이 거만해지지 않는 자는 없다.'[155]라고 하였는데, 위의(威儀)를 갖출 때에 참으로 삼가지 않아서는 안 되니, 이 뜻은 신이 전에 이미 누차 진달하였습니다. 이른바 위의라는 것은 기거와 동작과 말하고 웃는 행동이 모두 이에 해당합니다. 한가히 계시면서 환관이나 궁첩을 대하실 때에 참으로 또한 삼가지 않아서는 안 되지만 서연을 열어 궁료를 대하실 때에는 더욱 삼가지 않아서는 안 됩니다. 그리고 대조회(大朝會)와[156] 대정(大庭)에서 예(禮)를 행할 때 및 상이 동가(動駕)하실 때 수가(隨駕)하는 일 등 많은 사람이 보는 곳에서는 더욱 수시로 점검하지 않아서

155 다리를……없다 : 주자가 임용중(林用中)에게 보낸 편지에서 인용한 정이(程頤)의 말이다. 《晦庵集 卷43 答林擇之》

156 와 : 대본에는 '如'로 되어 있다. 문맥에 근거하여 '與'로 바로잡아 번역하였다.

는 안 됩니다."

하자, 하번이 아뢰기를,

"상번이 진달한 말이 매우 좋으니, 깊은 뜻이 있습니다."

하니, 세손이 이르기를,

"체념하겠다."

하였다. 내가 아뢰기를,

"윤씨(尹氏)[157]가 말한 '늙어서 한마디 말도 쓸 만하다는 것을 알지 못한다면 성인의 말씀을 모독하는 데에 가깝지 않겠는가.'[158]라는 말은 사람을 지극히 일깨우는 대목입니다. 읽을 때마다 부끄러운 마음이 들었으니, 이런 곳을 유의해서 보시는 것이 좋겠습니다."

하니, 세손이 이르기를,

"그렇다."

하였다.

○ 같은 날 소대에서 "가을 8월에 진왕(秦王) 견(堅)"부터 "융(融)을 조곡(弔哭)한 뒤에 들어왔다."까지 진강하였다.

157 윤씨(尹氏) : 정이(程頤)의 문인인 윤돈(尹焞, 1071~1142)으로, 자는 언명(彦明), 호는 화정(和靖)이다.

158 늙어서……않겠는가 : 공자가 "명을 알지 못하면 군자가 될 수 없고, 예를 알지 못하면 설 수 없으며, 말을 알지 못하면 사람을 알 수 없다.〔不知命, 無以爲君子也; 不知禮, 無以立也; 不知言, 無以知人也.〕"라고 한 말에 대해 윤돈이 "이 세 가지를 안다면 군자의 일이 갖추어진다. 제자들이 이 말씀을 기록하여 편(篇)을 마쳤으니, 어찌 깊은 뜻이 없겠는가. 배우는 자들이 어려서부터 이 책을 읽고서도 늙어서 한마디 말씀도 쓸 만하다는 것을 알지 못한다면 성인의 말씀을 모독하는 자에 가깝지 않겠는가. 이는 부자(夫子)의 죄인이니, 생각하지 않을 수 있겠는가."라고 한 말을 인용한 것이다. 《論語集註 堯曰》

내가 아뢰기를,

“덕을 증진하는 방법으로는 허물을 고치는 것을 가장 귀하게 여깁니다. 그러나 허물을 고치는 방법은 그것이 과실이 된다는 것을 알았으면 반드시 용맹하고 빠르게 끊은 뒤에야 덕을 증진할 수 있습니다. 예를 들어 인(印)을 새겼다가 다시 깎아 버린 데에서[159] 신속하고 과감히 해야 하는 일에서는 이전의 결정을 뒤집는 데에 조금도 거리낌이 없는 것을 볼 수 있습니다. 만약 혹시 허물을 고치는 때에 털끝만큼이라도 미봉하려는 뜻이 있으면 곧 자기의 단점을 비호하게 되니, 이것은 심술의 병통에 매우 큰 관계가 있습니다. 그러나 사람의 정이란 허물을 깨닫고 고치려고 할 때에 늘 미봉하려는 생각이 있기 쉽습니다. 저하께서 일찍이 자신을 점검할 때에 간혹 이런 문제가 있으셨는지 모르겠습니다.”

하니, 세손이 이르기를,

“어찌 다만 간혹 있기만 하겠는가. 매번 이와 같은 때가 많음을 근심하였다.”

하였다. 내가 아뢰기를,

“매번 이와 같은 때가 많음을 근심하셨다는 말씀이 매우매우 좋습니다. 앞으로 더욱 엄하게 살피소서.”

하니, 세손이 이르기를,

159 인(印)을……데에서 : 항우(項羽)가 한(漢)나라의 용도(甬道)를 자주 끊어 한나라 군대에 군량이 부족하게 되었다. 이에 한나라 고조(高祖)가 역이기(酈食其)의 말을 듣고 육국(六國)의 후손을 왕으로 봉하여 자기편으로 만들려고 인을 새겨 놓고 나서 장량(張良)에게 의논하니, 장량이 8가지 이유를 들어 불가하다고 하자, 고조가 즉시 그 인을 깎아 버리라고 명한 일을 가리킨다. 《漢書 高帝紀》

"좋다."

하였다. 내가 아뢰기를,

"오늘 주강에서 전에 배운 대목 중의 '사람을 알지 못하면 군자가 될 수 없다.'라는 내용이 매우 좋은데 사람을 아는 것이 가장 어렵습니다. 사(邪)와 정(正)을 구분할 때에 매번 오인하기 쉬운데 오인할 염려가 없으신지 모르겠습니다."

하니, 세손이 이르기를,

"사람을 아는 것이 과연 가장 어렵다."

하였다. 내가 아뢰기를,

"말과 용모가 민첩하고 총명한 자는 볼 때는 사랑스럽지만 거짓을 품고 있는 경우가 많고, 둔하고 어눌하며 투박한 자는 대할 때는 맛이 없지만 그중에는 간혹 의지할 만한 사람이 있습니다. 만약 맛이 없다고 해서 멀리하고 사랑스럽다고 해서 가까이한다면 정이 깊어진 뒤에는 자기도 모르는 사이에 물이 종이를 적시는 것처럼 자연히 물들게 됩니다. 이런 부류의 경우 그들의 말을 한때에 반드시 모두 들어주지는 않더라도 그 형세가 자연히 그렇게 되지 않을 수 없으니 참으로 두려운 것입니다. 당장 지금의 상황으로 말한다면 밖으로는 궁료와 안으로는 환관, 첩, 종실(宗室), 부마(駙馬), 외척 들 역시 모두 사와 정의 구분과 가까이할 사람과 가까이해서는 안 될 사람의 구별이 있을 것이니, 바라건대 깊이 유의하소서."

하니, 세손이 이르기를,

"물이 종이를 적시는 것과 같다는 말은 참으로 매우 타당하니 체념하겠다."

하였다. 내가 아뢰기를,

"민첩하고 총명한 자는 반드시 듣기 좋은 말을 진달하여 뜻에 맞추려고 하고, 둔하고 투박한 자는 반드시 뜻에 거스르는 말을 진달하여 뜻을 저촉하게 됩니다. 아래에 있는 사람이 듣기 좋은 말을 진달하려고 하는 것은 사람의 정에 있어 대체로 같습니다. 그러나 듣기 좋은 말을 진달하지 않고 뜻에 거스르는 말을 자주 진달하는 자가 있으니, 이것은 매우 어려운 일입니다. 이것을 기준으로 살피신다면 사람을 알 수 있을 것입니다."

하니, 세손이 이르기를,

"그렇다."

하였다. 내가 아뢰기를,

"선유(先儒 사양좌(謝良佐))가 이르기를 '극기(克己)란 반드시 성격이 치우쳐서 극복하기 어려운 곳에서부터 극복해야 한다.'라고 하였습니다. 무릇 사람의 기질은 각각 치우친 곳이 있으니 모름지기 병을 살펴서 약을 쓴 뒤에야 비로소 유익하게 됩니다. 저하께서도 과연 스스로 살펴서 극복하려고 노력하신 것이 있는지 모르겠습니다."

하니, 세손이 이르기를,

"나의 기질을 스스로 헤아려 보건대 '강함으로 다스리는 면〔剛克〕'이 부족하다."

하였다. 내가 아뢰기를,

"신이 일찍이 기질의 병통에 대해 질문을 드렸을 때에 강극(剛克)이 부족하다고 말씀하셨기 때문에 신이 그때 강(剛)과 강(强)은 조금 다른데 강(强)은 참으로 부족한 것 같지만 강(剛)은 반드시 부족하지는 않다고 대답하였습니다. 이것은 대개 사람의 기질이 분수가 분명하지 않은 자라야 비로소 유약한 병통이 있고, 분수가 분명하면 결코 유약한 데에 이르지 않기 때문입니다. 그러나 물러나서 다시 생각해 보니 저하께서 스스로 강극이 부족하다고 하신 것 또한 좋으니, 대체로 견고하고 굳세고 확고함은 참으로 저하께서 힘써야 할 부분이기 때문입니다. 신의 망녕된 생각에 저하께서 '장중침응(莊重沈凝)' 네 글자에 대해 각별히 공부를 하신다면 매우 좋겠습니다. 장중(莊重)하고 침후(沈厚)하면 자연히 점점 견고하게 될 수 있고, 견고하면 자연히 점점 굳세고 확고하게 될 수 있습니다."

하니, 세손이 이르기를,

"참으로 절실한 말이다. 지난번에 궁관 중에 주자(朱子)가 장경부(張敬夫)에게 권면한 편지를 인용하여 나에게 장중하라고 권면한 사람이 있었는데 그 뜻 또한 상번과 같았으니, 체념하겠다."

하였다. 세손이 또 이르기를,

"선정(先正 이이(李珥))의 《경연일기(經筵日記)》는 매우 좋다. 《성학집요(聖學輯要)》를 전에 강독한 적이 있는데, 이 책 또한 매우 좋다. 《성학집요》는 경(經)이고, 《경연일기》는 사(史)이다."

하자, 내가 아뢰기를,

"저하의 말씀이 참으로 옳습니다. 이 두 책과 문집을 보면 그 인물을 상상해 볼 수 있습니다. 선정신 송시열(宋時烈)과 송준길(宋浚吉)이 효묘조(孝廟朝) 때 지우(知遇)를 받은 성대한 일에 대해 신이 일찍이 아뢴 적이 있습니다. 그리고 그 유집(遺集)에도 남들이 말하기 어렵게 여긴 말들이 많습니다. 예를 들어 궁중 안의 일 또한 들은 것이 있으면 모두 말하였고, 종실과 부마가 궁궐 안에 오래 머물며 놀고 있는 일과 자전(慈殿)을 받들 때에 참소하고 이간하는 자들이 그 틈을 타기 쉽다는 등의 말까지도 모두 말하였으니, 그때의 분위기를 볼 수 있습니다. 《경연일기》 외에 이런 문집을 읽어 보시면 반드시 유익할 것입니다."

하니, 세손이 이르기를,

"그렇다. 별집에는 소차(疏箚)가 많다."

하였다. 내가 아뢰기를,

"동춘(同春 송준길)은 기상(氣像)이 온후하고 화평하여 그가 일을 말한 것 중에 남들이 말하기 어려워한 일을 말한 대목은 사람으로 하여금 두려운 마음이 들게 하니, 이 점이 바로 그가 현자(賢者)가 되는 까닭입니다."

하니, 세손이 이르기를,

"《경연일기》에 있는 황랍(黃蠟)의 일[160]은 좋다."

하자, 내가 대답하기를,

"결국 도로 내려보낸 것은 더욱 훌륭한 일입니다."

하자, 세손이 이르기를,

"그때에 여러 차례 간쟁하였으나 죄주지 않았다."

하였다. 세손이 또 이르기를,

"오늘날은 숭불(崇佛)의 폐단이 특별히 심한 데에 이르지 않았는데, 원당(願堂) 등의 일은 괴이한 일이라고 할 수 있다."

하자, 내가 아뢰기를,

160 황랍(黃蠟)의 일 : 1574년(선조7) 3월 선조가 의영고(義盈庫)에 황랍 500근을 들이라고 명하였는데, 귀인(貴人) 김씨(金氏)가 불상을 만들기 위해 사용하려는 것이었다. 이이가 이 일로 다섯 차례 간언하여 결국은 해당 관사로 돌려보내라는 명이 내려진 일을 가리킨다. 《栗谷全書 卷29 經筵日記 萬曆2年甲戌》

"저하의 견해가 매우 좋습니다. 공재(供齋)[161]나 기도(祈禱) 등의 일은 여염의 사대부 집안에도 간혹 있기는 하지만 궁궐 안에는 조금 더 있는 듯합니다."

하니, 세손이 이르기를,

"그렇다."

하였다. 세손이 또 이르기를,

"상번이 일찍이 나에게 시를 짓지 말라고 경계하였기 때문에 그 후에는 전혀 지은 것이 없었다. 지난번 궁관에게 귤을 하사한 날 시를 지은 것이 있는데, 이는 조종조(祖宗朝)의 고사이다. 참으로 해가 없겠는가?"

하자, 내가 대답하기를,

"이 일은 신이 시강원에 있을 때 들었습니다. 신이 경계를 올린 것은 시를 짓는 데에 정신이 팔려서 완물상지(玩物喪志)하는 근심이 있을까 염려해서였습니다. 우연히 한번 짓는 것은 참으로 해롭지 않고, 더구나 조종조의 고사를 따른 데에서 저하의 뜻을 볼 수 있으니 더 말할 것이 있겠습니까."

하니, 세손이 이르기를,

"지금 책자로 만들려고 하니 추후에 보여 줄 것이니. 소서(小序) 등을 지어 올리는 것이 좋을 듯하다."

하자, 내가 대답하기를,

161 공재(供齋) : 보공재(報供齋)와 같은 말로, 부처에게 기우제를 지내서 비가 내리면 보답하는 의미로 절에서 공양하는 재를 올리는 일을 가리킨다. 《世宗實錄 31年 6月 16日》

"하령(下令)하신 대로 하겠습니다."
하였다.

1월 8일 소대에서 "사석(謝石)을"부터 "감히 다 죽지 않겠습니까."까지 진강하였다.

내가 아뢰기를,

"사안(謝安)의 제우(際遇)와 공업(功業)으로도 효무제(孝武帝)가 사마도자(司馬道子)의 참소를 한 번 듣고서 곧바로 멀리하고 꺼렸으니,[162] 임금과 신하의 제우가 어찌 어렵지 않겠습니까. 이것은 참으로 효무제가 술을 좋아하고 사마도자와 친압(親狎)한 데에서 말미암았지만 대체로 내적인 경로를 통한 참소가 가장 두려운 것입니다. 사마도자는 종실(宗室)이지만 종실뿐만이 아니라 모든 왕실과 인척 관계에 있는 사람과 환관이나 궁첩의 말이 모두 내적인 경로에 해당합니다. 내적인 경로를 통한 참소는 반드시 하루아침에 드러내 놓고 말을 하여 헐뜯는 것이 아닙니다. 틈을 타서 지나가는 말로 마치 외부의 공공연한 말인 것처럼 하여 조금씩 임금의 귀에 들어가게 해서 점차 임금의 뜻을 동요시킬 계책으로 삼는 것이니 곧이듣지 않기가 아주 어렵습니다. 하늘은 사사로이 덮어 주는 일이 없고, 땅은 사사로이 실어 주는 일이 없고, 해와 달은 사사로이 비춰 주는

162 효무제(孝武帝)가……꺼렸으니 : 사안이 사위인 왕국보(王國寶)의 됨됨이를 미워하여 매번 억눌러서 등용시키지 않자 왕국보가 사안을 원망하였다. 이때 마침 왕국보의 종매(從妹)가 회계왕(會稽王) 사마도자의 비(妃)가 되었고, 사마도자와 효무제가 모두 술을 좋아하여 매우 친하였다. 이에 왕국보가 사마도자를 통해서 효무제에게 사안을 참소하니, 효무제가 사안을 멀리하고 꺼리게 되었다. 《資治通鑑綱目 卷21下》

일이 없으니, 왕이 된 자는 이 세 가지 사사로움이 없음을 봉행합니다. 그런데 예로부터 군주는 늘 외정(外廷)의 신하를 자기와 뜻이 맞지 않는 사람처럼 여기고, 외척이나 환관과 궁첩을 자신의 사적인 사람처럼 여겼습니다. 게다가 임금이 된 자는 외부의 소문을 들을 길이 없기 때문에 매번 이런 사람들을 통해서 외부의 소식을 얻어듣기 쉬우니 이것이 참으로 개탄스럽습니다. 똑같이 신하인데 어찌 안팎의 구별이 있겠으며 친소의 구분이 있겠습니까. 그러므로 대체로 사람의 어질고 어질지 않음은 반드시 직접 눈으로 보고 일을 맡겨 본 뒤에야 비로소 그 진실을 알 수 있습니다. 그리고 내적인 경로를 통해 들은 말은 비록 공의(公議)와 여론이라고 일컫더라도 그들이 어질다느니 간사하다느니 하는 말을 모두 믿을 수는 없습니다. 신이 일찍이 협시(夾侍)가 휴가에서 돌아온 뒤에 수령에 대한 비난과 칭찬의 일에 대해 진달하면서 속임을 당하는 데에서 면하려면 반드시 애당초 이런 말을 이런 사람에게 묻지 말아야 한다고 말씀드리니, 저하께서 '나의 뜻도 바로 이와 같다.'라고 하셨습니다. 환관만 그런 것이 아닙니다. 모든 내적인 경로에 관계된 말은 모두 애당초 묻지 말고 들으려고 하지 않은 뒤에야 다스리는 도가 비로소 밝아질 수 있습니다."

하니, 세손이 이르기를,

"참으로 그러하다."

하였다.

1월 10일 주강에서 "도(道)란"부터 "수장(首章)의 뜻"까지 진강하였다.

내가 아뢰기를,

"계(戒)와 구(懼)[163]를 통합적인 측면에서 말하면 동(動)과 정(靜)을 겸한 것이고, 한편만을 말하면 신독(愼獨)과 상대되어 정(靜)에 속합니다.[164]"

하니, 세손이 이르기를,

"그렇다."

하였다. 내가 아뢰기를,

"미발(未發)은 지극히 정(靜)한 경지입니다. 그리고 사려(思慮)가 아직 드러나 싹트지 않았는데 이 마음의 본체가 치우치지 않은 중(中)을 회복하지 못한 것은 어지럽고 어두워서 동(動)의 남은 기운이 아직 가라앉지 않아서 그런 것이니, 이것은 미발이라고 말할 수 없습니다."

하고, 또 아뢰기를,

"'천지가 제자리에서 편안하고 만물이 생육하는 것〔天地位 萬物育〕'은 중화(中和)의 최고 효과입니다. 필부의 학문이라고 하더라도 선유(先儒)들은 오히려 위육(位育)이 각각 제 분수를 따라서 한 집에는 한 집의 위육이 있다고 하였습니다. 더군다나 제왕의 학문은 천지

163 계(戒)와 구(懼) : 《중용장구》 제1장의 "군자는 보지 않을 때부터 경계하고 삼가며, 듣지 않을 때부터 두려워한다.〔君子戒愼乎其所不睹, 恐懼乎其所不聞.〕"라는 구절에서 인용한 것이다.

164 신독(愼獨)과……속합니다 : 신독은 《대학장구》 전(傳) 6장에 보이는 "그 뜻을 성실히 한다는 것은 스스로 속이지 않는 것이니, 악을 미워하기를 악취를 미워하듯이 하며, 선을 좋아하기를 호색을 좋아하듯이 하여야 하니, 이것을 자겸이라 이른다. 그러므로 군자는 반드시 그 홀로를 삼가는 것이다.〔所謂誠其意者, 毋自欺也. 如惡惡臭, 如好好色, 此之謂自謙. 故君子必愼其獨也.〕"의 '신기독(愼其獨)'을 가리킨다. 신기독은 이발(已發)인 동(動)에 해당하고, 계구(戒懼)는 미발(未發)인 정(靜)에 해당한다.

가 제자리에서 편안하고 만물이 생육하는 것이 제왕의 본분 안에 들어 있는 일이니 말할 것이 있겠습니까. 삼가 바라건대 시야를 높이고 마음을 크게 하소서. 장구(章句)에서 '내 마음이 바르면 천지의 마음 또한 바르고, 나의 기(氣)가 순하면 천지의 기 또한 순하다.'라고 한 말은 언뜻 보면 요원한 것 같지만 실제 이치가 절로 이와 같습니다."

하였다. 하번이 아뢰기를,

"'솔성지위도 수도지위교(率性之謂道 修道之謂敎)'에서 '도(道)' 자는 도의 용(用)으로 말한 것이고, '도야자 불가수유리(道也者 不可須臾離)'의 '도(道)' 자는 체(體)와 용(用)을 겸하여 말한 것입니다. '솔성지위도(率性之謂道)'의 '도' 자는 '정(情)' 자와 같습니다."

하자, 내가 아뢰기를,

"'솔성지위도'를 '천명지위성(天命之謂性)'과 상대적으로 보면 참으로 '성(性)'이 체(體)가 되고 '도(道)'가 용(用)이 된다고 할 수 있습니다. 그러나 '솔성지위도 수도지위교 도야자 불가수유리' 10여 자에서 3개의 '도' 자는 하나의 기운에서 나온 것이므로 나누어 보기 어려울 듯합니다. 만약 '수도지교(修道之敎)'를 단지 도의 용을 가리키는 것으로 삼는다면 성인의 입교(立敎)가 되지 못하고 단지 수도(修道)의 반쪽에 지나지 않게 됩니다."

하였다. 하번이 아뢰기를,

"신은 평소 경학(經學)에 익숙하지 않고 상번은 경학에 익숙하지만 이것은 신의 말이 옳습니다."

하니, 세손이 이르기를,

"계방(桂坊)의 견해는 어떠한가?"

하자, 계방이 대답한 말이 분명치 않으나 대략 하번의 말과 같았다. 세손이 이르기를,

"내 뜻은 대체적으로 상번의 말과 같다."

하였다. 세손이 이르기를,

"어젯밤에 지어 올린 반감첩(頒柑帖)의 발문을 보았다."

하자, 내가 아뢰기를,

"발문 가운데 본 사안은 놓아두고 신의 어리석은 소견을 별도로 올렸는데, 저하의 뜻은 어떠한지 모르겠습니다."

하니, 세손이 이르기를,

"참으로 좋다. 직접 썼는가?"

하자, 내가 대답하기를,

"그렇습니다."

하였다.

고사 故事

경연고사

經筵故事

1. 뜻을 세우다 立志

정자(程子)가 이르기를 "임금의 뜻이 정해져야 천하의 다스림이 이루어진다." 하였습니다.

신이 삼가 살피건대, 무릇 학문을 하고 정치를 하는 것은 모두 뜻에 매여 있으니, 한나라 광무제(光武帝)가 "뜻이 있는 자는 일이 결국은 이루어진다."라고 한 말이 이것입니다. 혹시 뜻이 있는데도 일이 이루어지지 않는 것은 뜻이 확고하게 정해지지 않았기 때문입니다. 이것이 바로 정자가 정치를 논하면서 임금의 뜻이 정해지기를 먼저 요구한 이유이고, 우리나라 문성공(文成公) 이이(李珥)가 《성학집요(聖學輯要)》를 지으면서 입지(立志)를 맨 앞에 둔 것 또한 이 뜻입니다. 신이 주연(胄筵)에서 시강(侍講)하던 때부터 우리 전하께서 큰일을 하려는 뜻을 가지고 계시는 것을 엿보았고, 등극하신 초기에 의리의 핵심이 되는 부분과 백성과 나라의 큰일에서 실제로 전에 알고 있던 지식을 실천하여 능히 성상의 뜻에 부합되게 하시니, 조야(朝野)가 감동하여 장차 삼대(三代)의 정치를 볼 수 있을 것이라고 여겼습니다. 그런데 지금 3년이 지났는데도 아득하게 일을 이룬 효과를 볼 수 없습니다. 전하께서 한밤중에 스스로 돌아보아도 반드시 개탄스러워 자주 탄식하시는 점이 있을 터이니, 이것이 어찌 전하께서 일찍이 뜻을 두지 않아서 그런 것이겠습니까.

근심스러운 바는 하나의 '정(定)' 자가 부족한 것입니다. 성상의 뜻이 한번 정해지면 이해(利害)가 그 뜻을 빼앗지 못하고 시속의 의론이 저지하지 못하며, 일에 시행하면 골짜기가 터지고 강물이 흐르는 것과 같을 것입니다. 만약 그렇게 하지 않으면, 선한 생각이 자주 일어나지 않은 것이 아니지만 덧없이 세월만 보내고 잠깐 생겨났다 금방 사라져서 분발할 때에는 금석(金石)을 꿰뚫고 산악을 무너뜨릴 것 같다가도 잠깐 사이에 금방 시들어 버리게 됩니다. 이렇게 되면 이해를 계산하는 사심이 뜻을 빼앗을 수 있고 익숙하게 보고 들은 비루한 것들이 뜻을 저지할 수 있으니 무엇에 근거하여 정사를 베풀고 일을 할 수 있는 바탕으로 삼겠습니까.

그렇지만 뜻이 확고하게 정해지는 것 또한 다른 방법이 없습니다. 오직 천하의 모든 일에 의리만 한 것이 없다는 것을 먼저 보아서 어느 때건 무슨 일이건 한결같이 의리가 어떠한가를 보는 것입니다. 이미 의리를 보았다면 비록 사람으로서 크게 바라는 것이라도 그것을 능가할 수 없고, 사람으로서 심히 미워하는 것이라도 그것을 변화시킬 수 없게 되니, 그런 뒤에야 뜻이 정해질 수 있습니다. 학문을 하여 성인의 경지에 이르고 정치를 하여 삼대의 경지에 오르는 것이 모두 이것으로 말미암아 시작됩니다.

오호라, 성인이 다시 나타나지 않고 삼대의 정치가 다시 행해지지 못한 지 오래되었고, 성인을 배우고 삼대를 배운다는 말 또한 들리지 않습니다. 지금 전하처럼 총명하고 덕이 높은 군주를 만나고서도 또 삼대의 정치를 행할 수 없다면 어찌 천고의 한이 되지 않겠습니까.

2. 학문을 진전시키다 進學

장자(張子)가 이르기를 "독서를 함으로써 이 마음을 유지하는 것이니, 한때라도 이 마음을 놓아 버리면 일시에 덕성(德性)이 해이해진다."[165] 하였습니다.

신이 삼가 살피건대, 독서의 효용은 큰 것입니다. 은(殷)나라 고종(高宗)은 정치를 잘하였는데도 부열(傅說)이 "뜻을 겸손하게 하고 항상 배움을 생각하소서."[166]라고 권면하였고, 공자 같은 성인도 학문을 좋아하고 배우기를 싫어하지 않았다고 스스로 말하였으니,[167] 만약 이미 잘 다스려지고 이미 성인이므로 독서를 할 필요가 없다고 하는 것은 잘못입니다. 독서의 절도(節度)와 공효가 선인들의 말씀에 나타난 것

165 독서를……해이해진다 : 《근사록(近思錄)》 권3에 나오는 장재(張載)의 말이다.

166 뜻을……생각하소서 : 은나라의 재상 부열이 고종에게 학문에 대해 올린 말을 요약한 것이다. 《書經 說命下》

167 공자……말하였으니 : 공자가 "10호쯤 되는 조그만 읍에도 반드시 나처럼 충신(忠信)한 자는 있지만, 나처럼 학문을 좋아하는 이는 없을 것이다."라고 하고, "묵묵히 기억하며, 배우기를 싫어하지 않으며, 사람 가르치기를 게을리하지 않는 것, 이 중에 어느 것이 나에게 있겠는가."라고 한 말을 인용한 것이다. 《論語 公冶長, 述而》

이 어찌 끝이 있겠습니까. 그런데도 특별히 장횡거(張橫渠)의 말을 거론한 것은 덕을 기르는 방법에 도움이 되는 점을 취한 것입니다.

신은 삼가 생각건대, 전하께서 동궁에 계실 때부터 천성적으로 전적(典籍)을 좋아하여 성학(聖學)이 일찍부터 탁월해지셨습니다. 기억하건대 신이 시강하던 초기에 전하께서는 어린 나이셨는데도 견해와 논설이 노사숙유(老師宿儒)가 쉽게 미치지 못하는 점이 있었고, 세손으로 계신 여러 해 동안 하신 일이 오직 강독이었으니, 계속 밝히고 일취월장한 성대한 학식이 참으로 측량할 수 없을 것입니다. 지금 보위에 오르신 뒤로는 날마다 온갖 정무를 처리하고 계시니 만약 지극한 정성과 강한 힘이 있지 않으면 참으로 틈을 내서 공부를 하기 어려울 것이고, 만에 하나 쓸데없고 잡스러운 일이 그 사이에 끼어든다면 또 어느 겨를에 책을 볼 수 있겠습니까. 게다가 잠시 짬을 내어 날마다 밖으로는 경연에 임하시고 안으로는 책을 보신다고 하더라도 깊이 젖어 들고 충분히 얻는 효과는 기대하기 어렵습니다. 더구나 대내(大內)에서는 전하께서 어떤 글을 가지고 어떤 과정에 따라 공부하시는지 신이 감히 알 수 없고, 외정(外廷)으로 말하면 경연에서 강하는 것이 번번이 중단되는 경우가 많습니다. 이런 상황에서는 옛날에 배운 것도 연구하기 어려운데 하물며 새로운 것을 알아내는 것은 논할 것이 있겠습니까. 이른바 덕성을 유지한다는 것이 너무 요원하지 않겠습니까.

전하께서 책에 대해 이미 깊이 음미하셨으니, 책이 있고 책이 없는 경우의 손익(損益)에 대해 지금 당장 스스로 점검해 보실 수 있을 것입니다. 대체로 사람의 마음은 지극히 허(虛)하니, 마음을 붙이는 곳이 없으면 마음을 붙잡아 둘 수 없습니다. 그렇기 때문에 성인은 마음 쓰는 곳이 없는 것을 가장 두려워하였습니다. 더구나 임금은 귀와 눈을 기쁘게 하고 뜻에 맞는 것들이 번갈아 앞을 가리고 구하는 바를 얻지 못하는 것이 없으니 이 마음이 어디인들 들어가지 못하겠습니까. 그렇다면 책이 사람에게 주는 효과 중에서 다른 것은 논외로 하더라도, 곧 한 마음을 수습하여 달아나지 못하게 하는 점은 어찌 쉽게 볼 수 있는 분명한 효과가 되지 않겠습니까. 옛날에 송나라 고종이 조정(趙鼎)[168]에게 이르기를 "짐에게는 평소에 원래 일과(日課)가 있으니, 이른 아침에는 문안을 올리고 나서[169] 신료들이 올린 장소(章疏)를 보고 아침 식사 후에는 《춘추(春秋)》와 《사기(史記)》를 읽고, 저녁 식사 후에는 내외의 장주(章奏)를 보고 밤중에는 《상서(尙書)》를 읽는데 대체로 2경에 끝난다." 하였습니다. 송나라 고종은 중간 수준의 군주에도 미치지 못하는데 날마다 스스로 겨를이 없는 것이 이와 같았기 때문에 신이 매번 곁들여 아뢰었습니다.

3. 사욕을 극복하다 克己

공자가 안연(顔淵)에게 답하기를 "사욕을 극복하여 예(禮)로 돌아가

168 조정(趙鼎) : 1085~1147. 송나라 때의 문신이다. 자는 원진(元鎭), 호는 득전거사(得全居士), 시호는 충간(忠簡)이다. 소옹(邵雍)의 아들 소백온(邵伯溫)의 문하에서 수학하였다. 휘종(徽宗) 연간에 대책(對策)을 올려 장돈(章惇)이 나라를 그르친 과오를 질타하였고, 금(金)나라와의 화의(和議)에 반대하다가 실권자 진회(秦檜)의 미움을 사 조주(潮州) 등으로 폄적(貶謫)되었다가 굶어 죽었다. 저서에 《득전집(得全集)》과 《충정덕문집(忠正德文集)》이 있다. 《宋史 趙鼎列傳》

169 문안을 올리고 나서 : 대본에는 '退'로 되어 있다. 《송사전문(宋史全文)》 권20상에 근거하여 뒤에 '省'을 보충하여 번역하였다.

는 것이 인(仁)을 하는 것이다."라고 하였는데, 사씨(謝氏)[170]가 "극기(克己)는 모름지기 성격이 치우쳐서 극복하기 어려운 것에서부터 극복해야 한다."라고 하였습니다.

신이 삼가 살피건대 '기(己)'란 몸을 가리킵니다. 사람에게 몸이 없을 수 없는데 반드시 극복하려고 하는 이유는 내가 가지고 있는 것이 사사롭기는 쉽고 공변되기는 어렵기 때문입니다. 노력하는 방법은 사씨의 말이 지극히 적절하니, 참으로 경험한 뒤에 하는 말이라는 것입니다. 지금 《상채어록(上蔡語錄)》을 살펴보니 유자(游子)[171]가 "외물(外物)에 대한 욕구를 모두 마음에서 내려놓았습니까?"라고 묻자 사양좌가 대답한 내용에 "모든 일은 반드시 근본이 있으니, 예를 들어 사람이 부귀해지려고 할 경우, 부귀해지려고 하는 것이 무엇을 하기 위해서인가. 반드시 쓸 곳이 있어서일 것이니, 쓰려고 하는 곳의 병의 뿌리를 찾아서 잘라 버리면 곧 아무 일도 없게 될 것이다."라고 하였고, 또 이르기를 "내가 당초에 공부를 할 때에는 버리기 어려운 것을 가려서 버렸는데, 나중에는 점점 그것이 쉬워졌고, 오늘날에 이르러서는 기물들을 꼭 필요한 것만 두고 욕심내는 마음이 다 없어졌다." 하였습니다.

170 사씨(謝氏) : 사양좌(謝良佐, 1050~1103)이다. 자는 현도(顯道)이며, 송나라 채주(蔡州) 상채(上蔡) 사람이다. 정호(程顥)와 정이(程頤)의 문인이다. 저서에 《논어설(論語說)》과 《상채어록》이 있다.

171 유자(游子) : 유작(游酢, 1053~1123)이다. 자는 정부(定夫), 호는 치산(廌山), 시호는 문숙(文肅)이다. 정호의 제자로 태학박사(太學博士)와 감찰어사(監察御史) 등을 지냈다. 정문 사선생(程門四先生) 중의 한 사람으로 품행이 순수하고 풍격이 고상하였으며, 《주역》에 정통하였다.

또 《주자어류(朱子語類)》를 살펴보건대 "상채의 집에 처음에는 좋은 물건이 매우 많았는데 훗날 극기의 공부를 하고서는 모두 버렸고, 좋은 벼루가 하나 남아 있었는데 이것마저도 다른 사람에게 주었다."라고 하였으니, 이 일에 의거하면 그가 힘을 쓴 것이 극치에 이르렀음을 알 수 있습니다. 후세의 학자들이 이른바 "부귀해지려고 하는 것이 무엇을 하기 위해서인가.……그것을 잘라 버리면"이라는 말에서 황연(恍然)히 깨달아 여타 좋아할 만한 외물이 나와 무슨 상관인지를 시험하여 보고, 하나 남은 벼루마저 남에게 줄 때의 생각과 기상이 얼마나 쾌활하고 초탈할지를 상상해 본다면, 그 또한 "아무 일도 없게 될 것이다."라고 말할 수 있을 것입니다.

신이 일찍이 듣건대 전하께서 여러 해 전에 신료들에게 옛날에 보관해 둔 도장(圖章)과 석각(石刻)을 꺼내서 버리라고 명하면서 "완물상지(玩物喪志)에 가까울까 두렵다."라고 하셨다고 하니, 대단하십니다. 성상께서 하신 것이 사상채(謝上蔡)가 벼루를 남에게 준 일과 매우 부합합니다. 신은 이 말을 들은 뒤로 손뼉을 치며 찬양하는 마음을 금할 수 없었고 그 말씀을 마음속에 간직하였습니다. 다만 정자(程子)의 도덕으로도 저녁에 돌아가면서 사냥을 구경하는 기쁨이 있었으니,[172] 인심(人心)은 위태롭고 익숙한 곳은 잊기 어려운 것이 이와 같습

172 정자(程子)의……있었으니 : 명도(明道) 정호(程顥)가 말하기를 "내가 16, 7세 때에 사냥을 좋아하였는데, 그 후에 스스로 생각하기를 '이제는 이 버릇이 없어졌다.'라고 여겼더니, 주무숙(周茂叔)이 이르기를 '어찌 말을 그렇게 쉽게 하는가. 단지 그 마음이 잠복되어 발하지 않을 뿐이니, 어느 날 싹터서 일어나면 다시 처음처럼 될 것이다.'라고 하였다. 그로부터 12년이 지난 뒤에 저녁에 돌아오다가 들에서 사냥하는 자를 보고는 나도 모르게 기뻐하는 마음이 일어났으니, 과연 아직도 그 마음이 없어지지 않았다는

니다. 전하께서는 이런 좋아하는 것이 없음을 자신하시며 과연 정자가 능히 하지 못한 것을 능히 해내시는지 신은 감히 모르겠습니다.

신이 또 살피건대, 주자(朱子)가 장경부(張敬夫)에게 보낸 편지에 "근자에 밖으로 향하는 일종의 마음이 일어나 마음속으로 기뻐서 스스로 멈추지 못하는 것들이 있는데, 모두 술을 끊은 예에 준하여 경계하여 끊으니 일이 줄어든 것을 느끼는 듯하다."[173]라고 하였습니다. 주자가 마음속으로 기뻐한 일이 결코 의리에 크게 해로운 일이 아닐 텐데 도를 배우는 데에 해가 되기 때문에 엄히 끊기를 이와 같이 한 것입니다. 전하께서 모든 일에 마음속으로 기뻐서 멈추지 못하는 것이 과연 없으신지 신은 감히 모르겠습니다. 만약 있다면 과연 어디에 있으며, 또 과연 모두 도장을 버린 예에 준하여 끊으셨습니까? 이것은 오직 전하께서 스스로 반성하여 스스로 끊는 데에 달려 있습니다. 대체로 범인(凡人)이 마음속에 싹튼 생각도 곧 남들이 알게 되는데 하물며 일에 나타난 것은 말할 것이 있겠습니까. 비록 깊숙한 구중궁궐에서 일어나는 일을 조정의 신하들은 모르더라도 여항(閭巷)의 서민들은 먼저 압니다. 전하께서 만일 정자가 사냥하는 것을 보고 기뻐하는 마음이 일고 주자가 마음속으로 기뻐한 일과 같은 것이 있어서 여항의 서민들이 엿보고 비난한다면 성덕에 누가 될 뿐만이 아닙니다. 나라의 형세가 위태롭고 역당(逆黨)들이 틈을 엿보는 이때에 털끝만큼이라도 사람들의 이목에 거스르는 일이 있는 것을 보이면 흉악한 무리들이 참새처

것을 비로소 알았다."라고 한 일을 가리킨다. 《心經附註 卷1》

173 근자에……듯하다 : 《회암집(晦庵集)》 권31 〈답장경부(答張敬夫)〉에 나오는 내용이다.

럼 뛰며 좋아하고 어리석은 서민들은 큰 덕은 알아보지 못하고 작은 일만을 꼬투리 잡을 것이니, 그 근심스럽고 두려움이 어찌 끝이 있겠습니까. 오호라, 정자와 주자는 대현(大賢)이기는 하지만 그래도 필부입니다. 필부가 사욕을 극복하지 못한 것이 있으면 그 해가 자기 한 몸에 그치지만, 임금이 사욕을 극복하지 못한 것이 있으면 그 해가 미치는 것이 어떠하겠습니까. 소식(蘇軾)의 말이 훌륭하니 "남면(南面)한 임금은 학(鶴)처럼 맑고 한가한 것이라도 좋아해서는 안 되니, 좋아하면 나라를 망친다."[174]라고 하였습니다. 여기에서 그 외의 일들을 미루어 볼 수 있습니다. 아, 정자가 이르기를 "내면이 무거우면 외면의 가벼운 것을 이길 수 있고, 얻은 것이 깊으면 유혹하는 것이 작다는 것을 알게 된다."라고 하였으니, 진실로 이와 같이 결단한다면 사욕을 극복하는 데에 무슨 어려움이 있겠습니까.

4. 간언을 받아들이다 納諫

> 《역(易)》에 이르기를 "산 위에 연못이 있는 것이 〈함괘(咸卦)〉이니, 군자가 이를 본받아 자기의 마음을 비우고 다른 사람의 의견을 받아들인다."라고 하였습니다.

신이 삼가 살피건대, 사람의 마음은 본래 비어 있으니 무엇인들 받아들이지 못하겠습니까. 그런데 받아들이지 못하는 경우가 있는 것은 자기

174 남면(南面)한……망친다 : 《동파전집(東坡全集)》 권36 〈방학정기(放鶴亭記)〉에 나오는 내용이다.

의 사심이 가려서입니다. 대체로 남이 자기를 규계(規戒)하는 말을 들으면 거부하기는 쉽고 기뻐하기는 어려운 것이 귀한 사람이나 천한 사람이나 똑같은 감정입니다. 그러므로 사람이 자기와 대등한 사람에 대해서도 그의 노여움을 저촉할까 염려되어 감히 말을 다 하지 못하는데 임금에 대해서는 옛사람이 '벼락이 치는 곳에 꺾이지 않는 것이 없고, 1만 균(鈞)이 누르는 곳에 부서지지 않는 것이 없다.'라고 한 것[175]과 같은 상황이니 말할 것이 있겠습니까. 그런데도 사람이 자기와 대등한 자에 대해서는 친애하는 사이라도 말을 다 하려고 하지 않는데 임금에 대해서는 소원한 자라도 감히 말하지 않을 수 없는 것은 군신간의 의리가 지극히 중하기 때문입니다. 그렇지 않으면 국가와 연관이 있는 신분이어서 국가와 휴척(休戚)을 함께해야 하기 때문이니, 신하가 그 임금을 선하게 하려는 것 또한 자신을 위한 계책인 것입니다. 만약 임금이 이 뜻을 살핀다면 말하는 자의 고심을 헤아릴 수 있을 것입니다. 간혹 그 사이에 이름을 팔려고 간언하는 자도 있고, 이익을 꾀하려고 간언하는 자도 있고, 심지어는 사특한 마음을 품고 원한을 끼고서 간언하는 자도 있는데, 이것은 절로 그 사람의 심술에 병이 될 뿐이지만 임금에게 있어서는 그 간언을 받아들이면 모두 유익하게 됩니다. 예를 들어 전문(田文)이 '보물을 얻고서 허물을 그치게 한 일'을 허여한

175 옛사람이……것 : 한나라 가산(賈山)이 효문제(孝文帝)에게 치란(治亂)의 도에 대해 진언(進言)한 〈지언(至言)〉이라는 글에 "벼락이 치는 곳에 꺾이지 않는 것이 없고 1만 균이 누르는 곳에 부서지지 않는 것이 없는데, 지금 임금의 위엄은 벼락 정도일 뿐만이 아니고 위세의 무거움은 1만 균 정도일 뿐만이 아닙니다.〔雷霆之所擊, 無不摧折者, 萬鈞之所壓, 無不糜滅者. 今人主之威, 非特雷霆也, 勢重非特萬鈞也.〕"라고 한 말을 인용한 것이다. 《漢書 賈山傳》

것[176]과 진(秦)나라 임금이 한공(韓工)의 말을 듣고 도랑을 준설한 일을 신이 일찍이 누차 인용하여 진달한 것은 바로 이 때문입니다. 우리 효종대왕께서 일찍이 연신(筵臣)에게 이르기를 "자기의 마음을 비우고 간언을 받아들이는 것이 귀한 이유는 용납하기 어려운 것을 용납한 뒤에야 비로소 언로를 크게 열 수 있기 때문이다." 하자, 연신이 아뢰기를 "감히 간언하는 것이 간혹 자기 이름을 팔기 위해서 한 말이면 '저 사람이 이름을 파는 것이 나와 무슨 상관이 있겠는가. 그 말이 옳은지 그른지를 볼 뿐이다.'라고 하교하소서." 하였습니다. 대단히 훌륭한 말씀으로, 참으로 영원토록 본보기가 된다고 할 수 있습니다.

신이 기억하건대 무자년(1768, 영조44) 가을에 《맹자(孟子)》의 자로인고지이유과장(子路人告之以有過章)을 시강(侍講)하면서 신이 감히 우러러 묻기를 "사람이 큰 과실을 저질러 남이 알기를 바라지 않는 일이 있는데 면전에서 심하게 지적하는 자가 있으면 노하지 않기 어렵습니다. 저하께서는 노하지 않을 수 있겠습니까?" 하자, 전하께서 대답하기를 "어찌 노여워하는 데까지 이르겠는가." 하시고 곧이어 또 말씀하기를 "설령 잠시 받아들이기 어려워하는 뜻은 있을지라도 또한 그

176 전문(田文)이……것 : 전문은 전국 시대 제(齊)나라 귀족 맹상군(孟嘗君)이다. 맹상군이 초(楚)나라에 갔을 때, 초나라 왕이 그에게 상아로 만든 침상을 선물하였다. 그러자 운송을 맡은 등도직(登徒直)이 운송 중에 손상되면 배상할 방법이 없음을 걱정하여, 맹상군의 식객인 공손수(公孫戍)에게 자기 집의 가보인 보검(寶劍)을 주고 부탁해, 맹상군으로 하여금 상아 침상을 받지 않도록 하게 하였다. 결국 공손수의 간언으로 상아 침상을 받지 않았는데, 맹상군은 공손수가 보검을 받고 자기에게 간언했다는 것을 알고서도 문판(門板)에 쓰기를 "나의 이름을 드날리고 나의 잘못을 그치게 하기 위하여 사사로이 밖에서 보물을 얻은 자가 있거든 빨리 들어와 간언하라.〔有能揚文之名, 止文之過, 私得寶於外者, 疾入諫.〕"라고 한 일을 가리킨다. 《資治通鑑 卷2 周紀2 顯王48年》

사람을 미워하는 뜻을 없을 것이다." 하셨습니다. 신은 그 말씀을 공경히 듣고 기뻐서 잊지 못하였는데, 어느덧 10년이 지났습니다. 전하께서 오늘의 마음을 그때의 마음과 비교할 때에 어떤 차이가 있으며 진전되었는지 퇴보하였는지 감히 모르겠습니다. 대저 심하게 지적하는 말을 듣고서 그 분노를 능히 참아 내거나 말하는 자의 뜻을 곧바로 꺾어 버리지 않기란 매우 어렵습니다. 더구나 애당초 노여워하는 마음이 없거나 미워하는 뜻이 없기란 어려운 가운데 더욱 어려운 것이니, 이것이 어찌 성상의 도량이 보통 사람보다 매우 넓어서가 아니겠습니까. 다만 신의 망녕된 생각에 전하께서는 타고난 자품이 화락하고 평이하기 때문에 이런 일을 어렵게 여기지 않으시겠지만 사달이 점점 많아지고 뜻에 거슬리는 것이 점점 심해진 뒤에는 일이 참으로 알 수 없는 점이 있을 것입니다. 그리고 과실이 커서 감출 수 없는 경우에는 간언하는 말이 매우 준엄한 것이라도 수용하지 않을 수 없고 그 노여움도 가벼울 것입니다. 그러나 만약 그 과실이 작은데 공격하는 것이 가혹한 데에 가깝거나 혹은 말이 인정에서 벗어나거나 일이 실상과 어긋나는 점이 있으면 그 노여움이 반드시 심하게 될 것입니다. 또 그 노여움을 혹시 애써서 억눌러서 처음에는 특별히 관대하게 수용하는 모습을 보이더라도 마음속에 잠복하여 쌓이는 것을 면하지 못할 터이고, 끝에 가서 일로 인하여 밖으로 터져 나오면 성정(性情)에 해가 되는 것이 더욱 심할 터이니, 고금의 신하들이 두려워하고 염려하는 것이 더욱 여기에 있습니다. 전하께서는 이 몇 가지 일에 대해서도 무자년에 하교하신 뜻처럼 조금도 거리낌이 없으실지 신은 모르겠습니다.

선정(先正) 이 문성공(李文成公 이이(李珥))이 말하기를 "인정은 할 수 없는 일을 요구하면 오히려 힘써 따르지만 자기가 잘하는 일을 요구하면 반드시 불만을 품고서 자기를 알아주지 않는다고 허물한다."라고 하였으니, 이것이 참으로 진실하고 명백한 말입니다. 그렇기 때문에 현명한 군주에게 간언하기가 어리석은 군주에게 간언하기보다 어려운 것이니 이 점을 더욱 살피지 않아서는 안 됩니다. 신이 말을 마저 하겠습니다. 간언이 받아들여지기 어려운 것은 임금의 노여움을 저촉하고 임금에 의해 뜻이 꺾이는 것을 제외하고는, 이름을 팔고 이익을 꾀하고 원한을 품는 등 수많은 불분명한 조건들이 있습니다. 또 후세에 글을 인용하여 비유한 것에서 꼬투리를 잡아 견강부회하고 꾸며 대니 대불경죄에서 면할 수 있는 자가 거의 없습니다. 이것이 언로를 막는 가장 단단한 빗장입니다. 예를 들어 우(禹)가 단주(丹朱)로써 순(舜) 임금을 경계하고,[177] 주공(周公)이 상(商)나라의 수(受)로써 성왕(成王)을 경계하고,[178] 주창(周昌)이 한 고조(漢高祖)를 걸주(桀紂)에 견주고,[179] 유의(劉毅)가 진 무제(晉武帝)를 환제(桓帝)와 영제(靈帝)에 견준 일[180]은 신이 일찍이 강석(講席)에서 누차 말씀드렸습니다. 또 길에서 사람들이 하는 말을 듣고서 들어가 아뢰었다가 그 말의 출처를 추궁당할 경우, 혹은 실제로 딱히 가리켜서 아뢸 만한 것이 없을 수 있고, 혹은 그런 것이 있더라도 의리상 대답할 수 없는 경우가 있는데 이때에 말을 날조한 죄를 씌우니, 이것이 물러나서는 근심하고 탄식하며 나아

177 우(禹)가……경계하고 : 358쪽 주69 참조.

178 주공(周公)이……경계하고 : 주공이 성왕에게 안일하지 말 것을 권하면서 "은왕(殷王) 수(受)가 미란(迷亂)했던 것과 같이 해서 주덕(酒德)에 빠지지 마소서."라고 말했던 것을 가리킨다. 《書經 無逸》

179 주창(周昌)이……견주고 : 334쪽 주35 참조.

180 유의(劉毅)가……일 : 335쪽 주36 참조.

가서는 감히 말하지 못하게 되는 이유입니다. 요순의 시대에 좋은 말을 진달하는 깃발과 비방(誹謗)하는 나무가 있었던 것[181]은 말할 것도 없고, 주공이 성왕에게 경계하기를 "혹시라도 고하기를 '소인들이 당신을 원망하고 당신을 꾸짖습니다.' 하거든 크게 스스로 덕(德)을 공경하여 원망하는 잘못에 대해 '짐의 잘못이다.'라고 하소서. 진실로 이와 같이 하면 백성들이 감히 노여움을 감추지 않을 뿐만이 아닐 것입니다."라고 하였고,[182] 주자가 어떤 사람에게 보낸 편지에 "진실로 허물을 들으려고 한다면 다만 하나하나 수용해야 하고 허실(虛實)을 따져서는 안 된다. 만약 심하게 따져서 반드시 변론하고 다투려고 한다면 '허물이 있다고 말해 주면 기뻐했다.'[183]라고 하는 뜻이 아닐 것이다."[184]라고 하였습니다. 성현의 말씀이 이와 같은데 이것을 버리면 위(衛)나라의 무당이 비방을 감시하는 것[185]과 같게 되니, 이는 주나라 여왕(厲王)이 나라를

181 요순의……것 : 요 임금 때에 좋은 말을 진달하는 깃발이 있어 진달하려는 사람은 그 깃발 아래 서게 했고, 비방하는 나무가 있어 정치의 잘못을 비방하려는 사람은 그 나무에 쓰게 했고, 간언하는 북이 있어 간언하려는 사람은 북을 쳐서 스스로 말하게 하였던 일을 가리킨다. 《大戴禮記 卷3 保傅》

182 주공이……하였고 : 《서경》 〈무일(無逸)〉에 나오는 내용이다.

183 허물이……기뻐했다 : 공자의 제자 자로(子路)는 남이 자기의 허물을 말해 주면 기뻐하였는데, 이에 대해 정자(程子)는 "자로는 남이 자기의 허물을 말해 주면 기뻐하였으니, 그 또한 백세(百世)의 스승이 될 수 있다."라고 평가하였다. 《孟子 公孫丑上》

184 진실로 허물을……것이다 : 주자가 진명중(陳明仲)에게 답한 편지에 나오는 내용이다. 《晦庵集 卷43》

185 위(衛)나라의……것 : 주나라 여왕이 학정(虐政)을 하자 백성들이 왕을 비방하였다. 이에 소공(邵公)이 고하기를 "백성들이 왕의 명령을 견디지 못합니다."라고 하였다. 여왕이 노하여 위나라의 무당을 시켜 비방하는 자를 감시하게 하고, 무당이 비방한다고 고하면 그 사람을 죽이니, 백성들이 감히 말을 하지 못하고 도로에서 만나서 서로

망친 원인입니다. 임금 된 자가 어느 것을 택해야 하겠습니까.

오호라, 오늘날 조정의 신하들이 위로는 보필(輔弼)에서부터 아래로 삼사(三司)에 이르기까지, 그리고 초야의 선비들까지도 성상의 행실에 대해 한마디라도 간언하는 자가 있다는 말을 듣지 못했습니다. 신이 괴이하게 생각하는 것이 있는데, 전하께서 간언을 꺼리는 뜻이 없는데 조정에 간언을 꺼리는 분위기가 있으니, 이것은 무슨 까닭입니까? 신이 삼가 생각건대 전하께서 등극하신 이래로 간언하는 자를 처벌한 적이 한 번도 없었고 또한 간언을 구하는 하교를 누차 내렸는데도 풍습이 모두 이와 같으니, 이것이 어찌 전하께서 간언을 구하는 마음이 간언을 구하는 명령만 못하기 때문에 아래에 있는 자들이 그 마음을 따르고 그 명령을 따르지 않는 것이 아니겠습니까. 이것은 아마도 전하의 성지(聖智)가 뛰어나고 영기(英氣)가 지나침으로 말미암아 신하들을 내려다볼 때에 성심(聖心)에 맞는 자가 없기 때문에 여러 사람의 염려를 모으고 충익(忠益)을 넓히는 도리에 일찍이 성상의 뜻을 깊이 쓰지 않아서 간언하려는 자가 지나치게 의구심을 품게 만들었으므로 자연히 군신간에 서로 뜻이 어긋나게 되었을 것입니다. 만약 전하께서 병자가 약을 생각하듯이 지성으로 도움을 구하신다면 메아리처럼 크게 호응하는 효과를 당장에 볼 수 있을 것입니다. 예를 들어 제(齊)나라 위왕(威王)이 명령을 내릴 때에 면전에서 허물을 지적한 자는 상상(上賞)을 받고, 글을 올려 간언한 자는 중상(中賞)을 받고, 시조(市朝)에서 비방하여 그 말이 전해져서 임금의 귀에 들리게 한 자는 하상(下賞)을 받은 것처럼 하신다면 오늘 당장 간언을 올리는 자가 시장통처럼

눈짓만 주고받았다. 《國語 周語上》

문에 몰려드는 것을 보실 수 있을 것입니다.

5. 하늘을 섬기다 事天

《시경》에 이르기를 "이 문왕(文王)이 조심하고 공경하고 공경하여 상제(上帝)를 밝게 섬겨서 많은 복을 오게 하셨네."라고 하였습니다.

신이 삼가 살피건대, 하늘은 사람에게 근본으로 말하면 부모이고, 엄함으로 말하면 군상(君上)입니다. 필부도 오히려 그러한데 더구나 임금은 천명(天命)을 받아 천위(天位)에 앉아 천민(天民)을 다스리며, 몸이 지존의 지위에 있으므로 그 위에 있는 자는 오직 하늘뿐이니 더 말할 것이 있겠습니까. 당우(唐虞) 삼대(三代) 때에 상하가 서로 훈계한 것은 하나는 하늘이고 하나는 상제였으니, 마치 어떤 사물이 위에 임해서 작위(作爲)하는 것이 있는 것처럼 하였습니다. 그 후로 공맹(孔孟)에 이르러 처음으로 이치로써 하늘을 말하였고, 뒤이어 정주(程朱)의 학설이 나와서 더욱 정밀해졌습니다. 그러나 잘 살피지 못한 자는 하늘을 아득히 멀어서 알 수 없는 사물로 여겼으니, 두려워하는 마음이 해이해지는 데에 가깝지 않겠습니까. 어리석은 신이 삼가 생각건대, 하늘은 반드시 도(道)와 기(器)를 합쳐서 말해야 하니, 높고 광대한 형체를 가지고 있지만 이치가 그 안에 있는 것입니다. 그 덕은 반드시 살리기를 좋아하는 것을 주로 삼고, 그 작용은 잘 심긴 것은 북돋워 주고 기울어진 것은 죽게 하는 다름이 있으며,[186] 그 신묘함은 또 사람

186 잘……있으며 : 하늘이 만물을 생장시킬 때에 모든 것을 다 길러 주는 것이 아니

의 모발을 비춰 보고 사람의 폐부를 환히 들여다보아 없는 곳이 없으니, 곧 이른바 "상제가 그대에게 임하였으니 그대의 마음을 의심하지 말라.〔上帝臨汝 無貳爾心〕"[187]라는 것과 이른바 "호천이 매우 밝아서 네가 나가는 것을 보고 계신다.〔昊天曰明 及爾出王〕"[188]라는 것이 바로 그것입니다. 만약 하늘이 나에 대해 하나의 생각이 나올 때와 하나의 일을 할 때에 모두 임하고 보고 있음을 참으로 안다면 하늘을 섬기는 도리를 스스로 다하지 않을 수 없을 것입니다.

다만 하늘이 하는 일은 들을 수 있는 소리도 없고 맡을 수 있는 냄새도 없기 때문에 모든 사람이 날마다 하늘과 함께하면서도 자각하지 못하여 날마다 말하고 행동하는 사이에 하늘에 죄를 얻는 것이 많으니 두려워하지 않을 수 있겠습니까. 신은 삼가 바라건대 전하께서 한 번 염려하고 한 번 동작할 때에 반드시 돌아보아 "하늘이 뭐라고 하실까?"라고 생각하소서. 그리하신다면 상제를 밝게 섬겨서 많은 복을 오게 할 터이니, 어찌 문왕이 아름다운 명성을 독차지하게 하겠습니까. 그러나 신이 춘방(春坊)에서 시강하던 때에는 전하께서 충년(沖年)이셨는데 가끔씩 위의(威儀)을 삼가고 무겁게 하시라고 경계의 말씀을 올렸

라 스스로 자랄 조건을 갖추면 길러 주고 스스로 자라지 못할 조건을 갖추면 죽게 한다는 뜻이다.《中庸章句 第17章》

187 상제가……말라 : 주(周)나라 무왕(武王)이 주(紂)를 칠 때에 중과부적(衆寡不敵)의 염려가 있을까 우려하였기 때문에 시인(詩人)이 무왕에게 염려하지 말라고 한 것이다.《詩經 大雅 大明》

188 호천이……계신다 : 주나라 때 범백(凡伯)이 여왕(厲王)을 경계한 시인데, 하늘이 모든 일을 내려다보고 있으니 하늘의 뜻을 공경하여 함부로 행동하지 말라고 한 것이다.《詩經 大雅 板》

습니다. 그 후에 전해 들으니 "크도다, 거처함이여."라는 칭송[189]이 이미 있다고 하였습니다. 등극하신 이래 성대하게 아름다운 모습을 더욱 우러러보았으나 신의 어리석은 충심으로는 지난날의 근심을 감히 쉽게 잊을 수 없습니다. 전하의 위의와 행동거지가 한가하게 계시는 곳에서나 환관과 궁첩이나 근신을 대하실 때에 대정(大廷)과 법연(法筵)에서 신료를 인접(引接)하실 때와 과연 차이가 없는지 신은 감히 모르겠습니다. 이것은 외부에 있는 신하가 알 수 있는 것이 아니고 오직 전하께서 스스로 더욱 엄히 살펴서 경황이 없거나 위급한 상황에서도 소홀히 하지 않는 데에 달려 있습니다.

6. 백성을 사랑하다 子民

〈강고(康誥)〉에 이르기를 "어린아이를 보호하듯이 한다."라고 하였고,[190] 장자(張子)가 범손지(范巽之)에게 답한 편지[191]에 "군상(君

189 크도다……칭송 : 맹자가 제(齊)나라에 가서 제나라 왕의 아들을 보고 감탄하기를 "거처가 기운을 옮겨 놓으며 봉양이 몸을 바꿔 놓으니, 크도다, 거처함이여. 모두 사람의 자식이 아니겠는가."라고 하였는데, 이는 왕자(王子)도 사람의 자식일 뿐인데, 다만 거처하는 바가 같지 않기 때문에 봉양하는 바가 같지 않아, 그 기(氣)와 체(體)가 다름이 있음을 말한 것이다. 《孟子 盡心上》 정조 또한 왕의 손자로서 거처와 봉양의 격이 일반인과 다르기 때문에 일반인과 다른 기와 체를 갖추었다는 말이다.

190 강고(康誥)에……하였고 : 〈강고〉는 《서경》의 편명으로, 주나라 무왕(武王)이 아우인 강숙(康叔) 봉(封)을 위후(衛侯)에 봉하면서 한 말을 기록해 놓은 글이다. 무왕이 강숙에게 "아, 봉아. 형벌에 질서가 있어야 이에 벌(罰)을 크게 밝혀서 백성들을 굴복시켜 백성들이 서로 경계하여 화순(和順)하기를 힘쓸 것이다. 마치 몸에 병이 있는 것처럼 여기면 백성들이 모두 허물을 버릴 것이며, 마치 적자(赤子)를 보호하듯이 하면

上)[192]은 천하에 부모 노릇 하는 것을 왕도(王道)로 삼는다. 가령 사해(四海)의 안을 모두 자기의 자식같이 여긴다면 정치를 강구하는 방법으로 볼 때 결코 은혜를 적게 베푼 진(秦)나라와 한(漢)나라의 정치를 하지 않을 것이고, 인(仁)의 이름을 빌린 오패(五霸)와 같은 짓을 하지 않을 것이다. 손지가 조정을 위해 말을 하되 잘못 등용된 사람을 꾸짖을 것이 없고, 잘못 시행된 정사를 트집 잡을 것이 없다. 우리 임금으로 하여금 천하 사람을 사랑하기를 어린아이 보호하듯 하게 한다면 정치와 덕이 날로 새로워지고 벼슬에 나온 사람도 반드시 어진 선비일 것이다." 하였습니다.

신이 삼가 살피건대, 백성 사랑하기를 자식 사랑하듯이 해야 한다는 뜻을 누군들 모르겠습니까. 그런데도 그렇게 하지 못하는 것은 문제가 백성에게 해가 되는 것을 제거하지 못하는 데에 있습니다. 공자가 이르기를 "쓰기를 절도 있게 하고 백성을 사랑하며, 백성 부리는 것을 알맞은 때에 한다."라고 하였는데, 선유(先儒)[193]가 풀이하기를 "사치스럽게 쓰면 재물을 손상하고, 재물을 손상하면 반드시 백성을 해치는 데에 이른다."라고 하였습니다. 이는 재물이 하늘에서 내려오거나 땅에서

백성들이 편안히 다스려질 것이다."라고 한 말에서 인용한 것이다.

191 장자(張子)가……편지 : 장자는 장재(張載)를 가리킨다. 범손지는 장재의 문인 범육(范育)으로, 손지는 그의 자이다. 이 편지는 《장자전서(張子全書)》 권13에 실려 있는 〈답범손지서(答范巽之書)〉에 있는 내용이다.

192 군상(君上) : 《장자전서》 권13 〈답범손지서〉와 《근사록(近思錄)》 권8 〈치례(治禮)〉에는 '君相'으로 되어 있다.

193 선유(先儒) : 정호(程顥)와 정이(程頤)의 제자인 양시(楊時)를 가리킨다.

솟아나는 것이 아니라 백성들에게서 나오기 때문입니다. 비록 백성을 사랑하는 마음이 있더라도 재물 쓰는 것을 절제하지 않아서 나라의 창고가 비게 되면 결국은 없는 데에서 만들어 내는 방법이 백성에게 해 되지 않는 것이 없습니다. 지난날 권간(權奸)들이 국권을 장악했을 때에 중외(中外)의 재물을 총괄하여 농간을 부리는 데에만 마음을 썼으니, 백성들의 고혈이 다 없어진 것을 여기에서 볼 수 있습니다. 아, 오늘날의 인심과 세도(世道)는 남김없이 다 없어졌고 사대부들은 대부분 그 본심을 잃어서 국가에 믿을[194] 만한 것이 하나도 없고, 믿을 수 있는 것이라고는 백성들이 선왕의 은택을 잊지 않고 있는 것뿐입니다. 그런데 이 백성들을 털끝만큼이라도 상하게 한다면 나라가 곧바로 망하게 될 것입니다. 《춘추곡량전(春秋穀梁傳)》에 이르기를 "나라에 3년을 지탱할 비축이 없으면 나라가 제대로 된 나라가 아니다."라고 하였습니다. 이 말을 기준으로 오늘날 국가의 경비를 보면 나라라고 할 수 있겠습니까. 평소 아무 일이 없을 때에도 오히려 나라라고 할 수 없는데 만약 긴급한 일이 발생한다면 나라가 장차 어찌되겠습니까. 생각이 여기에 미치니 오싹 두려워집니다.

삼가 생각건대 전하께서 즉위하신 초기에 즉시 궁방(宮房)을 혁파하고 세금을 감면하는 등의 성대한 일이 있었습니다. 그러나 국상(國喪)이 있은 이래로 참으로 어찌할 수 없는 큰 경비가 드는 일들이 연이어 있었지만, 이 외에 날마다 사용되는 온갖 경비 중에 과연 조금이라도 하지 않아도 되는데 한 일은 없었습니까. 그 외에 민력을 지나치게

194 믿을 : 대본에는 '特'으로 되어 있다. 문맥에 근거하여 '恃'로 바로잡아 번역하였다. 이하의 '믿을'도 동일하다.

사용하는 것이 백성들에게 해가 되고, 감사나 수령을 가려 뽑지 않는 것이 백성들에게 해가 되고, 근신이나 귀족 및 세력가들을 단속하지 않는 것이 백성들에게 해가 됩니다. 이런 것들은 모두 전하의 한 마음에서 근원합니다. 안으로 간략함을 위주로 하고 밖으로 눈과 귀를 열어서 어느 때나 어떤 일에서나 털끝만큼이라도 백성들에게 해가 되는 것을 항상 생각해야 합니다.

7. 현자를 가까이하다 親賢

맹자가 이르기를 "요순 같은 어짊으로도 사람을 두루 사랑하지 못한 것은 어진 이와 친하는 것을 급선무로 여겼기 때문이다."라고 하였습니다.

신이 삼가 살피건대 자하(子夏)가 어진 이를 어질게 여기는 것을 부모를 섬기고 임금을 섬기는 것보다 먼저 말하였고,[195] 《중용(中庸)》의 구경(九經)에 어진 이를 높이는 것을 수신(修身) 다음에 말한 것[196]에

195 자하(子夏)가……말하였고 : 공자의 제자 자하가 "어진 이를 어질게 여기되 여색(女色)을 좋아하는 마음으로 바꾸며, 부모를 섬기되 능히 그 힘을 다하며, 임금을 섬기되 능히 그 몸을 바치며, 붕우와 더불어 사귀되 말함에 성실함이 있으면 비록 배우지 않았다고 말하더라도 나는 반드시 그를 배웠다고 이르겠다."라고 한 말을 가리킨다. 《論語 學而》

196 중용(中庸)의……것 : 《중용장구》 제20장에서 천하와 국가를 다스리는 방법을 논하면서 "무릇 천하와 국가를 다스리는 데에 구경이 있으니, 몸을 닦음〔修身〕, 어진 이를 높임〔尊賢〕, 친척을 친히 함〔親親〕, 대신(大臣)을 공경함, 신하들의 마음을 체찰(體察)함, 백성들을 자식처럼 사랑함, 백공(百工)들을 오게 함, 먼 지방의 사람을 회유

대해 선유(先儒)가 참으로 강학하여 이치를 밝히는 것이 앞에 있어야 하기 때문이라고 말하였습니다. 어리석은 신은 감히 생각건대 이것뿐만이 아닙니다. 사람은 모름지기 선을 하려는 뜻이 있어야 비로소 어진 이를 능히 좋아할 수 있으니, 만약 선을 하는 데에 뜻이 독실하지 않으면 그 형세가 자연히 현자와 멀어지지 않을 수 없습니다. 게다가 어진 이를 높이는 것이 큰일이기는 하지만 어진 이와 친하게 지내는 것이 더욱 어렵습니다. 사람이 현자에 대해서도 존숭하여 예를 갖추는 자가 간혹 있으나 이것은 타고난 덕을 좋아하는 본심에서 나온 것입니다. 그리고 친해지려고까지 하면 자기가 한 일에 참으로 부끄러운 일이 많고 상대가 보고서 규계하고 자기의 뜻을 거스르면 감당할 수 없는 점이 있으니, 이것은 필부에 있어서도 오히려 그러하거늘 하물며 임금은 말할 것이 있겠습니까. 이 근심이 가장 큽니다. 그리고 대체로 내가 큰 이익을 주고 엄한 위엄을 보이면 제어하고 복종시키지 못할 자가 없으나 현자만은 대하기가 어려우니, 이것이 예로부터 현자를 높이는 자가 적고 현자와 친한 자가 더욱 적은 이유입니다. 임금이 신하에 대해서 자기가 두려워할 만한 대상을 취하지 않고 사랑할 만한 대상을 취하며, 자기를 바로잡아 주는 대상을 구하지 않고 자기 비위를 맞춰주는 대상을 구하니, 이것은 천하의 공통된 우환입니다. 근본이 이와 같으면 비록 현자가 있더라도 날로 소원해지고 달로 멀어지고야 말 것이니 어떻게 친해질 수 있겠습니까. 지금 흉악하고 간사한 자가 배척되고 어진 이가 등용되었으니 군자의 도가 신장될 수 있는 때라고 할

(懷柔)함, 제후(諸侯)들을 은혜롭게 함이다."라고 하여 맨 앞에 수신을 언급하고 그 뒤에 존현을 말한 것을 가리킨다.

수 있습니다. 그러나 요순이 임금이 되었을 때에 한두 명의 돕는 신하만 있어도 충분할 텐데 오히려 반드시 "초야에 버려진 현자가 없어야 한다."[197]라고 하였으니, 정무(政務)는 반드시 많은 사람의 도움이 있어야 하고 인재는 버려져서는 안 되기 때문이 아니겠습니까. 신은 삼가 바라건대 전하께서 더욱 유의하소서.

8. 아첨하는 자를 멀리하다 遠佞

공자가 나라 다스리는 도를 물은 안연(顔淵)의 질문에 답하기를 "아첨하는 사람을 멀리하라."라고 하였습니다.

신이 삼가 살피건대 아첨하는 사람을 가까이해서는 안 된다는 것을 누가 모르겠습니까. 그러나 아첨하는 사람을 능히 가까이하지 않는 사람은 역사에서 보기 드무니, 이는 명주(明主)가 더욱 엄하게 반성해야 할 점입니다. 그러나 남의 간사한 점을 살피려고 하면 반드시 먼저 자기를 바르게 해야 합니다. 송(宋)나라 태종(太宗)이 그 신하에게 말하기를 "임금은 자기의 기호를 밖에 보이지 않게 해야 하니, 그렇게 하면 간사하고 아첨하는 사람이 들어올 실이 없나."라고 하였으니, 훌륭한 말입니다. 임금이 되는 도리를 능히 얻었다고 할 것입니다. 성명

197 초야에……한다 : 우(禹)가 순(舜) 임금에게 진언하기를 "임금이 임금의 도리를 어렵게 여기고 신하가 신하의 직책을 어렵게 여겨야 정치가 비로소 다스려져서 백성들이 덕에 빨리 교화됩니다."라고 하자, 순 임금이 대답하기를 "그렇다. 진실로 이와 같이 하면 선한 말이 버려지는 일이 없으며, 초야에 버려진 현자가 없어서 만방이 모두 편안할 것이다."라고 하였다. 《書經 大禹謨》

(聖明)의 조정에서 이런 염려를 하는 것은 망녕된 생각입니다. 그러나 신은 감히 전하께서 아첨하는 사람을 능히 멀리하지 못할까 염려하는 것이 아니라 전하께서 혹시 기호가 있으면 그것이 아첨하는 사람을 부르는 것이 될까 감히 근심하는 것입니다.

옛날에 당(唐)나라 환관 구사량(仇士良)[198]이 환관 무리에게 권세를 잡고 총애를 견고히 하는 방법을 전수하기를 "천자는 항상 사치와 낭비로 그 이목을 즐겁게 해 주어야지, 절대 책을 읽거나 유생을 가까이하지 말게 해야 한다. 천자가 전대(前代)의 흥망한 이유를 보고서 마음속에서 근심하고 두려워할 줄을 알면 우리 무리는 배척될 것이다."라고 하였습니다. 후세의 임금 중에 구사량의 술수에 빠지지 않을 자가 드무니 어찌 슬프지 않겠습니까. 아, 구사량은 말할 거리가 못 됩니다. 사대부 중에 염치를 버리고 명절(名節)을 훼손하여 하루아침에 부귀를 누리기 바라는 자가 또한 어찌 한정이 있겠습니까. 돌아보건대 지금 인심이 함닉되고 풍습이 더럽고 낮아지는 것이 온 세상에 만연하여 거의 "명철한 사람치고 어리석지 않은 자가 없다."[199]라고 하는 지경에 이르렀습니다. 이 폐단을 바로잡으려고 한다면 전하께서 몸소 솔선수범하는 것보다 좋은 방법이 없고, 또 반드시 어진 이가 벼슬에 나오는 길을

198 구사량(仇士良) : 781~843. 당(唐)나라 순종(順宗) 때 환관으로서 동궁을 모시다가 동궁이 헌종(憲宗)으로 즉위한 뒤 이후 문종(文宗) 때까지 20여 년간 권력을 농단하여 두 명의 왕과 한 명의 비(妃), 네 명의 재상을 모의하여 죽인 인물이다. 본문에 나오는 내용은 《자치통감》의 내용을 요약한 것이다. 《新唐書 仇士良列傳》《資治通鑑 卷247 唐紀63》

199 명철한……없다 : 춘추 시대 위(衛)나라 무공(武公)이 자신을 경계하기 위하여 지은 시에 나오는 내용이다. 《詩經 大雅 抑》

열고 요행히 벼슬에 나오는 길을 막으며, 담박하고 차분함을 장려하고 벼슬에 나가려고 다투는 풍습을 억눌러야 합니다. 그런 뒤에야 절반이나마 구제할 수 있을 것입니다. 그러나 이것은 말이나 표정으로 억지로 감격시킬 수 있는 것이 아니고 또 일조일석에 효과를 기대할 수 있는 것이 아니니, 지금 조정의 신하들 중에 전하의 기호를 잘 맞추어서 암중에 전하의 은총을 사려는 자가 결코 없다는 것을 어찌 보장할 수 있겠습니까. 그리고 아첨이라는 것은 단지 임금이 황음(荒淫)하고 사치하도록 인도하고 그 심지(心志)를 미혹시킨 뒤에야 아첨이라고 하는 것이 아니라 임금의 비위만 맞추고 임금의 뜻을 거스르는 일이 없는 것은 모두 아첨입니다. 오호라, 국가는 임금의 뜻이라도 따르지 않는 경우가 있는 신하를 배양한 뒤에야 위급할 때에 도움을 받을 수 있습니다. 저 따르지 않는 것이 없는 신하는 어찌 믿을 수 있겠습니까. 전하께서는 살펴 주소서.

9. 검약을 숭상하다 崇儉

《서경》에 이르기를 "검약(儉約)의 덕을 삼가 실천하여 장구한 계책을 생각하소서."라고 하였습니다.

신이 삼가 살펴보건대 제왕은 처한 지위가 높고 소유한 것이 풍부합니다. 그러므로 검약을 좋은 법도로 삼아 반드시 삼가려고 해야 하고 또 이것을 장구한 계책으로 삼아야 한다고 하였으니, 가리키는 뜻이 은미합니다. 재물이라는 것은 하늘이 내고 땅이 이루어서 사람을 기르는 것입니다. 그러므로 조물주가 사람에 대해 미워하는 것이 사치보다 더한 것이 없으니, 사치하면 재물을 소모하여 하늘이 내고 땅이 이루어서 사람을 기르는 것을 잃기 때문입니다. 그 두렵기가 이와 같지만 그 근원은 단지 사람의 한 마음에서 일어납니다. 잠깐 사이에 이목의 사사로움에 끌려서 보기 좋은 것을 가지려 하고 듣기 좋은 것을 가지려 하면 그 마음이 점점 자라고 점차 물들어서 마침내 재물은 아껴야 하고 사치는 두려워해야 한다는 것을 잊게 됩니다. 만약 개연히 잠깐 사이에 "보기 좋은 것으로 무엇을 할 것이며 듣기 좋은 것으로 무엇을 할 것인가. 단지 이익이 없더라도 불가한데 하물며 해가 있음에랴."라고 자각하였거든 이것으로 인하여 마음을 단단히 먹고 일에 따라서 넓혀 나가면 검소하지 못하는 것을 어찌 걱정하겠습니까.

신은 삼가 생각건대, 우리나라 열성조(列聖朝)의 성대한 덕 중에 무엇인들 본받을 만하지 않겠습니까마는 그중에 검소함이 으뜸입니다. 그리고 신과 전하가 직접 본 것으로 말하면, 우리 선대왕(先大王)께서 50여 년을 재위하셨는데 음식과 의복과 집기에서부터 궁실과 수레와 예복에 이르기까지 어찌 일찍이 잘 꾸며서 보기 좋게 하신 적이 있었습니까. 이 한 가지 행실로 인해서, 험난한 변고를 무수히 겪었으나 아름다운 명성에 하자가 없어서 마침내 한없는 수명과 복록을 누리게 되신 것입니다. 그러나 풍속이 이미 어지러워지고 백성들의 어리석음이 교화되지 않아서 세록(世祿)의 집안과 여항의 사람들이 사치하는 풍습이 날로 심해지니 식자들이 근심하고 탄식한 지가 오래되었습니다. 지금 전하께서 처음 즉위하여 정치를 하시는 때에 덕교(德敎)가 흘러넘치고 온갖 일이 바르게 되어 온 나라 사람들이 기대하고 있으니, 몸소 검약을 먼저 실천해서 무너진 풍속을 한번 바로잡을 수 있습니다. 그런데 삼가 떠도는 소문을 들으니 성덕(聖德)은 참으로 성대하지만 검약 한 가지 일에는 그다지 마음을 쓰시지 않는다고 합니다. 가령 이 소문에 만에 하나라도 비슷한 것이 있다면 만백성의 기대를 어찌할 것입니까. 그리고 부유하면서 검소하지 않더라도 덕을 손상한다고 하는데, 가난하면서 검소하지 않으면 그 근심이 장차 어디에까지 이르겠습니까.

지금 국가의 재정이 애통한 지경이라는 것은 상하가 모두 말하는 바이니, 비록 거친 삼베로 옷을 해 입고 거친 비단으로 관을 만들어 쓰더라도 오히려 부족할까 두렵습니다. 《예기》에 이르기를 "국가가 곤궁하면 수레를 화려하게 꾸미지 않고 갑옷에 끈으로 꾸미지 않는다."라고 하였고, 또 이르기를 "나라의 풍속이 사치스러우면 백성들에게 검소함을 보인다."라고 하였습니다. 국가가 곤궁할 때에는 중요한 수레와 예복과 병갑(兵甲)이라도 조악한 것을 꺼리지 않는데 하물며 검소함을 보이고 사치하는 풍습을 바로잡는 것은 더욱이 오늘날 마땅히 힘써야 할 급선무인데 말할 것이 있겠습니까. 공자가 우(禹)에 대해 "자기가 먹는 음식을 박하게 하고, 자기가 입는 의복을 검소하게 하고, 자기가 사는 집을 낮게 하였다."라고 하였는데, 양구산(楊龜山)이 풀이하기를 "이른바 천하를 소유하고도 관여하지 않는 것이다."라고 하였습니다.[200] 만약 천하를 소유하고도 관여하지 않는 마음을 보존한다면 저 음식과 의복과 궁실 따위가 어찌 나의 마음을 동요하게 하겠습니까. 한(漢)나라 문제(文帝)는 패주(霸主)입니다. 노대(露臺)를 지으려는 계획을 철회하면서[201] 말하기를 "내가 선제(先帝)의 궁실(宮室)을 받들

200 공자가……하였습니다 : 《논어》 〈태백(泰伯)〉에 나오는 내용이다. 구산(龜山)은 송(宋)나라 학자 양시(楊時)의 호이다.

면서 항상 두렵고 부끄러웠다."라고 하였으니, 그 말이 매우 의미가 있습니다. 이 말이 만세토록 제왕의 본보기라고 할 수 있을 것입니다.

신이 삼가 보건대 지난번 홍문관의 상소에서 토목 공사를 논하였는데, 성상의 비답에 자경당(慈慶堂)과 봉모각(奉謨閣)을 들어 하교하기까지 하셨으니, 훌륭한 말씀입니다. 이 일의 체모가 중하고 부득이하다는 것을 비록 성상의 하교가 없더라도 신들 또한 어찌 모르겠습니까. 가령 조금이라도 분수를 넘으면 오히려 "허물을 보면 그 인(仁)을 알 수 있다."[202]라고 하는 경우가 됩니다. 그러나 신이 과도하게 염려하는지 모르겠지만 혹시 이것으로 인하여 성상께서 토목 공사에 대해 혹시 소홀히 생각해서 재정을 낭비하고 백성을 고달프게 하는 큰 단서가 될까 염려스럽습니다. 바라건대 지금부터는 모든 토목 공사와 관련된 일을 일절[203] 그만두시고, 그것을 미루어 소소하게 비용이 드는 일과 하사하는 일을 도처에서 줄이지 않는 것이 없게 하여 십분 절약하소서.

201 노대(露臺)를……철회하면서 : 한나라 효문황제(孝文皇帝)가 일찍이 노대를 지으려고 장인(匠人)에게 비용을 계산해 보라고 하니 들어가는 비용이 100금(金)이었다. 효문황제가 말하기를 "100금은 중인(中人) 10가구의 재산이다. 내가 선제의 궁실을 받들면서 항상 두렵고 부끄러웠는데 어찌 누대를 짓겠는가."라고 하면서 누대 짓는 것을 철회하였다. 《漢書 文帝紀》

202 허물을……있다 : 공자가 "사람의 과실은 각기 그 부류대로 하는 것이니, 그 사람의 과실을 보면 인을 알 수 있다."라고 하였는데, 정자(程子)가 풀이하기를 "군자(君子)는 항상 후한 데에 잘못되고, 소인(小人)은 항상 박한 데에 잘못되며, 군자는 사랑에 지나치고, 소인은 잔인함에 지나치는 것이다."라고 하였다. 《論語 里仁》 여기에서는 군자가 좋은 뜻에서 한 일이라도 분수를 넘으면 안 됨을 말하여 정조를 경계시킨 것이다.

203 일절 : 대본에는 '一功'으로 되어 있다. 문맥에 근거하여 '功'을 '切'로 바로잡아 번역하였다.

또 날마다 사용하는 것들에서 드시는 음식과 입는 의복과 사용하는 물건을 단지 알맞게 하는 것을 위주로 하여 '함부로 버리는 것'에 대한 경계[204]를 깊이 보존하여 날로 새로워지는 덕을 밝게 하고 세계(歲計)의 효과[205]를 거두소서.

10. 겸손한 자세를 견지하다 持謙

> 익(益)이 우(禹)에게 고하기를 "가득 차면 손상을 초래하고, 겸손하면 더해 줌을 받습니다."라고 하였습니다.

신이 삼가 살펴보건대 가득 찼는데 겸손하지 않으면 천지와 귀신이 함께 미워한다는 것이 《역(易)》〈겸괘(謙卦) 단(彖)〉에 갖추 실려 있습니다.[206] 그러나 겸손하기 어려운 경우는 재주가 있고 세력이 있을

204 함부로……경계 : 주(周)나라 무왕(武王)이 상(商)나라 주(紂)를 치려고 하면서 고유(告由)하는 내용 중에 "이제 상왕(商王) 수(受)가 무도하여 하늘이 내린 물건을 함부로 버리며, 백성들을 해치고 포학하게 하며, 천하에 도망한 자들의 주인이 되어 마치 물고기가 못에 모이고 짐승들이 숲에 모이듯 합니다."라고 한 내용을 가리킨다. 《書經 武成》

205 세계(歲計)의 효과 : 《장자(莊子)》〈경상초(庚桑楚)〉에 외루(畏壘)의 백성들이 말하기를 "지금 내가 하루를 놓고 계산하면 부족하지만 한 해를 놓고 계산하면 남음이 있다."라고 한 내용을 인용한 말로, 정조에게 길게 한 해를 놓고 국가의 재정을 계산했을 때 남음이 있게 하라고 경계한 것이다.

206 가득 찼는데……있습니다 : 《주역》〈겸괘 단〉에 "하늘의 도(道)는 가득 찬 것을 이지러지게 하고 겸손한 것을 더해 주며, 땅의 도는 가득 찬 것을 변하게 하고 겸손한 데로 흐르며, 귀신은 가득 찬 것을 해치고 겸손한 것에 복을 주고, 사람의 도는 가득

때보다 어려운 경우가 없습니다. 하물며 임금은 성대한 덕으로 지존의 위치에 있으니 말할 것이 있겠습니까. 안자(顔子)가 적은 사람에게 묻고 능하지 못한 사람에게 물으며 없는 것처럼 하고 비어 있는 것처럼 한 것[207]은 말할 것도 없거니와 사상채(謝上蔡)가 정자(程子)와 헤어진 후 1년 동안 각고의 노력을 기울여 공부한 것이 하나의 '긍(矜)' 자를 제거하는 데에서 벗어나지 않았으니,[208] 그 어렵기가 이와 같습니다. 그러나 옛 현자가 말하기를 "요순의 사업은 뜬구름이 허공을 지나는 것과 같다."라고 하였으니, 의리를 본 것이 이와 같다면 비록 성대한 덕과 큰 사업이 있다고 하더라도 자기에게 더하거나 덜어 낼 수 없는데 어찌 겸손하지 못하는 것을 근심하겠습니까. 신이 삼가 지난겨울 우레가 울리는 재이가 있었을 때 내리신 전교를 보니 자신의 허물을 깊이 자책하시고 심지어 "스스로 옳다고 여기는 것이 많았다."라고 말씀하셨

찬 것을 싫어하고 겸손한 것을 좋아한다."라고 한 내용을 가리킨다.

207 안자(顔子)가……것 : 증자(曾子)가 안연(顔淵)에 대해 말하기를 "능하면서 능하지 못한 이에게 물으며, 학식이 많으면서 적은 이에게 물으며, 있어도 없는 것처럼 여기고, 가득해도 빈 것처럼 여기며, 자신에게 잘못을 범하여도 따지지 않는 것을, 옛적에 내 벗이 일찍이 이 일에 종사하였었다."라고 한 말을 가리킨다. 《論語 泰伯》

208 사상채(謝上蔡)가……않았으니 : 상채는 북송(北宋)의 학자 사양좌(謝良佐)이다. 사양좌가 이천(伊川) 정이(程頤) 선생과 작별한 지 1년 만에 찾아가 뵈니 이천이 묻기를 "서로 작별한 지 1년이 되었는데 그사이에 무슨 공부를 하였는가?" 하자, 사양좌가 대답하기를 "다만 하나의 긍 자를 없앴습니다." 하였다. 이천이 묻기를 "왜 그렇게 하였는가?" 하니, 사양좌가 대답하기를 "자세히 살펴보니 병통이 모두 여기에 있었습니다. 이 잘못을 제압해야 비로소 앞으로 향하여 나아갈 수 있으리라고 생각했습니다." 하였다. 이천이 고개를 끄덕이더니 곧 자리에 있는 동지들에게 말하기를 "이 사람은 학문을 하는 것이 간절하게 묻고 가깝게 생각한다고 할 수 있다."라고 하였다. 《近思錄 卷5》

습니다. 이것이 비록 성인(聖人)께서 스스로 겸사로 하신 말씀이기는 하지만 신은 감히 생각건대 전하께서는 이치를 보시는 것이 밝고 일을 처리하실 때에 맞는 것이 많았기 때문에 스스로 옳다고 여기는 마음이 없을 수 없을 것입니다. 대저 어른이 스스로 옳다고 여기면 젊은이가 그 잘못을 바로잡기 어렵고, 지위가 높은 사람이 스스로 옳다고 여기면 지위가 낮은 사람이 그 잘못을 바로잡기 어렵습니다. 하물며 임금이 스스로 옳다고 여기면 누가 감히 그 잘못을 바로잡을 수 있겠습니까. 점차 자사(子思)가 위(衛)나라 군신(君臣)을 논한 지경[209]에 들어갈 것입니다. 바라건대 전하께서는 겸손한 도리에 더욱 뜻을 기울여 왕업(王業)을 지키고 태평성대를 보전하는 기본으로 삼으소서.

11. 공도(公道)를 넓히다 恢公

《서경》에 이르기를 "편벽(偏僻)됨이 없고 기울어짐이 없어 왕(王)의 의(義)를 따르며, 뜻에 사사로이 좋아함을 일으키지 말아 왕의 도(道)를 따르며, 뜻에 사사로이 미워함을 일으키지 말아 왕의 길을 따르라. 편벽됨이 없고 편당함이 없으면 왕의 도가 탕탕(蕩蕩)하며, 편당함이 없고 편벽됨이 없으면 왕의 도가 평평(平平)하며, 상도(常道)에 위배됨이 없고 기울어짐이 없으면 왕의 도가 정직할 것이니,

209 자사(子思)가……지경 : 《시경》 〈소아(小雅) 정월(正月)〉에 "모두들 내가 성인(聖人)이라고 하나니 누가 까마귀의 암수를 알까.〔具曰予聖, 誰知烏之雌雄.〕"라는 구절에 대한 주희(朱熹)의 주에, 자사가 위나라 임금에게 말하기를 "임금님의 나랏일이 날로 잘못될 것입니다."라고 하고 그 이유를 설명한 내용을 가리킨다.

그 극(極)에 모여 그 극에 돌아올 것이다."라고 하였습니다.

신이 삼가 살펴보건대, 임금은 억조의 백성 위에 있으면서 응하는 것은 만 가지 일이고 접하는 것은 만 가지 물건이니, 크고 작고 높고 낮은 것과 시고 짜고 달고 쓴 것 사이에서 헤아리고 재는 것들이 오직 공평〔平〕에 달려 있습니다. 그리고 그 공평함과 불공평함은 또 임금이 좋아하고 미워함과 공정하고 불공정함에 매여 있습니다. 그렇기는 하지만 인정(人情)이 치우치기는 쉽고 공정하기는 어려운 것으로는 좋아하고 미워함만 한 것이 없습니다. 만약 이치를 보는 것이 이미 분명하여 사의(私意)가 이치의 명령을 따르는 자가 아니라면 공정하게 될 수 없습니다. 세상의 임금이 일찍이 이치를 밝히고 마음을 다스리는 공부가 없이 좋아하고 미워하는 감정 일으키기를 오직 자기 뜻대로 하면 극(極)이 서지 않으니 천하가 어디로 모이고 돌아가겠습니까. 필부(匹夫)로 말하자면 좋아하고 미워하는 것이 진실로 그 바름을 얻으면 약한 자가 강한 자를 꺾을 수 있고, 겁이 많은 자가 용맹한 자를 꺾을 수 있습니다. 하물며 지존인 임금이 좋아하고 미워하는 것이 그 바름을 얻는다면 어찌 한 사람이라도 복종하지 않는 자가 있겠습니까. 만약 같거나 다르다는 이유로 좋아하거나 미워하여 그 치우친 행동이 좋아하는 자는 무릎에 올려놓고 미워하는 자는 연못에 빠뜨리는[210] 지경에

210 좋아하는……빠뜨리는 : 전국 시대 노(魯)나라 목공(穆公)이 자사(子思)에게 묻기를 "옛날에 섬겼던 임금의 상(喪)에 복(服)을 입는 것이 옛날의 예(禮)인가?" 하자, 자사가 대답하기를 "옛날의 군자는 등용하기를 예로써 하고 물리치기를 예로써 하였기 때문에 옛날에 섬기던 임금의 상에 복을 입는 예가 있었습니다. 그러나 오늘날의 군자는 등용할 때에는 마치 무릎에 올려놓듯이 하고 물리칠 때에는 마치 연못에 빠뜨려 죽이듯

이른다면 엄한 형벌로 두렵게 하고 성대한 말로 꾸미더라도 천하 사람들의 입은 복종시킬 수 있지만 천하 사람들의 마음은 복종시키지 못합니다. 공자가 애공(哀公)의 질문에 대답하기를 "곧은 사람을 등용하고 모든 곧지 않은 사람을 버리면 백성들이 복종하며, 곧지 않은 사람을 등용하고 모든 곧은 사람을 버리면 백성들이 복종하지 않습니다."라고 하였고,[211] 맹자가 말하기를 "정치를 하는 것이 어렵지 않으니 세신(世臣)의 집에 죄를 짓지 않아야 한다."라고 하였는데 집주(集註)에서 "처치하는 것이 마땅함을 얻어 그들의 마음을 능히 복종시켰기 때문이다."[212]라는 배도(裴度)의 말을 인용하였으니, 성현들이 어찌 거짓말을 하였겠습니까.

신은 바라건대 전하께서는 이치를 밝히고 마음을 다스리는 공부에 더욱 힘쓰소서. 무릇 좋아하고 미워하는 마음이 생길 때에 반드시 그것이 사람들의 마음을 복종시킬 수 있을지 없을지를 돌이켜 생각한 뒤에 행하여 온 세상 사람들이 보고 듣고서 흔쾌하게 마음으로 복종하도록 힘쓰소서. 그리고 또 삼가 생각건대 우리 성상께서는 공(公)으로 사

이 합니다. 원수로 여기지 않는 것만도 다행이 아니겠습니까. 또 어찌 복을 입는 예가 있겠습니까."라고 한 내용을 축약한 것이다. 《禮記 檀弓下》

211 공자가……하였고 : 춘추 시대 노(魯)나라 애공(哀公)이 공자에게 "어떻게 하면 백성이 복종하는가?"라고 묻자 공자가 대답한 말이다. 《論語 爲政》

212 처치하는……때문이다 : 당나라 헌종 때의 재상인 배도(裴度)가 헌종에게 말하기를 "한홍(韓洪)이 병을 무릅쓰고 수레에 올라 역신(逆臣)을 토벌하고, 왕승종(王承宗)이 손을 거두고 땅을 떼어 바친 것은, 조정의 힘이 그들의 생사를 쥐고 있어서가 아니라, 조정의 처치가 마땅함을 얻어서 그들의 마음을 복종시켰기 때문입니다."라고 한 말을 가리킨다. 《孟子集註 離婁上》

(私)를 단절하는 정치를 하시어 큰일에 대해서 일도양단(一刀兩斷)하지 않은 것이 없으니, 거의 유감이 없을 것입니다. 그러나 전하께서 만약 정밀히 살피고 세밀히 점검하신다면 본래 기질이 치우쳐서 고치지 못한 것과 이전의 비루한 버릇을 벗어나지 못한 것과 당장의 소소한 인정과 안면에 제약된 것이 모두 사(私)일 것입니다. 만약 만나는 것마다 엄격하게 반성하여 사의(私意)[213]의 뿌리를 통렬히 잘라 내지 않으면 내 마음이 사(私)에 농락당하여 결국에는 좋아하고 미워하는 것이 마음에서 일어나 정치에 해를 끼치는 것이 어디인들 이르지 않겠습니까. 보통 사람의 마음은 큰 사의에 대해서는 간혹 통렬히 끊어 내지만 도리어 소소한 사의에 얽매이니, 바로 큰 악념(惡念)은 쉽게 제거하지만 왔다 갔다 하는 뜬생각은 제거하기 어려운 것과 같습니다. 옛날 속담에 이르기를 "사람이 천금(千金)이나 되는 옥(玉)도 깨뜨릴 수 있지만 깨진 솥[214]을 보고 비명을 지르지 않을 수 없다."라고 하였으니, 이것은 다른 이유가 없습니다. 자기가 애써 노력한 것과 소홀히 지나친 것이 다르기 때문입니다. 이 말이 비록 작은 것이지만 큰 것을 깨우칠 수 있으니, 전하께서는 이것까지 아울러 유념하소서.

213 사의(私意) : 대본에는 '和'로 되어 있다. 문맥에 근거하여 '私'로 바로잡아 번역하였다.

214 솥 : 대본에는 '缶'로 되어 있다. 《동파전집(東坡全集)》 권33 〈힐서부(黠鼠賦)〉에 근거하여 '釜'로 바로잡아 번역하였다.

12. 살리기를 좋아하다 好生

《역(易)》에 이르기를 "천지의 큰 덕을 생(生)이라 한다."라고 하였습니다.

신이 삼가 살피건대, 살려 주는 것이 덕이라는 것은 찬미할 필요가 없습니다. 천지가 사물에 대해 살려 주기만 하는 것이 아니라 죽이기도 하지만, 살리는 것이 그 본심입니다. 그러므로 고요(皐陶)가 순(舜) 임금을 찬미하면서 "죄가 없는 사람을 죽이기보다는 차라리 형벌을 잘못 적용한 책임을 지겠다고 하셨다."라고 한 것이 바로 이것입니다. 그러나 임금이 된 자는 반드시 위엄이 있은 뒤에야 백성에게 임할 수 있습니다. 그러므로 《역》에서 성인(聖人)에 대해 일컫기를 "총명하고 슬기롭고 지혜롭다."라고 하는 데에 그치지 않고 또 반드시 "신무(神武)하다."라고 하였고, 또 이어서 말하기를 "죽이지 않는 자일 것이다."라고 한 것입니다.[215] 역대 이래로 살리기를 좋아하고 죽이기를 좋아한 자들의 잘잘못은 하나하나 들 수 없지만 그중에서도 송(宋)나라가 인후(仁厚)한 덕으로 나라를 세운 것이 전대(前代)에 비해 탁월합니다. 우리나라 열성조의 성대한 덕은 그보다 컸으니, 이것이 능히 하늘의

215 역에서……것입니다 : 《주역》 〈계사전 상(繫辭傳上)〉에 "……성인(聖人)이 이로써 마음을 깨끗이 씻어 은밀함에 물러가 감추며, 길흉 간에 백성과 더불어 근심을 함께하여 신(神)으로써 미래를 알고 지혜로써 지나간 일을 보관하니, 그 누가 이에 참여하겠는가. 옛날에 총명(聰明)하고 예지(叡智)하며 신무하고 죽이지 않는 자일 것이다."라고 한 내용을 가리킨다. 대본의 '而所貴者'는 《주역》 본문에 근거하여 연문으로 처리하였다.

마음에 부합하여 억만년토록 한없는 국운을 길이 잇게 된 까닭입니다. 신이 삼가 보건대 전하께서는 타고난 자품이 자애롭고 진실하여 비록 처음에는 진노하는 경우가 있을지라도 끝에 가서는 반드시 관대하게 용서하셨습니다. 심지어는 국청(鞫廳)을 열어 역적을 다스릴 때에도 오히려 거듭 신문하여 판결이 공정하게 되도록 힘쓰고 한 사람이라도 부당하게 죄를 받게 될까 염려하셨으니, 이것이 온 나라 신민들이 모두 기뻐하고 감격하는 점입니다. 그러므로 살리기를 좋아하는 덕에 더 노력할 것이 없는 것 같지만 일이 생기는 것은 한이 없고 감정을 저촉하는 것은 여러 가지입니다. 바라건대 전하께서는 인심(仁心)이 이미 충분하다고 여겨 소홀히 하지 마시고 하나의 생(生) 자를 가지고 안신(安身)하고 입명(立命)하는 바탕으로 삼으소서. 그렇게 하신다면 하늘이 도와주는 경사를 가만히 팔짱을 끼고서 기다릴 수 있을 것입니다.

13. 비루함을 씻어 내다[216] 濯陋

> 정자(程子)가 자기 임금에게 고하기를 "근세의 규식(規式)에 얽매이지 않아야 합니다."라고 하였습니다.

신이 삼가 살펴보건대, 정자의 이 한마디 말은 진실로 후세 임금의 병통을 치료하는 양약이지만 신은 속유(俗儒)이니 어찌 감히 듣기 좋도록 과장해서 말하여 우리 전하를 속일 수 있겠습니까. 정자가 일찍이

216 씻어 내다 : 대본에는 '濯'로 되어 있다. 문맥에 근거하여 '濯'으로 바로잡아 번역하였다.

조정에 열 가지 일을 논하여 올리면서[217] "만약 옛날의 법을 지킬 줄만 알고 오늘날 시행하지 못한다면 고루한 학자의 견해이니 어찌 다스리는 도를 논할 수 있겠습니까. 그러나 혹시라도 오늘날 사람의 실정은 모두 이미 옛날과 달라서 선왕(先王)의 자취를 오늘날 회복할 수 없다고 하여 눈앞의 편리한 것만 따르고 높고 원대한 데에 힘쓰지 않으면 이 또한 큰일을 할 수 있는 의론이 아니어서 오늘날의 극에 달한 폐단을 구제할 수 없을 듯합니다."라고 하였으니, 이 말이 가장 잘 헤아리고 변화의 이치를 분명하게 깨달아서 행할 수 있는 것입니다. 신의 어리석은 생각으로 삼가 일찍이 생각건대, 옛날의 법은 참으로 갑자기 회복할 수 없지만 옛사람의 뜻 또한 잊어서는 안 되니, 이른바 그 자취는 본받지 않아도 그 마음은 본받는다는 것입니다. 무엇을 옛사람의 뜻이라고 합니까? 모든 일에 한결같이 의리(義理)를 보고 이해(利害)를 계산하지 않으며, 대체(大體)를 힘써 숭상하고 작은 절목을 따르지 않는 것이 그것입니다. 게다가 지금 갑자기 행하기 어려운 옛날의 법에 대해서는 또한 개혁하고 새로 만드는 것이 중요한데 옛날과 지금은 사의(事宜)가 다르다고 하고, 그중에 높고 원대한 경지에 이르지 않고 장애되는 점이 없는 것에 대해서는 오히려 시의(時義)에 어긋나는 점이 있다고 해서 그것에서 벗어나기를 꺼려, 모두 헤아리고 논의할 수 없다면 이 또한 너무 지나칩니다. 그리고 모든 마음을 세우고 의론을 내는 규모와

217 정자가……올리면서 : 정호(程顥)가 송(宋)나라 신종(神宗)에게 올린 〈논십사차자(論十事箚子)〉를 가리킨다. 열 가지 일이란 사부(師傅), 육관(六官), 경계(經界), 향당(鄕黨), 공사(貢士), 병역(兵役), 민식(民食), 사민(四民), 천택(川澤), 분수(分數)이다. 《二程文集 卷2 奏疏表》

태도가 후세의 풍습을 벗어나지 못하면 그 행하는 것이 점점 낮은 곳으로 나아가니 비록 겨우 임시변통으로 때운다고 하더라도 끝내는 함께 요순의 도에 들어갈 수 없습니다.

어리석은 신이 삼가 살피건대 성상께서는 자품을 하늘로부터 타고 나셨으나 고명(高明)하고 발월(發越)한 가운데에도 조금은 시속을 인습하려는 뜻이 있습니다. 오호라, 습속이나 풍속을 능히 바꾸고 습속이나 풍속에 의해 바뀌지 않는 것은 영웅호걸인 임금이 아니면 불가능하니, 전하께 바라지 않고 누구에게 바라겠습니까. 이것은 전하께서 어떻게 하는 것이 후세의 풍습이고 어떻게 하는 것이 후세의 풍습이 아닌지를 묵묵히 스스로 점검하여 이른바 '옛날의 뜻'이라는 것을 항상 보존하여 시속의 비루한 티를 크게 씻어 내는 데에 달려 있습니다. 뜻 세우기를 이와 같이 한 뒤에 옛날의 도(道) 중에서 행할 수 있는 것과 행할 수 없는 것을 찾아서 거취를 정하신다면 주자가 말한 '꼭 알맞은 곳'이 끊임없이 나타날 것이니 어찌 아름답지 않겠습니까.

14. 작은 행실을 단속하다 矜細

《서경》에 이르기를 "작은 행실을 단속하지 않으면 마침내 큰 덕에 누를 끼쳐 아홉 길의 산을 만드는 데 공이 한 삼태기 때문에 무너질 것입니다."라고 하였습니다.

신이 삼가 살펴보건대, 산을 만드는 데 단지 한 삼태기만 부족하면 산의 대체(大體)는 이루어졌으나 단지 한 삼태기가 부족해서 완전한 산을 이루지 못한 것입니다. 더구나 군자의 행실에 작은 잘못이 있으면 어떻게 그 덕을 이룰 수 있겠습니까. 고금의 현인과 군자로서 덕업과 문망이 있는 사람들을 두루 살펴보건대 이따금 작은 행실에 대해 해로울 것이 없다고 하여 소홀히 하고, 또 혹은 뜻과 도량이 얕고 좁아서 겨우 대체를 세우고서 그것으로 스스로 기뻐하고는 "작은 곳은 방과하더라도 큰 곳에 무슨 해가 되겠는가."라고 여겨서 마음을 써서 점검하지 않습니다. 이는 일이란 작아도 관계된 바가 큰 것이 있고, 또 작은 것을 쌓아서 큰 것을 이루는 경우가 있으며, 작은 것도 때로는 큰 것을 덮는 경우가 있다는 것을 전혀 모르는 것이니 어찌 애석하지 않겠습니까. 신은 삼가 생각건대 전하께서는 의리의 큰 곳에 대해서는 대부분 이미 우뚝하게 수립되어 있기 때문에 작은 곳에 하나라도 방과하는 점이 있으면 그 말류의 폐해가 장차 이루 다 말할 수 없는 것이 있게 될까 염려되었기 때문에 감히 이런 말을 진달하였으니, 오직 전하께서 만나는 일마다 스스로 반성하는 데에 달려 있습니다.

15. 살피는 것을 경계하다 戒察

《가어(家語)》에 이르기를 "물이 지나치게 맑으면 물고기가 없고, 사람이 지나치게 살피면 어울리는 무리가 없다."라고 하였습니다.

신이 삼가 살펴보건대, 임금은 만민 위에 임하고 온갖 일을 총괄하여 다스리는데 거처하는 곳은 깊은 궁궐 안입니다. 아래를 둘러보면 속임을 당하고 가려지기 쉬우니, 이는 그 형세가 절로 살피지 않아서는 안 됩니다. 그러나 살피는 것이 혹 지나쳐서 아랫사람이 손발을 둘 곳이 없는 지경에 이르면 그 해가 살피지 않는 것보다 심하게 됩니다.

살피지 않으면 간사한 자들이 빠져나가고 환란을 빚어내서 과도하게 인(仁)을 베풀게 됨을 면치 못하고, 살피는 것이 지나치면 사람을 상하고 사물을 해쳐서 불인(不仁)에 빠지기 쉬우니 무엇을 선택할지를 몰라서야 되겠습니까. 신이 살펴보건대 《역》 〈명이괘(明夷卦) 상(象)〉에 "군자가 보고서 무리를 대할 때에 어둠을 써서 밝게 한다."라고 하였고, 정자(程子)의 전(傳)에 "밝음을 씀이 지나치면 과하게 살피는 문제가 생기고, 지나치게 살피면 모든 일을 빠뜨림이 없어서 관대하게 포용하는 도량이 없다. 그러므로 군자가 밝음과 살핌을 지극히 하지 않고[218] 어둠을 쓰는 것이니, 이렇게 한 뒤에야 남을 용납하고 무리를 화합시켜, 무리가[219] 친애하고 편안하니, 이는 어둠을 쓰는 것이 바로 밝음이 되는 것이다."라고 하였습니다. 전하께서는 성명(聖明)하신 데다 또 무너진 기강을 진작하여 가다듬으려는 뜻을 가지고 계시니 살피는 것은 참으로 오늘날 의당 경계해야 할 바입니다. 그러나 한두 가지 지난 일을 가지고 말하자면, 처음의 처분이 간혹 밝음이 과하여 지나치게 살피는 데에 가까운 것이 없지 않았으나 잠깐 사이에 조이고 푸는 것이 합당하게 되고 끝내는 전혀 흔적이 없는 경지에 이르렀으니, 이것이 대성인(大聖人)이 하신 일입니다. 다만 바라는 것은 전하께서 그 끝마침을 잘 유지하고 그 처음을 더욱 신중히 하시는 것입니다. 그러나 임금이 아랫사람의 은미한 부분을 살피려고 한다면 그 이목이 되는

218 않고 : 대본에는 '必'로 되어 있다. 《주역》 〈명이괘 상〉에 근거하여 '不'로 바로잡아 번역하였다.

219 무리가 : 대본에는 '象衆'으로 되어 있다. 《주역》 〈명이괘 상〉에 근거하여 '象'을 빼고 번역하였다.

자가 있지 않으면 불가능합니다. 이목 노릇을 하는 것은 경(卿)이나 사대부가 할 수 있는 일이 아니니 반드시 임금 가까이 있는 천한 부류라야 할 수 있습니다. 그런데 풍속이 저하된 뒤로 비록 경이나 사대부 중에서도 간혹 믿을 수 없는 자가 있습니다. 더구나 경이나 사대부를 믿을 수 없다고 하여 가까이 있는 천한 부류를 믿으려고 한다면 위태롭지 않겠습니까. 신이 삼가 보건대 전하께서는 궁궐에 있는 근시(近侍)들을 가장 엄하게 단속하시니 이는 실로 전에 없던 훌륭한 일이므로 가까이 있는 천한 무리 중에 감히 그것을 범하는 자가 없겠지만 노파심에서 사전에 경계의 말씀을 올리는 것입니다.

신은 일찍이 정치를 하는 도는 다른 사람의 흠을 감싸 주고 병통을 감추어 주는 일과 간사한 것을 드러내고 숨겨진 것을 적발하는 일을 아울러 행하면서 서로 어그러지지 않게 하는 것이라고 생각하였고, 감히 이것을 어전에서 아뢴 것 또한 여러 차례였습니다. 오호라, 법령이 관대하고 풍속이 돈독하고 인후한 것이 곧 서한(西漢)이 삼대(三代)에 버금갔던 까닭입니다. 이렇게 한 뒤에야 의미가 심오하고 기상이 원대해져서 국가가 그 복을 누리게 될 것이니, 어찌 아름답지 않겠습니까.

16. 급한 성격을 바로잡다 矯急

《소학(小學)》에 참정(參政) 장관(張觀)[220]이 한 후생(後生)에게 말

220 장관(張觀) : 송(宋)나라 태종 때 인물로, 자는 중빈(仲賓)이다. 감찰어사(監察御史), 탁지판관(度支判官) 등을 역임하고 지방관으로 나가서도 선정(善政)을 베풀었으며, 태종에게 직언을 많이 하였다. 《宋史 張觀列傳》

하기를 "그대는 말해 보라. 세상의 어떤 일이 바쁘게 서두름으로 인하여 잘못되지 않은 일이 있던가." 하였습니다.

신이 삼가 살펴보건대 모든 일의 완급 사이에 절로 중도(中道)가 있는데 옛사람이 반드시 서두름으로 인하여 잘못된 것을 경계[221]로 삼은 것은, 대체로 사람의 기질적인 병통이 대부분 급함에 있고, 급함의 해가 또 큰일을 그르칠 수 있기 때문입니다. 신이 매번 상상의 하교를 들을 때마다 스스로 성격이 너무 급한 것을 병통으로 여기셨고 심지어 여동래(呂東萊)가 말했던 "자신을 책(責)하는 것은 후하게 한다."라는 한 구절[222]을 인용하여 하교하기까지 하셨습니다. 신은 실로 전하께서 스스로 반성하신 것이 분명하고 절실한 것을 흠앙하였고, 이어 삼가 정령(政令)과 거조(擧措)에서 확인해 보니 이따금 전하께서 스스로 말씀하신 것과 같은 것이 있었으나 다행히도 오래지 않아 고치셨습니다. 그러나 만약 이것을 믿고서 조기에 엄히 다스리지 않으면 자주 잘못하고 자주 회복하더라도 위태로울 텐데, 하물며 고치지 않고 시간을 끄는 사이에 습관이 점점 자라게 되면 잃고서 회복하지 못하는 데에

221 경계 : 대본에는 '計'로 되어 있다. 문맥에 근거하여 '戒'로 바로잡아 번역하였다.

222 여동래(呂東萊)가……구절 : 동래(東萊) 여조겸(呂祖謙)이 주희에게 말하기를 "젊었을 때에 기질이 거칠고 포악해서 음식이 뜻에 맞지 않으면 집안 살림살이를 때려 부수곤 하였는데, 후일에 오랫동안 병을 앓으면서 다만 《논어》 한 책을 가지고 아침저녁으로 익숙하게 보다가 '자신을 책하는 것은 후하게 하고 남을 책하는 것은 박하게 한다.'라는 대목에 이르러서 홀연히 마음이 일시에 평온해짐을 느끼고는 마침내 종신토록 갑작스럽게 분노하는 일이 없어졌다."라고 하였는데, 주희가 이에 대해 "이것은 기질을 변화시키는 법으로 삼을 만하다."라고 한 내용을 가리킨다. 《心經附註 卷1》

이르지 않으리라고 어찌 보장하겠습니까. 오호라, 안으로 깊이 쌓아서 밖으로 드러내지 않고 여유를 가지고서 촉박하게 재촉하지 않는 것은 덕성을 기르는 방법일 뿐만 아니라 수명을 연장하는 데에도 조금은 도움이 되니 전하께서는 깊이 유념하소서.

17. 성실에 힘쓰다 懋實

> 자사(子思)가 이르기를 "성(誠)이란 사물의 시작과 끝이니, 성실하지 않으면 사물이 없다."라고 하였습니다.

신이 삼가 살펴보건대, 성(誠)의 뜻은 성현의 말씀에 모두 드러나 있지만 '사물이 없다.〔無物〕'라는 두 글자가 사람을 가장 망연자실하게 하는 대목입니다. 가령 어떤 사람이 지혜와 힘을 모두 써서 백 가지 행실과 만 가지 선을 행했을지라도 돌이켜 보았을 때 만약 하나의 성(誠)이 없으면 모두 아무것도 없는 것이 되니 슬프지 않겠습니까. 그러나 이것은 말하기는 매우 쉬워도 행하기는 실로 어려우니, 대체로 군자가 선을 행할 때에 처음에 어찌 겉에 꾸미고 남의 비위를 맞추려는 마음이 있었겠습니까. 그러나 잠깐이라도 이렇게 남이 자기를 좋게 말해 주기를 원하는 뜻이 있으면 모두 성실하지 않은 것입니다. 더구나 세도(世道)가 이미 낮아져서 문식은 많아지고 바탕은 얇아지고 말은 과장되고 행동은 궁색한 것이 온 세상 사람들이 모두 그러하니, 이 또한 풍기(風氣)가 그렇게 만든 것입니다. '성실에 힘쓴다.〔懋實〕'라는 두 글자는 참으로 오늘날 치우친 것을 구제하고 해진 것을 보완하는 제일가는 진리입니다. 그러므로 신이 성덕(聖德)이 높고 성학(聖學)이 밝은 전하이시지만 감히 이런 말씀을 올리지 않을 수 없는 것입니다. 오직 전하께서 엄밀하게 체찰(體察)하여 한때의 짧은 시간이나 한 가지 작은 일이라도 소홀히 하지 않으시면 매우 다행이겠습니다. 신이 삼가 지난겨울에 우레의 재이가 있었을 때 내리신 전교를 보니 "성실에 힘쓰는 것이 부족했다."라고 자인(自引)하셨으니, 이것은 전하께서 자신에 대해 말씀하신 것입니다. 우리 전하께서 어찌 이런 점이 있으시겠습니까마는 전하께서 반성하신 것이 여기에 미쳤으니, 이때가 곧 성실한 마음입니다. 이 마음으로 인하여 확충해서 지극하지 않음이 없게 하고 굳게 잡아서 혹시라도 잃는 일이 없게 하시면 성실한 가운데 더욱 성실하다고 이를 수 있을 것입니다. 만일 이 마음이 홀연히 간단이 있게 되면 곧 "성실에 힘쓰는 것이 부족했다."라고 하신 하교가 이미 성실하지 않은 결과가 됩니다. 오호라, 궁정 안에서 한가하게 지내시는 곳과 마음속의 은미한 부분은 엿볼 수 없을 것 같지만 그 증거가 밖에 드러나는 것은 항상 많은 사람이 지켜보고 많은 사람이 지적하는 것과 같아서 숨길 수 없습니다. 이것은 신의 말이 아니라 주자의 말이니, 전하께서는 유념하소서.

18. 마침을 삼가다 愼終

《시경》에 이르기를 "처음에는 선하지 않은 이가 없으나 선으로 마치는 이가 적다." 하였습니다.

신이 삼가 살펴보건대, 마침을 삼가는 데 대한 말은 신이 춘방(春坊)에 있을 때부터 지금까지 반복해서 권면했던 것입니다. 신은 삼가 생각건대 전하께서 즉위하여 처음 정사를 베푸실 때에 밝게 비춰 보고 감동시킨 것이 참으로 많았으나 아래에 있는 자들 가운데 오히려 간혹 깊이 믿지 못한 자들이 있었으니 그 까닭은 무엇이겠습니까. 전대의 역사를 두루 살펴보건대 참으로 크게 무도한 임금이 아니면 처음 정치할 때에는 정신을 가다듬고 뜻을 가다듬어 한때의 보고 듣는 것을 새롭게 하지 않는 자가 적지만 세월이 조금 오래되면 위에 있는 자는 뜻이 쇠하고 기운이 약해지고, 아래에 있는 자는 뜻이 사물에 의해 변해서 점점 온갖 병통이 잇따라 생겨나는 데에 이르고 끝에 가서는 혼란하게 되는 경우가 대부분이었습니다. 신이 전하에 대해 좁은 소견으로 살펴본 지가 여러 해 되었으니 지금 어찌 감히 남들을 따라서 지나친 염려를 하겠습니까마는 그래도 한 가지 기우(杞憂)가 없지 않습니다. 삼가 살펴보건대 전하께서는 이치를 보는 것이 민첩하고 선을 하는 데에 용맹하시지만 이런 덕이 있으면 반드시 이런 병통이 있게 마련이니, 의당 더욱 힘쓰셔야 할 것은 뜻을 굳건히 하여 변하지 않는 것입니다. 신이 예전에 성상의 하교를 들었는데 그때에도 전하께서 '강함으로 다스리는 것〔剛克〕'을 잘하기 어렵다고 하셨습니다. 강(剛)이란 엄격하고 사나움을 말하는 것이 아닙니다. 반드시 보는 것이 옳고 지키는 것이 정당한 뒤에야 오래 지날수록 더욱 견고해져서 온갖 변고가 털끝만큼도 그 뜻을 흔들지 못하고 종신토록 처음 뜻에서 조금도 달라짐이 없으니, 이것이 비로소 강극(剛克)이 됩니다. 전하께서도 일찍이 이것으로 노력하여 남들은 모르지만 자신만이 아는 효험이 있으신지 모르겠습니다. 근래에 정령(政令)을 내실 때에 이따금 처음에는 예리하였으나 끝에 가서 느슨해지는 경우가 있는 것은 그 문제점이 예리하면 그 형세가 참으로 느슨해지지 않을 수 없는 데에 있으므로 결국은 예리할 때에 미리 느슨해질 것을 염려하는 것보다 나은 것이 없습니다. 그 일이 비록 작지만 그 결과는 크니 이 점을 경계하지 않아서는 안 됩니다. 그리고 역적을 다스리는 한 가지 일로 말하면 위협 때문에 따른 자를 다스리지 않는 것과 제방을 엄하게 하는 도리를 병행해서 서로 어긋나지 않게 해야 한다는 것은 신이 이미 연석(筵席)에서 누차 진달하였습니다. 그러나 군자는 항상 관대한 데에서 잘못을 하고 소인은 자기의 뜻을 펴려는 생각을 잊지 않으니, 약한 돼지[223]와 단단한 얼음[224]이 특히 오늘날의 깊은 근심입니다. 이 또한 전하께서 그 마침을 삼가는 데에 달려 있을 뿐입니다. 오호라, 백 가지 행실과 만 가지 선이 오직 하나의 성(誠)에 달려 있으나 그 귀착점은 선(善)으로 마치는 데에 있습니다. 그러므로 신이 감히 성실에 힘쓰고 마침을 삼가는 것으로 이 글을 마치니, 전하께서는 깊이 유의하소서.

223 약한 돼지 : 돼지는 음(陰)에 해당하는 동물로 성격이 조급하여 소인(小人)에 비유된다. 《주역》 〈구괘(姤卦) 초육(初六)〉에 "약한 돼지가 날뛰고 싶은 마음이 진실하다.〔羸豕孚蹢躅〕"라고 하였는데, 아무리 약한 돼지라도 본성이 조급하게 날뛰는 것이라 현재는 힘이 없어 날뛰지 못하더라도 날뛰고 싶은 마음은 늘 가지고 있듯이, 소인이 현재 힘이 없더라도 항상 군자를 해치려는 마음을 가지고 있음을 비유한 것이다.

224 단단한 얼음 : 얼음은 음에 해당하는 사물로서 단단한 얼음은 강성한 소인에 비유된다. 《주역》 〈곤괘(坤卦) 초육〉에 "서리를 밟으면 단단한 얼음이 이른다.〔履霜, 堅氷至.〕"라고 하였는데, 음이 처음 응결하여 서리가 되니, 서리를 밟으면 음이 점점 성하여 단단한 얼음에 이르게 된다. 이는 소인이 처음에는 비록 매우 미약하지만 자라나면 강성해져서 결국은 군자를 해치게 됨을 경계한 것이다.

규장각고사 1

奎章閣故事

《역대명신주의(歷代名臣奏議)》를 신이 지금 명을 받들어 편차(編次)하였습니다. 책 안에 잠규(箴規)로 삼을 만한 격언들을 아래에 조목별로 나열하여 규장각 안의 고사(故事)로 갖추어 두고 성상께서 살펴보시기를 기대합니다.

> 위징(魏徵)[225]이 일찍이 휴가를 내서 성묘(省墓)하고 돌아와 태종(太宗)에게 말하기를 "사람들이 폐하께서 남산에 가실 채비를 마쳤다가 끝내 가지 않으셨다고 하던데, 무슨 이유입니까?" 하니, 태종이 웃으면서 "처음에는 사실 그 마음이 있었는데 경(卿)이 화낼까 두려워 중간에 그만두었다."라고 하였습니다.

신이 삼가 살펴보건대, 당 태종(唐太宗)은 인(仁)을 가장한 군주에 불과하지만 명예를 좋아하는 마음이 욕심을 따르려는 마음보다 강하고, 또 귀에 거슬리는 말이 사실은 실행할 때에는 이롭다는 것을 알기 때문에 간언을 받아들이는 한 가지 일에 기력(氣力)을 크게 쓰고 신하들이 직언하는 기풍을 힘써 이루어 한 가지 잘못된 행동에 대해서도 신하가 화낼까 두려워 중간에 그만두는 데까지 이르렀습니다. 이것은 위징의 공으로, 이미 지난 일에서 허물을 그치게 했을 뿐만 아니니

225 위징(魏徵) : 당(唐)나라의 개국 공신으로 자는 현성(玄成)이다. 325쪽 주30 참조.

이것이 바로 정관(貞觀)의 정치[226]가 후세에서 으뜸이 된 이유입니다.

전하께서 지나친 말과 지나친 행동을 하려고 할 때에 어떤 신하가 화낼까 두려워 중간에 그만두신 적이 있는지, 전하의 조정에도 그런 사람이 있는지 신은 감히 모르겠습니다. 그런 사람이 있다면 신이 묵은 근심을 잊을 수 있겠지만 지금 언로(言路)가 막힌 지 오래되었습니다. 가령 전하께서 큰 잘못이 있을 때에 그것에 대해 반대하는 말을 한마디라도 할 사람을 얻기도 쉽지 않은데 하물며 전하로 하여금 그가 화낼까 두려워서 감히 하지 못하게 할 사람이겠습니까. 삼가 살펴보건대 전하께서는 타고난 자품이 영명(英明)하지 않은 것이 아니지만 치우친 기질이 모두 바로잡히지 않았고, 성학(聖學)이 고명(高明)하지 않은 것이 아니지만 사사로운 인욕(人慾)이 모두 제거되지 않았으며, 또 영명하고 고명하기 때문에 자신을 믿는 뜻과 독단하려는 생각이 알지 못하고 느끼지 못하는 가운데 드러나는 경우가 많습니다. 무릇 치우친 기질과 사사로운 인욕이 발로될 때에 자신을 믿고 독단하는 것으로 해결하려고 한다면 그 해가 어디까지 미치겠습니까. 큰 과실이든 작은 과실이든, 이미 그러했건 아직 그러지 않았건 간에 두려워서 꺼리고 만류하여 저지할 수 있는 사람이 없다면 어찌 위태롭지 않겠습니까. 신하들로 하여금 간언하게 하는 방법은 반드시 자기의 마음을 비우고 자기의 뜻을 억제하고 절제하여 항상 자기는 유여(有餘)하고 남은 부족하다고

226 정관(貞觀)의 정치 : 정관은 당 태종의 연호이다. 당 태종은 원래 왕도보다는 패도를 추구하는 제왕이었는데, 즉위한 이래로 멸망한 수(隋)나라를 거울삼아 문치(文治)를 숭상하면서 위징 등 유능한 인재들을 대거 발탁하여 허심탄회하게 간언을 따랐다. 그 결과 인구가 증가하고 경제가 번영하는 등 태평 시대를 구가하였으므로 그 시대를 역사상 '정관지치(貞觀之治)'로 일컫는다.

여기지 않은 뒤에야 아랫사람의 뜻이 위로 통하고 여러 계책이 모두 거행될 수 있습니다.

전하께서 등극하신 이래로 간언하는 자를 꺾은 적이 없는데도 날이 갈수록 더욱 신하들이 두려워하고 위축되니, 이는 필시 전하께서 오만하게 스스로 성인이라고 여기고 신하들을 경시하는 뜻이 직언하려는 기상을 암중에 사라지게 한 데에서 말미암은 것입니다. 더구나 지금 언로가 험난한 것이 불행히도 여러 가지이니 전하의 조정에서 단지 칭송하는 말만 있고 규계(規戒)하는 말을 듣지 못하는 것이 당연합니다. 전하께서는 이것을 돌이키는 방법을 힘써 구해서 항상 진실한 마음으로 도움을 구하고[227] 자기의 허물을 기꺼이 들으려는 뜻이 암암리에 신하들에게 믿음을 주는 것이 말이나 표정 이면에 있게 하셔야 합니다. 그리고 간언을 받아들일 때에 그 말의 허실(虛實)과 그 마음의 공사(公私)를 따지지 않고 하나하나 받아들여 혹시라도 미치지 못할까 염려하듯이 하며, 그 말을 받아들일 뿐만 아니라 또 반드시 행실에 보여서 말하고 침묵하고 순종하고 거역하는 데 따라 상벌을 내리십시오. 그렇게 하면 보통 사람의 성정은 윗사람이 감화시키는 데에 달려 있으니 지금 칭송하는 자가 모두 변하여 규계하지 않으리라는 것을 어찌 알겠습니까. 감발(感發)하는 마음이 흥기한 지 오래되면 마침내 그 신하가 화내는 것을 전하께서 참으로 두려워할 만한 자가 나오게 될 것이니, 바라건대 유념하소서.

송(宋)나라 신종(神宗) 원풍(元豐) 7년(1084)에 자정전 학사(資政

227 구하고 : 대본에는 '朮'로 되어 있다. 문맥에 근거하여 '求'로 바로잡아 번역하였다.

殿學士) 여공저(呂公著)[228]가 상주(上奏)하기를 "털끝만 한 거짓이 마음에서 한번 싹트면, 사람이 병이 있을 때에 먼저 맥(脈)에 나타나는 것과 같고 사람이 술을 마시면 먼저 얼굴빛에 나타나는 것과 같아서, 성색(聲色)이 기미(幾微)의 사이에 움직이고 시기(猜忌)가 천리 밖에서 행해집니다."라고 하였습니다.[229]

신이 삼가 살펴보건대, 거짓은 참으로 악덕이지만 거짓에도 여러 가지가 있습니다. 예를 들어 소인이 한가히 지낼 때에 불선(不善)한 짓을 하다가 군자를 보고서 그 불선을 숨기는 것은 참으로 환히 드러나는 보기 쉬운 거짓입니다. 그러나 미세한 것으로 말하면 주자가 말한 "억지로 선을 하지만 자기의 마음속에 '이렇게 하더라도 해될 것이 없다.'라는 생각이 조금이라도 남아 있는 것" 또한 거짓입니다. 거짓이란 진실의 반대입니다. 이것을 미루어 말하면 단지 진실이 십분 충족되지 않은 것은 모두 거짓입니다. 반드시 안팎이 간격이 없고 처음부터 끝까지 한결같은 뒤에야 비로소 거짓〔僞〕이라는 한 글자에서 면할 수 있으니 두렵지 않겠습니까.

228 여공저(呂公著) : 1018~1089. 송(宋)나라의 명재상으로 자는 회숙(晦叔)이다. 구양수(歐陽脩)와 함께 강학하였으며, 여러 차례 어사중승(御史中丞)을 지냈다. 왕안석(王安石)이 제정한 청묘법(靑苗法)을 반대하였으며, 철종(哲宗) 때 상서우복야(尙書右僕射)에 제수되자 사마광(司馬光)과 함께 신법(新法) 폐지를 주장하다가 당쟁에 말려들어 추방되었다. 신국공(申國公)에 봉해졌으며, 시호는 정헌(正獻)이다. 《宋史 呂公著列傳》

229 송(宋)나라……하였습니다 : 《역대명신주의》 권2 〈군덕(君德)〉에 나오는 내용이다.

전하께서는 이치를 보는 데에 민첩하지만 절실하게 체험하는 공부가 항상 부족하시니 내면이 혹시 겉과 같지 않을 수 있습니다. 일을 도모하는 데에는 예리하지만 오래도록 지키는 힘이 매번 부족하시니 끝에 가서는 점점 처음만 못하게 됩니다. 전하께서 한가하실 때에 조용히 스스로 점검하시면 안팎과 시종(始終)에 필시 다소의 유감이 있어서 스스로 느끼고 숨길 수 없는 점이 있을 것입니다. 과연 이러한 점이 있으면, 말을 해도 사람들이 믿지 않고 명령을 내려도 사람들이 따르지 않으며, 은혜로 감싸 주어도 사람들이 감격하지 않고 벌을 주어 두렵게 해도 사람들이 복종하지 않을 것입니다. 덕이 닦이지 않는 이유와 정치가 이루어지지 않는 이유가 모두 이것이 병의 뿌리가 된 데에서 말미암습니다. 이와 같이 하는 것이 병이 된다는 것을 알았다면 이와 같이 하지 않는 것이 약입니다. 전하께서 엄밀하게 살펴서 스스로 더욱 노력하는 데에 달려 있으니, 바라건대 유념하소서.

소식(蘇軾)이 아뢰기를 "작은 것에 상세하면 반드시 큰 것에 소략하고, 문식이 치밀하면 실질이 반드시 소루하다."라고 하였습니다.

신이 삼가 살펴보건대, 천하의 이치는 이것이 무거우면 저것이 가볍게 마련이니 그 형세가 그러합니다. 오호라, 큰 것을 들면 작은 것은 자연히 따라오고 실질이 충실하면 문식 또한 따라붙는 것은 원래 그런 것입니다. 이보다 아래로 내려가면 둘 다 극진하고 모두 아름답게 하지 못하는 것보다는 차라리 큰일과 실질적인 일에 전력하는 것이 그 근본을 얻는 방법이 됩니다. 더구나 풍기(風氣)가 이미 어지럽고 문식이 날로 증가한 뒤에는 폐단을 바로잡고 치우친 것을 구제해야 한다는 것을 더욱 알 수 있습니다. 전하께서는 성학(聖學)이 고명하므로 본말과 경중의 구분에 대해 상세히 강구하지 않은 것이 아니지만 풍기에 점차 물들고 습속에 익숙해져서 작은 것을 살피면서 큰 것을 빠뜨리고 문식이 실질보다 지나치게 됨을 면치 못하십니다. 그리하여 덕을 진전시키고 공업을 세우는 실질과 다스리는 법이나 정치의 계책 같은 큰 것에 탁월하게 말할 만한 것이 없고, 꾸밈을 다하는 것은 말단의 예의와 형식이고 자세히 살피는 것은 미세한 일이니, 이 두 구가 참으로 오늘날의 약석(藥石)입니다. 본각(本閣)의 일로 말하면 문풍(文風)을 진작하고 교화를 윤색하는 것이 어찌 참으로 밝은 시대의 아름다운 일이 아니겠습니까. 전하께서 정치의 크고 실질적인 것에 모두 진실한 마음으로 신칙하고 가다듬어 규모를 성립시키기를 본각에 하신 것처럼 하신다면 이 본각 하나의 일에서도 전하의 정치를 빛낼 수 있을 것입니다. 만약 그렇게 하지 못하면 이 본각 한 일만으로도 전하의 덕에 누를 끼치기에 충분할 것이니 전하께서 장차 어떻게 처리하실지 모르겠습니다. 신이 본각에서 시강(侍講)하던 때에 어리석은 충심을 대략 아뢰었으나 미진한 마음이 잊히지 않아 또 이렇게 아울러 진달하니 삼가 바라건대 유념하소서.

규장각고사 2
奎章閣故事

신이 지난번에 편차한 《역대명신주의(歷代名臣奏議)》에서 격언을 뽑아내서 신의 얕은 견해를 붙여 규장각의 고사(故事)로 갖추어 두었습니다. 그 뜻은 비록 임금께 충성하고 백성을 사랑하는 마음에서 나왔지만 광망(狂妄)함이 실로 깊을까 두려웠는데 성상께서 즉시 내리신 두 폭의 종이에 1200여 자나 되는 비지(批旨)를 받았습니다. 의리의 깊고 은미함과 문장의 전아(典雅)함이 역사서에서 보지 못했던 것이고, 그 중에서도 특히 자신을 반성하여 스스로 허물하고 진심을 내보이셨으니, 허물 듣기를 좋아하고 진언(進言)을 받아들이는 성상의 뜻이 성대하게 글 이면에서 잡힐 듯합니다. 이는 먼 옛날부터 제왕의 성대한 일인데 신이 이것을 전하께 얻었습니다. 신이 열 번을 거듭 절하고 읽으니 흥기되고 감탄한 나머지 마음속으로부터 감격하여 흐르는 눈물을 금할 수 없습니다.

오호라, 주상의 은혜에 보답하지 못하고 신의 몸은 이미 물러났으나 천성에 뿌리를 둔, 임금을 사랑하는 일념은 참으로 벼슬에 있으나 벼슬에서 물러나 있으나 차이가 있을 수 없습니다. 그러므로 신이 충성을 마저 바치려는 바람은 스스로 타산지석의 뜻에 의탁하여 반딧불만 한 도움이나마 드리려는 것이니, 전하께서 특별히 유념하여 그 가운데에서 채택하는 것이 있다면 신은 잠깐이나마 목숨을 연명하여 전하의 덕화(德化)가 이루어지는 것을 기쁘게 보기를 소원합니다. 그렇게 되면 이 1000여 자의 비지가 영원히 억만대(億萬代)의 법이 될 것이고,

신 또한 함께 영광스러울 것입니다. 그렇지 않고 신의 말이 보신 뒤에 곧바로 폐기되어 버리고 성상의 비지가 말한 뒤에 곧바로 버려져서 실제 일을 행하는 데에 드러나지 않는다면 이는 신의 한마디 한마디 심혈을 짜낸 말이 장차 규장각 안에서 하나의 미봉하는 글이 되고 말 것이니, 신이 국가의 은혜에 보답하려는 본의가 아닙니다.

《성학집요(聖學輯要)》 일곱 권은 신이 이미 명을 받들어 베껴서 올렸고, 신이 또 삼가 그 가운데 몇 조목에 부연 설명을 하여 한가할 때에 보시도록 하였습니다.

> 정자(程子)가 이르기를 "학문의 도는 다른 것이 없다. 그것이 불선(不善)이라는 것을 알았으면 속히 고쳐서 선을 따를 따름이다."라고 하였습니다.

신이 삼가 살펴보건대, 성현의 천언만어(千言萬語)가 모두 사람들에게 불선을 등지고 선을 향하는 길을 가르쳐 주는 것인데, 하나를 제시하여 많은 것을 포괄하고 단단히 잡고서 확실하게 가르는 것으로는 이 말처럼 완벽하게 설파한 것이 없습니다. 전하께서 밤기운이 청명할 때에 자신에게 돌이켜 살펴보시면 안으로 자기 심신의 동정(動靜)과 궁궐 안에서 은혜와 의리를 베푸는 것에서부터 밖으로 출척(黜陟)하고 권면하고 징계하여 온 세상을 다스리는 조정의 정치와 형벌에 이르기까지 불선한 것이 몇 가지 있을 것입니다. 만약 그것이 불선이라는 것을 알면 고쳐서 선을 따를 때에 바람과 우레처럼 빠르고 해와 달이 바뀌듯이 바뀌어, 가리거나 꾸미려는 뜻과 미루고 기다리는 근심이 전혀 없으십니까? 이렇게 반성하여 자각하는 대로 고치신다면 그 실효가 미치는 것이 책에서 의리를 연구하는 것과는 비할 바가 아닐 것입니다.

> 정자가 이르기를 "〈태괘(泰卦) 구이(九二)〉는 거친 것을 포용하고 황하를 건너는 용맹을 쓰며, 포용하는 도량으로 굳세고 과단성 있는 행동을 베푼다."라고 하였습니다.

신이 삼가 살펴보건대, 사람의 기질은 고르지 않아서 장점과 단점이 번갈아 나타나니, 포용하는 자는 매번 굳셈과 과단함이 부족하고 굳세고 과단한 자는 포용력이 부족합니다. 포용하는 도량으로 굳세고 과단한 행동을 하면 완전한 덕이 되니, 태평한 시대에서 처신하는 데에 무슨 어려움이 있겠습니까. 신이 삼가 보건대 전하께서는 백성들을 두루 사랑하여 더럽고 병든 자들을 두루 포용하시고 정신은 보이지 않게 쓰면서 성색(聲色)을 드러내지 않으시니 포용하는 도량이 있는 것이고, 이미 공(公)으로 사(私)를 단절하는 것을 꺼리지 않아야 함을 알고 곧바로 처치(處置)하며 지금이 옳고 어제가 잘못되었다고 말씀하시니 굳세고 과단한 행동이 있는 것입니다. 그러나 포용하는 것이 지나쳐서 어진 자를 드러내고 사악한 자를 증오하는 정사가 부족하고, 쌓인 폐단에 대해 바로잡고 고칠 가망이 없으며, 굳세고 과단함이 지나쳐서 기강을 진작하는 것이 도리어 독책(督責)하는 데에 가깝고, 명실(名實)을 조사하는 것이 간혹 지나치게 살피는 잘못이 있습니다. 이것이 점차 잘못되면 굳세고 과단해야 하는데 도리어 포용하고 포용해야 하는데 도리어 굳세고 과단해서 이치가 더욱 어긋나고 일이 더욱 이루어지지 않게 되지 않으리라는 것을 어찌 보장하겠습니까. 돌아보건대 지금 온 나라가 평안하고 변방에 외적의 침입이 없으니 태평한 시대가 아니라고 할 수 없지만 세도(世道)가 무너지고 인심(人心)이 함닉된 지가 오래되었으니 편안할 때에 위태로울 것을 잊지 않아야 할 때가 바로 지금입니다. 전하께서 깊고 멀리 내다보고 두려운 마음으로 돌이켜 보시어 그 포용하는 것은 흉악한 자들을 감화시켜 적자(赤子)로 만들고 굳세고 과감함은 얇은 서리를 밟으면 단단한 얼음이 뒤따른다는 것을 경계하신다면, 총생한 뽕나무의 그루터기에 묶어 놓는 길함[230]이 있고 성이 무너져 해자로 돌아가는 근심[231]은 없을 것입니다.

설씨(薛氏)[232]가 말하기를 "사심(私心)은 큰 것이든 작은 것이든 그것이 사심이라는 것을 깨달았으면 제거해야 한다."라고 하였습니다.

신이 삼가 살펴보건대, 사심에는 큰 것과 작은 것이 있지만 천리(天理)를 소멸시키고 인심(人心)을 어지럽히는 해충이 된다는 점은 같습니다. 더구나 작다고 해서 경계하지 않으면 점차 커지지 않는 경우가 없으니 말할 것이 있겠습니까. 그리고 그 사심의 큰 것에 극기(克己)의

230 총생한……길함 : 《주역》 〈비괘(否卦) 구오(九五)〉에 "비색(否塞)함을 그치게 하는지라 대인(大人)의 길(吉)함이니, 망할까 망할까 하고 두려워하여야 총생한 뽕나무 그루터기에 매어 놓듯이 편안하리라."라고 하였는데, 나라가 반석 위에 올려진 것처럼 편안하게 됨을 말한 것이다.

231 성이……근심 : 《주역》 〈태괘(泰卦) 상육(上六)〉에 "성이 무너져 해자로 돌아감이니, 군대를 쓰지 말라."라고 하였다. 성은 원래 해자의 흙을 파서 쌓은 것인데 이 성이 무너져 다시 해자로 돌아간다는 것은 태평한 시대가 끝나고 비색한 시대로 돌아간다는 뜻이다.

232 설씨(薛氏) : 명나라 초기의 성리학자 설선(薛瑄)이다. 400쪽 주122 참조.

노력을 할 때는 반드시 죽을힘을 써서 그것에 대항하기 때문에 제거하는 데에 어려움이 없을 수 있지만 소소한 사심에 대해서는 눈을 감고 지나치기가 가장 쉬우니, 이것이 큰 것은 제거하려고 노력하고 작은 것은 소홀히 하게 되는 차이입니다. 그러나 사람의 마음은 지극히 신령하여 속일 수 없으니, 사심이 일어날 때에 참으로 자각하지 못할 이치가 없습니다. 설사 처음 싹이 틀 때에 자각하지 못하더라도 마음을 써서 계교(計較)하여 일에 임해서 시행한 뒤에는 어찌 자각하지 못할 이치가 있겠습니까. 설 문청공(薛文淸公)이 이 대소가 없다는 것과 각(覺) 자의 뜻을 말한 것은 사람으로 하여금 지극히 경계하고 성찰하게 합니다. 신이 평소에 성상께서 사심을 제거할 때에 한칼에 끊어 내는 공부를 하신다는 것을 알고 있지만 자잘한 인정과 친분 때문에 완전히 끊어 내지 못하는 것이 있음을 면치 못할까 염려됩니다. 이 병의 뿌리가 결국은 가지를 내고 잎을 낼 것이니 그것이 많은 사단을 만들어 내지 않으리라고 어떻게 보장하겠습니까. 바라건대 정밀히 살피고 통렬히 경계하소서. 정자(程子)가 이르기를 "비록 공적인 천하의 일이라도 만약 사심을 써서 하면 이것이 곧 사(私)이다."라고 하고, 또 이르기를 "욕심을 낸다는 것은 반드시 그것에 빠져야만 욕심인 것이 아니라 단지 마음이 그쪽으로 향하기만 해도 곧 욕심이다."라고 하였습니다. 이 두 가지 말이 더욱 정밀하게 설명하였으니, 극기의 공부가 여기에 이르면 유감이 없을 것입니다. 오호라, 횡거(橫渠 장재(張載))가 "마음이 크면 온갖 일이 다 통하게 되고, 마음이 작으면 온갖 일이 다 막히게 된다."라고 한 것이 사심이 있고 없음의 구분입니다. 사람이 능히 사심이 깨끗이 다 없어진 때에 이 마음의 전체가 한량이 없음을 인식하여 은연중에 천지간의 만물이 모두 나와 일체라는 생각을 가지면 기상이 그 전과는 크게 달라질 것입니다.

선정신(先正臣) 이이(李珥)가 말하기를 "주자가 이르기를 '무릇 광명정대(光明正大)해서 통창하고 막힘이 없고 흉금이 시원시원해서 털끝만큼도 의심할 만한 점이 없는 자는 반드시 군자이고, 아부하고 유약하며 정직하지 않고 숨겨서 지렁이처럼 결탁하고 잔달기가 이나 서캐 같은 자는 반드시 소인이다.'라고 하였습니다. 요지는 임금을 사랑하는 자는 군자이고 작록(爵祿)을 사랑하는 자는 소인이니, 소인은 오직 작록에만 마음이 가 있어 만약 자신을 이롭게 할 수 있으면 임금을 속이고 나라의 명맥을 손상하더라도 돌아보지 않습니다. 군자는 그렇지 않아서 만약 임금을 바르게 할 수 있으면 다른 것은 마음에 두지 않습니다. 의리가 직분을 지키는 데에 있으면 임금의 명이라도 따르지 않는 경우가 있고, 의리가 말을 다 하는 데에 있으면 임금의 진노도 피하지 않는 경우가 있습니다. 만약 관직에서 직책을 수행할 수 없고 언관(言官)의 직책을 수행할 수 없어서 녹봉만 받아먹고 나라에 도움 되는 것이 없으면 벼슬에서 물러납니다. 말세의 풍속이 모두 휩쓸려서 신하가 이미 임금을 바로잡을 뜻이 없고, 임금 또한 신하가 자기 뜻에 순종하는 것을 좋아하여 작록을 사랑하는 자를 임금을 사랑한다고 하고, 임금을 사랑하는 자를 임금을 원망한다고 하니, 오호라, 이루 다 탄식할 수 있겠습니까."라고 하였습니다.

신이 삼가 살펴보건대, 군자와 소인의 구분에 대해 예로부터 논하는 자들이 많았지만 이와 같이 상세하게 말한 자가 없었습니다. 오호라,

이것은 쇠퇴한 세상을 슬퍼하는 뜻입니다. 주자의 설은 그 형상을 묘사하고 그 분계(分界)를 나눈 것이 더 이상 남은 것이 없는데, 선정이 또 그 정신과 심경의 소재를 미루어 설명하고 끝에 또 말세 풍속의 폐단에 대해 개연히 한탄하였으니, 그 말이 사람을 감동시키기에 충분합니다. 전하께서 사람을 보실 때에 단지 이 척도를 가지고서 실수하지 않는다면 전하의 명성(明聖)하심으로 신하들의 사정(邪正)과 선악에 대해 그 품고 있는 마음을 환하게 들여다볼 뿐만이 아닐 것입니다. 대체로 보는 것이 세밀하고 결단하는 것이 확고하게 안정되어 있으면 쓰고 버릴 때에 비록 자기의 사심이 방해하고 남의 말이 현혹하더라도 확고하게 더 이상 흔들리거나 바꾸지 않은 뒤에야 비로소 선한 사람을 선하게 생각하면서도 쓰지 못하고, 악한 사람을 미워하면서도 버리지 못하여 곽공(郭公)이 망한 이유[233]에서 면할 수 있을 것입니다. 그리고 군자이면서 병통이 있는 자가 많고 소인이면서 재주가 있는 자 또한 많으니, 병통이 있다고 해서 군자를 버리고 재주가 있다고 해서 소인을 등용하면 이는 어진 자와 사악한 자가 도치되고 국가가 어지러워지고 망하게 되는 원인이 됩니다. 군자가 병통이 있는 것을 보고서 애석해하고 비호하여 혹시라도 드러날까 염려하고, 소인이 재주가 있는 것을

233 곽공(郭公)이 망한 이유 : 곽(郭)은 춘추 시대의 나라 이름으로, 곽공은 곽(郭)나라의 임금인데, 결단력이 없어서 나라를 잃고 조(曹)나라에 귀순한 망국(亡國)의 임금이다. 일찍이 제 환공(齊桓公)이 곽 지방에 놀러 나갔다가 곽공이 망한 이유를 물으니, 그곳의 부로(父老)가 대답하기를 "곽공은 선한 사람을 선하게 여기고 악한 사람을 악하게 여겼습니다."라고 하였다. 제 환공이 "그런데 왜 망하였는가?"라고 하니, 답하기를 "선한 사람을 선하게 여기면서도 쓰지 못하고, 악한 사람을 악하게 여기면서도 제거하지 못하였으므로 망하였습니다."라고 하였다. 《續資治通鑑長編 卷447》

보고서 통제하고 막아 혹시라도 그 재주를 부릴까 염려하신다면, 군자의 도가 신장된 뒤에는 저 소인이 하나의 관직에 기용되더라도 월형(刖刑)을 당한 자가 문지기가 되고 소경이 음(音)을 다스리는 것과 같아서 작은 장점을 가진 자도 버리지 않는 큰 도량이 되는 데에 문제가 없을 것입니다.

오호라, 명의(名義)란 국가를 유지하는 큰 제방으로서 군자가 도움받는 것이고 소인이 배반하는 것입니다. 아, 때에는 평탄한 때와 평탄하지 못한 때가 있으니, 모름지기 평탄한 때에 이런 큰 제방을 붙들어 세우고 이런 인물을 거두어들인 뒤에야 간악한 싹을 드러나기 전에 꺾고 위태로운 기미를 벌어지려고 할 때에 막을 수 있습니다. 그런데 어찌하여 말세의 임금들은 많은 작록을 허비하여 사람마다 그 욕심을 채우게 했으면서도 하루아침에 변고가 생기면 그들이 소리 없이 떠나는 것을 우두커니 앉아서 보게 되고, 나라를 위해서 목숨을 바치는 사람은 왕왕 평소 어떤 사람인지도 모르는 사람 속에서 나온단 말입니까. 후세의 임금이 역사서를 읽다가 이 대목에 이르러 비웃고 분개하지 않는 자가 없는데 자기가 정치를 하면서는 또다시 그와 같이 하는 것은 무슨 마음에서란 말입니까. 전하께서 이것을 깊이 경계 삼아 그들과 반대로 하신다면 우리 동방이 치세(治世)에 가까워질 것입니다.

선정신 이이가 말하기를 "하루에도 만 가지의 정무를 처리하니 하나의 일을 만날 때마다 반드시 지극히 합당한 이치를 구해서 그른 것을 버리고 옳은 것을 행하는 것이 곧 임금이 이치를 궁리하는 일입니다. 만약 좋은 글귀나 찾고 화려한 말을 채집하여 부질없는 말만 꾸미고 몸을 닦고 사람을 다스리는 실질적인 데에 베풀지 않는다면 안목이 비록 높고 의론이 비록 정밀하더라도 무슨 도움이 되겠습니까. 황씨(黃氏)[234]가 이르기를 '몸소 행하는 것을 바르게 하려는 자는 반드시 성리(性理)를 바르게 하니, 성리를 바르게 하는 것은 몸소 행하는 것을 바르게 하기 위해서인데 도리어 몸소 행하는 것을 불문에 부치는 것은 무엇 때문인가.'라고 하였으니, 이 말이 매우 절실합니다." 하였습니다.

신이 삼가 살펴보건대, 학문을 하는 목적은 쓰는 것을 극진히 하기 위해서이니, 쓰는 것을 극진히 하지 못하면 학문을 해서 무엇 하겠습니까. 서민도 오히려 그러한데 하물며 제왕의 학문은 말할 것이 있겠습니까. 선정이 선묘(宣廟)의 훌륭한 때를 만나서 이 말을 올렸으니, 여기에서 지식이 넘치더라도 행동이 부족하면 비록 성현이라도 벗어나지 못하는 경우가 있고, 옛날에 군자가 임금을 사랑하는 정성이 자기 임금이 그럴 리가 없다고 장담해서 혹시라도 그럴까 하는 염려를 감히 늦추지 않았다는 것을 볼 수 있습니다. 신이 전하를 동궁에서 모신 지가 지금 이미 14년이 되었습니다. 그때에 전하께서 춘추가 젊으시고 학문과 식견의 고명함이 노사숙유(老師宿儒)보다 훨씬 뛰어나셨으니, 신이 몹시 기쁜 마음 금할 수 없었습니다. 그러나 신의 지나친 염려는, 성상께서 타고난 자질이 지나치게 밝고 슬기롭기 때문에 성명(性命)의 근

234 황씨(黃氏) : 황진(黃震, 1212~1280)을 가리킨다. 자는 동발(東發), 호는 유월(兪越), 사시(私謚)는 문결(文潔)이다. 남송 때 경학가로, 주희의 삼전제자(三傳弟子) 왕문관(王文貫)을 사사(師事)하였으며, 하기(何基) 등과 함께 주자학을 계승 발전시킨 주요 인물이다. 저술로 《황씨일초(黃氏日鈔)》, 《고금기요(古今紀要)》, 《고금기요일편(古今紀要逸編)》, 《무진수사전(戊辰修史傳)》 등이 있다.

원과 의리의 대체(大體)에 대해 직접 보고 마음으로 깨닫지 않은 것이 없어서 크게 힘을 쓰지 않고도 얻으셨지만, 만일 성찰하는 공부가 익숙하지 않고 실천하는 힘이 충분하지 않으면 마음속에서 이미 환하게 알고 있는 것이 하나하나 몸에 합체되어서 사업에 발휘되는 근본이 되기가 쉽지 않은 것입니다. 그러므로 신이 감히 저하께서 지식 면에서는 이미 부족한 것이 없다고 여기지만, 신이 이 때문에 저하께서 행하는 면에서는 반드시 지식적인 면과 똑같은 경지에 도달하지 못했다는 것을 알고 있다는 뜻으로 규계하고 권면하였습니다. 이어 '말은 행동을 돌아보고, 행동은 말을 돌아보아야 한다.〔言顧行 行顧言〕'라는 여섯 글자를 올리니 전하께서 크게 칭찬하고 받아들이셨고, 심지어 "일찍이 이것으로 이름을 지었다."라고 대답하셨으니, 삼가 생각건대 성명께서 필시 기억하고 계실 것입니다.

성명께서 등극하신 이후로 정령(政令)과 조치에 드러난 것에 대해 신이 비록 광망(狂妄)하지만 전하께서 알기만 할 뿐 행하지는 못한다고는 감히 말하지 못하겠습니다. 신이 비록 나약하지만 또한 전하께서 행하는 면이 지식적인 면과 같다고 감히 말하지 못하겠습니다. 전하께서는 이에 대해 하나하나 세밀히 점검하여, 이전에 스스로 이미 분명하다고 생각했는데 일을 착수하게 되면 왜 쉽게 잘못되는지, 먼저 그 이유를 살펴서 병통에 따라 약을 쓰신다면 시원스럽게 바로잡히는 형세를 아무도 막지 못할 것입니다.

삼가 생각건대 우리 전하께서는 영웅호걸의 자질을 타고나시고 선을 좋아하고 의를 좋아하는 뜻이 있으며, 강학하여 얻은 것 또한 풍부하리라는 것을 알 수 있습니다. 즉위하신 초기에는 큰 의리와 큰 정령에 대해 기강을 바로잡아 베풀어서 조정을 맑게 하고 백성에게 혜택을 베푼 것이 성대하게 사람들의 이목을 사로잡았으므로 벼슬아치와 선비에서부터 온 나라의 서민들에 이르기까지 눈을 씻고 귀를 기울이며 정치와 교화가 날로 융성해지기를 기다리지[235] 않은 사람이 없었습니다. 그런데 몇 해 지나지 않아서 끝을 잘 마무리하지 못할 조짐이 이미 나타나고 점차 세도(世道)가 날로 낮아지고 나랏일이 날로 잘못되어 가고 있습니다. 이에 지난날 기뻐서 뛰고 발돋움하며 기다리던 자들 중에 왕왕 실망하여 비난하는 자들이 있습니다. 그 후로 퇴보만 하고 전진하지 않으시니, 점점 날로 위망(危亡)한 지경으로 달려가는 것이 단지 손바닥 한번 뒤집는 순간일 것입니다. 오호라, 조종조가 맡기신 400년의 기업(基業)과 3000리의 강토를 전하께서는 장차 어떤 지경에 두려 하십니까. 전하께서 만약 이것을 한번 생각해 보신다면 반드시 초심을 되돌아보며 스스로 상심할 것입니다. 오호라, 자질이 아름다운데도 채우지 않으면 자질이 어리석은 자와 무엇이 다를 것이며, 뜻이 높은데도 그 뜻을 이어 가지 않으면 뜻이 없는 자와 무엇이 다를 것이며, 지혜가 밝은데도 행하지 않으면 무지한 자와 다른 점이 없을 것입니다. 이 뜻을 굳게 세우고 그 아는 것을 실천하여 본연의 아름다운 자질을 채우는 것은 오직 전하께서 스스로 그 힘을 다 쏟는 데에 달려 있는데, 전하께서는 무엇을 꺼려서 하시 않으십니까.

그리고 선정이 말한 좋은 글귀나 찾고 화려한 말을 채집하는 버릇으로 말하면, 신은 전하의 성학(聖學)이 사장(詞章)을 하나의 재주로도 취급하기에 부족하다고 여기시므로, 본래 완물상지(玩物喪志)할 염려가 있는 데에는 이르지 않으리라는 것을 잘 알고 있지만 익숙한 것은

235 기다리지 : 대본에는 '侯'로 되어 있다. 문맥에 근거하여 '候'로 바로잡아 번역하였다.

잊기 어려운 것 또한 일반적인 정리상 면하지 못하는 것입니다. 전하께서는 사냥하는 것을 보고 기뻐했다는 말[236]을 깊이 경계하시고, 모(髦) 꾸미기 좋아하는 버릇[237]을 시원하게 끊으시어 국가의 장구한 계책에 있어 뜻이 빼앗기고 힘이 분산되는 한탄이 있지 않게 하소서.

신이 이 글을 지은 지 오래되었으나 그간에 규장각의 직임을 해임해 주기를 청하고 어머니의 병이 위중해서 시일을 끌다가 오늘의 직함에 이르렀으니 참으로 마음이 불안합니다. 삼가 내리신 유지(諭旨)를 받들어 보니 신이 《규장각고사》를 오랫동안 올리지 않아서 "뜻에 맞는 대목이 있거든 즉시[238] 아뢰라."라는 하교가 있기까지 하였습니다. 그러나 신의 학문이 거칠고 엉성하니 무슨 조금이나마 알고 이해하는 것이 있어서 성상께 도움 드릴 수 있겠습니까마는, 성상께서 신을 인도해서 말하도록 하기를 이와 같이 하셨습니다. 오호라, 이는 옛사람이

236 사냥하는……말 : 정호(程顥)에 관한 고사이다. 447쪽 주172 참조.

237 모(髦)……버릇 : 제갈량(諸葛亮)이 유비(劉備)를 만난 초기에 둘이 함께 있는데 어떤 사람이 모우(髦牛)의 꼬리털을 유비에게 바쳤다. 유비가 그것을 받고는 그 자리에서 자기 모(髦)에 달려고 하자 제갈량이 "훌륭한 장군께서는 원대한 뜻을 지녀야 하는데 모(髦)만 달고 말려고 하십니까?" 하니, 유비가 곧바로 그 모를 던져 버렸다. 모(髦)가 정확히 어떤 형태인지는 정현(鄭玄)도 알 수 없다고 하였다. 《소학》의 〈집설(集說)〉에 의하면 아이가 태어난 지 3개월이 되면 배냇머리를 잘라서 남자는 머리의 왼쪽에 달고 여자는 머리의 오른쪽에 달아서 평생을 달고 있다가 부모가 돌아가시면 제거한다고 한다. 여기에서는 몽오가 정조에게 옳지 않은 버릇이 있으면 시원하게 끊어서 완물상지의 소지를 없애라고 간언한 것이다. 《小學 明倫》《三國志 蜀書5 諸葛亮傳》

238 즉시 : 대본에는 '續卽'으로 되어 있다. 문맥에 근거하여 '續'을 '速'으로 바로잡아 번역하였다.

죽은 말의 뼈를 사들인 뜻[239]이니, 듣는 자들이 모두 감탄할 것입니다. 신이 삼가 목욕재계하고 이 원본을 올리기는 하지만 간절히 기다리시는 성상의 뜻을 오랫동안 저버리고 끝내는 성상의 뜻을 대양(對揚)한 새로운 효과도 없으니, 신은 더욱 두렵기 그지없습니다.

239 옛사람이……뜻 : 전국 시대 연 소왕(燕昭王)이 곽외(郭隗)에게 인재를 추천하게 하자, 곽외가 "옛날에 어떤 임금이 내관(內官)에게 천금(千金)을 주어 천리마를 구해 오게 하였는데, 석 달 만에 말을 구하기는 했으나 말이 이미 죽어 버렸으므로 오백금을 주고 말의 뼈를 사서 돌아오자 그 임금이 크게 노하였습니다. 그러자 내관이 '죽은 말의 뼈도 오백금에 사왔는데 하물며 산 말이겠습니까. 머잖아 천리마가 이를 것입니다.'라고 하였는데, 1년이 되지 않아 천리마가 세 마리나 왔다고 합니다. 지금 반드시 인재를 오게 하려면 저부터 등용하십시오. 그러면 저보다 어진 사람이 어찌 천 리를 멀게 여기겠습니까."라고 하였다. 연 소왕이 곽외를 스승으로 섬기니 악의(樂毅), 추연(鄒衍), 극신(劇辛) 등 천하의 인재들이 앞다투어 연나라로 모여든 고사(故事)로, 큰 인재를 오게 하기 위해 작은 인재부터 등용한다는 뜻으로 쓰인다. 《戰國策 卷29 燕策1》

지은이 **김종수(金鍾秀)**

1728(영조4)~1799(정조23). 조선 후기의 학자로, 자는 정부(定夫)이고, 호는 몽오(夢梧)·솔옹(率翁)이며, 본관은 청풍(淸風)이다. 홍익필(洪益弼), 김상묵(金尙默), 이유수(李惟秀), 이윤영(李胤永), 이운영(李運永), 이인상(李麟祥), 신사보(申思輔) 등과 교유하였다. 1768년 문과에 급제하였고, 이해 세손시강원 필선(世孫侍講院弼善)이 되었는데, 외척의 정치 간여를 배제해야 한다는 의리론이 정조에게 깊은 감명을 주어, 뒷날 정조의 지극한 신임을 받았다. 1772년 정존겸(鄭存謙)이 김종수 등을 성균관 대사성에 비의(備擬)한 일로 영조의 의심을 받아 관련 인물들이 모조리 귀양 가는 청명당(淸明黨) 사건으로 인하여 금갑도(金甲島)에 위리안치(圍籬安置)되고 종신 금고에 처해졌다가 이듬해 석방되었다. 영조가 죽고 나서 규장각 제학을 거쳐 1781년 대제학에 올랐고, 1789년 우의정이 되었다. 1793년 좌의정이 되었는데, 당시 영의정이던 남인의 영수 채제공(蔡濟恭)이 사도세자의 무함을 씻어야 한다고 주장한 데 대해 강력히 반발하였다가 정조로부터 탕평에 대한 배신으로 지목되어 1794년 평해군(平海郡)에 유배되었고, 한 달 만에 남해현(南海縣)에 이배되었다. 그해 12월 특별히 탕척되어 판중추부사에 부직되었으나 나아가지 않았다. 1799년 손자 김동선(金東善)의 임지인 포천 관아에서 72세로 세상을 떠났다. 시호는 문충(文忠)이고, 정조의 묘정에 배향되었다.

옮긴이 **홍기은(洪起殷)**

송담(松潭) 이백순(李栢淳) 선생에게 한학을 수학하고, 성균관대학교 대학원에서 한국사학으로 석사 학위를 받았다. 민족문화추진회 국역연수원 상임연구부를 졸업하였고, 한국고전번역원에 재직 중이다. 번역서로 《갈암집》, 《홍재전서》, 《기언》, 《명재유고》, 《대산집》, 《성호전집》, 《번암집》, 《일성록》 등이 있다.

몽오집 1

김종수 지음 | 홍기은 옮김

2021년 12월 31일 초판 1쇄 발행

발행인 신승운 | 발행처 한국고전번역원
등록 2008. 3. 12. 제25100-2018-000049호
주소 (03310) 서울시 은평구 진관1로 85
전화 02-350-4800 | 팩스 02-350-4994 | 홈페이지 www.itkc.or.kr

연구총괄 양기정 | 연구기획 김지민 | 자문 정선용

책임편집 하현주 | 편집진행 김태훈
편집교정 박성희 송숙희 | 조판 김지현 | 제작 김형석
디자인 씨디자인 | 인쇄 ㈜대유기획인쇄

값 20,000원
ISBN 978-89-284-0869-6 94810
978-89-284-0868-9 (세트)